JN198435

建築生産

井畑耕三　編

[改訂2版]

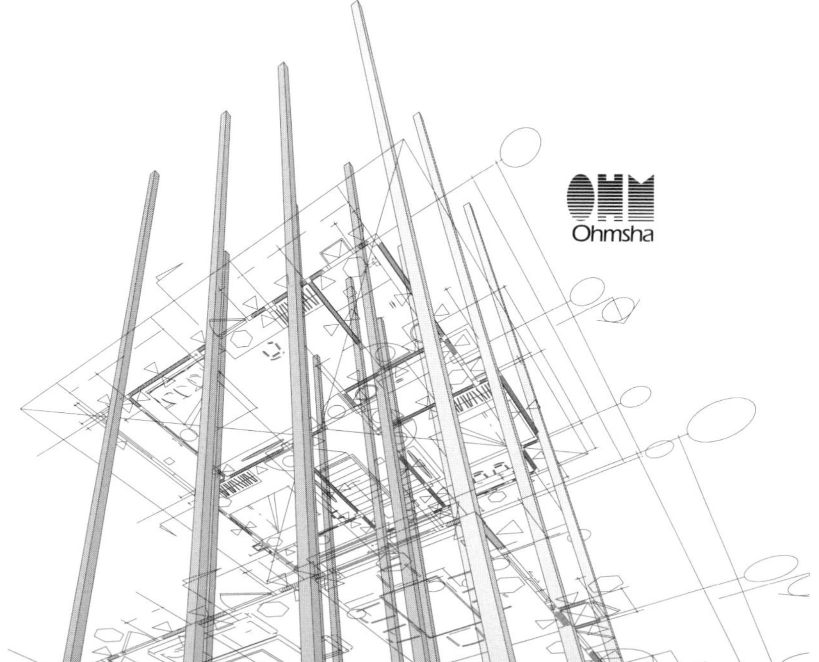

OHM
Ohmsha

はしがき

本書は，大学の建築学関係学科の標準的な教材となることを目的として，名古屋工業大学教授大岸佐吉博士と清水建設株式会社名古屋支店技師長山中五郎氏(いずれも当時，故人)の編纂により1981年8月に「現代　建築生産」として刊行された書がルーツとなるものである．

「現代　建築生産」は，初版発行以来全国の多くの大学で建築施工系の教科書として採用されてきた．この間，時代の経過とともに発展した建築生産技術の変遷や公的基準の変更に合わせて改訂を重ねてきたが，2013年に執筆者の継承を図るとともに内容の大改訂を行った．その後10年余りを経て更なる生産技術と技術基準の発展，社会背景を踏まえて今回再度内容の更新を行うこととした．

この10余年間には，新型コロナウイルス禍が世界に大きな影響を及ぼし，国内の建設投資を含む経済活動が停滞するとともに工事に携わる現場作業員の離職や高齢化が進むこととなった．2023年には約3年間のパンデミックからようやく脱することができたものの，作業員の回復はままならず，首都圏を中心とした旺盛な建設需要に適切に対応できない状況が続いている．そんななか，2024年1月1日に発生した能登半島の震災はかつてない規模の地震被害をもたらしており，復興事業も順調に進捗しない状況となっている．

一方，地球規模の視点からは，東欧や中東地域での戦闘勃発による化石エネルギー価格が上昇し，建設コストの高騰につながっている．加えて，SDGs（持続可能な開発目標）を考慮した生産活動があらゆる産業で求められる状況になっている．

これらの課題に対応するために建設現場では機械化施工やAIの活用による技術革新等が進行しているほか，世界的に木材の建設構造材としての活用が試みられており，耐火性能を有する部材を開発して高層建築物への木材利用が図られるようになってきた．これらの新しい技術はまだ緒についたばかりであるが，今後の発展が期待される．

本書は建築生産に携わる技術者として備えるべき最小限の基本的知見について平易に解説しており，実務の第一線でも活用できる図書となりうる内容としている．

おわりに出版に当たり多大な協力を頂いた株式会社オーム社編集局の皆様に感謝申し上げます．

2024年9月

編者しるす

編　　者

井 畑 耕 三（元清水建設株式会社，中部大学）

執筆者一覧

八 木 　 豊	元清水建設株式会社	（1 章，10 章）
手 島 貴 志	元清水建設株式会社	（2 章，3 章，7·6 項）
川 島 隆 夫	元清水建設株式会社	（4 章，5 章，9 章）
野 中 知 秀	清水建設株式会社	（6 章）
天 野 秀 樹	清水建設株式会社	（7 章）
宇 野 康 則	元清水建設株式会社	（8 章，11 章）

（執筆順）

目　　次

第1章　建築生産概論

第2章　施工者の決定と請負契約

第3章　施工計画と施工管理

第4章　仮設と機械

第5章　地下工事

第6章　躯体工事

第7章　仕上工事

第 8 章　改 修 工 事

第 9 章　解 体 工 事

第 10 章　安全と環境問題

第 11 章　積算と見積り

第1章　建築生産概論

最近の建築生産は，超高層建築に象徴されるように，巨大化し，工業製品化が極度に進められつつある．また，新材料の開発，新工法の発明，使用機械の大型化は各種産業技術とともに日々発展を続けている．

一方で，建設産業は，技術者・技能者がその能力をいかに発揮するかによって生産の成否が左右される「人材産業」である．建設投資の減少と少子化から新たな就業者が減り，高齢化が大きな課題となっている．

建築の生産活動に課せられた問題はあまりにも大きく，変動的で，建築生産は学問として体系づけ難い要素が多いとの意見もある．しかし，基礎的な概念は大きく変わるものではなく，工事の流れ，工事管理の主要なポイントなど建築技術の常識として，たとえ設計を志す者といえども，これらを修得する必要がある．

“どんな建物”を建設するかという命題とともに，一般社会を背景に，法的な規制，地理的条件のもとに，企業として適正な利益を得て，社会への貢献を続けていくために“どのように”作るかがポイントである．つまり，速く（工程の調整），安く（工事原価の低減），美しく（ユーザのニーズに合った品質），安全に，楽に（生産性の向上）現場の生産活動ができる手段，方法を追求しながら，建築資材，機械，労働力を駆使して，工事を完成させるのが，建築生産の基本である．

1・1　建設業の推移

1　建築技術の推移

明治維新以降の欧米技術の導入により，古来，木造が主体であったわが国で，鉄筋コンクリート造（RC造），鉄骨造（S造）が建てられるようになった．また，1923年の関東大震災を契機に耐震性に優れた建物の要求が強まり，鉄筋コンクリートと鉄骨を組み合わせた独自の鉄骨鉄筋コンクリート造（SRC造）を生み出した．そして，第二次世界大戦で焦土と化した都市の復興から，建築技術は急速な発展を遂げて行く．

〔1〕　戦後復興期（1945～1959年）

今日一般化している構造形式や施工法が普及した時期である．

1949年に日本最初の生コンクリート工場が設立された．

1950 年に建築鉄骨にアーク溶接の使用を認める建築基準法が制定された．これを受け，1952 年，わが国初の全溶接鉄骨造高層ビルとして，『日本相互銀行本店』が竣工した（図 1·1）．また，低層部に本格的に採用されたコンクリート打ち放し仕上げは，その後の建築の先駆けとなるものであった．

図 1·1　日本相互銀行本店[1]

1958 年竣工の『ブリヂストンビル』では，鉄骨構造の部材間接合に本格的に高力ボルトが使用された（図 1·2）．

図 1·2　ブリヂストンビル[1]

〔2〕　高度成長期（1959～1973 年）

1963 年に建築基準法が改正され，建築物の高さ制限の 31 m が撤廃された．これを受け，超高層建築が可能になり，その建設を通じてさまざまな建築技術の発展がもたらされた．

1959年から国内でのH型鋼の製造が開始され，さらに1964年には肉厚が大きい極厚H型鋼の製造が始まった．これらが超高層建築の構造部材に採用された．

一般に超高層建築では同じ平面プランが繰り返されるため，同じ形状の部品を大量に使う合理的な施工方法が求められた．

1964年竣工の『ホテルニューオータニ（ザ・メイン）』（地上17階，軒高60.84 m）では，外壁にアルミ製カーテンウォールが，浴室には世界に先駆けてユニットバスが採用された．これらは工期の大幅な短縮に寄与した．

1968年竣工の『霞が関ビルディング』（地上36階，軒高147 m）は，日本で初めての100 mを超える超高層建築である．極厚H型鋼の採用や，スパン寸法の統一による内装材，外装材の標準化と床のデッキプレートの採用が図られた．

〔3〕 建設業冬の時代（1973～1986年）

1973年の第四次中東戦争に端を発した第一次オイルショックは，石油の供給制限と大幅な値上げにより日本経済に大きなダメージを与え，順調に伸びてきた建設需要に歯止めをかけた．少なくなったパイを奪い合うため，建設業界はコストの削減と工期短縮を競い合うことになった．

この時期に，建設コストの安い鉄筋コンクリート造と工期の短い鉄骨造のメリットを組み合わせ，柱を鉄筋コンクリート造，梁を鉄骨造にするなどの複合化構法が出現した．

〔4〕 バブル期（1986～1991年）

日本政府が円高不況を回避する目的で採った超低金利政策が，安く資金調達をすることを可能にし，不動産投機や都市開発，リゾート開発が一斉に行われるバブル期が到来した．建設ラッシュのこの時期に，建設技術はさらなる高度化を遂げた．

熟練工の不足からコンクリートの十分な締固めが行われず，耐久性が劣ることを防ぐため，自己充填性を有する高流動コンクリート（図1·3）が現れた．地震の振動を吸収する積層ゴムを使った免震構造や，ダンパーにより振動を低減させる制振構造が採用されるのもこの時期である．

図1·3　高流動コンクリート[1]

図1·4　自動玉掛け外しロボット[1]

労務不足，特に熟練工の不足と労働環境の改善の要求から，各種の建設ロボットの開発と現場への導入が活発になった．耐火被覆吹付けロボット，自動玉掛け外しロボット（図1·4），鉄骨溶接ロボットなどである．

1988年竣工の大規模空気膜構造の『東京ドーム』を皮切りに，全国各地にさまざまな構造形式の大空間ドームが建設されていった．超高層建築では1993年に地上70階，高さ296 mの『横浜ランドマークタワー』が竣工した．

〔5〕 安定成長期（1991年～）

異常な経済成長となったバブル期も1991年に終わりを迎え，建設投資は1990年代後半以降，減少傾向が続いた．近年では，アメリカ合衆国の投資銀行が破産したリーマンショック後の景気悪化により建設投資は急減し，2010年度はピークの1992年度の84兆円の半分までに減少した（図1·5）．

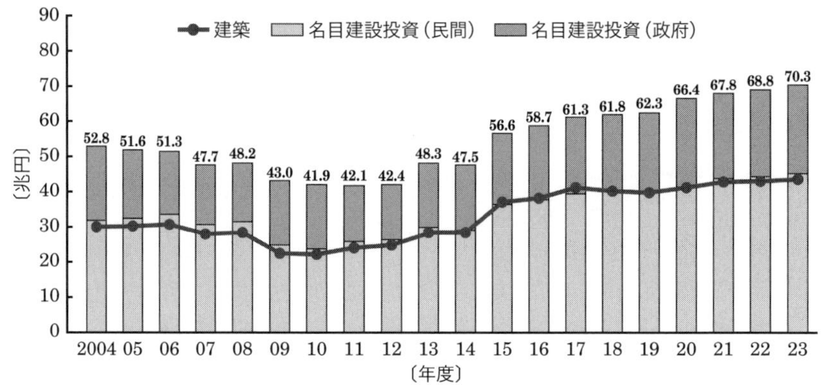

（注）1. 2021，2022年度は見込み額，2023年度は見通し額
2. 政府建設投資のうち，東日本大震災の復旧・復興等に係る額は，2011年度1.5兆円，2012年度4.2兆円と見込まれている
これらを除いた建設投資総額は，2011年度40.4兆円（前年度比3.6%減），2012年度40.7兆円（同0.6%減）
3. 2015年度から建設投資額に建築補修（改装・改修）投資額を計上している

図1·5 建設投資の推移[2]

土地価格の下落は，住宅の都心回帰をもたらし，都市部に超高層住宅が多く建てられるようになった．その大部分は，経済性と音や振動に対する居住性から，鉄筋コンクリート造（RC造）となっている．RC造は超高層建築には不向きとされてきたが，従来のコンクリート強度の2倍となる42 N/mm^{2}の高強度コンクリートや，SD390，D41（直径41 mm）の高強度太径鉄筋の開発が超高層RC造の建設を可能とした．

1995年に起きた阪神・淡路大震災と，2011年の東日本大震災は，それぞれの地域に大きな被害をもたらした．二つの大震災から得られた知見は，耐震，免震，制振の構造分野に新たな課題を提供し，建築技術の研究開発を促すことになった．

建設投資は震災復興需要や民間投資の回復により，2011年度から増加に転じた．高層化も進み，電波塔では2012年に高さ634 mの『東京スカイツリー』，超高層建築では2023年に高さ330 mの『麻布台ヒルズ森JPタワー』（図1·6）が竣工した．

図1·6　麻布台ヒルズ森JPタワー

2 建設業の現状

〔1〕 建設市場の現状

新規の建設市場の縮小が続く中で，修繕工事や改修工事には，安定した需要が見込まれている．ストック重視という世の中の流れから，既存の建物を長く有効に使う考えが広く浸透してきた．改修工事は最近では完成工事高の3割を占めるようになり（図1·7），耐震化や省エネルギー建築へのリフォームなど成長が期待できる分野がある．

また，経済のグローバル化は，国内企業の海外進出と外国企業の国内への進出をともに促進させている．海外工事は近年アジアおよび北米，欧州，太洋州で増加しており，建設会社にとって海外は重要な市場となっている．

〔2〕 建設業就業者数の推移

建設業就業者数はバブル後の不況下でも一貫して増加を続け，わが国の雇用の安定に寄与してきたが，1997年の685万人をピークとしてその後は減少が続いた．2010年からは500万人でほぼ横ばい．技能者では減少傾向が続いている（図1·8）．

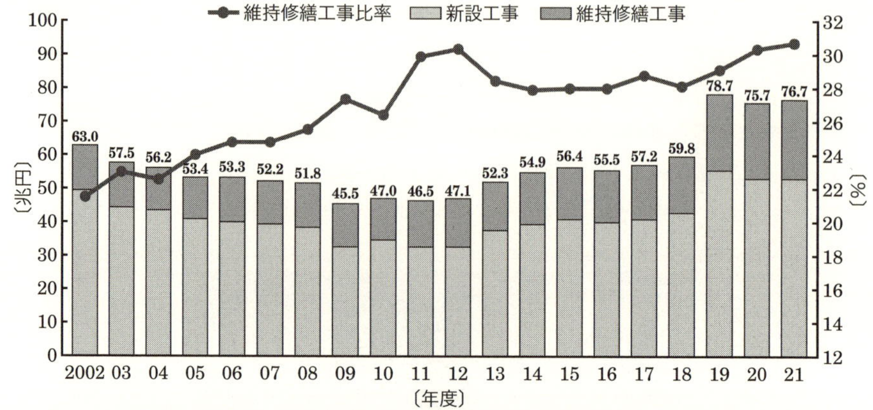

（注）国土交通省では，「建設工事受注動態統計調査の不適切処理に係る再発防止策検討・国土交通省所管統計検証タスクフォース」において，本統計の点検・検証が進められてきた．その結果，2020 年度分（2019，2020 年度）が欠測値補完を実施して公表された．

図 1･7　維持修繕工事の推移[2]

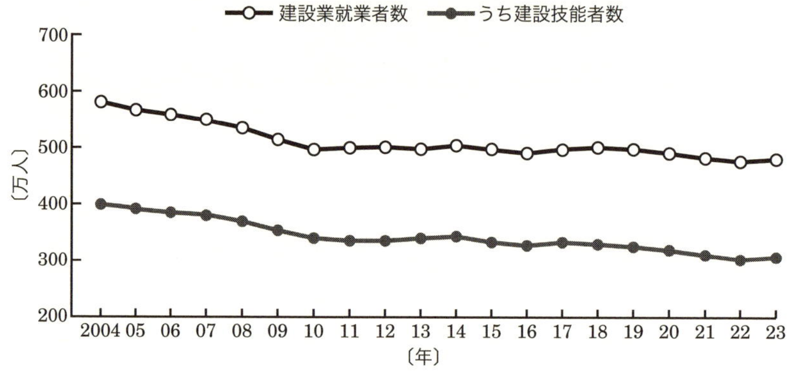

（注）2013 年以降は，いわゆる「派遣社員」を含む
（注）建設技能者：総務省労働力調査　表番号Ⅱ－5_ 産業，職業別就業者数のうち，建設業　職業番号 24_ 生産工程従事者，32_ 輸送･機械運転従事者，33_ 建設･掘削従事者，37_ その他の運搬・清掃・包装等従事者の合計

図 1･8　建設業就業者数の推移[2]

建設業就業者数を年齢階層別にみると，若年層の減少が目立っており，相対的に高齢層の割合が高まっている．このような高齢化の傾向は，他産業と比べて顕著である（図 1･9）．就業者の高齢化は産業活力の維持，強化の点で大きな問題であり，また年齢人口の多い戦後期生まれの団塊世代の多数の技術者，熟練技能者の退職が進行しつつあり，建設生産システムの中核をなす技術，技能の継承が当面の大きな課題である．

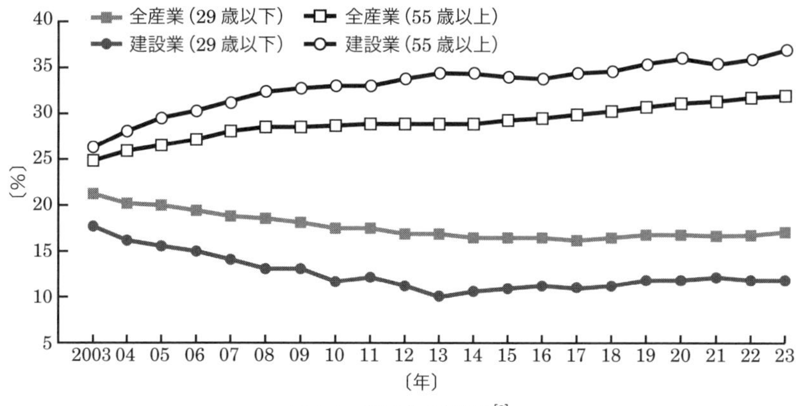

図 1･9　就業者の高齢化[2]

3　これからの建設業

〔1〕　災害の教訓

1995 年 1 月 17 日に阪神･淡路大震災が発生し，阪神地区に大きな被害をもたらした．犠牲者の 8 割は建物の倒壊によるものであり，大部分は木造の家屋であったが，鉄筋コンクリート造や鉄骨造の一部の建物でも崩壊が見られた．耐震性が強化された 1981 年の建築基準法改正以降の建物や，新たに耐震補強工事がなされた建物での被害は少なく，住宅や病院，小中学校，防災拠点となる公共施設などの耐震化がきわめて重要な課題となった．

2011 年 3 月 11 日に発生した宮城県沖の海底を震源とする，マグニチュード（M）9.0 という日本周辺での観測史上最大の地震は，大津波を発生させ，岩手，宮城，福島の 3 県を中心に，東北地方と関東地方の太平洋沿岸部に壊滅的な被害をもたらした．この東日本大震災での犠牲者の 9 割以上は津波によるものであったが，地震の揺れによる被害も発生している．耐震基準を満たしている大型施設でも，天井などが落下し，天井や設備機器などの非構造部材を含めた耐震化が新たな課題として浮上している．また，広範囲に地盤の液状化が見られたことから，建物の液状化対策も重要となってきた．

わが国は，地震，津波，台風などの自然災害の危険に常にさらされており，安心・安全を約束する耐震，耐風性などを確保した建造物を提供することが，建築技術者の社会的責務である．

〔2〕　性能発注

2000 年に建築基準法が，1950 年の制定以来で初めて抜本的に改正された．改正の大きなポイントの一つが，仕様規定から性能規定への転換である．性能規定の考え方は，建築物の要求性能を満たせば，多様な材料，施工法の選択を施工者が自由にできることを意味している．また，海外の技術や海外製品の導入も促進され，合理性と経済性を追求できることは，発注者にとっても大きな利点となる．性能規定に基づく発注方式を性能発注という．公共事業に民間のノウハウを活用するPFI事業は年々増えており，ここに性能発注が採用されている．

〔3〕 SDGs（持続可能な開発目標）への取組み

2015年に国連で採択されたSDGsに対して，建設業界でもさまざまな取組みが行われ，新たな技術開発が進められている．

代表的なものとして，建物の長寿命化が挙げられる．新築の鉄筋コンクリート造建築物の耐久性の向上とともに，既存の鉄筋コンクリート造の劣化診断と補修・再生の技術開発が行われている．

森林資源が活用でき，再生可能資源である木材を構造材に使う木質建築も広がり始めている．2019年に竣工した『新・国立競技場』の屋根は，鉄骨と木材のハイブリッド構造で作られている．新たな技術としてCLT（Cross Laminated Timber：直交集成板）に関する建築基準法が2016年に施行され，中高層の木質建築が今後増えていくことが期待されている．

〔4〕 デジタル技術活用の取り組み

建設業界は，技能者の大量離職や作業所の働き方改革が喫緊の課題となっている．そのため，建物の3次元モデルであるBIMとAI（人工知能）を搭載した自律型ロボットの導入や3Dプリンタの活用が進んでおり，苦渋な作業や繰り返し作業を軽減して生産性を向上させるとともに，働きやすい現場を実現しての若者の入職を目指している．

また，スマートデバイス（スマートフォンやタブレット端末）による業務改善や，さまざまなICTデバイスやサービスの導入による働き方の変革が広まりつつある．

1・2　建築生産の流れと管理

建築生産が含む内容は，建築物のライフサイクルからみると，建築の企画，設計，工事実施，竣工後の建物の維持管理，建物解体の各段階に大別できる．

建築の生産過程は，一般工業製品の生産行為と同様に，資材，労働力，エネルギー，生産設備を投入して，ある生産環境の中で目的に合った建物へと変換していく場であると考えれば，作業所での建設工事そのものを狭義の建築生産ということもいえよう．

以下，一般的な建築工事における建築生産の流れに沿って，概括的に述べて，建築生産工学への導入とする．

1 施工の準備

工事が発注されると，施工者は設計図書に基づいて工期と工事費を算出する．ついで発注者と施工者の合意が得られれば，契約書が交わされ工事請負契約が成立し，施工者は請負代金内訳書と工程表を発注者と工事監理者に提出する．

ここで本格的な工事の着工となり，一斉に準備作業にとりかかる．着工時の手配の遅れはそのまま工期に影響するため，迅速さを要する．官庁届出書類，地鎮祭，各所あいさつ，調査，資材と機械類の手配，実行予算の作成，関係業者への発注手続，施工計画書や施工図の作成などを進めながら，現場の仮設工事，本工事への準備にとりかかる．

2 地下工事

根切り（掘削），山留め，揚水などの地下工事中は，職種数が少なく，機械力への依存度が高い．その面では労務管理が徹底しやすい工事である．一方で地盤については予測不可能の部分が多く，山留め壁の変形や出水，周辺地盤の沈下などの計測管理によって，異常をいち早く察知し，迅速に対策を講じて事故を未然に防止することが重要である．

一方，この段階では現場作業は単一職種による作業が多く，施工者は比較的時間に余裕ができる．この機会を利用して，次の工程の準備作業に入る．

3 躯体工事

躯体工事については，仕上材に覆われて表面に現れることが比較的少なく，建築物が竣工してからの建物の出来，不出来に影響しないと判断して躯体を軽視することは，あってはならない．構造体の基本機能が満たされていない，欠陥のある建物は，地震，台風などで損傷を受け，人命に関わる事態にもなる．

また，躯体工事の失敗は，工事中に発見できても手直しのできない場合が多く，たとえ補修ができても十分な補強とはならず，いたずらに工程を圧迫することになるため，特に施工段階での品質管理が重要である．

コンクリート工事は，建設以外の分野ではほとんど使用されない建設固有の技術である．施工者は工場が性能を保証する生コンクリートを購入したうえで，打設，締固めに加えて，適切な養生を行って初めて所要の強度や品質を確保できる．

コンクリート工事は，その各施工段階での慎重な管理が要求される．品質管理上は，もっとも神経と労力を要するものの一つであり，管理データ，検査データの記録と長期保管が品質保証上特に重要視される．

型枠工事は，コンクリートの鋳型としての仮設的な工事であるため，工期に合わせて材料の転用回数を向上させたり，工法の選択をして，施工の合理化と経済性の追求ができる格好の工事である．一方，型枠の精度不良は，そのままコンクリート躯体の精度に影響し，型枠脱型後の仕上時にコンクリートをはつるようなことになれば，躯体に悪影響を及ぼすばかりでなく，工期やコストを圧迫することになる．

鉄筋工事は，コンクリート躯体の中で引張り力を分担している重要な要素であって，材料の品質管理はもちろんのこと，各部位ごとの鉄筋の太さ，本数，配筋位置，鉄筋のかぶり厚さなど，間違いのないようにそのつど精細に管理されなければならない．

コンクリートを打設してしまった後では手直しができず，不良部分は竣工後，あるいは地震により直接に悪影響を及ぼし，ときには重大な結果を招く．

鉄骨工事は鉄骨業者に外注する．鉄骨製作工場では現寸検査をはじめ，特に溶接工事については，工場での製作過程を含めた入念な検査が重要である．

鉄骨造は，ねばりのある構造で一般には耐震的にも有利とされているが，品質については作業員や工場の技量に依存する部分も多い．特に溶接接合部については，工場溶接，現場溶接とも，溶接工の選定はもちろんのこと，溶接過程の検査が特に重要で，徹底した品質管理が必要である．

4 仕上工事

躯体工事が完了し，型枠解体，仕上墨出しを終えるのを待って早急に仕上工事に着手し，スムーズに仕上工事を軌道に乗せることが第一のコツといえる．そのためには，躯体工事中の比較的余裕のある間に，仕上材料の手配を万全にしておく必要がある．特に工場製作物（サッシ，カーテンウォール，石，タイル，設備機器など）については，製作期間を十分考慮して製作図のチェック，承認を行い，製品検査を終え，納入時期を待つ．たとえ1職種といえども遅れるものがないように工程管理をする．

また，仕上工事は直接出来栄えに影響するものが多く，施工不良が後日，漏水，結露，ひび割れ，はく落，浮き，さび，変色，機能不良などの不具合の原因となることも多いため，施工に先立って施工計画書を作成し，施工手順，施工上のキーポイントを認識して，誤りのないように施工し，管理する必要がある．

1・3 生産構造

建設業は，国内総支出の12％を超える基幹産業のひとつとして，環境問題，都市・交通問題，住宅問題，エネルギー問題などの多くの社会的課題と密接に関わっている．今後の建設業は，建設業本来の技術力を向上させるだけでなく，周辺領域の技術をも積極的に吸収し，需要創造型システム産業へと指向することが必要である．

1 建築主

建築基準法によれば，「建築主とは建築物に関する工事の請負契約の注文者又は請負契約によらないで自らその工事をするものをいう」と定義している．すなわち，資金を投じて建設工事を行う発注者であって，施主または事業主ともいう．

官公庁，大企業などでは，発注者自体で設計ならびに工事の監理機能をもっている場合が多いが，一般の民間企業や個人の場合は，設計・監理を専業とする設計事務所に設計・監理を，または設計部門をもつ総合請負業者に設計・施工で発注する．

この際，建設予定地，用途，構造，工期，予算，機能，レイアウトなど，与条件を極力明示して設計者と意思の疎通を図ることが重要である．

近年，専門的な建築知識を有しない発注者に代わってマネジメント業務を代行する，CM（コンストラクションマネジメント）方式が導入される事例が公共工事を中心に増えている．CM方式とは，発注者の補助者・代行者であるコンストラクションマネージャーが，技術的な中立性を保ちつつ発注者の側に立って，設計・発注・施工の各段階において，設計の検討や工事発注方式の検討，工程管理，品質管理，コスト管理などのマネジメント業務を行うものである．従来の一括発注方式（一式請負方式）と比べると，発注者が抱える負担は大きくなるものの，コスト構成などの透明化が進むといわれており，発注方式の選択肢の一つになっている．

2 設計者，工事監理者

設計者とは，建築士としての責任において設計図書を作成する者をいい，施主の意図しているニーズを建築的に図面の形に翻訳して，種々の法令による基準を満足した安全な建物に具現化できる者でなければならない．

したがって，技術者を資格認定（一級・二級・木造建築士）して，建築物の設計，工事監理の適正化を図っている．

一般の工業製品をみると，自動車，電化製品などにみられるように，自社で設計し，自主的に品質が管理された製品を販売して，品質保証をしている．この観点から建築を考えてみると，設計･施工一貫体制でなければ真の総合的な品質保証はできないし，ユーザーのニーズに合った建物を作り出すための最低コストの追求も難しいのではないかとの見方もある．

しかし，建築基準法では，工事をする場合は原則として建築士である工事監理者を定めるよう規定しており，施主と施工者の間に立って公正な判断を下す第三者的な監理の仕方を推奨している．

3 工事施工者

〔1〕 総合工事業者（ゼネコン）

工事の発注者（施主）と直接工事契約を結んで工事を請け負う者である．元請業者ともいう．総合工事業者は，個人企業から巨大な組織機構をもつ大企業まで千差万別で，またプラント建設など巨大な事業の場合は，商社など，建設業を専業とする者以外の場合もある．一般には，総合工事業者は1工事につき1社の場合が多いが，共同企業体（JV）のように2社以上で，その工事に限り共同で請け負う場合もある．

〔2〕 専門工事業者（サブコン）

総合工事業者は，一般に技能労働者を抱えていることは少なく，専門工事業者に依存することが多い．専門工事業者は，総合工事業者から発注を受けて，その専門とする工事部分を請け負う．

専門工事業者は，請け負った工事を自社の直雇労働者を使って施工することもあるが，さらに重層の下請に請け負わせる場合が多い．

このような生産構造が発達してきたのは，建設業が注文生産であるため，工事量の変動調整には重層下請の構造が順応しやすいからである．また，工事内容の高度化，工法の多様化への対応での専門化，分業化の必要から，ある程度は合理的な側面もある．しかし，施工体制の複雑化は品質保証責任の不明確化や安全管理面での影響が指摘され，検討，改善すべき課題となっている．

総合工事業者にとって建設工事を遂行するための重要なパートナーであり，協力業者と呼ぶことも一般的である．

〔3〕 専門工事業者の種類

総合工事業者は，請負金の中から予算計画を立てて，発注種別に実行予算分類を行い，専門工事業者やサプライヤーと購買契約を結ぶが，その業種を大別すると次のとおりである．

(1) 材料供給：セメント，砂，鉄筋，生コン，仮設材料など．

(2) 労務供給：型枠大工，とび工，土工，鉄筋工，圧接工など．

(3) 外注（材工）：杭，鉄骨，造作大工，左官，塗装，設備など．

〔4〕 技能労働者

建設工事現場での作業に従事する労働者であり，専門工事における適切な作業が求められる．2008年には「登録基幹技能者制度」が始まり，技能面だけではなくマネジメント能力にも優れた基幹技能者の育成，活用が進められている．

引用文献

［1］ 清水建設株式会社 技術研究所編，奥村忠彦，椚隆，栗田守朗著：建設技術の歩み，オーム社（2005）

［2］ 一般社団法人日本建設業連合会：建設業デジタルハンドブック

参考文献

1） 国土交通省：令和5年版　国土交通白書 2023

第2章　施工者の決定と請負契約

建設業法第18条には，私法の基本的考え方のなかの「契約自由の原則」，「信義誠実の原則」をもとに「建設工事の請負契約の当事者は，各々の対等な立場における合意に基いて公正な契約を締結し，信義に従つて誠実にこれを履行しなければならない」と規定している．

2・1　施工者の選定

工事施工者の選定方法には，次のような種類がある．

1 随 意 契 約

建築主，注文者が施工者を任意に選定し契約する方式を随意契約という．

（a） **特　命**　　縁故，特殊技術，緊急，機密などの理由により1社に特定して選定する．

（b） **見積合わせ**　　複数の施工者を見積額，会社概要などを比較し選定する．

2 競 争 入 札

複数の施工者より提示された見積金額，工期などの条件のうち，もっとも有利な条件の者と契約する方式を競争入札という．一般的には最低価格落札方式となる．

（a） **指名競争入札**　　発注者側が入札参加者を指名する．指名方法により従来型指名，公募型指名，提案型指名などがある．

（b） **一般競争入札**　　発注者が工事内容，入札条件などを一般に公開し，希望する施工者すべてが入札することが理想であるが，実際は参加資格に何らかの制限を設けることが多い．条件などを変更しない従来型一般競争入札のほかに，機能，性能を損なわない範囲での提案を含める提案型一般競争入札がある．

最近は，価格だけでなく品質，技術などの価格以外の要素を重視した総合評価落札方式が一般的になっている．

2・2　契約の種類

一般に発注者が工事施工者に一括して依頼する請負方式が多い．そのほか，請負以外に発注者が直接，資材や作業員を用意し建設をする直営方式もあるが，まれである．

請負：民法では「請負は当事者の一方がある仕事を完成することを約し，相手方がその仕事の結果に対してその報酬を支払うことを約することによってその効力を生ずる.」と規定している.

1 請負範囲，施工形態による分類

（a） **総合請負（一式請負）**　工事の全部を一括して単独で請負う方式.

（b） **分割請負**　専門工事別，工程別，工区別などに分けて請負う方式.

（c） **共同請負（JV）**　2以上の業者が共同して請負う方式で，比較的大規模な工事，困難な工事，中小業者または地元業者の育成強化を要する工事などに用いられる.

2 請負金額決定方法による分類

（a） **定額請負**　工事費の総額を確定し契約するもっとも一般的な方式.

（b） **単価請負**　工事項目ごとの単価を契約し実績数量で清算する方式．数量の確定が難しい場合，急ぎの場合などに用いられる.

（c） **実費報酬加算式請負（実費精算）**　材料費，労務費，損料などの原価に打合せにより決められた報酬を加えた金額で請負う方式.

2・3 請負契約

契約は工事請負契約書，工事請負契約約款，設計図書を整えて行われる．工事請負契約に必要な図書は，一般的に建設業法に基づいて作成される契約書や契約約款に詳細が記載されている.

1 請負契約書

請負契約書は建設業法第19条に示す16項からなる内容を書面に記載し，署名または記名押印をして相互に交付することと定めている．しかし，その内容すべてを契約書本文に記載することはまれで，そのうち7項目ぐらいが記載され，残りは約款や設計図書により定めるという文言を記載することが多い.

国土交通省の中央建設審議会や民間（七会）連合協定工事請負契約約款委員会が用意している民間工事標準請負契約約款の書式では，契約書に発注者，受注者のほかに監理者も記名押印し，工事における監理者の関与と役割を明確にし，問題発生の減少につながるようにしている.

2 工事請負契約約款

国の中央建設業審議会や，民間の団体による約款がある．約款は契約書の一部であり，契約の条項をあらかじめ準備し，契約における片務性などをなくし，法の基本理念を実現するための書類である．中央建設審議会の民間工事標準請負契約約款（甲）には，(総則)（工事用地の確保等）（関連工事の調整）（請負代金内訳書及び工程表）（一括委任又は一括下請負の禁止）（権利義務の譲渡等）（特許権等の使用）（保証人）（監理者）（現場代理人及び監理技術者等）（履行報告）（工事関係者についての異議）（工事材料及び建築設備の機器等）（支給材料及び貸与品）（発注者の立会い及び工事記録の整備）（設計，施工条件の疑義，相違等）（図面及び仕様書に適合しない施工）（損害の防止）（第三者に及ぼした損害）（施工一般の損害）（不可抗力による損害）（損害保険）（完成及び検査）（法定検査）（その他の検査）（部分使用）（部分引渡し）（請求及び支払い）（著しく短い工期の禁止）（工事又は工期の変更等）（請負代金額の変更）（契約不適合責任）（発注者の中止権及び任意解除権）（発注者の中止権及び催告による解除権）（発注者の催告によらない解除権）（受注者の中止権）（受注者の催告による解除権）（受注者の催告によらない解除権）（受注者の責めに帰すべき事由による場合の解除の制限）（解除に伴う措置）（発注者の損害賠償請求等）（受注者の損害賠償請求等）（契約不適合責任期間等）（紛争の解決）（情報通信の技術を利用する方法）（補則）の46の項目について取り扱いを記している．

3 設計図書

契約に付ける設計図書という場合は，設計図，仕様書，現場説明書，質問回答書をいうが，一般に設計図書といえば建築物の工事施工または法的出願および契約に必要な図面，仕様書，その他の書類のことを示し，構造計算書なども含める．

（**a**） **設計図**　一般図（意匠図），構造図，設備図からなり，原寸図は含めない．

（**b**） **仕様書**　標準（共通）仕様書，特記仕様書，現場説明書および質問回答書からなる．

標準仕様書には，日本建築学会の標準仕様書（JASS）や国土交通省監修公共工事標準仕様書などがあり，建築工事全般に一般的な仕様が定められ，特記仕様書は，その工事に関する仕様を特定する．

現場説明書は入札などの際，見積り上の補足事項，要望・注意事項などを記述した説明資料である．

質問回答書は見積りに際し，金額を特定できない事項について各社が質問をし，各社の質疑回答を共有し見積条件を統一するためのものである．

設計図書の優先順位は (1) 質問回答書，(2) 現場説明書，(3) 特記仕様書，(4) 設計図，(5) 標準（共通）仕様書　の順番になる．

参考文献

1） 民間（七会）連合協定工事請負契約約款
2） 大岸佐吉，山中五郎：現代　建築生産（第3版），オーム社（1998）
3） 国土交通省大臣官房官庁営繕部監修，公共建築協会編集：建築工事監理指針　令和元年版，公共建築協会（2019）

■■■ **練習問題**

（1） 工事契約に付ける設計図書を列挙し，その優先順位を示せ．

（2） 総合評価落札方式において評価する項目を列挙せよ．

（3） ジョイントベンチャー（JV）の特徴を述べよ．

第3章　施工計画と施工管理

施工計画と施工管理は，建築生産活動における現場実務の大部を占める．設計時点で施工に関する計画を織り込むことが建築生産の理想であるが，実際はなかなか難しく工事契約締結後に作られることが多い．

一般製造業と異なるこの特徴は，発注形式や生産構造の実態から生まれたものであり，具体的には，単品生産，受注生産，屋外現地生産などの理由によるものである．また，建設業では，施工計画と施工管理が同一人（組織体）によって行われることが多く，PDCA（Plan，Do，Check，Action）デミングサイクルの管理手法を適用できる．建設業の施工計画，施工管理をさらに分けると，それぞれ，工法・技術と施工運営にわかれる．品質・コスト・日程・安全・環境（QCDSE）に関する管理（control）と経営（management）とも言い換えることができる．近年はほかの産業と同様に，国際標準の考え方を取り入れ，単に「品質」を追求するだけでなく，「責任」や「保証」を体系的に実現することも一般化してきた．

3・1　施工計画

施工計画とは，施主の要求する建築物を生産するため，設計品質を作り込むように，これに関わるすべての方針，方法，手順，日程および品質保証方法を合理的に選定することである．したがって，設計者と施工計画者が協調するほど理想的である．

施工計画の内容を，以下の6項に分けて述べる．

1　準備作業　－施工計画のための調査事項－

〔1〕　工事内容の把握

優れた施工計画を立てるには，工事内容を十分理解しなければならない．

そのためには，以下の点に留意することが重要である．

（a）　施主の真のニーズの理解　　施主と入居者および使用者とでは，必ずしもニーズは一致しない．施主，設計者，施工者の間での確認が必要である．

（b）　設計図書の理解　　建物の規模，主な数量，指定工法・品質，工期，特記事項を理解することが重要となる．

〔2〕 **敷地状況調査**

敷地の形，障害物，埋設物，架空障害物，隣接道路の形状および高低差，道路埋設物などの調査を行う．このことは設計前に行われているはずであるから，着工前にはその確認を行うことになる．

〔3〕 **近隣状況調査**

近隣の建物の構造的状況調査，近隣の生活圏の調査，道路交通状況の調査，公共的施設の内容と利用状況の調査などが設計段階から必要である．着工に当たっては，その実情に合わせた仮設計画を立て，近隣の同意を得なければ工事に支障をきたすことになるので注意を要する．

〔4〕 **地盤調査**

構造設計のため，設計時に地盤調査が行われるが，実際の施工のためには情報が不足し，追加の調査が必要となることもある．特に，施工計画に必要な根切り方法，排水工法，山留め工法，基礎工法などの判断資料として，地下水位や被圧水測定，土の粒度分布，力学特性なども設計時の調査事項に含めておくとよい（第5章5·1節を参照）．

〔5〕 **電波状況調査**

テレビ電波，通信回線などの状況を確認し，工事中および竣工後の対応策を検討しなければならない．

2 現場運営計画

〔1〕 **組織編成計画**

単品，受注生産であるため，その現場に応じてプロジェクトチームを編成しなければならない．適切な時期に必要な期間，必要な技術や能力をもった人々を現地に配置するためには，現場にもっとも適した組織計画を早期に立案することが第一である．

組織編成計画の基本は，規模，工期，特殊工事および立地条件などを考慮し，判断することである．具体的には，現場責任者を定め，その任務を遂行するために必要な組織編成を行う．したがって，企業によって現場配員の考え方は少しずつ異なる．現場組織の標準的な形態は表3·1に示す形であり，規模が大きくなれば工事係が工区別に増えていくことが多い．

表3·1 現場組織

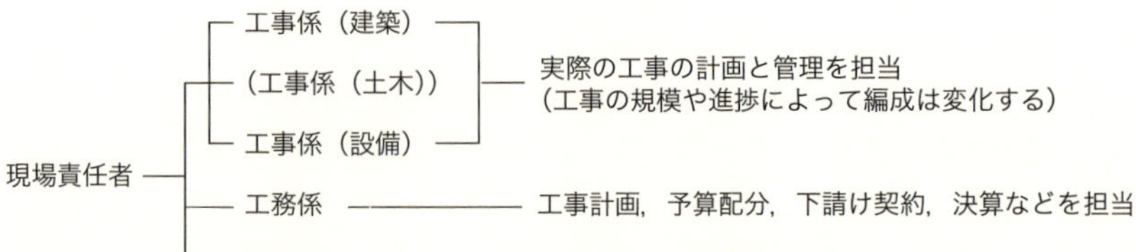

現場責任者の役割（現場代理人，作業所長とも呼ぶ）は多岐にわたるが，主なものを以下に記述する.

① 事業者としての法的責任（事業所設置，（統括）安全衛生責任者など）

② 発注者（施主側）に対する代理責任（現場代理人）

③ 安全管理推進責任（（統括）安全衛生責任など）

④ 品質保証責任（技術に関しては別に監理技術者または主任技術者を定めて処置する場合もある）

⑤ 環境保全責任（地球環境保全のための建設業者としての対処）

⑥ 対外折衝責任（関係官公庁，近隣）

⑦ 原価管理責任（適正な原価の処置と利益の確保）

⑧ 下請および協力業者に対する責任（契約·協定内容の履行および現場の管理指導）

〔2〕 原価管理計画

見積書（契約見積書＝元積り）から工事原価を想定し，労務，資材の手配ができるような実行予算を作成することである．さらに，出来高予定に対する入金計画，支払計画を作成，管理する.

〔3〕 労務管理計画

外注作業員に対する労働環境や管理規定を定めて，安全で健康的な作業環境を計画し，また，工程に応じた労務手配，充足のための計画を立てることである．現場の社員に対しては社内規程を適用する.

3 工法・手順計画

設計品質（設計図書の内容）を正しく作り出すためには，設計品質を十分理解したうえで，1 項「準備作業」で得た資料をもとに，主な工法を選定し，全体の手順を計画することである．すなわち，施工計画の中の技術的な実務での第一ステップであり，言い換えれば工程計画の準備作業である．これらの判断の要件となるものは，①品質（Q），②経済性（C），③納期（D），④安全性（S），⑤環境（E）である.

〔1〕 工法，手順計画の着眼点（工法によって全体の工程に影響が大きい工事）

① 特殊基礎および杭工事の工法検討と次工程への条件整理

② 根切り工事および山留め・排水工事の工法検討

③ コンクリート打設と鉄骨工事の手順確認（構造上の確認と，仮設設備の施工性と安全性の確認）

④ カーテンウォールや PC 版などの外装工事の手順確認（施工性の確認）

⑤ 設備機械室の位置による設備工程と仕上工程の納期条件の検討（必要工事日数の確認）

①，②については，現場の敷地や土質の条件によって工法が選定され，その工法によっ

て工事の手順も大きく変わってくる．一例を以下に示す．

〔山留め壁工事〕→〔杭工事〕→〔根切り工事〕

〔杭工事〕→〔山留め壁工事〕→〔根切り工事〕

〔根切り工事〕→〔杭工事〕→〔根切りおよび山留め工事〕

さらに，①，②の工程の中にコンクリート工事や鉄骨工事が入り込んでくる場合もある．「逆打ち工法」や「ケーソン工法」はその特殊な場合である．

③は，鉄骨が躯体のどの部分から建つかによっても手順が変わってくる．特に地下階がある場合は，工法，手順を大いに工夫すべきである．

④は，外装工事におけるカーテンウォールやPC版はどの時期に取り付けるかが，全体工程とコストに大きく影響を与える．また，取付けのための機械設備の選定によって躯体工程の手順にも関連がある．

⑤は，設備機械室が建物のどの位置にあるかによって，設備工事の工程と仕上工事の工程が全体工程の中で不足する場合がある．例えば，空調機械室が地下室にある場合と，途中階にある場合，最上階にある場合とでは設備工期に大きな差ができる．仕上工程との関連も大きく変わってくる．

設備工事の工期不足の場合は，躯体工程の工夫や設備機器の先行搬入などの仕上工程の工夫をしなければならない．

4 仮設工事計画

工法，手順計画の基本事項が定まった時点で仮設計画をはじめ，その検討結果をさらに工法，手順計画に反映し，練度を上げていく．仮設設備は建築物が完成すると撤去し後に残さない設備である．したがって，この計画の巧拙は工事全般の出来栄えや経済性や納期に大きく影響するため，もっとも効率的で，安全かつ経済的に計画されなければならない．仮設には，各工事に共通して関連する共通仮設と，特定の工事に関係する直接仮設とがある（表3·2）．

次に，これらの仮設を計画し実施するための表現手段として計画図を作成する．計画図の作成は基本的には現場技術員の仕事であり，計画の検討を繰り返しながら作図と修正をし完成する．通常，作成する計画図は次のようなものである．

① 総合計画図（全体平面図，立面図，断面図）

② 仮囲い，工事事務所，倉庫・下小屋，労務宿舎などの計画図（総合計画図に組み入れる場合が多い）

③ 足場桟橋計画図

④ 仮設道路計画図，トラック桟橋計画図，材料取込み桟橋計画図

⑤ 荷揚げ・荷降し設備計画図

⑥ 工事動力・電灯設備計画図，工事用給排水設備計画図

表 3·2　仮設の分類

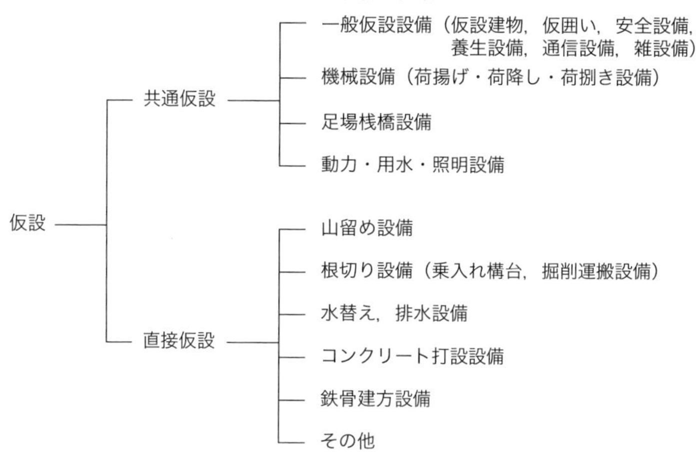

⑦　直接仮設計画図（各工事に必要な施工機械設置計画や足場計画など）

⑧　隣接建物養生・復旧計画図

⑨　公共施設物，地下埋設物の養生・復旧計画図

5 工程計画

一般に，製造業における“工程”というのは，作り込むシステムや手順，管理内容を決め込んだものであるが，建設業は単品生産で，しかもフィールドワーク（屋外現地生産）であるため，工期を守るための手順と日程が最重要事項であり，工程計画とは工程表を作成することとして考えられてきた．しかし，日本経済の高度成長期における社会的要求から，工期短縮と省力化（コストダウン）に重点が置かれ，建設業の工程計画，工程管理にも多様な管理要素を組み入れて考えざるを得なくなった．安定成長期に入り，省エネルギーと品質保証の理念が導入され，適正工期判断の重要性が再認識され，工程計画がさらにいろいろな角度から検討されるとともに，その手法も多様化してきた．

適正工期とコストとの関係は，概念的には図 3·1 に示すようになる．また，適正工期は，工費，品質，安全と環境の 4 点から総合的に定まる．

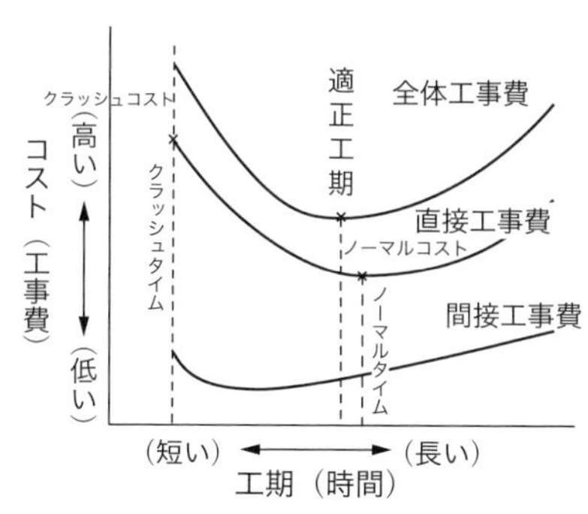

図 3·1　建物のコストと工期

〔1〕 工程表の種類

（a） 管理目的や内容による分類

(1) 総合 (基本) 工程表：着工から竣工まで全期間，全工事種目について表したもので，横線式工程表 (バーチャート工程表)，簡略式ネットワーク工程表が主に使用される (付録の資料-1，2 を参照).

(2) 期間別全体工程表：月間工程表，旬間工程表，週間工程表として使われるもののため，工事の進捗度を総合工程表と照合し，現時点より一定期間内の工事を再計画し，細部にわたって作成するもので，横線式工程表やネットワーク工程表が使用される.

(3) 工事別工程表：与えられた期間における工事の進捗度を明確にし，労務，資材，機械の使用予定も細部計画したもので，表現方法は実情に合わせて工夫されたものが多い.

(4) 手配管理工程表：材料使用工程表，機械使用および使用電力工程表，労務使用工程表などであり，使用する時期と数量を表し，手配，入場の計画と管理を行う工程表である.

(5) 出来高管理工程表：工事の出来高を管理する目的のもので，斜線式工程表が主に使われる．場所ごとに出来高実績を管理するためには図形式工程表が使われる.

（b） 工程表の形態による分類 (付録の資料-1，2 を参照)

(1) 横線式工程表 (バーチャート，ガントチャート)：もっとも普及している形式で，横線の長さが作業の所要時間を表し，生産経路を非常に単純な形で表す.

- バーチャートの特徴

〔長所〕

① 各工事種目の全体に対する工事時期がわかりやすい.

② 各工事種目の着手および終了日が明示されているので見やすい.

〔短所〕

① 各工事の相互関係や順序関係を表現しにくい.

② 工期に見合うような単なる作図になりやすい.

③ 線の長さにより，工事の進捗度，緩急度を判断しなければならない.

(2) 斜線工程表：期間と出来高の関係や期間と施工場所の関係を表現するのに適しているが，工事の関連性を表すのには向いていない.

(3) ネットワーク工程表：ネットワーク手法として，PERT[*1]，CPM[*2] が代表的に

＊1　PERT は，1958 年にアメリカ海軍軍需局の特別計画室によって，ポラリスミサイル計画の開発過程における日程計画とそのコントロール技法として考え出されたもので，Program Evaluation and Review Technique の頭文字からこの言葉が生まれた.

＊2　CPM とは，PERT 開発と同じころ，民間会社であるデュポン社のモーガン・R. ワルカー氏を中心にレミントン・ランド社のジェイムス・E. ケリー氏などによって開発され，Critical Path Method と名づけられ，その頭文字をとったものであり，日程とコストとの関連から，工程の設定に当たって，費用最小の条件で最適の工期を求めることを目的としている.

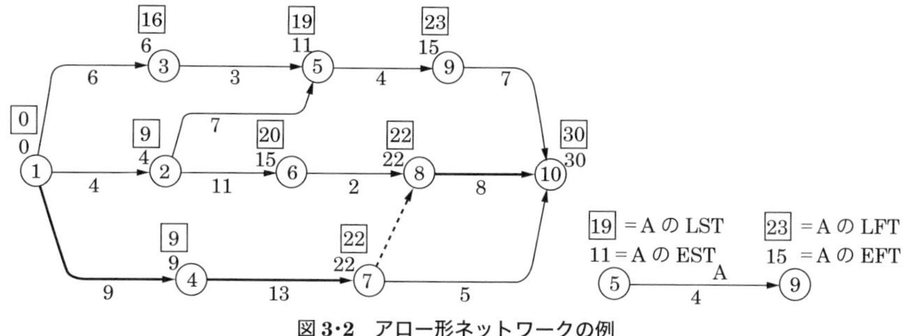

図 3·2　アロー形ネットワークの例

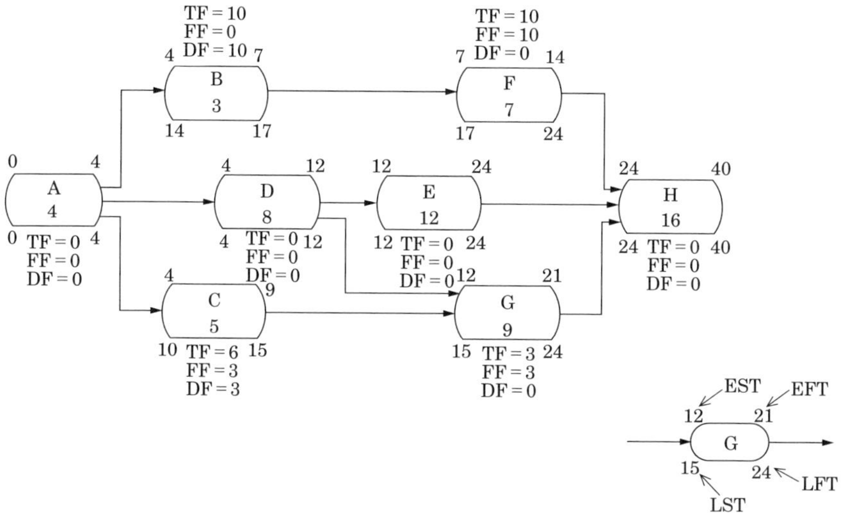

図 3·3　サークル形ネットワークの例

扱われており，アロー形ネットワーク（作業を矢線で表す）（図 3·2）とサークル形ネットワーク（作業を丸印で表す）（図 3·3）とがある．

〔長所〕

① 個々の作業関連が図示されているため，わかりやすい．

② 工程管理の急所（クリティカルパス）が明確化する．

③ 進捗日数，緩急度が明確に数字で表せるので説得力がある．

④ コンピュータが利用できる．

〔短所〕

① ほかの工程表より作成に時間がかかる．

② 作成およびチェックに技能が要求される．

③ 実際の作業は区切りよく移行しないため，進捗管理に当たって特別の工夫がいる．

④ 工事途中での修正は手間がかかる．

〔2〕 ネットワーク工程表の作成

工程表の形態によって表現方法は異なる点もあるが，工程計画を立案する基本は変わらない．つまり，手順計画と日程計画をもって工程計画と呼ぶ（表3·3）．手順計画とは，❸項「工法・手順計画」で述べたような基本手順の考え方をもとに，目標達成に必要な作業，作業順序，所要時間および資源などを決める計画である．日程計画とは，指定工期，手持ち資源などの制約のもとで計画達成に必要な作業の日程を決める計画である．その内容を表3·3に示す．

表3·3　工程計画

工程計画	手順計画	① 単位作業に分解する．
		② その作業の順序づけを行い，関連づけを行う．
		③ 各作業時間を見積もる．
	日程計画	④ 時間計算を行う．
		⑤ 作業不能日（雨天日数など）を考慮する．
		⑥ 全体工期から調整を行う． （時間圧縮，分割やラップ作業，工法変更など）
		⑦ 工程図を作成する．

（a） ネットワーク手法の基本事項　用語と記号は日本建築学会「ネットワークによる工程の計画と管理の指針」で用いられているものを表3·4に示す．

次に，ネットワークの計算方法についてはアロー形もサークル形も基本は同じであるから，アロー形ネットワーク（図3·2）についての計算例を図3·4に示す．

（b） ネットワーク工程表作成の手順

(1) 作成の準備：❶項「準備作業」，❸項「工法・手順計画」，❹項「仮設工事計画」で述べた内容が，そのまま作成の準備作業でもある．つまり，概略の施工計画，立地条件および気象条件，作業量の把握，労務者および工事機械の作業能率（歩掛）の資料，材料や労務の調達に関する市場調査資料などを整理し検討することが準備作業である．

(2) 作成の見積り：ネットワーク作成に当たっては，下記の手順を踏まえてから実務的ネットワークの見積り作業に入る．

① 工事内容と管理目的を分析し作業配列を考える．

② 作業の細分化，集約化を検討する．

③ 技術的従属関係や相互関係をネットワークに表し，その後，次の実務に入る．

④ 作業量，数量，歩掛から，必要延べ人員，必要延べ機械台数を見積もる．

表 3·4　ネットワークによる用語と記号

	用　語	意　味	記号	対応英語（参考）
1	プロジェクト	ネットワークに表現しようとした対象工事		Project
2	ネットワーク	作業の順序関係を矢線と丸印で表現した網状図（JISのスケジューリングでは矢線図といっている）		Network
3	工程計画	プロジェクトの工程を計画することで手順計画と日程計画を含めた計画		
4	手順計画	目標達成に必要な作業，作業順序，所要時間および資源などを決める計画		Planning
5	日程計画	指定工期，手持ち資源などの制約のもとで計画達成に必要な作業の日程を決める計画		Scheduling
6	作業	プロジェクトを構成する作業単位		Activity もしくは Job
7	ダミー	アロー形ネットワークにおいて，正しく表現できない作業の相互関係を図示するために用いる矢線		Dummy
8	結合点	アロー形ネットワークにおいて作業（またはダミー）と作業（またはダミー）を結合する点およびプロジェクトの開始点または終了点		Node もしくは Event
9	所要時間	作業を遂行するのに必要な時間	D	Duration
10	時間計算	ネットワーク上で所要時間をもとに作業時刻，結合点時刻，工期，フロートなどを計算すること		
11	最早開始時刻	作業を始めうるもっとも早い時刻	EST	Earliest Starting Time
12	最早終了時刻	作業を終了しうるもっとも早い時刻	EFT	Earliest Finish Time
13	最遅開始時刻	プロジェクトの工期に影響のない範囲で作業をもっとも遅く開始してもよい時刻	LST	Latest Starting Time
14	最遅終了時刻	プロジェクトの工期に影響のない範囲で作業をもっとも遅く終了してもよい時刻	LFT	Latest Finish Time
15	結合点時刻	アロー形ネットワークにおいて時間計算された結合点の時刻		Node Time
16	最早結合点時刻	最初の結合点から対象となる結合点に至る経路のうち，時間的にもっとも長い経路を通ってもっとも早く到達する結合点の時刻	ET	Earliest Node Time
17	最遅結合点時刻	任意の結合点から終了結合点に至る経路のうち，時間的にもっとも長い経路を通って，プロジェクトの終了時刻に間に合うぎりぎりの開始時刻	LT	Latest Node Time
18	指定工期	あらかじめ指定されている工期	To	
19	計算工期	ネットワークの時間計算によって求めた工期	T	
20	残工期	アロー形ネットワークでは，ある結合点から終了結合点に至る最長パスの所要時間サークルネットワークでは，ある作業から最後の作業に至る最長パスの所要時間	T	
21	パス	ネットワークの中で二つ以上の作業の連なりをいう		Path

表3·4　ネットワークによる用語と記号（つづき）

	用語	意味	記号	対応英語（参考）
22	最長パス	アロー形ネットワークでは，任意の2結合点間のパスのうち，所要時間のもっとも長いパス．サークル形ネットワークでは，任意の2作業間のパスのうち，所要時間のもっとも長いパス	LP	
23	クリティカルパス	アロー形ネットワークでは，開始結合点から終了結合点に至る最長パス．サークル形ネットワークでは，最初の作業から最後の作業に至る最長パス	CP	Critical Path
24	フロート	作業の余裕時間		Float
25	トータルフロート	作業を最早開始時刻で始め，最遅終了時刻で完了する場合に生ずる余裕時間	TF	Total Float
26	フリーフロート	作業を最早開始時刻で始め，後続する作業も最早開始時刻で始めてなお存在する余裕時間	FF	Free Float
27	デペンデントフロート	後続作業のトータルフロートに影響を及ぼすようなフロート	DF	Dependent Float
28	スラック	結合点のもつ余裕時間	SL	Slack

（日本建築学会ネットワーク指針より抜粋）

⑤　作業空間の大きさ，手配の制限などから，単位時間当たりの就労人員と使用機械台数の能率的な数量を見積もる．

⑥　以上の条件に天候による稼働可能日を考慮し，作業に要する実働必要時間（Duration，通常は日数）を求める．

(3) 日程計算（時間計算）：ネットワークに表された作業に所要時間が記入されることにより，開始結合点から終了結合点に至るまでのすべてのルートにわたって時間が計算され，各結合点における時刻や個々の作業の着手可能時刻，終了時刻，加えて，それぞれの作業の余裕時間ならびにプロジェクトの完成に必要な日数を求める．このように

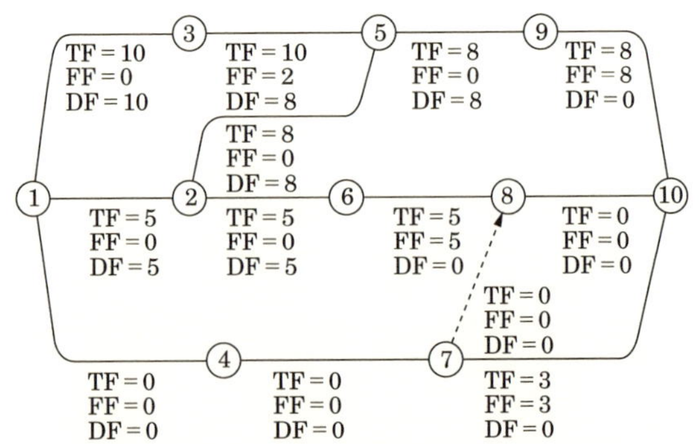

図3·4　ネットワークの計算例（図3·2の計算）

して求められたものを計算工期と呼ぶ.

これらは，簡単なものは手計算によって行うが，複雑なものはコンピュータを用いる.

6 安全衛生管理・環境対策計画

工事の安全は，工事を担当する企業にとって，その存続をも左右するほどの重大目標でもあり，発注者である建築主にとっても重大な関心事である．また，法的に種々の規制が定められており，建設の技術面でも高度な知識と管理技術とが要求され，現場運営業務として大きなウエイトを占めている.

安全衛生管理計画とは，工事を安全に行うための「人」,「組織」,「物」,「機械」をどのように管理していくかの計画である．よって，計画の実務としては，安全衛生管理運営計画（人，組織）と安全衛生設備計画（物，機械）とに区別できる.

〔1〕 安全衛生管理運営計画

（a） 安全衛生管理体制の確立（安全衛生法第14条，第15条） 統括安全衛生責任者・元方安全衛生管理者の選任(常時50人以上の現場の元請), 安全委員, 火元責任者, 各種作業主任者.

（b） 各種管理体制の設置（安全衛生法第17条） 安全協議会，安全大会，ツールボックスミーティング，朝礼など.

（c） 災害防止対策の立案（安全衛生管理計画表） 工程に応じて危険予知を行い，防止対策を5W・1H（Who，When，Where，Why，What，How）で表現する．日常的には，安全当番，安全パトロールなどの推進計画を立案する.

〔2〕 安全衛生設備計画

これは実務的には仮設工事計画と明確に区別できないため，具体的内容は第10章「安全と環境問題」で述べることとする．安全設備と称せられる事項は下記による.

① 墜落防止や飛来落下に関する設備（ネット，シート，防護棚（朝顔），親綱（命綱），手すりなど)

② 足場桟橋に関する設備（外部足場，つり足場，階段タラップなど)

③ ガス爆発，有機溶剤に関する設備

④ 溶接，防火に関する設備

以上のほかに，衛生面の設備についても種々の法的規制や基準が定められているため，その基準を満足する，より効率的な設備の計画を作らなければならない.

3・2 施工管理

施工管理とは，設計で定めた品質を期日までに低コストで，安全に作り上げるために，施工計画で定めた目標に沿って計画を実践する業務である．それは，デミングサイクル「PDCA」のDとCとAであり，内容は「施工運営上の管理」と「工法技術上の管理」

に区分される．それらの意図を明確にするため具体性をもたせた「目標管理」，「方針管理」が基本である．

1 監理と管理の違い

「監理」とは，「工事監理」のことを示し，建築士法第２条第８項に，「この法律で「工事監理」とは，その者の責任において，工事を設計図書と照合し，それが設計図書のとおりに実施されているかいないかを確認することをいう．」と規定され，さらに設計内容が不明確である点，不備不足の点を調整，修正することも含まれる．

「監理者」は，上記の役割のほかに，施主の代行としての役割，設計者の代行としての役割という二面性があり，形態としては図３·５に示す四つのタイプに大別できる．一方，施工管理として使われる「管理」とは，施工者が目的を達成するために立てた自らの計画を実行していく過程での業務そのもので，「監理」と「管理」はまったく異なる業務である．

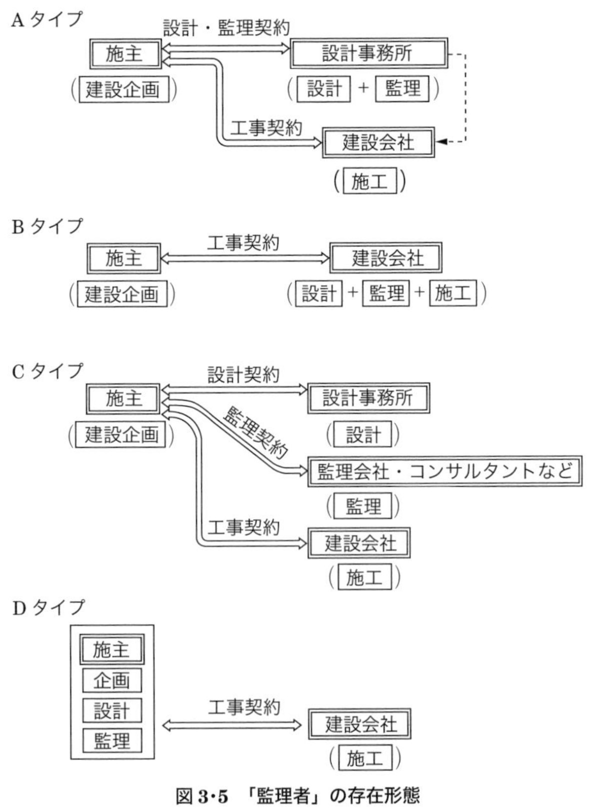

図３·５ 「監理者」の存在形態

2 品質管理，品質保証

日本における建築生産の歴史をみると，良い仕事をなし遂げようとする伝統的な考え方を無視することはできない．それは，技能を誇りとする建築（建設）労働者，いわゆる“職人”に依存してきたことである．

古い時代から受け継がれてきた伝統的な建築活動は，いわゆる「職人気質（かたぎ）」の棟梁の差配により，大工，左官などの職人を主体に技能を競う形で発展した．そこでは常に技能と人柄が要求され，自らが工程能力（腕，技）を備えていなければならず，施主の期待に反する仕事をする不誠実な者は“出入り差止め”という厳しい処置がとられた．このように，自らが管理意識を高め「組」という連帯組織へと発展した．近年に至り，西洋式建築が登場，技術面での多様化が進み，新しい建材も使われ，建築労働者にも新職種が誕生した．さらに時代の変化に伴い，建設工事をめぐっての不具合が社会問題化するようになった．この対応として認められるものが，1935 年警視庁に材料検査所が設けられたことに始まり，1950 年後半から建築の標準化・規格化の考え方が導入され，建築基準法の制定につながった．

同時期，製造業では品質管理手法の導入が始まり，統計的品質管理（SQC）の試みがなされる時代となり，1960 年代になって，日本独自の「TQC（Total Quality Control）活動」に発展した．これは，経営の観点からの品質管理の見直しといえるものである．さらに“QC サークル活動”という小集団活動が加わり，「品質保証」という理念も導入され，世界に注目される TQC（全社的品質管理）活動として発展した．さらに，その流れは「KAIZEN」，「シックスシグマ手法」などの生産管理手法に発展し，日本の製造業を支えている．

建設業界では，標準化，規格化の努力が繰り返され，ZD（Zero-Defect）運動や VE（Value-Engineering）運動といった，コストダウンにつながる品質管理の努力がなされ，1970 年代に入り TQC を導入し始めた．その後 1990 年代に入り国際化が進むと自社の品質確保のためのシステムが確実なものであることを示すため ISO9000 シリーズ（現在はファミリー）を導入し第三者認証機関からの認証を受け，さらに環境問題に対しても ISO14000 ファミリーを導入し認証を受けている．世界的に SDGs の取組みが進むと，日本の建設産業も同様に，その目標達成のために ISO の各規格の仕組みを利用しシステマティックに活動を進めている．

3 施工管理の急所

施工計画が完璧で正しければ，施工管理とは，その計画どおりに実行するのみでよい．しかし，施工計画は，技術的経験やデータからコストと納期，環境などの諸条件を加味し作られた，“ベター”な案で，実際の施工段階では，計画時とは条件設定そのものが変化することもある．そこで，施工管理の基本的取組み姿勢を以下に述べる．

① 施工計画どおりに進んでいるかチェックする.
② 進んでいれば，結果は良いか，目標どおりであるか評価する.
③ 進んでいなければ，実施方法，計画など，何に問題があるか，よく調べ分析する.
④ 真の問題点を見い出し解析し対策案を作り，施工計画を修正する.
⑤ さらに実施し状況をチェックし，結果を評価する.
⑥ 次への標準化のために反省，整理し，フィードバックに備える.

このような基本的取組み姿勢で，各企業の品質保証体系システムの正しい運営の元で施工管理を行えばよいわけである.

現場の組織は標準的には，表3·5に示すような分担とすることが多い．工事種目や取引業者別に担当を割り当てる工事別担当方式（表3·5(a)）と，場所による工区別担当方式（表3·5(b)）がある.

そこで，実際の施工に当たっての管理上の急所になる項目を次に列記する.

表3·5　現場組織分担表

（a）工事別担当方式

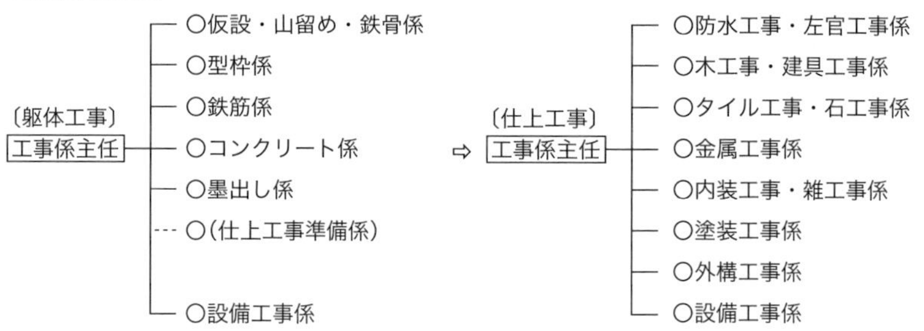

（b）工区別担当方式

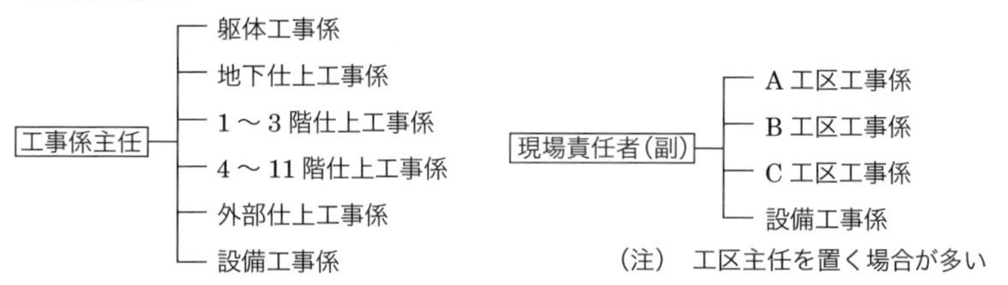

〔1〕 現場運営管理のポイント

① 現場係員の配員と職務分担を現場の実情に合わせて実施する.
② 原価管理計画に基づく原価の把握と支払，入金の調整をする（具体的には実行予算に対する決算予想を行い，出来高，支払と入金の確認を行い，不良の場合に対策を講ずる).

③　労務手配と充足率を把握し，見通しをつける．

④　下請業者の労務管理状況のチェックを行う．

〔2〕　工程管理のポイント

①　クリティカルパスの重点管理をする．

②　キーポイントとなる日を設定し厳守する（工事全体を左右する重要な節となる完了日，例えば，基礎部の完了日．1階や最上階の躯体完了日，受電日など）．

③　施主や監理者の承認事項を計画管理する．

④　労務充足状況の把握と作業終了予想の見極めをつける．

⑤　遅延の場合の原因分析と対策立案をする．

〔3〕　品質管理のポイント

①　重点管理項目を選定し，特別重点管理を行う（施主のニーズと過去のクレーム発生の資料とから選定する）．

②　施主に対しての保証項目は何かを明確にし，保証値の確認を行う（品質保証書の作成，記録）．

③　正しいデータから施工計画を常に見直し評価し進める．

④　管理チェックシートによる確認作業を行う．

〔4〕　安全・環境管理のポイント

①　法規制による届出業務をチェックする．

②　工程に応じた危険予知やリスク評価を行い，事前対策を行う．

③　日常点検（違った立場で見る）を実施し，異常を発見する．

④　異常に対し速やかに改善処置がとれる体制と意識を持続させる．

⑤　仮設工事計画の常時見直しを行い，コストダウンを図る（着眼点としては，どうしても必要か，ほかの工事にも転用できないか，いつ設置し，いつ撤去するのがもっともよいか，撤去方法を常に検討し設置する）．

4　管理の基礎知識

製造業，商業，サービス業，金融業といろいろな分野があり，そこでは常に管理が行われている．日常生活にも管理という堅苦しい言葉は使わなくとも慣習や約束事があり管理が行われている．物事を順調に進めることは決して悪いことではなく，順調に進めるためにさまざまな考え方・対処法があり，実施されている．

基本はデミングサイクル（PDCA）の繰り返し（スパイラルアップ）である．管理手法にはさまざまなものがあるが，基本は現状把握で，事実を正しく捉えることができなければ出発地点から誤っているため正しい対処方法は見い出せない．論理的，科学的にデータを集め分析する必要がある．統計やアンケート調査，VA，VE，SQC，KAIZEN，シックスシグマなどの手法の詳細は専門書に譲ることにし，ここでは一般的なグラフと，

QC7つ道具について簡単に触れておく．

集めたデータを分析・解析するとき数値的・定量的に考えるための技法で，いずれも可視化によって，誰にでもすぐに問題点がわかり説明を容易にすることが狙いである．

〔1〕 グラフ

数値データをそのまま見たのでは全体を把握できない．そこで視覚的にわかりやすく，全体の状況を早く正しく知るために，グラフを作成する．

- 折れ線グラフ：時間的な変化や項目の推移を見る．
- 棒グラフ：ある時点における大きさの大小を比較する．
- 円グラフ：サンプルの一時点での内訳の割合を示す．
- 帯グラフ：項目ごとの内訳の割合や時間的な変化を示す．
- レーダーチャート：項目ごとの比較や項目間のバランスを見る．

後述するヒストグラム，管理図，パレート図，散布図などもグラフの一種である．

〔2〕 ヒストグラム

データの傾向を判断できるようにするツールであり，データの集合に対し平均値・分布を読み取るためのものである．ヒストグラムはばらつきが顕在するあるデータの集合において，全体の傾向を把握するために用いられる．言い換えると，その工程の姿を知るために用いる．度数を縦軸，計量値を横軸にある幅ごとに区分し棒グラフを作成し，データの集合全体の平均値，分散（ばらつき）の形を把握できる．品質管理においてヒストグラムの分布を読み取り，その結果に基づき次の行動に移すことが重要とされている．ヒストグラムの山の形状から工程の安定性を，山の広がり具合から標準偏差 σ を，規格値を記入することで工程能力や規格外れなどの問題点が存在するかを判断できる（図3·6）．

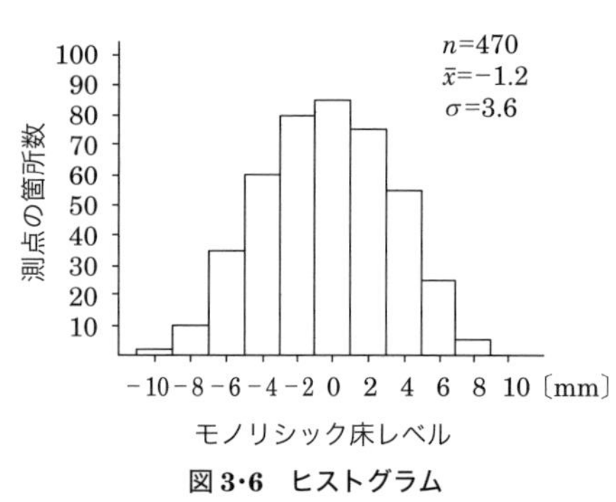

図3·6　ヒストグラム

〔3〕 管理図

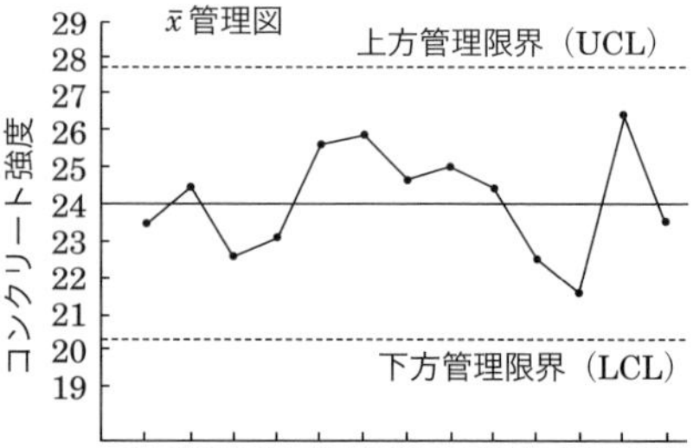

工程の管理を行うためのツールである．管理図は工程が安定状態にあるかどうかを把握するための判断材料となる．時間別などの規則に従ってデータをサン

図3·7　管理図

プリングし集計を取り，その結果を群として系列で折れ線グラフを作成する．管理図では，中心線（CL）と管理限界を示し，点の配置と分布からその管理工程の異常が判断できる．管理限界には上方限界（UCL）と，下方限界（LCL）があり，3σを設定する場合が多い（図3･7）．

〔4〕 チェックシート

記録，点検事項をあらかじめ抜粋しまとめたツールで，記録用と点検用の2種類がある．必要とするデータが何かがすぐにわかり，集めたデータを簡単に集計，整理することが目的であり，その点に注意し作成する必要がある（図3･8，図3･9）．

現場周辺通行人調査

日時　2010/10/26（金）　7:30　～　10:30

性別	年齢	7:30~7:45	7:45~8:00	8:00~8:15	8:15~8:30	8:30
男	成人	//		卌		/
	高大学生		卌	////		//
	小中学生			/	卌 //	
	乳幼児	/				
女	成人	//	///	卌		
	高大学生				卌	//
	小中学生			/	卌 //	
	乳幼児	/		/		

図3･8　チェックシート（記録用）

服装チェックリスト

番号	名前	10/1（月）			10/2（火）			10/3（水）			10/4（木）			10/5（金）			
		ヘルメット	安全帯	袖口等	ヘルメット	安全帯	袖口等	ヘルメット	安全帯	袖口等	ヘルメット	安全帯	袖口等	ヘルメット	安全帯	袖口等	メット
1	K.I	○	×	○	○	○	○	○	○	○	○	○	○				
2	Y.U	○	○	○	○	○	○	○	○	○	○	○	○				
3	Y.Y	○	○	○	○	○	○	○	○	○	○	○	○				
4	H.A	○	○	○	○	○	○	○	○	○	○	○	○				
5	T.N	○	○	○	○	○	○	○	○	○	○	○	○				
6	T.K	○	○	○	○	○	○	△	○	○	○	○	○				
7	T.T	○	○	○	○	○	○	○	○	○	○	○	△				
8	N.A	○	○	○	○	○	○	○	○	○	○	○	○				
9																	

図3･9　チェックシート（点検用）

〔5〕 パレート図

工程改善に用いられるツールである．工程で発生している問題の発生個数や損失金額を現象や原因別に分類し，大きい順に並べて棒グラフおよび累計曲線を図に表したものである．パレート図は工程の改善活動の検討の場において，改善効果が期待できる問題の絞り込みに用いる．工程がもっている問題を分類し図示することで，重点的に改善しなければならない問題を容易に把握できる（図3･10）．

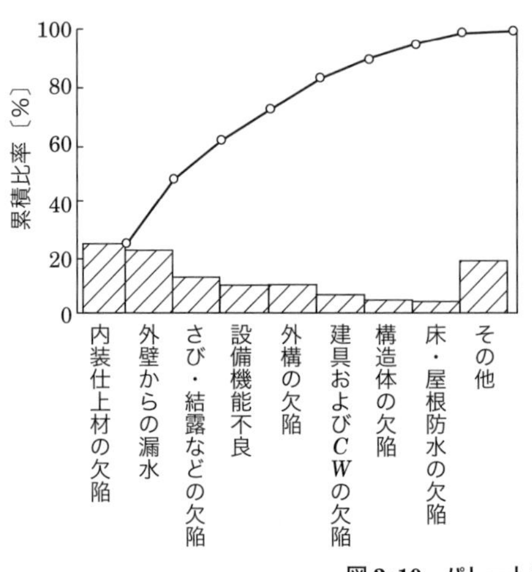

図 3·10　パレート図

〔6〕 特性要因図

問題抽出に用いられるツールで，ある問題に対し関連する原因の洗い出しを行うため，問題（特性）とその発生の原因（要因）だと考えられる事項とを矢印で結んで図示したものである．その図の形状が魚の骨の形に似ていることから，別名魚の骨図とも呼ばれる（図 3·11）．特性要因図は工程のさらなる能力向上を検討する場において有効な手法

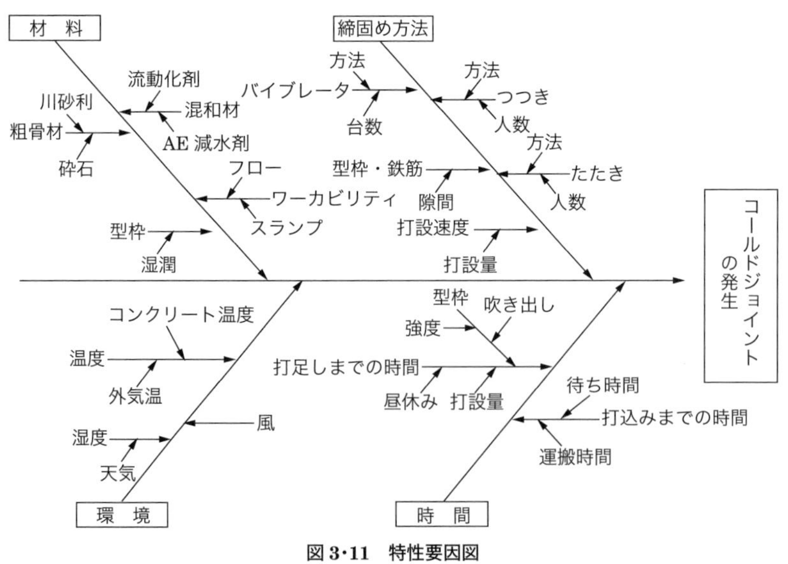

図 3·11　特性要因図

であり，ブレインストーミングなどの方法で抽出し洗い出した要因の関連性を特性要因図に表し，対策を行う要因の順位付けを行うための資料とする．問題に対する要因の層別として4M（人（man）・機械（machine）・材料（material）・方法（method））を大骨とし，その4点に対しさらなる要因の洗い出しを行う．測定器･測定方法（measure），資金（money）を加え5M，6Mを大骨とすることもある．

過去の知識や現場データから推測される要因だけではなく，ブレインストーミングなどの手法を用いて柔軟に要因を探すことが重要である．

目的によって以下のように使い分ける．

(1) 管理用特性要因図（管理すべき要因の列挙目的）：予防目的で管理を必要とする要因をすべて列挙したものである．実行前のため当該工程の実績データがなく，もっぱら知識・経験・理論から心配事を網羅的にトップダウンに列挙し，対策はすべての要因に講じることが多い．

(2) 解析用特性要因図（原因の探索目的）：現に発生したトラブルの現場データ（特徴）を収集し，データから推定した要因を列挙し対策を講じる．この場合，原因を特定し対策を講じる場合と，疑わしいものに逐次対策を講じていく場合がある．

〔7〕 散布図

二つの対となるデータを横軸（原因系）と縦軸（結果系）としてプロットした図である．散布図は二つの変量の相互関係（相関関係）を可視化するのに有効な手法となる（図3･12）．

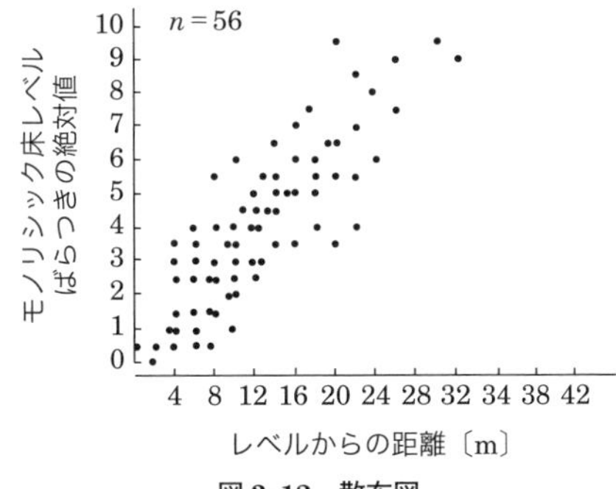

図3･12 散布図

〔8〕 層 別

データを同質なグループ（層）ごとに分けて分析する．例えば，年齢層ごとに分けての分析や，機械ごとや原材料ごとに分けての分析をする．データを集めるうえで必要な考え方の一つである．データを層別化し，分析することによって正確に情報が把握できることがあり，問題の原因判別につながる有効な手段である．

5 品質管理 －建物完成後の不具合－

不具合はクレームという形で判明することが多い．クレームは工事中，完成引渡し後いつでも発生する．なかには，「こんなはずではない」，「知らなかった」，「わからなかった」などの擬似クレームといわれるものもある．これらに対しては，事前のパースなどのプレゼンテーション，仕上表などでの対応から，IT技術の進歩により3D画像，VRなどによる対応も身近なものとなり，将来はさらに進んだものに変わり理解しやすくなるだろう.

本質的なクレームとは，完成引渡し後の建物について，それが請負契約で定めた内容どおりになっていない場合（その種類・品質・数量にかかわらず契約内容に適合していないと判断された場合）のことで「債務不履行」があるといい，工事の請負人が注文者に対し負わなければならない責任を，契約不適合責任という．この責任は，2020年の民法改正により瑕疵担保責任の見直しが行われ，一般の債権と同じ取扱いとなり，注文者または買主は，請負人または売主に修補や代替物引き渡しなどの履行の追完請求（民法562条），損害賠償請求（同415条），契約解除（同542条），代金（報酬）減額請求（同563条）ができるようになった.

この責任を施工者の立場からみた場合，施工上のミスのほかに，その工事の着手前に検討すれば予知できたものについても適用される非常に厳しい規定で，このことを「善良な管理者の注意義務」（民法400条）と言う．したがって，設計ミスであることがわかっていて施工したものや，注文者が指定した材料などが不適当であると知りながら，注文者に通知せずに施工した場合，また，現場技術者が未熟で事前に設計ミスを発見できなくても，施工技術者として当然知っていなければならないとみなされる場合はもちろんのこと，請負人の企業組織をもってすれば解決できるはずのものにも，この規定が適用されることがある.

契約不適合が発生した場合，請負人または売主にさまざまな責任が課せられる．この責任は民法上（566条，637条）では，「請負人（または売主以下同様）が種類又は品質に関して契約の内容に適合しない目的物を注文者（または買主以下同様）に引き渡した場合において，注文者がその不適合を知った時から一年以内にその旨を請負人に通知しない時は，注文者は，その不適合を理由として，履行の追完の請求，代金の減額の請求，損害賠償の請求及び契約の解除をすることができない．ただし，請負人が引渡しの時にその不適合を知り，又は重大な過失によって知らなかった時は，この限りでない.」と注文者または買主の権利の制限として定められている．この改正により，各種工事請負契約約款は，請求は引き渡しから原則2年以内，設備機器，室内装飾，家具等は1年以内，または，2年（設備機器等については1年）以内に通知を行えば通知を行ってから1年間請求等を行うことができ，その場合は上記の期間内に請求等を行ったものとみなす．受注者の故意または重過失により生じたものであるときは引き渡しから10年以内の請求または知ったときから5年以内のどちらか短い方を適用すると定めている．また，住宅に関しては「住宅の品質確保等の促進に関する法律」に基本構造部分（柱や梁など住宅の構造耐力上主要な部分，雨水の浸入を防止する部分）について10年間の契約不適合責任を定め特約で短縮できない強行法規としている.

このように，設計上や施工上のミスが事前に掌握できずに建物が完成し，引渡し後種々の損傷となって現れた場合，そのほとんどは注文者からのクレームにつながり，施工者の側で無償の修理が行われる．この修理に費やされる金額は，完成工事費の1/1 000内外に達しており，平成23年度全建築投資額が約42兆円であるから，単純に計算すると420億円という膨大なロスになっている．建築に携わる者として，この事実を深く銘記するとともに，同じミスを再発させないという姿勢が必要である．

6 品質管理 －チェックリスト－

建物の不具合は，工事着手前の段階で施工者が設計図書を詳細にチェックし，不具合を事前に予測，対策し施工することにより大幅に減らすことができる．特に新しい材料や工法を採用する場合には，内在する問題点を事前に予知できないことがあり，また，何度となく使用した材料，工法でも，建物の立地条件や使われ方によりまったく異なった性質を示すこともある．したがって施工者としては，設計図書に示された個々の仕様，納まりについて，施工者としての実績や経験をもとに設計者に問題点を提起するとともに，実際にその建物を使用する立場に立って考え，要求される機能を損なわないようにしていかなければならない．この場合，特に過去のデータから不具合を指摘される頻度の大きい工事については，設計者と十分な協議が必要である．設計図書の事前検討を進めるに当たっては，過去の不具合事例を収集，分析し体系的にまとめたチェックリストとして作成しておくと便利である．

表3·6は，不具合を事前に予知し，対策をするための図面検討チェックリストの一例である．このようなリストを活用することにより，工事着手前の段階において設計図書をチェックし，将来問題が発生しそうな箇所があれば早期に手を打つことができる．過去の失敗事例と，現在わかっている技術上のポイントについて設計図書をチェックし，施工計画に反映させることにより，建物の発注者，使用者が満足できるものを提供するとともに，施工担当者としても納得のいく品質のものを作ることができる．

建築生産活動における品質保証とは，発注者，使用者からみて満足のいく建物を提供することであり，平易にいえば「良い建物」を作ることである．

発注者・使用者の側からみて「良い建物」とは，次のように集約することができる．

① 建物が，その使用目的に即した機能を有している．

② 種々の故障（雨漏り，結露など）が少ない．

③ メンテナンス（保守）がしやすい．

④ ランニングコスト，メンテナンス費用が少ない．

⑤ 建物が使いやすい．

⑥ 安全かつ無害である．

⑦ 建設費用が少なくてすむ．

⑧ 美観に優れ，触感がよい．

表 3·6　図面検討チェックリスト（例）

部署	現場名					1/7
検討項目	参考資料	原設計	検討結果（良否および対策を必ず記入）	改善提案（Y/N）	実施記録（設計 NO の対策も記入）	工事長チェック
重要保安項目（S 項目）						
【1】設計品質の検討…改善提案						
1　長大片持ち構造はないか						
2　SRC 造鉄骨のかぶり厚さは適正か	施工マニュアル					
3　鉄骨建方の自立安定性はよいか（倒壊のおそれ）	施工マニュアル					
4　上げ裏面の湿式仕上げはないか	技術基準 仕上げ-32					
5　タイルの目地なし仕上げはないか	施工基準					
6　斜め壁の湿式仕上げはないか	技術基準 仕上-16					
7　軒天は耐風下地となっているか	施工基準					
8　重量トイレスクリーンの取付け方法は適正か	ニュース 103					
9　床仕上げは漏れても滑らないか	ニュース 92					
10　地中埋設ガス管はないか	技術基準 設備-3					
11						
12						
着工→現場記入→図面検討会→作業所						

検討項目	参考資料	原設計	検討結果（良否および対策を必ず記入）
重要機能項目（A 項目）			
【1】外壁コンクリートからの漏水防止			
1　ひび割れ対策	ひび割れ対策標準	対策指数 設計　点 施工　点（合否）	
2　外壁の埋込配管の有無	〃	有（　）無	
3　建物の長辺の長さ Exp.，隠し目地の採否	〃	m 両端壁補強有（　）無	
4　湿式仕上げの場合の打継ぎ部の防水処理	ニュース 53		
5			
【2】サッシおよび外部シーリング廻りからの漏水防止（シーリング工			
1　サッシの納り（外壁とサッシの位置）	技術基準 仕上-23		
2　シーリング材の材質	技術基準 仕上-14	メタル部 Con. 他部	
3　ムーブメントと適正な断面寸法	〃	目地寸法 W　D 材質　長さ 仕上色　濃　淡	

設計段階，施工段階を通じて常に上記の観点から建物を見つめ，より良い建物にしていくことがクレームのない建物に結びつくことになる．

参考文献

1）朝香織一，田村恭監修：建設業のTQC，日本規格協会
2）ネットワークによる工程の計画と管理の指針，日本建築学会
3）建築施工管理技術テキスト　技術・施工管理編，地域開発研究所
4）クレームゼロ委員会編集：建築施工上のクレーム，建設経営新社

練習問題

（1）工程表に関する次の記述のうち，不適当なものはどれか．

1. バーチャートによる工程表は，経験を積んでいないと作成しにくいという短所はあるが，簡単でわかりやすいという長所もある．
2. バーチャートによる工程表に工事出来高を表す曲線を記入しておけば，予定曲線と実施曲線とのズレにより，工事の進み具合の概要を知ることができる．
3. 工程表は，工事が進むに従って変えるものであり，着工当初は概略の工程表を用い，工程が安定してから詳細なものを作成するのがよい．
4. ネットワークによる工程の表示法は，多くの種類の施工業者が関連する工事の工程調整用に極めて効果のある手法である．
5. 実施工程表は，建築工事の工程表であっても，最終的には設備工事との工程調整を行ったものでなければならない．

（2）「ネットワークによる工程の計画と管理」に関する次の記述のうち，もっとも不適当なものはどれか．

1. ネットワーク手法は，管理者の判断に必要な情報を提供する手段である．
2. 計画，管理の対象と目的を明確にし，そのうえでネットワーク手法を用いないと十分な効果が上がらない．
3. 今日，建築の現場で用いられている通常のネットワーク手法では，労務を主な管理対象としている．
4. ネットワーク手法の実施に当たっては，企業の上層部から工事直接担当者に至るまで，すべての関係者の十分な理解と協力が必要である．
5. ネットワーク手法の実施に当たっては，工程の計画準備に比べ，管理段階が困難である．

（3）工事現場の管理に関する次の記述のうち，誤っているものはどれか．

1. 工事現場に建築基準法による確認があった旨の表示をしていても，設計図書を現場に備えておかなければならない．
2. 建物の地階の根切り工事またはその他の深い根切り工事を行う場合，地盤調査資料がないときは，地層を適当に想定し慎重に施工する．

3. 型枠支保工の組立てまたは解体の作業を行う場合は，労働安全衛生法に定められた作業主任者を選任しなければならない.
4. つり上げ荷重が5t以上のデリックの運転業務は，デリック運転士免許を受けた者に限る.
5. 足場の組立てまたは解体の作業には，補助作業を除き，18歳未満の者を従事させてはならない.

（4） 契約不適合が発生したときの責任と保証期間について説明せよ.

第4章　仮設と機械

仮設と機械は，その建物を建設していくために必要な一切の装置・道具立てである．建物の品質確保，施工の省力化，工期の短縮や作業の安全性などを目指すためには，施工設備としての向上を図り，仮設や機械の最適を目指すべきである．

仮設・機械は，門，仮設ハウスなどの仮設機材と，クレーン，リフトなどの機械とに分けられる．しかし，昇降する足場もあるため，この区分も明確なものではない．

図4･1　システム足場とクレーン

4・1　仮設設備

仮設設備を構成する要素を仮設材というが，この特徴は

①　反復使用できること

②　組立て・解体の容易なこと

③　軽量でかさばらないこと

などである．

このため現在ではアルミや鋼製品が主流となっている．

1　仮囲い・門扉

仮囲いは，工事現場を外部から遮断し，第三者への安全，盗難防止を図る．高さは2～3 m ぐらいで，種類として，①有刺鉄線柵，②板塀，③リブ鋼板，④パネル式柵がある．

市街地の道路側には，一般にリブ加工したフラットな鋼板で3m程度のものを用いる（図4·2）．有刺鉄線柵は広い構内や人通りの少ない広い敷地の場合に，パネル式は道路工事など一時的な場合に用いる．解体工事などの遮音用には防音パネルを使用する．これらの仮囲いは，突風により転倒したり，さびて美観を損ねたりすることのないよう注意しなければならない．

図4·2　仮囲い・門扉

門扉は作業員や工事用車両の出入口として設ける．幅3.5m，高さ4m以上は必要で，規模にもよるが，ほかの工事作業により使えない場合があるので，2か所以上あるとよい．

ほとんどが鋼製であり，次のような形式がある．

開き戸 ―――――――――――――――― 人用

引き戸（ハンガー式，アコーデオン式）┐
　　　　　　　　　　　　　　　　　├― 車両用
巻き上げ式（シャッター）　　　　　　┘

2 仮設建物

仮設建物には，仮設設備としての機能はもちろん，居住性や美観も求められる．

〔1〕 事務所

施工業者の職員，監理者，協力業者用のもので，一般に現場が見渡せるところに置く．上階を事務室，下階を会議室，食堂，倉庫，休憩室などにする例が多い．建物はユニット式やパネル組立て式になっており，現地で組み立てる．敷地に余裕のない場合は近所の空き地や駐車場を借りて構台を組んだ上に載せて，下を駐車場とする．空き地もない

図4·3　ユニット式仮設事務所

市街地の場合はビルの一角を借りて事務所とする.

最近の事務所は家具･OA 機器をリースで賄うので最新の設備が整う．また，シャワーやロッカー，自動販売機などをそろえ，作業員の労働環境を改善している.

〔2〕 宿　舎

僻地での大規模工事では職員や作業員の宿舎を設置する場合がある．労働安全衛生法，事業所附属寄宿舎規定（労働省令第 25 号）に従って快適なものにし，従業員の健康に気をつける.

〔3〕 下小屋

とび，土工，大工，鉄筋工，溶接工，左官，設備，その他の作業場兼倉庫である．仕上関係者用のものは順次空いたものを使用するか，建設工事中の建物の中に設ける.

〔4〕 詰　所

警備保障会社と守衛・夜間パトロールを契約することが多いため，その居場所となるガードマン BOX も設置する．また，事務所が現場から離れている場合は作業員の休憩所として軽微なものを現場に設けることが多い.

〔5〕 倉　庫

セメント，左官材料，型枠材，機材などのためのものである．セメントを多量に使う工事では専用サイロを置く.

〔6〕 便　所

FRP 製の水洗ユニット式が多い.

3 動力・照明

動力には，三相 200 V，単層 200 V，100 V が必要である．工事計画時に主要機械の使用予定を立て累積して月ごとの使用量を計算して受電する．契約電力が 50 kW を超える場合は高圧受電（6 600 V）となり，自家変電設備（トランスやコンデンサー，遮断器などを内蔵したキュービクル，図 4･4）を設けなければならない．工事初期に受電が間に合わない場合や，ピーク時の補助や停電対策としては防音型の発電機を用いる.

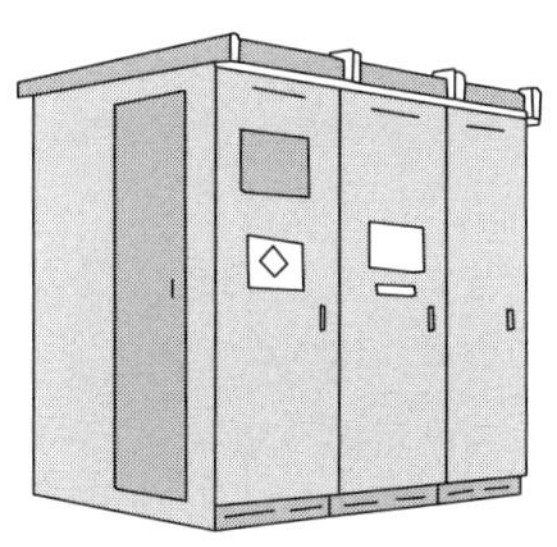

図 4･4　キュービクル

照明は屋内作業と夜間作業に必要である．主にバルーン型 LED 灯やメタルハライド投光器などが，長い通路にはスズラン灯が使われる．屋内ではコンクリート工事開始から工事完了まで，約 100 W/300 m^2 を，屋外は 300 W/1000 m^2 の割合で計画する.

4 給排水設備

水は，地中連続壁や場所打ち杭，洗車，型枠洗い，コンクリート養生，左官工事などいろいろな工事で必要とされる．特に杭工事におけるリバース工法では多量に使われるため，計画のポイントとなる．水源は上水道がほとんどであるが，まれに井戸，河川の場合もある．高所へは加圧して揚げるため，タンクとポンプが一体となった自動揚水ユニットが使われる．

排水としては，利用後の水と雨水，土工事に伴う揚水の放水がある．揚水は特に多量であるため，排水先（下水）の能力を調べておかなければならない．ここで注意すべき点は，沈殿槽を設けて固形物を除き，処理槽を設けて pH を管理することである．モルタルミキサーの洗浄水や泥水にも同じ注意が必要である．

5 通信設備

事務所と職員，職員や作業員またその相互の連絡，クレーンのオペレーターと作業員との連絡調整に用いる．携帯電話が普及しているので特に必要ないが，従来のスピーカーも一斉に知らせる手段として用いられる．事務所が離れている場合は，監視カメラを設置して全体を見られるようにする．現場から図面や検査データを送受信したり，映像や計測データを技術部門や研究部門に送って，監視したり解析したりすることもできる．

6 安全設備

物の飛散・落下防止として，足場のネット，枠パネル，シート，防護棚（朝顔）などが用いられる．作業員の墜落防止として，足場の手すり・幅木，鉄骨工事での安全ネット，開口部のふたおよび手すり，安全帯を付ける親綱などがある．このほかにも，ガス検知器などといったいろいろな安全機器があり，最近とくに改善の努力がなされている．

7 足場

高所作業のための作業台として設けられる仮設構造物で，高さ 1.5 m 以上を足場と呼ぶ．足場の良し悪しは作業性に大きく影響するため，事前に十分検討して計画する．広い意味では，足場付き大パネルや，超高層の外部足場なし工法なども含めて考える．

材料から見ると，以前は木製（丸太足場）もあったが，今ではほとんど鋼製やアルミ製になった．構造・用途による分類は次のようになる．

① 支柱足場

a）本足場 ……………………………………外部用

b）一側足場 ─┬─片足場・抱き足場……養生用
　　　　　　　└─ブラケット足場………軽作業用

② つり足場……………………………………ボルト締め，鉄筋組立て，鉄骨塗装

③ 脚立足場……………………………………天井・壁仕上げ，軽作業用

④ 機械足場……………………………………ゴンドラ，高所作業車

このうち，外部足場として使われるのは枠組足場（図 4·5）や単管足場，くさび緊結

式足場材（図4·6）を使った本足場である．単管足場とくさび緊結式足場は主に規模の小さい場合や不整形な場合に用いられる．

一側足場は敷地の狭い場合に養生として用いられる．隣地よりも高く建てる場合は隣地の上空を借りて，躯体からブラケットを出して本足場をかける．足場には手すり，中・下さんを必ず設け，作業員の墜落防止を図り，物の飛散止するため外側に養生ネットを張り，幅木を設ける．

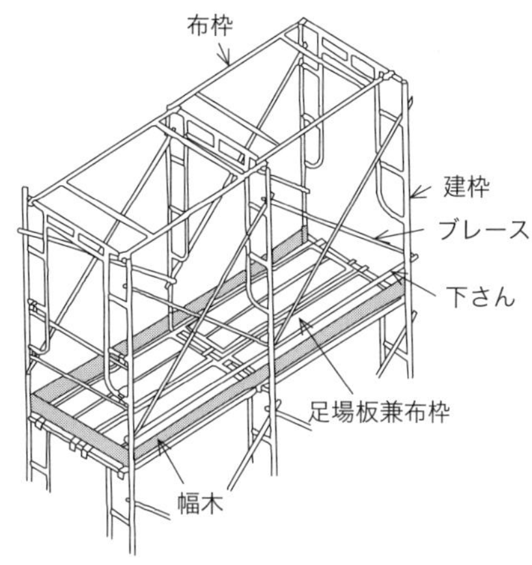

図4·5　鋼製枠組足場

つり足場は，鉄骨の高力ボルト締めなどに使われる．鉄骨造ではこれを塗装にも使う．SRC造では鉄筋の組立てにも使う．過去には，パイプをチェーンでつり下げる方式であったが，今では安全性から鉄骨に地上で足場を取り付けてから建方することが多い．

脚立とは，足の載るところに一定の面積のあるものをいう．ないものには足場板をか

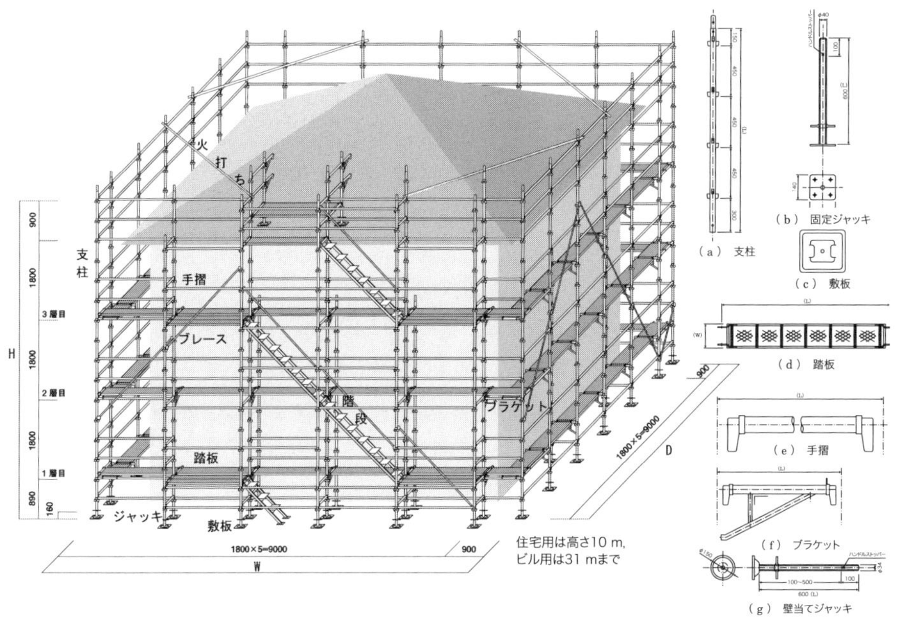

図4·6　くさび緊結式足場とその構成

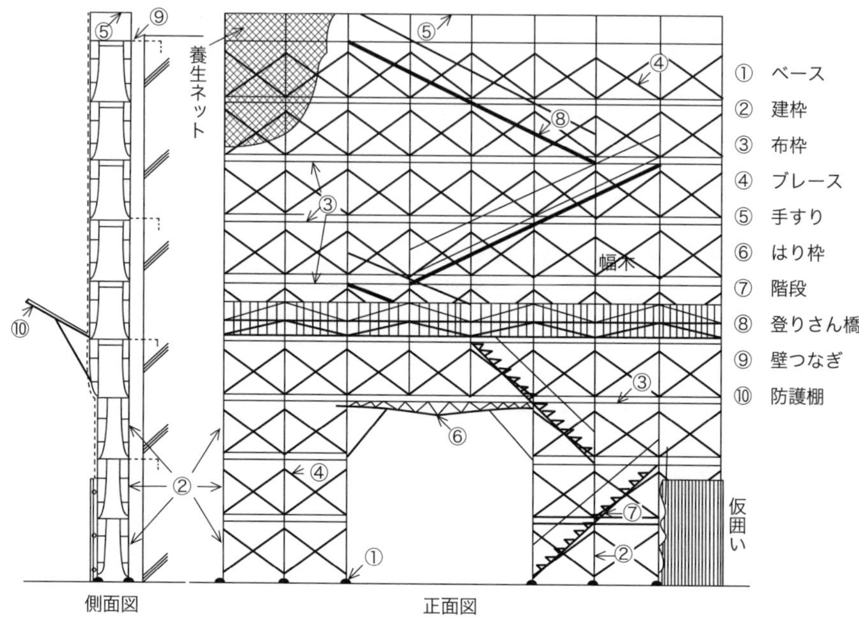

図 4·7　外部足場の構成

け渡して使う．足場板は鋼製かアルミ製で，これを 3 点以上で支持する．

足場は，自重や高さ，構造，材料について，JIS，JASS，労働安全衛生規則により細かな規定があるため，これを守って作業性の良い安全なものを計画しなければならない．幅 40 cm 以上の水平部分，幅木，高さ 85 cm 以上の手すり，一定間隔の壁つなぎが必要である．最近は手すり先行方式の足場が安全のため推進されている．

外部足場には種々の付帯設備がある．例えば，出入口，昇降階段，防護棚，養生ネットまたはシート，簡易クレーンなどである（図 4·7）．

昇降階段は作業員の通路として設ける．壁つなぎは外部足場の転倒を防止するためのもので，建設している建物に固定する．設ける間隔の最低基準は枠組み足場で垂直方向 9 m 以下，水平方向 8 m 以下であるが，外部にネットやシートを張った場合は突風や台風によってかなりの風圧力を受けるので，12 m^2 に 1 本は必要である．

4・2　建 設 機 械

建設業の機械化は，東京オリンピック 1964 や大阪万博のような大型工事や工期の短期化により推し進められてきたが，今では人手不足や生産性の向上が大きな要因である．

動力としては，定置式は電気，移動式はディーゼルエンジンが多い．エンジンによっ

表 4·1　建設機械の分類

用　途	機械名の例
①　基礎・杭用	ディーゼルハンマー，アースオーガー，アースドリル，ベノト機，リバースサーキュレーションドリル，CD 機
②　土工事用	ショベル，バックホー，クラムシェル，ブルドーザー，ベルトコンベヤー，タイヤローラー，ポンプ
③　削岩および破壊用	ブレーカー，ドリル，リッパー
④　鉄筋・コンクリート用	バッチャープラント，ミキサー，アジテータートラック，コンクリートポンプ，バイブレーター，バーベンダー，バーカッター，ガス圧接器
⑤　運搬，積込み	トラック，トレーラー，フォークリフト
⑥　揚重	各種クレーン，リフト，エレベーター，ゴンドラ，ウィンチ
⑦　原動力用	発電機，モーター類，コンプレッサー
⑧　仕上用	モルタルミキサー，電気のこぎり，ドリル，クリーナー
⑨　測定用	レベル，トランシット，トータルステーション，垂直儀，超音波探傷器

て油圧ポンプを働かせ，油圧によって各部を動かすものが多い．これによりコンパクトでかつ能力の大きいものが可能となった．CO_2 削減対策に重機の EV 化が始っている．

現在，建設業で使われている機械の主なものを用途別に分類すると表 4·1 のようになる．

1　基礎・杭用機械

詳しくは 5·4 節「杭工事」で説明するので，ここでは種類だけ列記する（表 4·2）．これらの機械は，作業性の悪い土の上で働くので安定性の良いクローラー台車（ベースマシン）とリーダーやクレーンブームおよび専用機械を組み合わせた形式になっている．

表 4·2　杭打ち用機械の概要

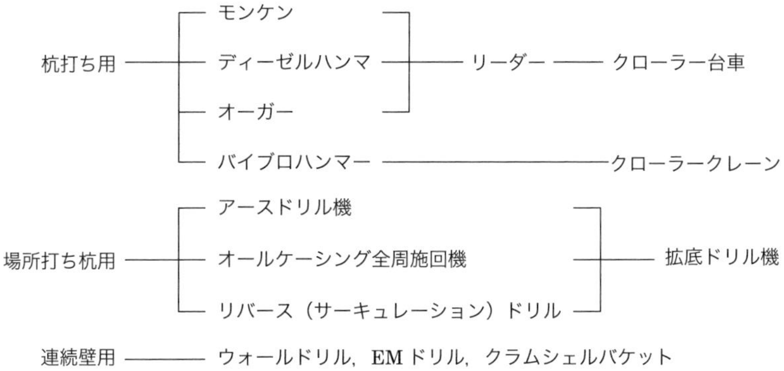

杭打ち用
- モンケン ─ リーダー ─ クローラー台車
- ディーゼルハンマ ─ リーダー ─ クローラー台車
- オーガー ─ リーダー ─ クローラー台車
- バイブロハンマー ─ クローラークレーン

場所打ち杭用
- アースドリル機 ─ 拡底ドリル機
- オールケーシング全周施回機 ─ 拡底ドリル機
- リバース（サーキュレーション）ドリル ─ 拡底ドリル機

連続壁用 ─ ウォールドリル，EM ドリル，クラムシェルバケット

2 土工事用機械

〔1〕 掘削機械

作業地盤が悪いため，機動性に富んだクローラー型が大部分である．

（a） パワーショベル　作業面より高いところを主に掘る．建築ではあまり使われない．

（b） クラムシェル　作業面より低いところの土をつかみ上げる．硬い地盤の掘削は難しい．もっぱら土を揚げて積み込むのに使われる（図4·8）．

（c） バックホー　作業面より上下の土を広く掘る．機敏であるので能力はクラムシェルより高い．掘削では主にこれを用いる（図4·9）．掘れる深さは5〜6 mまでが一般的である．切梁の架かった狭い地下でも小型の機械を使うことが多い．ブーム先端に伸びるシャフトを付けたテレスコ型油圧クラムシェルは10〜25 mまで届くが，揚重が主となるので構台の上に置く．

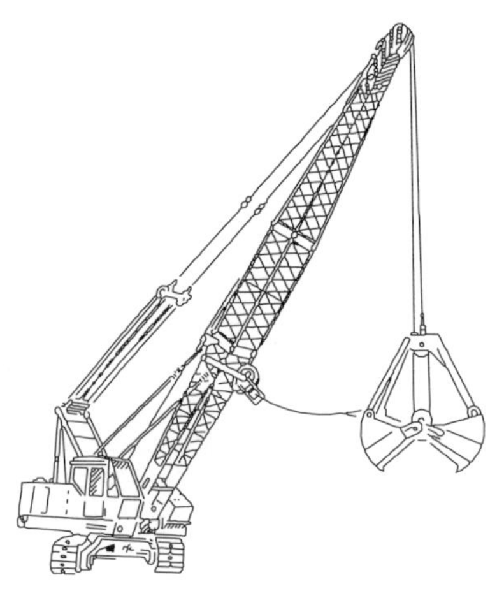

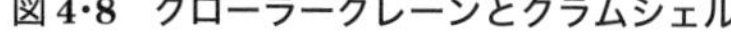

図4·8　クローラークレーンとクラムシェル

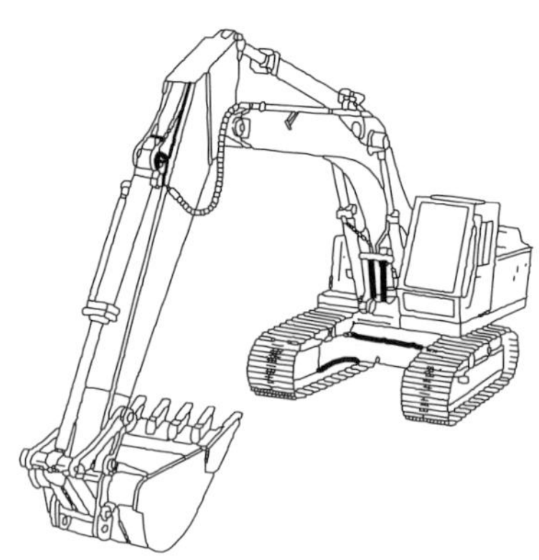

図4·9　油圧式バックホー

〔2〕 掘削運搬機械

（a） ブルドーザー　排土板により地盤をかき取り，運搬，整地を行う．キャタピラーの広い湿地用もある（図4·10）．また，硬い地盤を掘り起こすリッパーを後ろにつけられるなど用途が広い．

（b） スクレーパー　中距離以上の掘削，運搬，敷きならしを行う．けん引式と自走式がある．大規模な造成などに使われる．

（c） トラクターショベル　バケットで下から土をすくい上げ運んだり，積み込んだりする（図4·11）．

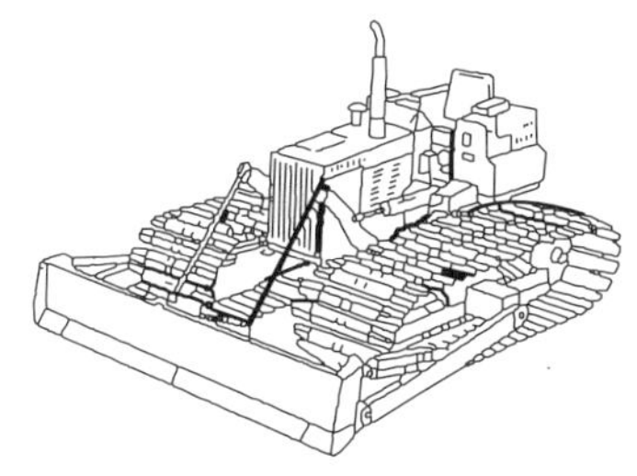

図 4·10　湿地用ブルドーザー

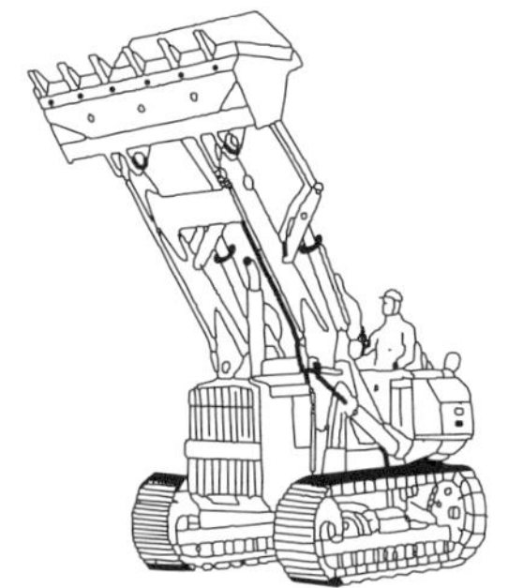

図 4·11　トラクターショベル

〔3〕　運搬機械

（**a**）　**ベルトコンベアー**　　エンドレスのゴムベルトをモーターまたはエンジンで回して土を運ぶ．主に狭いところでの人力掘削または埋め戻しに使われる．

（**b**）　**ダンプトラック**　　土砂の搬出搬入用に用いる．2～11 t まである，11 t 車が多い．一般には後ろに落とすリアーダンプがほとんどである．

〔4〕　転圧機械

造成地や道路，土間の地盤を締め固める機械である．表 4·3 に示す種類がある．

表 4·3

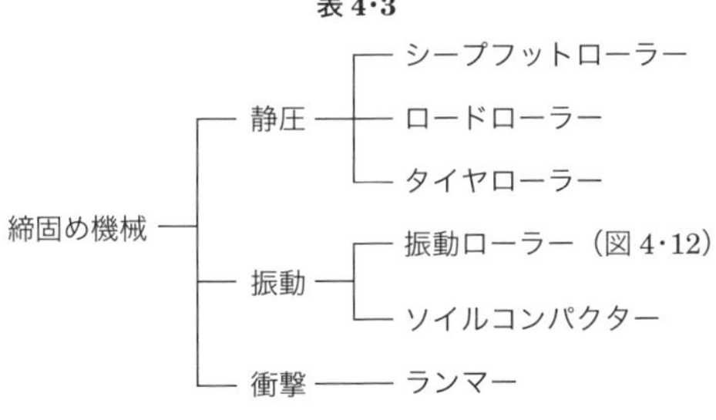

締固め機械	静圧	シープフットローラー
		ロードローラー
		タイヤローラー
	振動	振動ローラー（図 4·12）
		ソイルコンパクター
	衝撃	ランマー

図 4·12　振動ローラー

〔5〕　ポンプ

ポンプの種類は多く，構造や用途，形式によって分けられるが，水に限ってみると表 4·4 のように分類できる．

建設工事で使われるのは自吸式の水中渦巻きポンプである（図 4·13）．これはモーターとポンプが一体となって水中に置かれる構造で，軸封機構により水がモーターに入らな

表 4·4　ポンプ

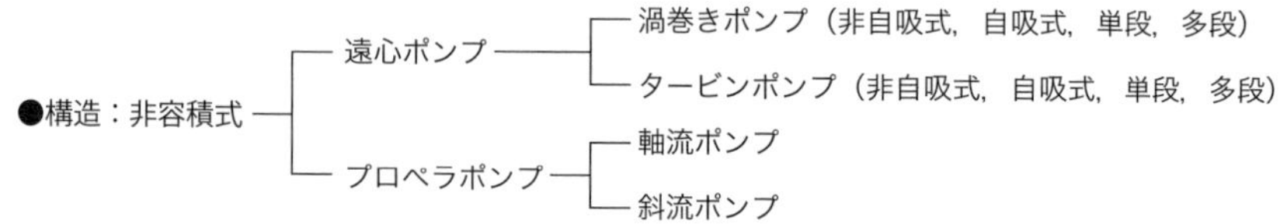

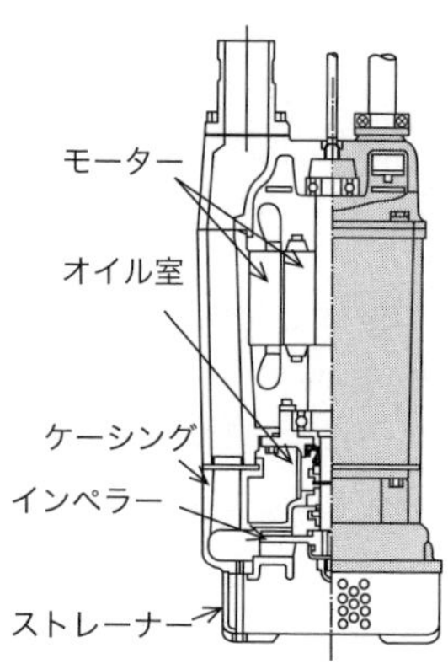

図 4·13　水中渦巻きポンプ

いようになっている．電源のないところではエンジン付き自吸式ポンプを使う．揚程と吹出し量，使用電力，周波数，口径，清水・汚水の別を調べて機種を選定する．

3　削岩・破壊用機械

硬い地盤や岩盤，コンクリートを対象に孔をあけたり壊したりする機械である．

〔1〕　ボーリングマシン

ロッドの先端に硬いビットを付け，これを回転，上下させ，泥水でビットを冷却しつつ，削った土を排出しかつ，孔壁を安定させて地盤に深い孔をあける．地盤調査，薬液注入や地盤アンカー工事に使う．

〔2〕　ブレーカー

油圧，空気圧や電動モーターでのみを振動させ，岩やコンクリートを砕く．大型の油圧式ブレーカー（図4·14）はバックホーに付けて使う．電動の小型のものは手直しや保守に用いる．

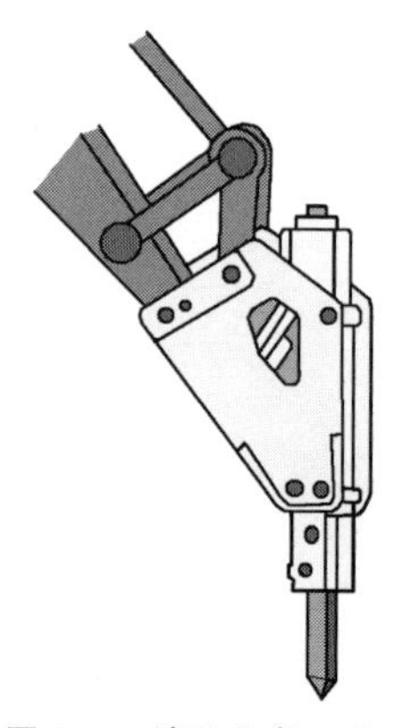

図 4·14　油圧式ブレーカー

〔3〕　ドリル

孔をあけるものと，円柱状に抜き取るものがある．

〔4〕 コンクリート圧砕機

油圧により鋼製の爪で挟んで圧砕させるものである．圧砕機をバックホー系のベースマシンの先端に取り付けて建物を解体する．ブレーカーやスチールボール（モンケン）による破壊に比べて静かである（図 9·2 参照）．

4 鉄筋・コンクリート用機械

〔1〕 コンクリートミキサー

ドラムを回転させてコンクリートを練る機械である．今では生コンプラントへコンクリートを注文するので現場では使われない．

〔2〕 アジテータートラック

生コンプラントで練ったコンクリートを現場まで固まらないように運ぶ車である．混ぜ合わせながら運ぶミキサー車は，現在ほとんど使われていない．

〔3〕 コンクリートポンプ車

生コンを地上から打設地点まで圧送する車である．スクィーズ式と能力の大きいピストン式がある．超高層の中継用として定置式もある．今では，配管の省力化を目指したブーム付きが主流である（図 6·26 参照）．

〔4〕 バイブレーター

コンクリートを型枠に打ち込む際に振動を与えて充填を良くする機械である．

〔5〕 バーカッター・バーベンダー

鉄筋を切断する機械と鉄筋を所定の曲率で曲げ加工する機械である．

5 運搬・積込機械

この部分は一般産業とあまり変わらず，トラックやトレーラートラックを使う．

積込み，荷降ろしにはフォークリフトを使うこともあるが，クレーン付きトラックのほうが普及している．

6 揚 重 機 械

工事の大型化や工期の短期化により，部材重量の増大やユニット化が図られ，大型機械化が進んできた．小型機械も，熟練労働者を必要としない操作の簡単なものへと変わってきた．要求される事項は次のとおりである．

表 4·5 揚重機械

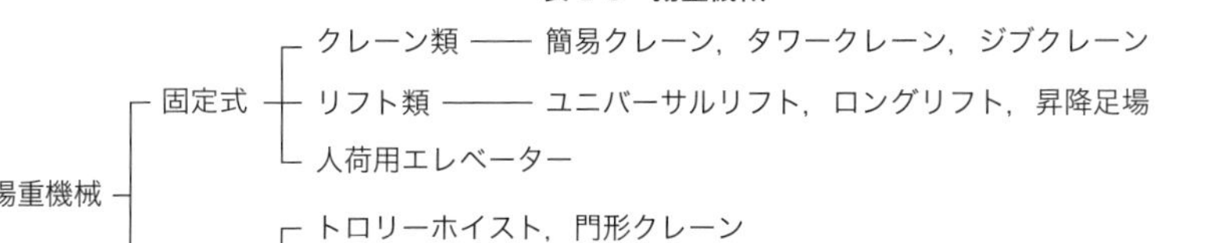

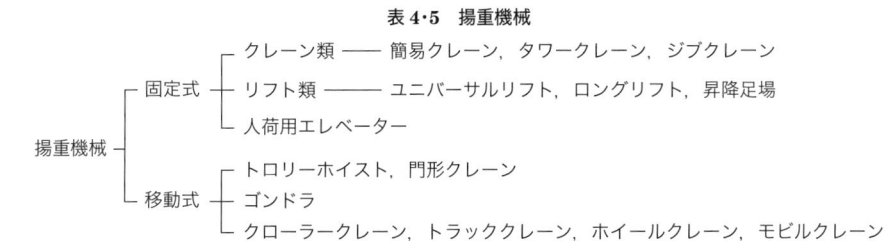

① 揚重能力（つり上げ荷重×リーチ）とスピード

② 盛替えやクライミング（昇降）が容易なこと．

③ 操作が簡単で安全，堅ろうなこと．

つり上げ荷重が3t以上のクレーンを設置する場合には，設置届が必要である．

揚重機械の種類を列挙すると表4·5のようになる．

〔1〕 簡易旋回クレーン

枠組足場の上に設置して軽い資材の荷揚げに使う．能力は400kg，リーチ2mくらいまでである．機械自身で上昇（セルフクライミング）できるものもある．

〔2〕 ジブクレーン

建物の屋上や鉄骨上の架台に据える起伏式のマストのないクレーンである（図4·15）．鉄筋，型枠材料の揚重やカーテンウォールの取付け，タワークレーンの解体作業などに使われる．能力は100t·mまであり，動力は電気であり，固定式と移動式がある．

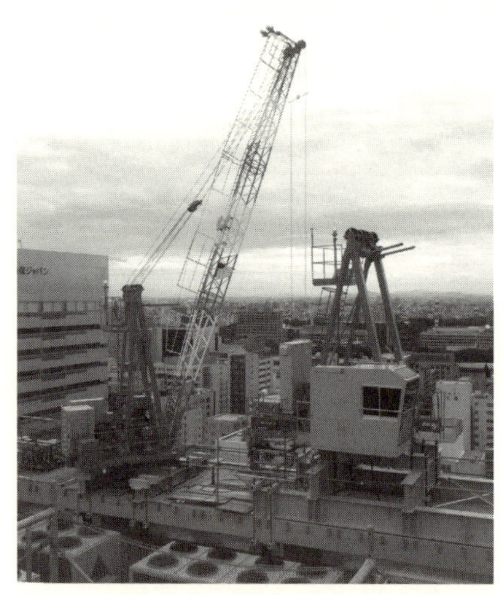

図4·15 屋上のジブクレーン

〔3〕 タワークレーン

マストの上に載った旋回体とジブ，カウンターウェイトよりなる．ジブ起伏式（図4·16），水平ジブ式がある．一般にセルフクライミングができる．鉄骨の建方，鉄筋・型枠材の揚重にと幅広く使われる．能力も5〜900t·mまである．鉄骨の建方には，一般にジブ起伏式のセルフクライミングできる60t·m以上のものが使われる．全旋回できるので建物の中に建てられることも多い．上・下昇降枠とジャッキを使ってマスト

図 4·16　起伏式タワークレーン

や躯体を昇降できる．最後に躯体が完了してから別の小型クレーンで順に解体する．ヨーロッパでは水平ジブ（とんぼ）式が多く使われている．

〔4〕　**ロングリフト，ロングスパンエレベーター**

両サイドの枠組足場や躯体などに鋼製ガイドレールを取り付けて荷台を昇降させるもので，荷台の長さは調整できる（図 4·17）．

図 4·17　ロングスパンエレベーター

躯体工事中から仕上時まで使われるもののため，建物の外に設置されることが多い．ロングスパンエレベーターはラック式支柱を使い安全性が高いため，付属屋根の下の部分に人が乗ることができる．スピードは一般のエレベーターよりも遅く10 m/分以下である．

〔5〕 人荷用エレベーター

高層の建物では，人が各階へ行くだけでかなりの時間を費やすため，エレベーターを設けることが多い．ワイヤー式とラックレール式があるが，ラックレール式のほうがクライミングを容易に行える．最後まで使えるように建物の外やシャフトの内に設ける．

〔6〕 高所作業車

自走できる台車に昇降できる作業台やかごを付けて，人が載って建方作業や仕上作業，保守点検作業をするものである（図9·12の左側の重機参照）．

〔7〕 移動式クレーン

大別してクローラークレーン，トラッククレーン，ホイールクレーンがある．クローラークレーン（図4·8）は，ブームを分解してトラックで運び，現地で必要な長さに組み立てる．安定性が高く，荷をつったままでも移動できるので，土工事や杭工事ではこれを使う．最近はクローラー台車に油圧式クレーンを載せた形式の重機が使われだした．

トラッククレーンは走行と操作用運転室が別々に設けられた移動式クレーンである．油圧式はブームが自由に伸縮できて便利であるが，振動・横力に弱いので，主に揚重作業に使う．ホイールクレーンは走行・操作の両方できる運転室をもつ．特にラフテレー

図4·18 ラフテレーンクレーン

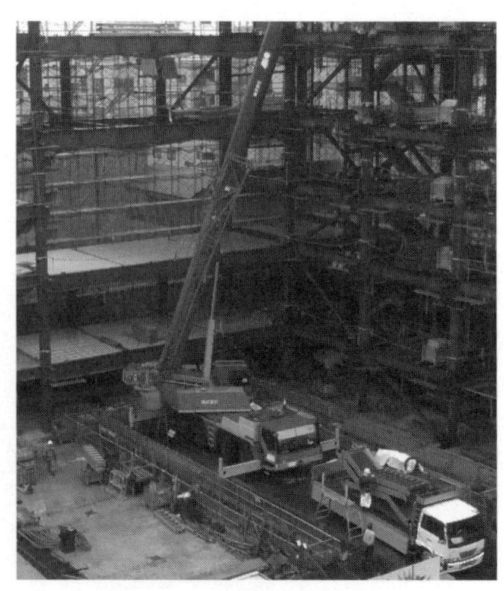

図4·19 大型油圧式クレーン

ンクレーン（図 4·18）は小回りがきくのでよく使われている．これら走行タイヤ式のクレーンは，使用時にアウトリーガーを張り出して転倒を防がなければならない．

なお，公道をそのままで走れる最大のタイヤ移動式クレーンはつり荷重 100 t までで，それ以上のクレーンはブームや旋回体，キャリアを別々に運び現地で組み立てる．

7 原動力・仕上げ・測量機械

一括して表 4·6 に示す．

表 4·6

機　械	説　明
発電機	電源のないときや非常用として，防音型が良い．
コンプレッサー	ブレーカーや吹付け工事の動力として用いる．
電気のこぎり 電気かんな・ドリル クリーナー	型枠工事用
インパクトレンチ 電動レンチ	高力ボルト締め用
チルホール チェーンブロック	建起し用
モルタルミキサー モルタルポンプ モルタル吹付け機 トロウェル	左官工事用
レベル	オートレベル，仕上げ用に水平回転レーザーレベル．
トランシット	墨出し用セオドライト，光波距離計と組み合わせたトータルステーションも．
垂直儀，レーザー墨出器	地墨を上げるとき用いる．
光波距離計	光が反射して返ってくる時間で距離を測る．土木や橋梁工事で使われる．
傾斜計	山留め工事で用いる．
軸力計	山留め工事で用いる．

8 建設作業のロボット化

危険性や作業環境の悪さなどから機械化が進められたことがある作業は，次のものがある．モルタルや耐火被覆の吹付け，鉄骨の建て方，鉄骨溶接，外壁の吹付け，内装パネル作業の補助などである．いまのところ広く普及したのは鉄骨の自動玉掛け外し機や資材の自動搬送システム，鉄骨の耐火被覆吹付機などであろう．工場で普及している鉄骨の自動溶接も，大手が取り組んでいるので超高層ビルの柱あたりから普及していくであろう．

全天候型ビル自動施工システム（図 4·20）は建物全体を覆い，内部搬送の仕掛けを組み込んだ建設装置であるが，建設投資の冷え込みや価格抑制から採用されなくなった．

図 4·20　全天候型ビル自動施工システム[1]

皮肉なことに最近超高層ビルの解体にこの技術が転用されてきた.

引 用 文 献

［1］ エスエス名古屋

参 考 文 献

1） 建築工事標準仕様書・同解説　JASS 1，2，日本建築学会（2006 年）

練 習 問 題

（1） 仮設足場に関する次の記述のうち，もっとも不適当なものはどれか.

1. 2 m 以上の作業床には高さ 85 cm 以上の手すりを設ける.
2. 高さ 20 m を超える枠組み足場に使用する建枠の間隔は 1.8 m 以下とする.
3. 単管足場の建地の間隔が 1.8 m の場合，建地間の布の積載荷重は 900 kg を限度とする.
4. 養生ネットを張った枠組み足場に壁つなぎを 12 m^2 に 1 本の割合で設け，これを建築物の構造体に緊結する.

（2） 次の中で，鉄骨工事に使われない機械はどれか.

1. タワークレーン　2. ジブクレーン　3. チルホール　4. 電動レンチ

（3） 仮設材の特徴を述べよ.

第5章　地下工事

この章では，地盤調査，山留め，掘削，排水，杭打ちを扱う．これらの工事は，すべて土に関係しており，目に見えないこともあって，不確実な要素が多く危険もある．さらに，地下工事は工程やコストに占める割合が比較的大きいため，十分な調査と計画が必要であり，施工に当たっては毎日の状況判断による管理が必要である．

5・1　地盤調査

工事を計画するに当たっての事前調査は3･1節❶項「準備作業」で述べたので，ここでは地盤に限って詳しく説明する．

❶ 工事用調査

地盤調査は，建物の基礎を設計するため，また地下工事の施工計画を立てるために必要である．設計用調査は建物の支持に重点が置かれて調べられる．しかし，工事用では掘削するため地面から基礎下までの土質や水の状態に重点が置かれる．そのため，地下室のある場合は工事用にも土質調査を行う．もちろん，設計・施工を含めて一度に済ますことはできるが，一本のボーリングで済ますことは難しい．調査は予備調査から本調査（土質調査，水関係調査，地耐力試験）へと進める．

❷ 予備調査

予備調査は，文献による調査を行ってから現地調査を行う．文献としては次のものが考えられる．

① 地図（古地図，古文書，都市地盤図，地形図，地質図）

② 近くの建物の土質柱状図や工事例

③ 出水の記録

④ 設計用地質調査書

一度は現地へ行き，周辺の地形，古老や郷土史家に過去の話を聞き，井戸があれば水位などを見て調べる．

❸ 本調査

予備調査で土質がはっきりつかめない場合，土質調査をして試料を採取し力学試験などを行う．これによって地層構成，各層の粘着力（C），内部摩擦角（ϕ），湿潤単位体積重量（γ_t），粒度分布，地下水位，透水係数（k）などの地盤情報が求められる．検討事項と地盤情報の対応は表 5·1 のようになる．

表 5·1　地下工事に必要な地盤情報[1]

山留め設計に関する主な検討項目		必要な地盤情報
山留め壁の設計	側圧	γ_t，C，ϕ，q_u，N 値，地下水位
	根切り底面以深の側圧，受働抵抗	γ_t，C，ϕ，k_h，q_u，N 値
	山留め壁先端の支持力	γ_t，C，ϕ，q_u，N 値
	根入れ長さ	γ_t，C，ϕ，q_u，N 値
支保工の設計	切梁・腹起し	γ_t，C，ϕ，q_u，N 値，地下水位
	地盤アンカー	γ_t，C，ϕ，q_u，N 値，地下水位
	切梁支柱	C，q_u，N 値
根切り底面の安定	ヒービング	γ_t，C，ϕ，q_u
	ボイリング	γ_t，γ'，地下水位
	盤ぶくれ	γ_t，地下水位
	法面の安定	γ_t，C，ϕ，地下水位
地下水処理	地下水処理工法の選定	k，D_{20}，地下水位
	地下水処理の設計	γ_t，k，T，S，D_{20}，地下水位

〔1〕 土質調査法

次のようないくつかの方法の中で，機械式ボーリングがもっともよく利用されている．

（**a**） **サウンディング**　オランダ式二重管貫入試験（ダッチコーン）やスウェーデン式貫入試験，ベーン試験などがある．いずれも，浅い地層のゆるい砂や軟らかい粘土の調査に向いている．しかし，試料を採取することはできない．戸建て住宅などの地盤調査に利用されている．

（**b**） **オーガーボーリング**　浅い地層の試料を採取して調べることができる．

（**c**） **機械式ボーリングおよび標準貫入試験**　ボーリング機械により 6.5〜15 cm の孔をあけ標準貫入試験を行い，サンプラーを打ち込んで不攪乱試料を採取する．

この試料で力学試験，物理試験を行う．これらの結果をまとめたものを土質柱状図（図 5·1）といい，全体の報告書を土質調査報告書という．

標準貫入試験は質量 63.5 ± 0.5 kg のハンマーを 76 ± 1 cm 自由落下させ，標準貫入試験サンプラーを 30 cm 打ち込むのに要する回数を N 値という（JIS A 1219）．N 値によりいろいろなこと，例えば砂の内部摩擦角 ϕ や粘性土の粘着力 C を推定することもできる．しかし，粘性土の粘着力については力学試験によるほうが望ましい．

土質柱状図に使われる土質記号の例を図 5·2 に示す．また，N 値による土の分類を表 5·2 に示す．

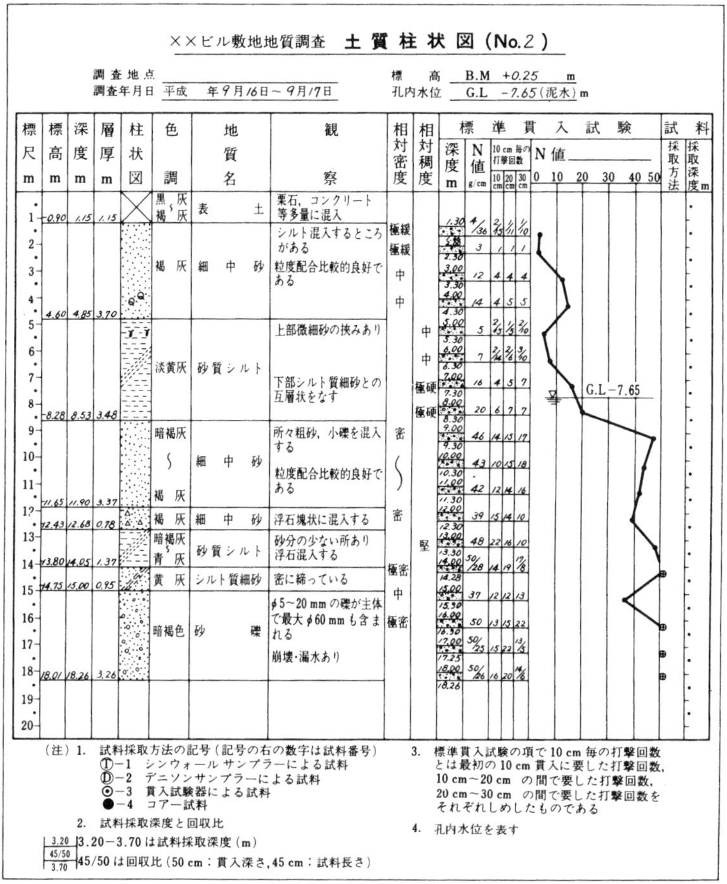

××ビル敷地地質調査　**土 質 柱 状 図（No.2）**

調査地点

調査年月日　平成　年9月16日～9月17日

標　　高　B.M　+0.25　m

孔内水位　G.L　−7.65（泥水）m

標高 m	深度 m	層厚 m	色調	地質名	観察
−0.90	1.15	1.15	黒～褐灰 ～灰	表土	栗石，コンクリート等多量に混入
4.60	4.85	3.70	褐灰	細中砂	シルト混入するところがある 粒度配合比較的良好である
−8.28	8.53	3.48	淡黄灰	砂質シルト	上部微細砂の挟みあり 下部シルト質細砂との互層状をなす
11.65	11.90	3.37	暗褐灰～褐灰	細中砂	所々粗砂，小礫を混入する 粒度配合比較的良好である
12.43	12.68	0.78	褐灰	細中砂	浮石塊状に混入する
13.80	14.05	1.37	暗褐灰～青灰	砂質シルト	砂分の少ない所あり 浮石混入する
14.75	15.00	0.95	黄灰	シルト質細砂	密に締っている
18.01	18.26	3.26	暗褐色	砂礫	φ5～20 mm の礫が主体で最大 φ60 mm も含まれる 崩壊・漏水あり

深度 m	N値	10 cm	20 cm	30 cm	相対密度	相対稠度
1.30	4/36	2/15	1/11	1/10	極緩	
[illegible]～2.30	3	1	1	1	極緩	
3.00～3.30	12	4	4	4	中	
4.00～4.30	14	4	5	5	中	
5.00～5.30	5	2/15	1/5	2/10		中
6.00～6.30	7	2/14	2/6	3/10		中
7.00～7.30	16	4	5	7		極硬
8.00～8.30	20	6	7	7		極硬
9.00～9.30	46	14	15	17	密	
10.00～10.30	43	10	15	18	～	
11.00～11.30	42	12	14	16		
12.00～12.30	39	15	14	10	密	
13.00～13.30	48	22	16	10		堅
14.00～14.28	50/28	14	19	17/8	極密	
15.00～15.30	37	12	12	13	中	
16.00～16.30	50	13	15	22	極密	
17.00～17.25	50/25	15	22	13/5		
18.00～18.26	50/26	16	20	14/6		

N値　0　10　20　30　40　50

G.L −7.65

（注）1. 試料採取方法の記号（記号の右の数字は試料番号）
Ⓣ−1　シンウォール サンプラーによる試料
Ⓓ−2　デニソンサンプラーによる試料
⊙−3　貫入試験器による試料
●−4　コアー試料

2. 試料採取深度と回収比
3.20−3.70 は試料採取深度（m）
45/50 は回収比（50 cm：貫入深さ，45 cm：試料長さ）

3. 標準貫入試験の項で 10 cm 毎の打撃回数とは最初の 10 cm 貫入に要した打撃回数，10 cm～20 cm の間で要した打撃回数，20 cm～30 cm の間で要した打撃回数をそれぞれしめしたものである

4. 孔内水位を表す

図 5・1　土質柱状図の例

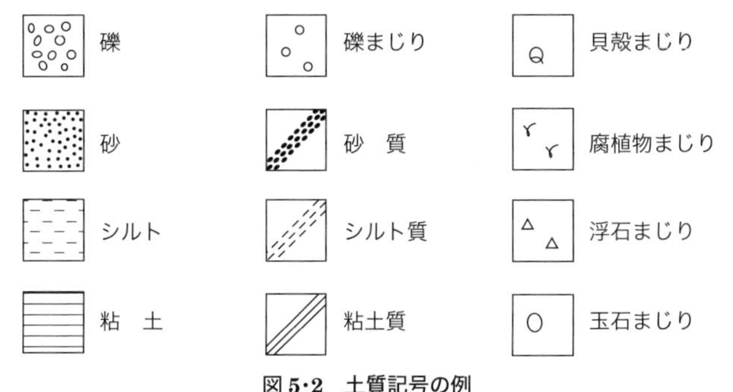

図 5・2　土質記号の例

表 5·2　N 値と粘土のコンシステンシーおよび砂の相対密度

粘土の場合		砂の場合	
N 値	コンシステンシー	N 値	相対密度
＜2	非常に軟らかい	＜4	非常にゆるい
2～4	軟らかい	4～10	ゆるい
4～8	中位の	10～30	中位の
8～15	硬い	30～50	締まった
15～30	非常に硬い	＞50	非常に締まった
＞30	特別に硬い		

〔2〕 水関係調査

水に関する調査は施工時に特に大切である．中でも，水位と量を重点に調査する．

（a） 水位・水流　自由水面と不透水層に挟まれた各滞水層の水位を測る．水位には変動があるため，少なくとも 1 週間は行うとよい．また，夏冬で大きく変化する地域もある．滞水層の上部より高い水位を示す場合を被圧という．自由水面より高い被圧のある地層は，地下工事では非常に危険な存在である．測定は図 5·3 の観測井により行う．

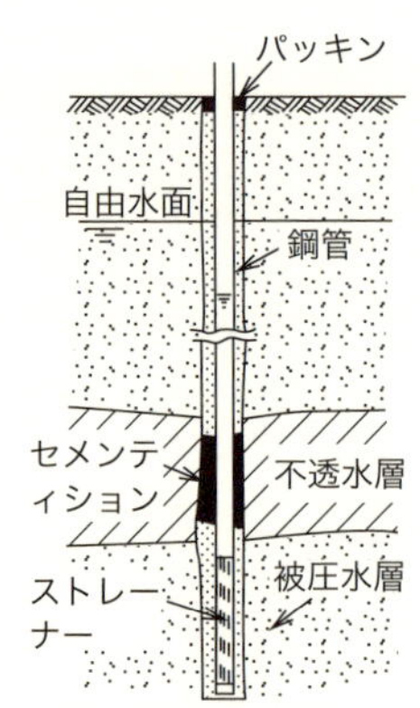

図 5·3　被圧水位用の観測井の例

（b） 透水試験　排水工法を採用する場合，重要な試験である．透水係数を測る方法は各種あるが，精度良く求めるのは非常に難しく，1 桁くらい違ってしまうこともある．

(1) ボーリング孔を利用した復水法：目的の滞水層までケーシングを付けてボーリングし，孔内を洗浄して水をくみ上げて，その回復状況により透水係数（k）を求める．水を注入する方法もあるが値が小さめになる．この方法では，その地層単独の透水係数しか解らないし，精度も低い．

(2) 井戸による揚水試験：揚水井と観測井を用いて，揚水量，降下水位，時間などを測って求める．この方法によれば，滞水層全体としての透水係数が求まる．被圧水層の透水係数を求める場合は，不透水層でシールして，その被圧水層だけの値を求める．

（c） 周辺の井戸の調査　地下水を排水した場合，現場周辺の井戸枯れを起こすおそれがあるので調査する．現場からの距離と水を汲み上げている層（ポンプの深さ）が調査のポイントである．

〔3〕 地耐力試験

地盤の載荷試験は掘削底（基礎下）で行う．反力としては，土や鉄筋，重機などの重

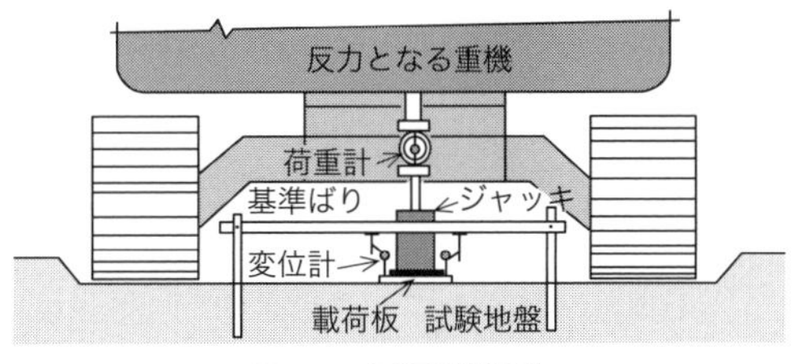

図 5･4　平板載荷試験

量や構台杭の引抜き抵抗力を使う（図 5･4）．30×30 cm の載荷板では，応力の届く範囲が小さく，あまり深い地層の影響までは出ないので，土質調査結果と合わせて判断する．

地中深い位置で行うと，地盤のリバウンドの影響で予想より低めになる．

この方法は，設計地耐力を確認する目的で行われる．

5・2　山留め工事

掘削とは，地表面近くから下の土を除去することをいい，山留めとは，その掘削側面の崩壊を防ぐ対策をいう．この両者は，建物の基礎を作るのに付きものの工事である．地下室のある建物を作ろうとすれば何らかの山留めが必要である．簡単な基礎でも，市街地では山留めをしないと隣家を傾けたり，道路にひび割れを発生させたりする．

山留め工法は，先人の苦労や重なる失敗のうえに発展してきたが，まだまだ改良の余地のある分野である．

1　山留め計画

山留めは，掘削面の崩壊を防ぎ，さらに周辺地盤の変位や沈下などによる不具合を生じさせないため設置されるものである．山留め工法は，一般に山留め壁とこれを支える支保工の組合せでできている．

山留め工事は，それだけ単独にあるのではなく，その他の掘削，排水，基礎杭，躯体，埋戻しなどと密接に関連している．このため，全体の中で調整をとりながら計画されるべきである．施工計画書には事前調査資料，山留め計画，掘削計画，その他（工程，周辺の養生など）の内容を記載する．

地下工事は，全体の工期の中で占める割合も大きい．特に地下が深い場合，地下の躯体完了まで 1 年以上かかることもある．その期間事故を起こさず，安全で，迅速に，経済的に工事をしなければならないので，山留め工法の選定は一層慎重にしたい．

2　山留め工法の選定

計画上考慮すべき主な事項は次のとおりである．

〔**1**〕 **立地条件**

① 外周道路の埋設物，地上施設，道路の幅，交通量

② 周辺建造物の規模，構造，形状，基礎の深さと形式

③ 敷地内の障害物，旧建物の基礎および杭，古井戸

④ 河川や池までの距離，水位

〔**2**〕 **地盤条件**

土質，地下水の状況，季節変動

〔**3**〕 **建設する建物による条件**

① 建物の地下部分の形状

② 敷地境界と地下外壁との関係

③ 地下の階高，梁せい，床や開口の位置

④ 柱の位置，鉄骨柱の位置とレベル

〔**4**〕 **施工条件**

① 山留め材や工事機械

② 杭工事の施工順序

③ 乗り入れ構台などの位置関係

④ その他，騒音・振動の限度など

これらの条件を考慮して，工法の選定は

① 排水・遮水工法の選択

② 山留め工法の選択

③ 山留め壁の選定

④ 山留め支保工の決定

の順に行い，可能な組合せを複数案作り，安全性，施工性，工期，コストを比較して決める．

3 山留め工法

現在よく使われている工法を形態的に分類すると次のようになる．

① 法切りオープンカット工法

② オープンカット工法（自立，切梁，地盤アンカー，控えアンカー）

③ 部分カット工法（アイランド工法，トレンチカット工法）

④ 逆打ち工法

⑤ ケーソン工法

〔**1**〕 **法切りオープンカット工法**

建物地下部分の周辺を，深さに対して安全なだけの傾斜をつけて余分に掘削する工法である（図5·5）．オープンカット工法の補助としても用いる．山留め支保工が不要で，大型の掘削機を使え，工程を短縮できる．しかし，建物周囲に敷地の余裕が必要で，掘

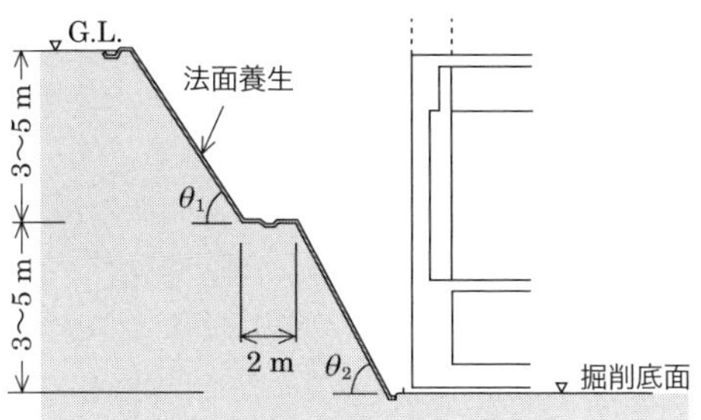

図 5･5　法切りオープンカット工法

削土量も多くなり，大量の埋戻しが必要となる．

比較的広い面積の浅い掘削に向いている．また，法面の安定のために水位を下げ，表面にシート張りやモルタル吹付けをして崩れないように保護する．

〔2〕　オープンカット工法

山留め壁を垂直に設け，土圧を何らかの方法で支持する工法である（図 5･6）．

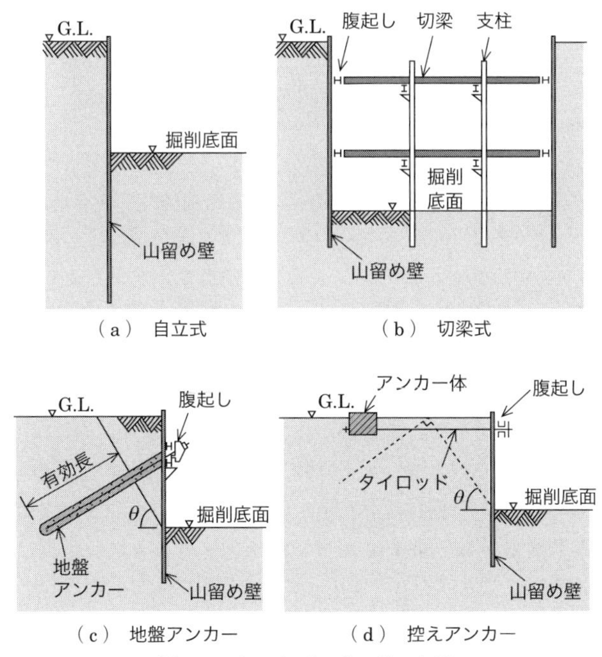

図 5･6　オープンカット工法の各種

（**a**） **自立式**　土圧を山留め壁とその根入れ部分の受働土圧で支える工法である．硬く締まった良い地盤で3～4 mの浅い掘削の場合に使われる．山留め壁が比較的大きく変形するので，周囲に重要なもののないことが条件である（図5·6（a））．

（**b**） **切梁式**　対向する山留め壁の間に腹起し，切梁をかけ，そのバランスで壁を安定させる工法である（図5·6（b），図5·7）．歴史も長く，適用範囲も広いので，もっともポピュラーな工法となっている．この工法では，ほぼ敷地いっぱいに建物を建設でき，深さ20 mぐらいの掘削も十分可能である．しかし，不整形な平面には工夫が必要である．また，切梁の長さが60 m以上にもなると切梁の剛性が下がり，山留め壁の変形が大きくなる．そこで現在では切梁ジャッキング（プレロード工法ともいう）と称して，設計軸力の50～80％を油圧ジャッキで切梁架設時に導入し，山留め壁の変形を小さく抑える工法がとられている．

図5·7　切梁式オープンカット工法

（**c**） **地盤アンカー**　掘削背面の安定した地盤に向けてアンカーを打設し，これで土圧を支持する工法である（図5·6（c），図5·8）．打設角度は下向き30～45°である．掘削面に切梁などの障害物がないので，大型の掘削機械が使えて能率が上がる．また，躯体工事も楽にできる．平面形が複雑な場合や傾斜地でも安全に計画できる．しかし，背面に障害物がある場合や，隣地の許可が得られないときはできない．また，小規模な場合は切梁に比べて割高となる．大規模な工事で比較的浅い場合や，表面地盤が傾いて差がある場合などに向いている．定着層が緩い場合や水位が浅い場合は注意を要する．

隣地にアンカーの芯材を残さないように撤去する除去式工法が主流になっている．

（**d**） **控えアンカー**　背面に設けたアンカーブロックや控え杭と山留め壁を鋼材でつなぎ支持する工法である（図5·6（d））．地盤アンカーと異なる点は，タイロッド（引張り材）を地表近くに設けるので1段しかできないことである．

〔3〕 部分カット工法

分割によって山留め規模を小さくし，経済性を目指すオープンカット工法である．

図 5·8　地盤アンカー式オープンカット工法（円柱はディープウェル）

（**a**）　**アイランド工法**　　掘削面の周囲に山留め壁を作り，この壁が自立しうるだけの法面を残して，中央部分を掘削，中央部の基礎・地下躯体をまず建設し，この躯体から斜め切梁をかけて，山留め壁を支え，逐次外周部を掘削して躯体を施工する工法である（図 5·9）．

特徴は，総切梁に比べて支保工材が少なくて済むことである．中央部の掘削が早くできるが，掘削工程が 2 回に分かれるため工期は長くなる．また，最初は自立式となるため，抵抗する地盤が緩いと山留め壁の変形が大きくなる．

掘削面の短辺が長くて（50 m 以上）浅い場合に有利である．

（**b**）　**トレンチカット工法**　　2 列に山留めを設け，アイランド工法とは逆に外周部を先に施工し，この躯体に土圧を負担させ，中央部を掘削する工法である（図 5·10）．以下に示すような特徴をもつ．

① 切梁が短いので山留め壁の変形が少ない．

② ヒービング（後述 **6** 項参照）を防げる．

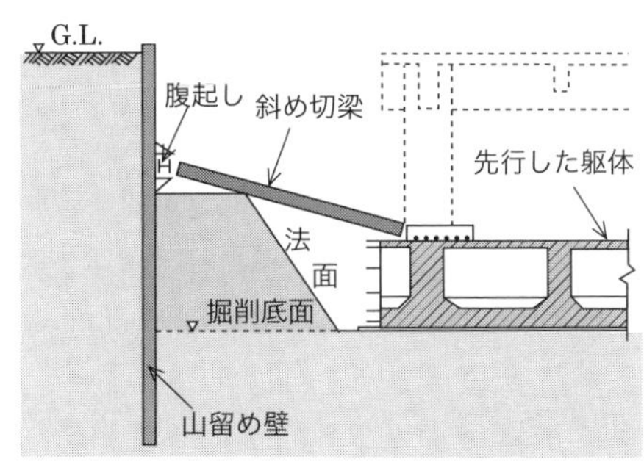

図 5·9　アイランド工法

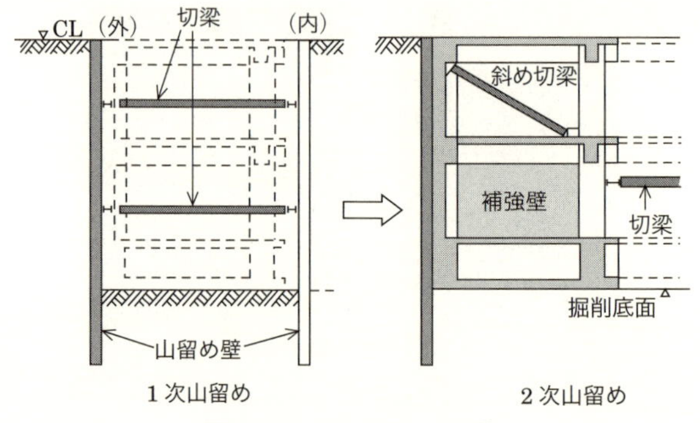

図5·10　トレンチカット工法

③　中央部を作業スペースとして使える.

④　工期が長くなる.

掘削面の辺が長く，比較的浅いときに用いられたが，切梁式オープンカット工法が発達したため，アイランド工法ともども採用されにくくなった.

〔4〕 逆打ち工法

構芯柱によって支持された構造体（床，はり）によって山留め壁を支えながら掘り下げていく工法である．構芯柱は場所打ち杭によって支持された仮設または本体の鉄骨柱である．一般に1階の床から下に向かって順次地下の躯体を作るので，逆打ち工法といわれる（図5·11）．以下に示すような特徴をもつ.

①　山留め支保工材が少なくてすむ.

②　山留め壁の変形が少ない.

③　地上と地下の工事をラップして進められる.

④　地下の工事は困難になり工期がかかる.

⑤　設計の当初から計画し織り込む必要がある.

大規模な深い掘削や地盤の悪い場合，変形を小さく抑えたい場合，市街地で1階床を先行して作業スペースに使いたい場合などに採用される.

〔5〕 ケーソン工法

地下部分の躯体を地上で構築しておき，その下部を掘削して，これを沈めていく工法である．土木と違って建築では昔のような大規模なものはあまり行われず，浄化槽などの施工に使われている．珍しい工法なので現場見学会があれば見ておきたい.

4 山留め壁

山留め壁は，掘削の際に土砂が崩れ落ちたり，水が噴き出すのを防ぐため考えられたものである．昔は地下工事が終われば回収されていたが，今では周辺への影響や，工程·

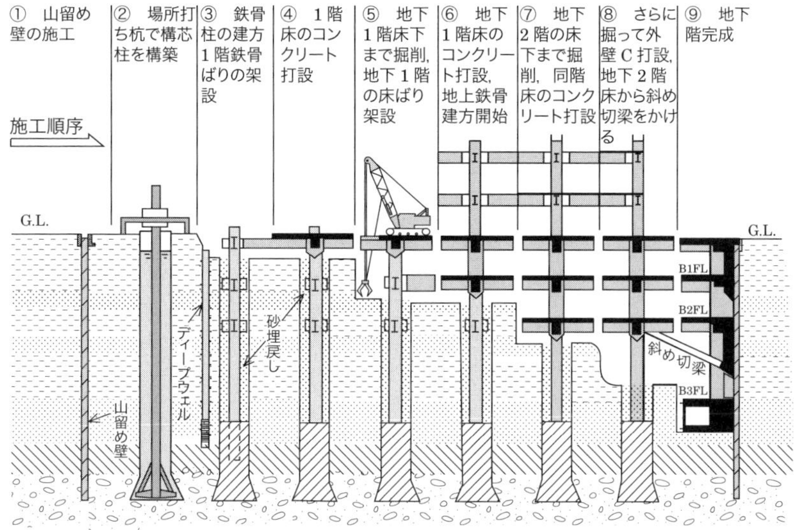

図 5·11　逆打ち工法（本体鉄骨利用）

工法自体の理由により回収しない場合がほとんどである．また，深い掘削や軟弱地盤，水位の高い場合には，山留め壁を非常に剛性の高いものとする．そのため地中連続壁では躯体の一部としても有効利用できるようにしたものがある．

山留め壁には，地盤や工法，材料の組合せにより，表 5·3 のように多くの種類があるが，よく使われるのはその一部である．

山留め壁の選定には，①遮水性の要否，②施工の可能性，③剛性と強度，を考慮して選び，残った工法に対して，排水をも含めてコスト比較をして決めるとよい．採用するに当たっては，土圧のバランスや遮水性の差により思いがけない変形や出水の起こることがあるので，一つの現場では異なった山留め壁を混用するのは避けたほうがよい．

設計に当たっては，側圧（土圧＋水圧）に対する断面の検討と，根入れ深さの検討が

表 5·3　山留め壁の種類

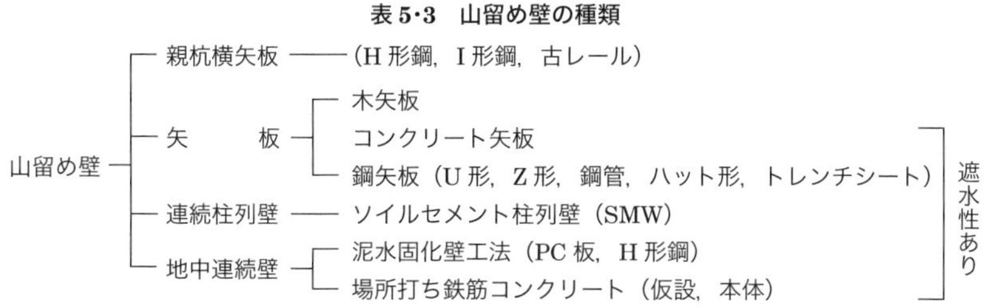

山留め壁	親杭横矢板	（H 形鋼，I 形鋼，古レール）	
	矢　　板	木矢板	
		コンクリート矢板	遮水性あり
		鋼矢板（U 形，Z 形，鋼管，ハット形，トレンチシート）	遮水性あり
	連続柱列壁	ソイルセメント柱列壁（SMW）	遮水性あり
	地中連続壁	泥水固化壁工法（PC 板，H 形鋼）	遮水性あり
		場所打ち鉄筋コンクリート（仮設，本体）	遮水性あり

必要である．軟弱地盤や市街地では，変形に対する検討も欠かせない．

〔1〕 親杭横矢板壁

親杭を山留め線上に1～1.8 m程度の間隔で打ち込み，根切りの進行に合わせて横矢板を親杭の間にはめ込んでいく工法である（図5·12）．親杭としては主にH型鋼が使われる．市街地では騒音・振動を抑えるため，オーガーで緩めた孔に親杭を落とし込み，根入れ部をセメントミルクで固める工法がとられる．横矢板としてはもっぱら木材が使われ，親杭との間にクサビを打って締める．遮水性がないので，地下水位の浅いところには使えない．注意する点は，横矢板挿入時に挿入する板の厚さ以上余分に掘るので，周辺地盤の沈下が比較的大きいことや，いずれ腐朽して沈下することである．

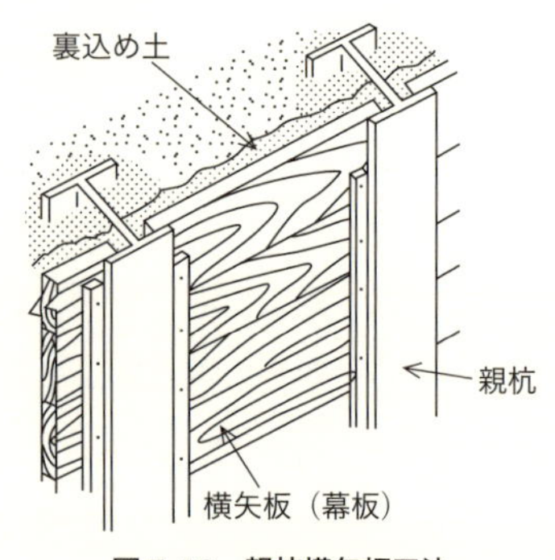

図5·12 親杭横矢板工法

〔2〕 鋼矢板壁

並べて打ち込む板状の山留め壁を矢板という．鋼矢板（シートパイル）がもっともポピュラーである．トレンチシートはシートパイルの軽微なものである．鋼矢板にはU形，Z形，ハット形，鋼管などがあるが，建築では一般にU形が使われている．すべてジョイント部でかみ合うようにできており，完璧ではないが遮水性を期待できる（図5·13）．

打設はディーゼルハンマーまたはバイブロハンマーで打ち込んでいたが，騒音・振動対策として，オーガーで地盤を緩めて圧入する工法が採られている．打ち込み深さは，U形のⅣ型を使って中位の砂地盤で打ち込んだ場合20 mほどが限度である．

注意すべき点は，U形鋼矢板のかみ合わせがずれて剛性が下がり変形が大きくなることと，引抜き時に土の移動が起こる点である．

〔3〕 連続柱列壁

せん孔機（アースオーガーなど）により孔を明け，セメントミルクなどを注入し，芯材として，H形鋼，既製杭などを落とし込み，これを連続させて山留め壁とする工法

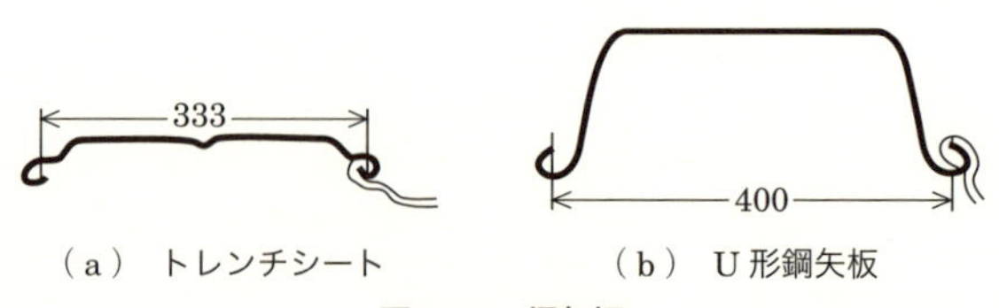

（a） トレンチシート　（b） U形鋼矢板

図5·13 鋼矢板

である．中でもソイルセメント柱列壁（SMW）は，3軸のオーガーで，セメントミルクと現地土を混練しH形鋼を挿入してラップさせながら作るので（図5·14），遮水性が良く，剛性が高いわりには，コストが安いので今の主流になっている．

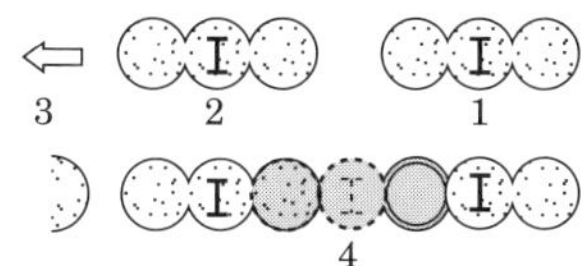

図5·14　SMW工法の施工順序

〔4〕 地中連続壁

泥水によって孔壁を安定させながら，長方形に地盤を掘削し，鉄筋かごを入れ，接合部を残して水中コンクリートを打設する（図5·15）．最近は鉄筋かごの代わりに大型H形鋼を並べて組んだものを使うこともある．孔の掘削方法，接合方法によって躯体にも使えるなど，さまざまのタイプを建設会社が競って開発した．

特徴としては，剛性，遮水性の高い山留め壁が低騒音・低振動で施工できる一方，泥水の処理と工期のかかること，コストの高いのが難点である．このため深い根切り，軟弱な地盤の根切りおよび山留め壁の変形を小さく抑えたい場合に使う．

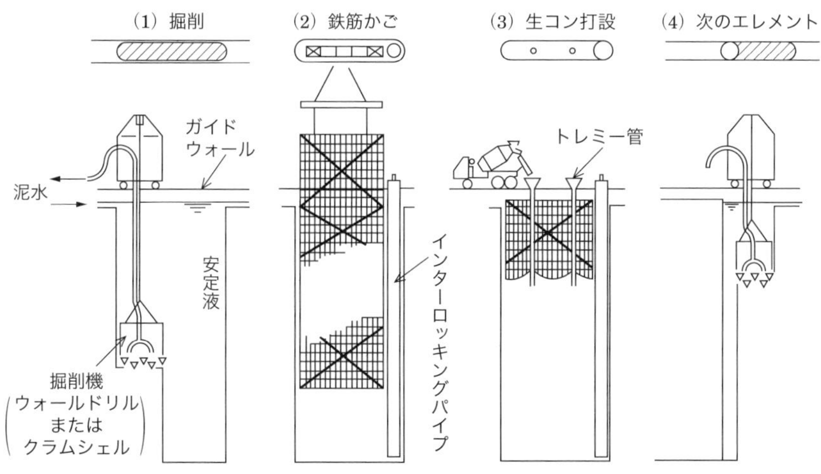

図5·15　地中連続壁の施工順序例

5 支 保 工

ここでいう支保工とは，側圧を支える仮設材，例えば，腹起し，切梁，地盤アンカーなどのことをいう．木製，鉄筋コンクリート製，鋼製，アルミ製があるが，現在ではもっぱら鋼製が用いられる．各部の名称を図5·16に示す．

〔1〕 鋼　製

腹起し，切梁には一般に広幅のH形鋼（H-250，300，350，400，500）が用いられる．これは，圧縮強度や曲げ強度が高く大スパンがとれること，特に部材に信頼性，耐

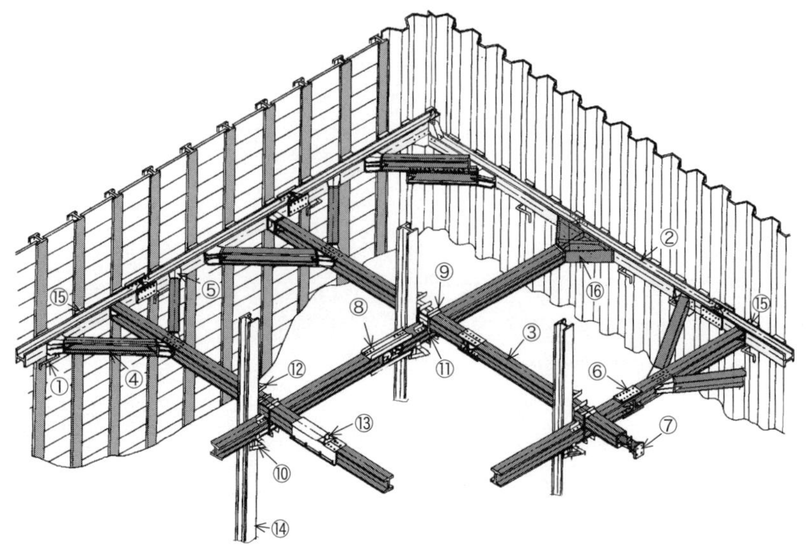

①腹起しブラケット，②腹起し，③切梁，④火打梁，⑤火打受ピース，⑥カバープレート，
⑦ジャッキ，⑧ジャッキカバー，⑨交さ部ピース，⑩切梁ブラケット，⑪交さ部ロングボルト，
⑫押さえブラケット，⑬軸力計，⑭支柱（棚杭），⑮腹起しパッキン，⑯火打ブロック

図 5·16　山留め架構の名称（山留め壁はあえて 2 例示した）

久性があり，多く転用できることなどのためである．しかし，継手部分に弱点が生じやすいので，施工時に注意する．山留め壁と腹起しの間にはパッキンか袋詰めモルタルを入れる．

〔2〕 仮設地盤アンカー

1970 年代から一般化した工法で，当初アースアンカーと呼ばれた．アンカーの施工手順を図 5·17 に示す．本設仕様も手順はほぼ同じであるが，建築では少ない．芯線に

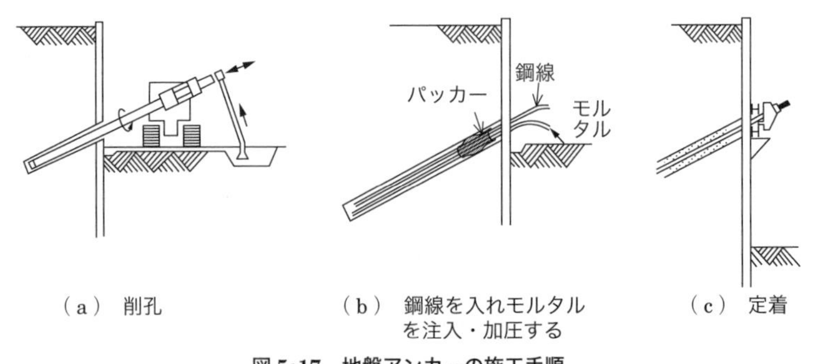

（a） 削孔　（b） 鋼線を入れモルタルを注入・加圧する　（c） 定着

図 5·17　地盤アンカーの施工手順

はより鋼線と鋼棒があり，これを挿入する孔径は 11 cm，長さは 30 m まででき，耐力は最大で 900 kN/本ぐらいまでできる．除去する場合はアンボンド鋼線を用いる．

ほとんどの地層に対して施工できるが，定着する地層は N 値の大きい層がよい．軟弱なシルト・粘土層やゆるい砂層は避ける．掘削底からみたすべり面より手前は非有効長とする．芯線にプレストレスを入れるので，掘削に伴う山留め壁の変形は少ない．しかし，アンカーを斜め下に緊張するので，山留め壁に鉛直分力が働き沈下するおそれがある．沈下すると山留め壁が掘削側へ傾くので注意が必要である．

地下水圧が高い場合は水と一緒に土砂が噴出するので，止水ボックスを用いる．

〔3〕 盛替え・解体

地下の躯体のコンクリートを打設すると，次に切梁解体が必要になる．そこで，すでに打設し強度の出たコンクリート躯体に盛替え梁を利かせ，その力を肩代わりさせる．埋戻し土だけでは弱いので山留めの変形が大きくなる．

切梁位置が高い場合やコンクリート強度が出ていない場合には，切梁を残したまま，躯体のその部分に穴をあけて立ち上げること（箱抜き）もある（図 5·18 (b)）．

山留め壁を躯体と密着させた（型枠代り）場合には，盛替え梁をせずに切梁を解体できる．しかし，階高が高い場合には，地下外壁の外縦筋を補強したり，スタッドボルトで親杭と一体化して途中まで造るか，外壁を下から斜め切梁で突いて支持する．

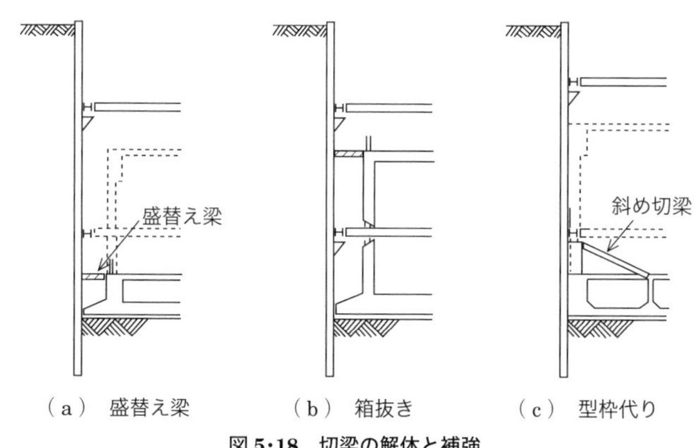

図 5·18 切梁の解体と補強

6 山留め架構の設計

〔1〕 手　順

表 5·4 を参照．

表 5·4　山留め架溝の設計手順

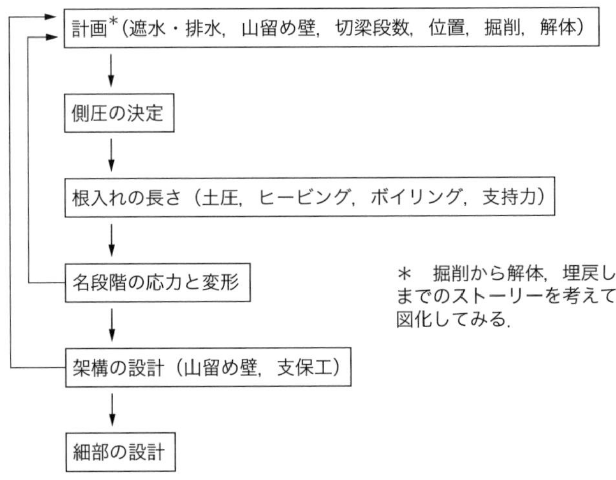

〔2〕 許容応力度・耐力

山留め仮設材は，修理して再使用するものなので，普通の鉄骨に比べれば歪みが多く，組立ての誤差も大きいので，一般の仮設材に比べて安全率を大きくする．特に切梁のように座屈する部材は，初期不整によって大きく耐力が下がるので，短期許容応力度では安全率が低くなる．側圧も地盤や掘削，排水条件によっても変わるので，完全には把握できない．このようなことから，日本建築学会の山留め設計指針では，長期許容応力度と短期許容応力度の平均値以下をとるように規定している．ただし，山留め壁に使う新品の芯材は短期許容応力度を使ってよい．

鋼材のさびや損傷による特に大きい断面性能の低下は，断面係数などの割引によって考慮する．計算によっては求めにくい部材や接合部の許容耐力は実験によって求め，最大耐力の 1/2 とする．

〔3〕 根入れ長さ

山留め壁の根入れ長さは次の条件で決まる．

① 山留め壁が水平移動しないこと……………………………根入れの安定

② 山留め壁が沈下しないこと…………………………………支持力

③ 背面の土（粘性土）が回り込まないこと………………ヒービング

④ 水が下から噴出し，掘削底面が荒らされないこと……ボイリング，盤ぶくれ

（a） 根入れの安定　山留め壁の根入れ部が水平移動や回転しないことが必要である．特に，一段支保工や親杭横矢板工法や，軟らかい粘性土層での山留めでは問題とな

る．検討法は，最下段の支保工位置での回転モーメントについて，抵抗側の耐力が十分大きいことを確かめる．

$$P_P H_P \geqq F_S P_A H_A$$

ただし，F_S：安全率（1.2～1.5），

P_A：支保工以下の背面側土圧の合力，

P_P：根切り底以下の前面受働土圧の合力，

H_A：支保工位置から P_A までの距離，

H_P：支保工位置から P_P までの距離

土圧は，ランキン・レザールの土圧式に水圧を加味したものとする．軟らかい粘性土層では根入れ長さが割りと長くなることがある．対策として，切梁位置を下げたり，親杭間隔を狭めたり，前面地盤を改良したりする．

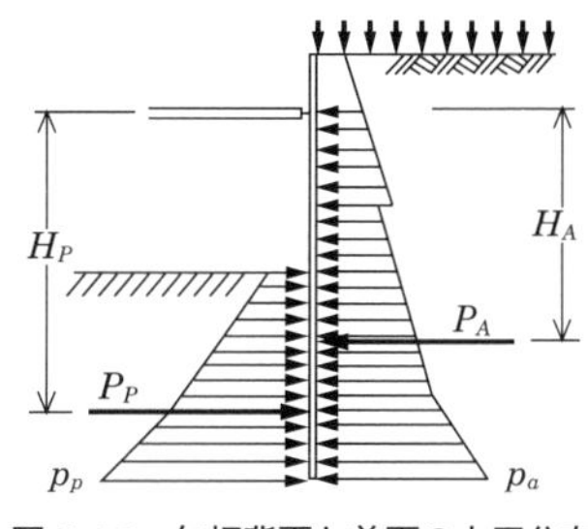

図 5·19　矢板背面と前面の土圧分布

（**b**）　**支持力**　軟弱地盤の山留め壁や支柱について，地盤アンカー工法や逆打ち工法では検討する必要がある．特に地盤アンカー工法では山留め壁が沈下すると，壁が掘削側へ倒れるように変位する．砂礫層や硬質粘土層に根入れされていれば，ほとんど問題にならない．

支持力は 5·4 節 **1** 項の支持力式を用いて中期または短期耐力を計算する．

（**c**）　**ヒービング**　山留め壁背面の土が下部地盤を押して回りこみ，掘削底のふくれ上がる現象をヒービングという．周辺地盤ばかりでなく，山留め壁の支持力が低下して全面崩壊につながりやすい．全体が軟らかい粘性土層の場合に起こりやすく，砂層では起こらない．また，ある程度硬い地層に根入れすれば止まる．

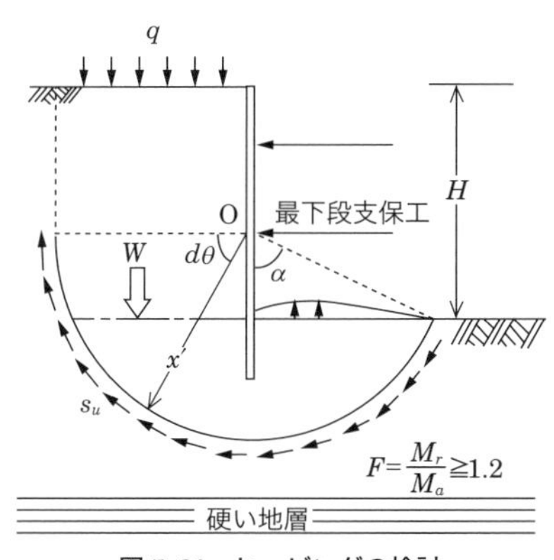

図 5·20　ヒービングの検討

考え方によって種々の検討式があるが，日本建築学会の山留め設計指針では抵抗モーメント M_r と起動モーメント M_a のつり合いによって検討する（図 5･20）．

ヒービングも根入れを長くすれば防止できるが，地盤改良で地盤を強化したり，山留め壁外側の土をすき取って重量を減らすことによっても対処できる．

（d） ボイリング 地下水の浅い砂地盤を掘削する場合，浸透水流により砂の粒子が移動し，沸き立つような状態になり，掘削底面の安定が失われる．これをボイリング（boiling）という（図 5･21）．特定の孔（古井戸やボーリング孔など）から水が噴き出すのをパイピング（piping）現象という．水が砂の細かい粒子を流し去り流れやすくなることを，水みちがつくという．これらの現象が起こると，杭の支持力や地耐力の低下，ひどくなると周辺地盤の沈下を起こすことがある．

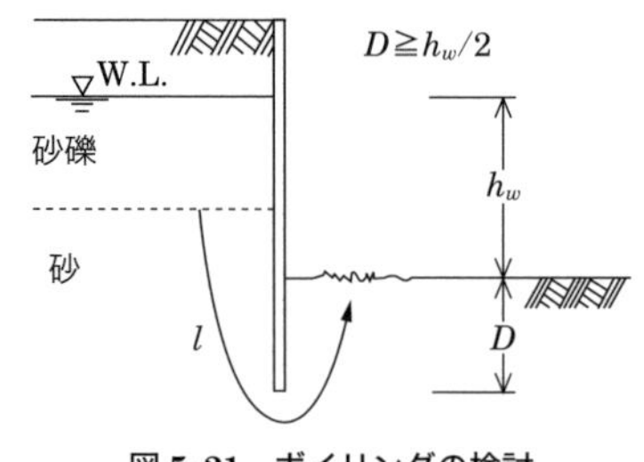

図 5･21 ボイリングの検討

ボイリングの防止には，揚水して自由水面を下げるか，根入れを長くして不透水層まで入れて，水の浸透を止める．

（e） 盤ぶくれ 掘削底面より深い不透水層の下の水圧によって，掘削底面全体がふくれ上がる現象をいう（図 5･22）．これは，水圧より抑える土の重量が大きければ起こらない．しかし，水圧が大きい場合は盤ぶくれの危険があるので，もっと下の不透水層まで根入れするか，滞水層から揚水して圧力を下げる．一般には，パイピングをも防止するため水位を掘削底面より下げることが多い．

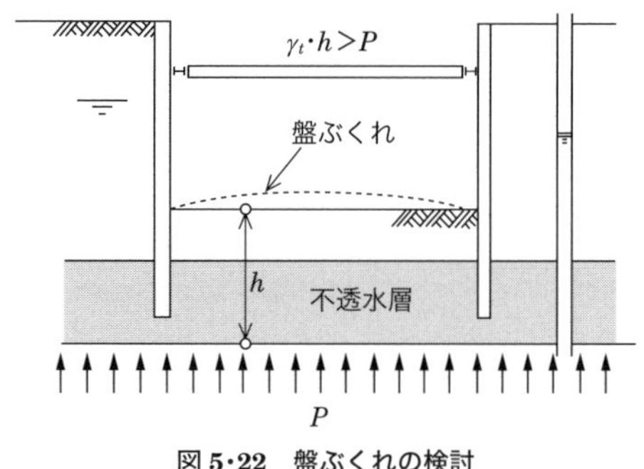

図 5･22 盤ぶくれの検討

〔4〕 側　圧

山留め壁に作用する側圧（土圧＋水圧）は日本建築学会の山留め設計指針によると，三角分布をするものとし，側圧係数 K_a は図 5･23 による．ただし，これだけでは決めにくいので，砂の N 値や粘土の硬さ，透水係数，山留め壁・支保工の剛性によって，また過去の実測データも参考にしながら調整する．ランキン・レザール式の土圧値なども求め，地層の分布を考慮して全体を決める．

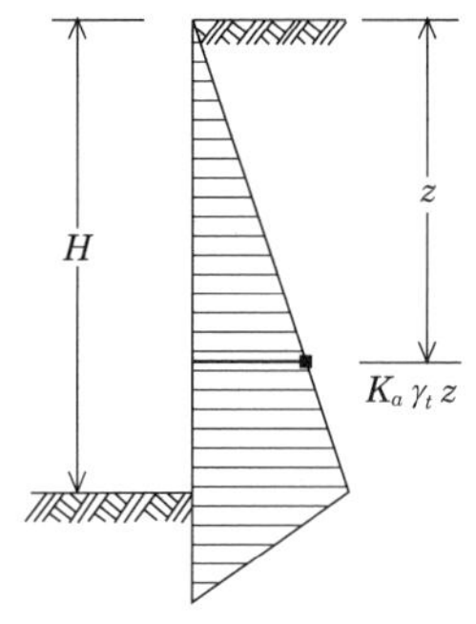

地　盤		側圧係数 K_a
砂地盤	地下水位の浅い場合 地下水位の深い場合	0.3 ～ 0.7 0.2 ～ 0.4
粘土地盤	軟らかい粘土 硬い粘土	0.5 ～ 0.8 0.2 ～ 0.5

γ_t：土の湿潤単位体積重量〔t/m^3〕
H：根切り深さ〔m〕，z：深さ〔m〕

図 5･23　側圧のとりかた

〔5〕 計算法

計算法についても，地盤条件や山留め壁の剛性によって種々の方式が提案されているが，現在の段階では，山留め架構全体としての応力を正確に計算することは難しい．安心の目安をつけるという範中を出ないかも知れないが，適用に当たっては慎重に行わなければならない．軽微なものはキャンティレバーと単純ばりに当てはめて解く．自立杭や深い掘削，変形に厳しい場合は弾塑性設計法を使うことが望ましい．

山留め壁が変形した場合，その分だけ地表面が沈下するので，変形の大きい場合は，山留め壁をもっと剛性のあるものに変えるか，切梁段数を増やす．切梁の剛性を上げたり，切梁のジャッキングをしてもある程度の効果がある．

現在では，山留め工事の専門業者に頼むと細かく計算･設計してくれるが，地盤条件･躯体や工事の条件を詳しく説明して，全体の工事計画に沿ったものとする．また計算書をよく見てどこがクリティカルかを把握しておく必要がある．

〔6〕 架構の設計

山留め壁の解析で求まる反力の最大値を荷重として，各段の腹起し，切梁を設計する．架構はバランス良く配置し，継手は応力の小さいところに設ける．鋼材の断面はボルト孔を控除した有効断面とする．

（**a**） **腹起し**　火打ちの取付けにはゆるみが起きやすいので，図 5･24 の l_e をスパンとする単純ばりとして設計することが多い．出隅に近い部分では火打ちにより伝わる軸力も加味する．

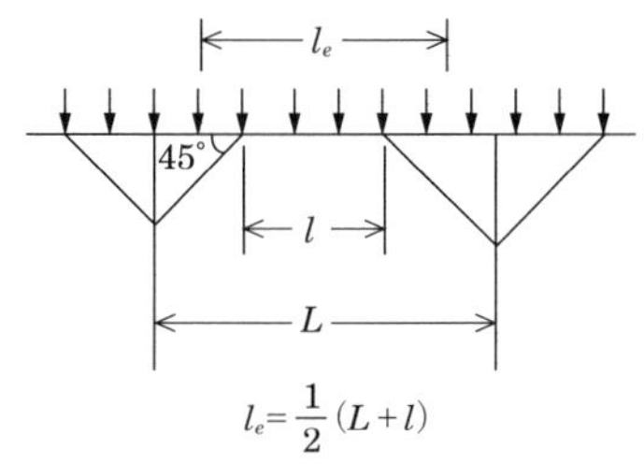

図 5･24　腹起しの有効スパン例

（**b**） **切梁**　軸力と曲げモーメントを受け，支点間を座屈長とする両端ピンの圧縮材として設計する．曲げモーメントの荷重としては，切梁の自重と若干の上載荷重を考慮する．支点となる支柱（棚杭）は切梁の交点ごとに設けるのを原則とするが，軽微な場合は千鳥配置もありうる．

〔7〕 法面の安定

法切りオープンカットや掘削工事の途中では，法面が安全なことを確かめなければならない．ゆるい砂は法肩がくずれやすく，軟らかい粘土は全体に滑りやすい．安全な高さHと法角度βを図表や計算で求める．地層が複雑な場合は，分割法のプログラムを利用するとよい（図5·25）．

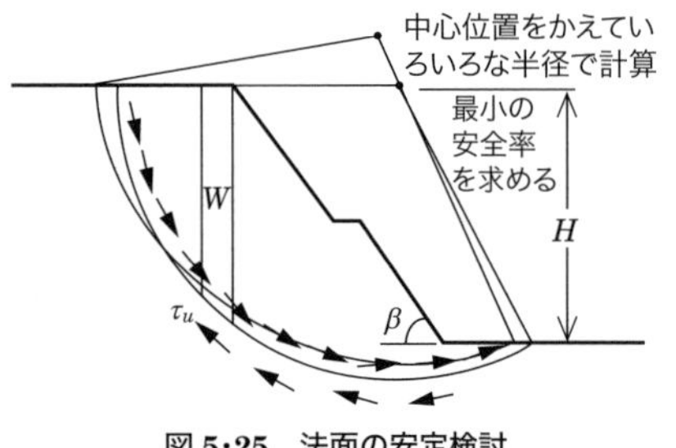

図5·25 法面の安定検討

〔8〕 アンダーピニング

山留め工事により周辺の建物への影響（沈下）が避けられない場合がある．例えば，山留めのすべり面内に片側の基礎が入って沈下すると，建物は大きく傾いてしまう（図5·26）．この場合，この基礎を黒い杭で支持したり，薬液を注入して沈下しない層で支えたりする．これをアンダーピニングという．片側だけ行うと将来逆の方向へ傾いたりするので，両側に施工することが望ましい．

隣家の沈下により，訴訟問題となり，工事が停止してしまうこともあるので，注意し過ぎるということはない．

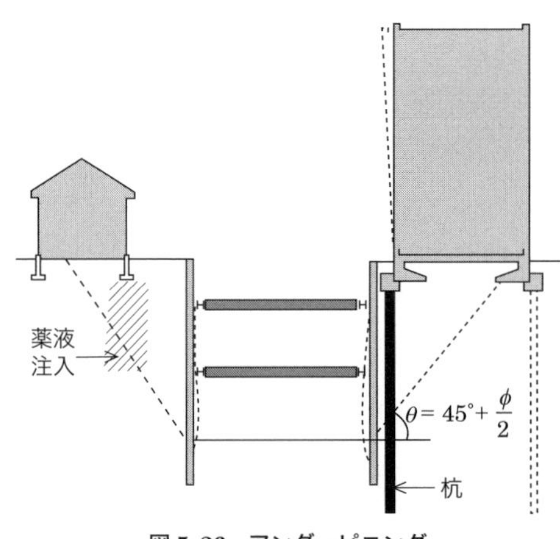

図5·26 アンダーピニング

7 計測管理

山留め架構は不静定次数の低い架構であり，また山留め計算自体も条件を想定して行うものである．施工時のちょっとした掘り過ぎや，下水などからの漏水により地下水位が変動すると条件が変わってしまう．そのため，日常の点検と種々の計測によって安全性を確保することが大切である．計測項目は山留め工事の異常をとらえるもので，工事の難易に応じたものとする（表5·5）．

表5·5　根切り，山留めにおける測定の目的と項目[2]

対象		計測項目
Ⅰ．山留め壁架構	1．山留め壁の計測	(1) 山留め壁に作用する側圧 (2) 山留め壁に作用する水圧 (3) 山留め壁の応力 (4) 山留め壁の変形
	2．切梁・腹起しの計測	(5) 切梁軸力 (6) 切梁の温度 (7) 腹起しのたわみ・ねじれ (8) 接合部のゆるみ・局部破壊
Ⅱ．周辺の地盤と構造物	3．周辺地盤の変位計測	(9) 背面地盤の沈下
	4．周辺構造物の変位計測	(10) 構造物の沈下・傾斜
Ⅲ．地下水	5．地下水位の観測	(11) 排水量と地下水の変動
	6．漏水箇所の点検	(12) 漏水箇所の点検

大規模な山留め工事では測定箇所も多く，人手で測定していたのでは急場に間に合わないので，センサーを山留め壁や切梁に埋め込んだりして，壁の応力，変位や切梁軸力を自動計測することが一般的になった．しかし，センサーをいくら多く入れたとしても，日々の目視点検は欠かせない．

これらの計測値は，時系列にグラフ化して設計値や管理値と比較，管理して異常に対処する．事前調査や設計・施工・管理の不十分が重なったとき事故が起きる．今までの山留め事故の原因を調べると，水に関係したものが多い．集中豪雨や上・下水道からの漏水による水圧上昇で山留め壁が変形したり，横矢板の間から土砂が噴き出した例や，ボイリングやパイピングで砂を吹き上げ，地盤をゆるめた例がある．

埋立地などの軟弱地盤での施工も難しい．掘った浄化槽の穴が一夜で埋まったり，掘削によって起きたヒービングにより，打設した杭が曲がってしまった例もある．

5・3　土工事・排水工事・その他

これらの工事は，非常に地味な部分であるが，量が多いので計画を間違えないことが重要である．また，過去の建物跡や埋め戻し部や周辺建物にも注意が必要である．

1 土　工　事

土に関連する工事としては，造成，整地，すきとり，掘削（根切り），埋戻しがある．ここでは掘削に重点を置いて説明する．

〔1〕 掘削

掘削計画は，山留め計画との関連で，各段階の掘削深さ，順序，使用する重機，台数などを検討する．工事に先立って土壌汚染がないか確認しておく．

手掘りと機械掘りがあるが，手掘りは床付け部分や杭間ざらえ，試掘，機械の入らない部分でしか行われない．掘る方式は三つに分けられる．

① 手前から前方へ掘り進む……トラクターショベル，バックホー

② 後退しながら掘り進む………バックホー

③ 下へ掘り進む…………………クラムシェル，テレスコ型油圧クラムシェル

実際の工事では，これらを積込み，搬出と組み合わせて図5･27のように行う．掘削底では土をトラクターショベルやバックホーでかき集めるが，鋭敏比の高い粘性土の場

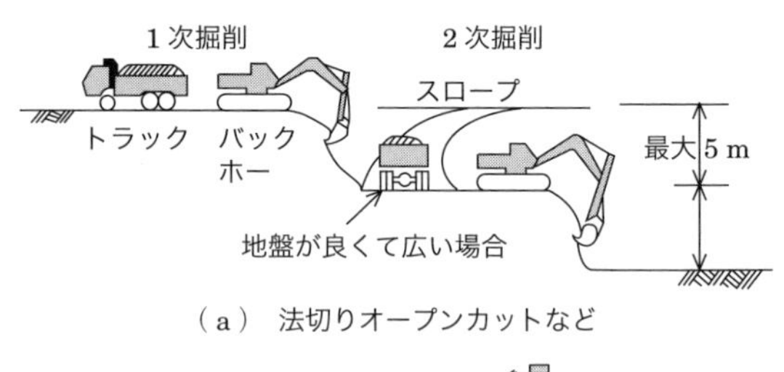

（a） 法切りオープンカットなど

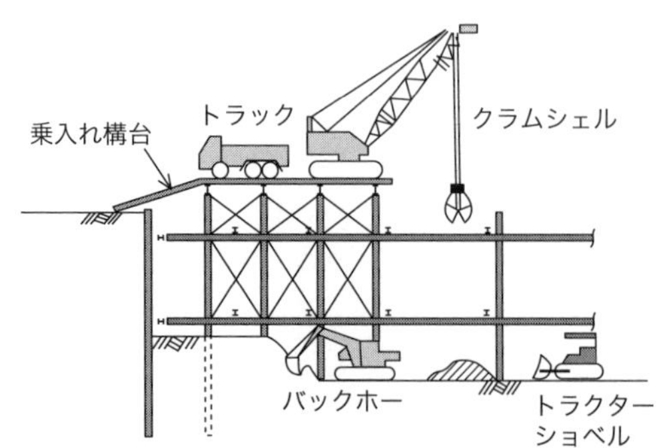

（b） 切梁のある場合または深い場合

図5･27 掘削方法

合は，重機を動かすと土は強度を失って液状になるので，クラムシェルでじかに掘る．

機械の必要台数は，土量と工期，1台の能力により決まる．しかし，掘削平面形や構台面積から，設置できる台数は限られており，足りない場合は掘削方式や重機，工期を再検討する．また，土工事の工程は天候に左右されやすいので，実働日数を考えて余裕をもたせる．

乗入れ構台は，地下工事をする際の作業スペースで敷地に余裕のない場合や，大規模な深い掘削では必ず設ける（図5·27（b））．掘削や切梁かけ，材料の取り入れ，コンクリート打設，鉄骨建方などに使うので，目的に合わせて配置する．幅は少なくとも6mは必要で，大型油圧クレーンを載せるなら8m以上とする．

〔2〕 床付け

掘削底の整地を床付けという．地耐力基礎の床付け面は手掘りを原則とし，地盤をゆるめないようにする．足元がぬかるむことなくドライワークのできるように排水しなければならない．載荷試験はこのレベルで行う．部分的に地盤の悪い場合は，監理者の指示により土の入れ替えや改良などを行う．この上に砕石を敷いて転圧する．

杭基礎の場合は，群杭の間さらえは手で，その他は機械で行う．

〔3〕 埋戻し

躯体と山留め壁のすきまや土間下へは良質土を埋め戻す．一般には掘削土の良いものが使われるが，場外から搬入の場合もある．この場合は砂質土とする．

深い埋戻しを一度にすると，十分締まらないので日がたつと沈下し，周辺地盤のひび割れや沈下につながる．このため，転圧機械の効果の及ぶ深さ（約30cm）ごとに埋め戻し，転圧をしなければならない．転圧のできない場合は，砂質土で埋めて水締めをすることができるが，透水性地盤でないと効果がない．この場合はソイルモルタルや気泡で流動化した砂を圧送して充填する．

2 排水工事

掘削底より地下水位が高い場合は排水や遮水が必要となる．どちらをとるかは山留め工事との関連で決める．

排水工法はボイリングや盤ぶくれの防止，ドライワークを目的として行われるが，周辺の井戸枯れ，粘性土層や腐植土の圧密沈下を防ぐためには遮水工法としなければならない．排水の影響は数百mにも及ぶことがあるので注意が必要である．

排水料金は高いのでディープウェルの直下にリチャージウェルを設けて，場内に漏れ出た水を深い地層に注入することも行われる．また，反対に山留め壁や場所打ち杭の施工には大量の水を必要とするので，工事の最初に井戸を掘って水源とすることもある．

〔1〕 工 法

排水工法の種類を表5·6に，その適用範囲を図5·28に示す．

表 5·6　排水工法

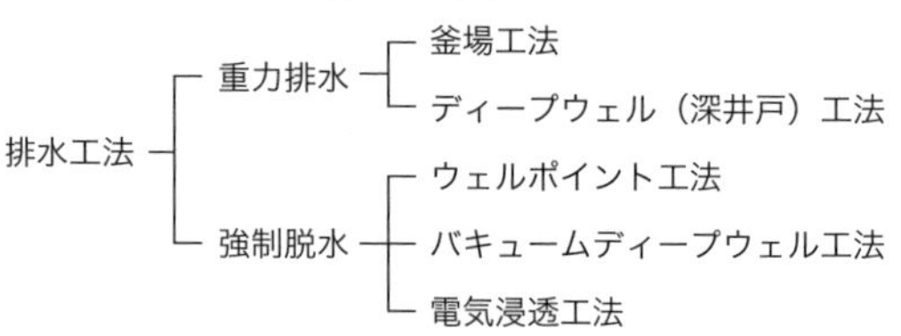

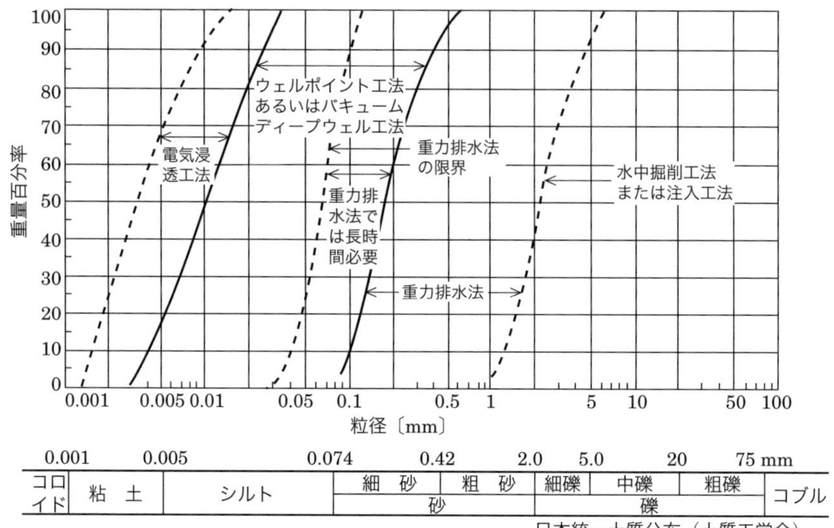

図 5·28　土粒子の径と排水工法の適用範囲[3]

（**a**）**釜場工法**　掘削部に順次，釜場と称する集水枡を作り，ここへ排水溝で集水してポンプで排水するもっとも簡単な排水方法である（図 5·29）．ボイリングや盤ぶくれを防ぐことはできない．また，掘削に先行して水位を下げることが難しいので，完全なドライワークはできない．ほかの工法の補助としても用いる．

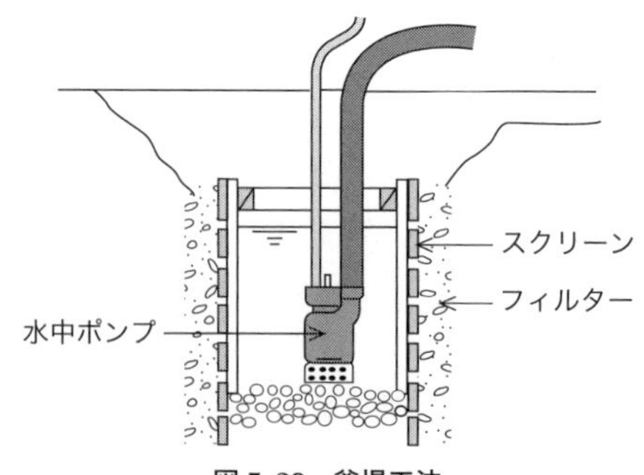

図 5·29　釜場工法

（**b**）**ディープウェル工法**　所定の深さまで掘削した孔にストレーナー付の 400～600 ϕ の鋼管を入れ，その外側にはフィルター材を充填する．鋼管の中に水中ポンプを入れて，ストレーナーを通して流入する水を排水する工法である（図 5･8，図 5･30）．孔を掘るときに透水に影響する泥水を用いないことと，周辺土質の粒径に合ったフィルター材を入れることが要点である．

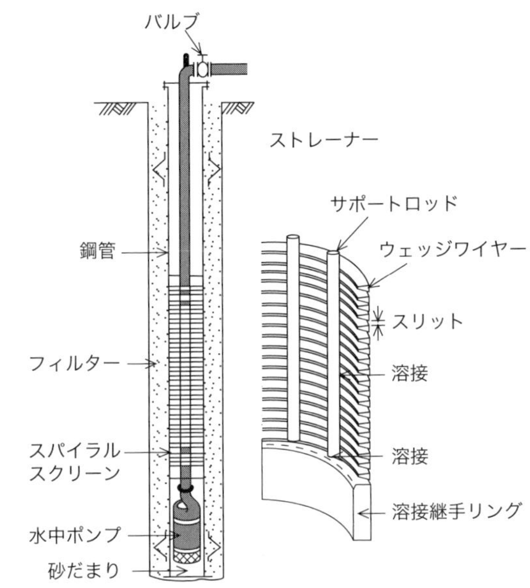

図 5･30　ディープウェル（深井戸）の構造

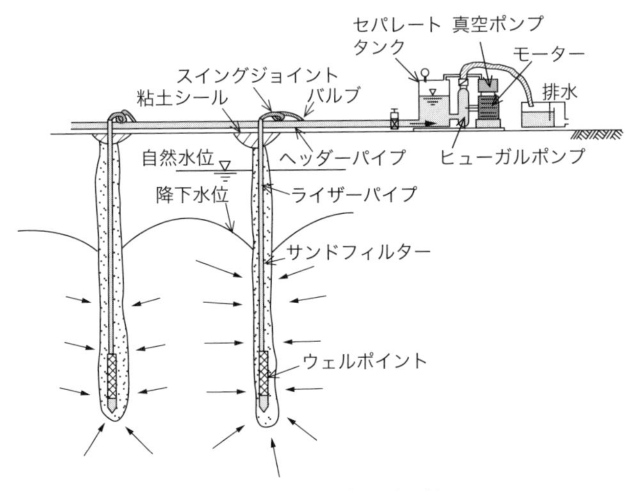

図 5･31　ウェルポイント工法

とくに砂質地盤などの透水性の良い地盤に向いており，被圧を下げボイリングや盤ぶくれの防止もできる．ただし，粘性土と砂の互層状の地盤では効果が薄い．

（c） **ウェルポイント工法**　先端にフィルターの付いたライザーパイプを滞水層へ1〜2 m 間隔に打設し，これをヘッダーパイプを介して真空ポンプにつなぎ，水を吸い上げる工法である．ライザーパイプの周りにはサンドフィルターを設けて集水効率を上げる（図 5·31）．

真空ポンプで吸水するため，有効に低下できる水位は 6 m 程までである．深い掘削では多段とする．また，強制的に吸い上げるので細砂やシルト質細砂にも使える．打設ピッチも細かいので，複雑な地盤でもドライワークができる．ただし，被圧を下げるのにはあまり適していない．

〔2〕 井戸の設計

透水係数は揚水試験や透水試験によって決めるのを原則とするが，できない場合には土の粒度分布から推定する．Hazen は D_{10}（10％有効径）との関係式を，Creager は D_{20} との関係式を実験により求めた．透水係数の概略値を表 5·7 に示す．

表 5·7　透水係数の概略値[4]

透水度	透水係数の範囲 k〔cm/s〕	土　質
高　い	10^{-1} 以上	礫
中　位	10^{-1}〜10^{-3}	粗砂，中砂，微砂
低　い	10^{-3}〜10^{-5}	極微砂，シルト質砂，ゆるいシルト
極めて低い	10^{-5}〜10^{-7}	硬いシルト，粘土質シルト，粘土
不透水	10^{-7} 以下	完全な均一粘土

（a） **揚水量**　いろいろな条件と仮定で解が異なるが，一例として平衡式を示す．

十分広がっている均一な自由水を排水する場合，井戸を滞水層のすべての深さにわたって掘り，揚水した場合の定常状態の値が求まる．

〔平衡式〕

$$Q_0=\frac{\pi k(H^2-h^2)}{\ln\dfrac{R}{r}}$$

ただし，Q_0：湧水量〔m^3/分〕，k：透水係数〔m/分〕，R：影響半径〔m〕，
r：井戸半径〔m〕，H：常水面から不透水層までの厚さ〔m〕（図 5·32），
h：流入長〔2 m 以上〕

r としては，掘削面全体を井戸とみたてて等価な半径をとる．R は土質によって変わり，礫で 500〜1 500 m，細砂で 10〜100 m である．初期の揚水量は定常値の 1.5〜2.0

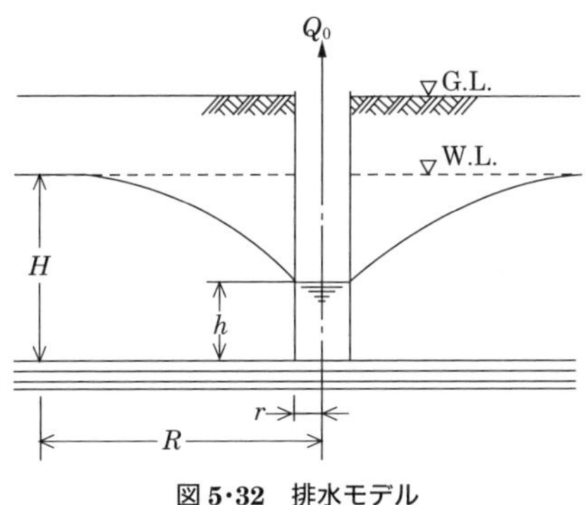

図 5·32　排水モデル

倍の値とする．

（**b**）　**井戸の本数**　　湧水量を，井戸相互の干渉と流入損失を考慮した井戸 1 本の排水能力で割って求める．透水係数 k には誤差が大きいので，井戸本数は少し多めに決め，チェックとして，井戸を平面上に配置して，各点で水が下がるかどうか検討する．

ウェルポイント工法では 1 set 約 1.7 m^3/分の能力があり，ヘッダーパイプ約 100 m 当たり 1 set 必要である．

（**c**）　**計測と停止**　　井戸とは別に観測井戸を設け，定期的に水位を測る．揚水量は，流量計，例えばノッチタンク（図 5·33）で測る．

揚水を停止する時期は，出来上がった躯体重量が水による浮力よりも十分大きくなる時点とする．不用意に止めると，基礎全体が持ち上がることがある．

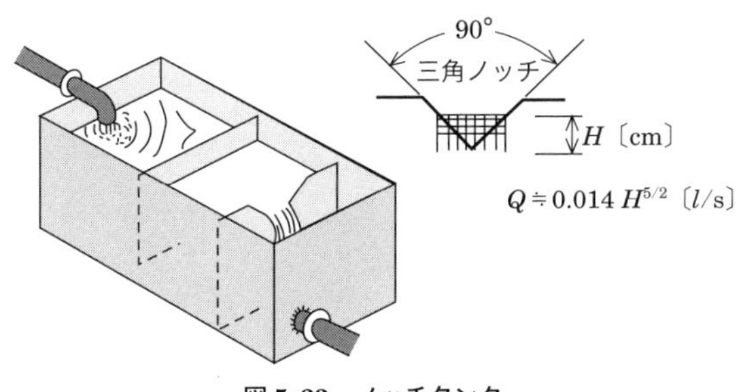

図 5·33　ノッチタンク

〔**3**〕　**注意点**

実際の地層は，計算モデルに使うような単純なものではなく，もっと複雑なことが多い．特に，図 5·34 のように不透水層の上の水は引きにくい．H 鋼横矢板では横矢板のすきまから水が出てくると，細砂などは水とともに流出しやすいので注意が必要であ

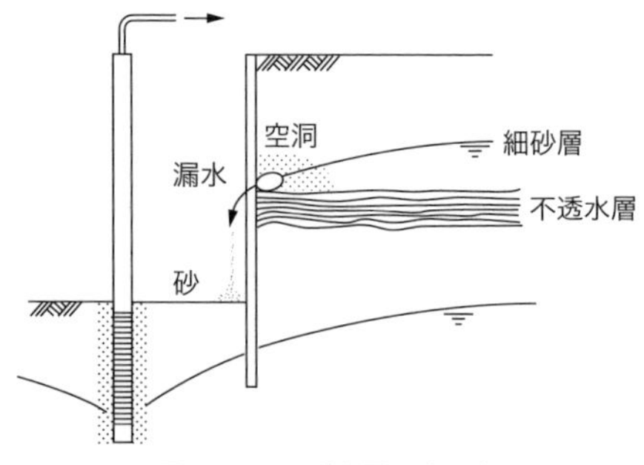

図 5·34　不透水層の上の水

る．対策としては，遮水壁にするか，背面に砂杭を打って水を下の透水層に落とす．施工中に山留め壁から出水したら，フィルター材を詰めて水だけ出すようにする．

増築工事の場合も，既設建物の下が水みちとなっているので，ボイリングの注意が必要である．どんどん揚水して全体の水位を下げてしまうか，建物の下に薬液を注入して遮水するしか方法がない．水が漏れ出してから薬液注入をするとどこまで届くかわからず，また注入圧は土圧より 1 桁高いので山留め壁を傷めるおそれがある．

3 遮水工事

遮水工法は，次のように分けられる．

① 遮水壁工法（例えば，図 5·8，図 5·15）

② 地盤固結工法（注入，凍結）

③ 圧気工法（ケーソン，シールド）

遮水壁工法が，もっとも一般的である．遮水性のある山留め壁（ソイルセメント柱列壁など）を盤ぶくれのおそれのない不透水層まで根入れする．（薬液）注入工法は，コストが高いので山留め壁の弱点部分や遮水壁の作れない部分，立孔の底盤下に用いる．注入材は土質のすきまの大きさによってセメント，ベントナイト，ケミカル剤を使い分け，水流の速さによってゲルタイムを調整する．中でも遮水効果の高いケミカル剤には水ガラス系，ウレタン系，尿素系，アクリル系などがあるが，地下水汚染の心配のない水ガラスを主に用い，水質の監視を行う．

注入量は圧力と時間に関係するが，圧力を低めにして時間を長く注入したほうが遮水効果は高くなる．また，すでに掘削したレベルより上の地盤へ圧入して，山留め壁面に圧力を加えることは非常に危険である．

山留め壁で遮水しても，掘削底や山留め壁から漏れてくる水がある．不透水層の厚さや性質によるが 0.1〜0.2 m^3/分ぐらいになる．1 日にすると相当な量になるので，これを下水に流さずに地盤に戻すリチャージ工法がある．注意することはなるべく現場から遠くに，または漏れてくる層とは違う地層に戻すことである．

4 地盤改良

造成地盤の地すべりは別として，地盤の強度を上げたり，圧密を促進したり，液状化を防ぐ目的で行う工事である．土質や深さによって使い分け，次のようなものがある．

〔1〕 土質全般

軟らかい部分の土を良質なものと入れ替える（置換）工法や締め固める工法と，土に薬液を注入したり，セメントなどの固化材と混合する深層混合処理工法がある（図5·35）．この工法の軽微なものは攪拌翼を捻じ込んでセメントスラリーと混合する工法があり，住宅や小規模の建物によく使われている．ほかに使われるのは建設現場に大型重機が入れるように表層地盤にセメント系改良材を混ぜ込んで転圧する方式である．

これらに使うセメント系改良材には六価クロムの溶出のないものを用いる．

〔2〕 粘性土

この地層で起こる不具合は圧密沈下である．地中の水分を抜くためにバーチカルドレーン工法や生石灰工法がある．前者は地中深くまで砂杭やペーパードレーンを多数設け，地上に土などを盛って圧力を加え，時間をかけて脱水を促進する．

〔3〕 砂質土

ゆるい砂層中に振動する管を沈め，粒径の大きい砂利をつめて締め固め，地震時の液状化を防ぐのがバイブロフローテーション工法である．

図5·35 深層混合処理工法の例

5·4 杭 工 事

基礎下の地盤が軟弱で十分な地耐力が期待できない場合，一般に杭基礎となるが，地盤，地下水の状況，近隣騒音・振動，施工性などを考慮して，設計されている杭が適正かを判断して施工する．そのためには杭の種類，工法について再確認する．

❶ 杭の支持力

杭の支持力機構は支持杭と摩擦杭に分類できるが，力学的性質が大きく異なるので注意を要する．一般的に杭の支持力を求めるには，次の三つの方法がある．

① 載荷試験による方法

② 動力学的支持力公式による方法

③ 静力学的支持力公式による方法

〔1〕 載荷試験による方法

杭の極限支持力または基準支持力は，載荷試験による方法がもっとも信頼性が高い．しかし，多大な費用と日数が必要となるため，特別の場合のほかは行われない．

載荷試験を行った場合の杭の長期許容鉛直支持力は，杭体の長期許容圧縮力以下で，かつ原則として極限支持力または基準支持力の 1/3 以下とする．

通常，図 5·36 に示すように，打込み杭の場合は，比較的小さな沈下量で極限に近づく．一方，埋込み杭の場合比較的小さな荷重でも沈下が進む．場所打ち杭もこれに類似している．沈下量が多いのは好ましくないので，杭径の 10％の沈下が生じた時点を極限状態に達したものとして，この値を基準支持力としている．

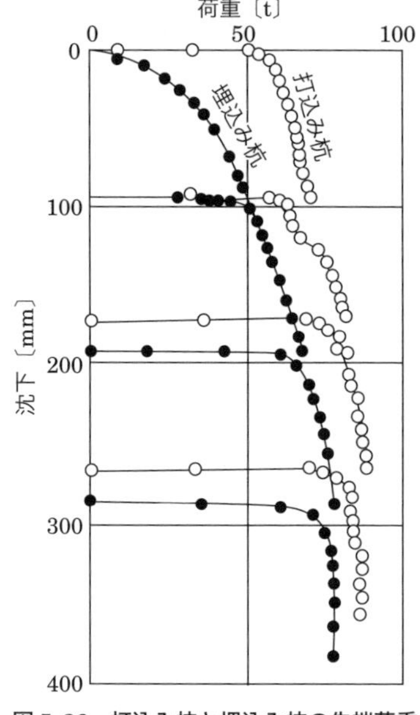

図 5·36　打込み杭と埋込み杭の先端荷重－沈下関係の相違－[5]

上記のほかに地盤の沈下による下向きの摩擦力（ネガティブフリクション）や地震時液状化の可能性の検討を行ったうえで杭の長期許容鉛直支持力とする．

長い杭では載荷試験をすると設計荷重に達しても先端に軸力が到達しないことがある．

〔2〕 動力学的支持力公式による方法

杭の支持力は品質保証上重要な意味をもつため，杭 1 本 1 本を確認して管理すべきである．打撃杭の場合は打撃エネルギーと沈下量やリバウンド量から種々の式が作られたが，埋込み杭が主流になってからは適用できなくなった．埋込み杭ではオーガーのモーターに流れる電流を記録して支持層に到達したかどうかを確認・記録する．

〔3〕 静力学的支持力公式による方法

載荷試験を行わずに，杭の支持力を計算によって求めようとする支持力算定式は，いままで数多く提案されてきたが，最近は次の式を使うことが多い．

（**a**）**長い杭の場合**

$$R_a \leqq q_p A_p + R_f/3 - W_p$$

ただし，R_a：杭の長期支持力〔kN〕，q_p：杭先端の地盤の支持力度〔kN/m^2〕，
A_p：杭先端の有効断面積，R_f：杭とその周囲の地盤との摩擦力〔kN〕，
W_p：場所打ち杭の自重〔kN〕

$$R_f = (10 \cdot N_s L_s/3 + q_u L_c/2)\ \psi$$

ただし，N_s：砂質土地盤の N 値の平均値（ただし，打込み杭は最高 50，セメントミルク工法による埋込み杭または場所打ち杭にあっては最高 25 とする），
L_s：砂質土地盤に接する長さ〔m〕，
q_u：粘性土地盤の一軸圧縮強度 kN/m^2（打込み杭は最高 200，セメントミルク工法による埋込み杭またはオールケーシング杭などの場所打ち杭は最高 100，30 以下は無視する），
L_c：粘性土地盤に接する長さ〔m〕，ψ：杭周囲の長さ〔m〕

（**b**）**短い杭の場合**

$$R_a = q_a A_p + R_f/3$$

ただし，q_a：長期応力に対する地盤の許容支持力度〔kN/m^2〕

表 5·8　杭の種類に応じた q_p 値

杭の種類	杭先端の地盤の許容応力度
打込み杭	$q_p = \frac{300}{3}\overline{N}$
セメントミルク工法による埋込み杭	$q_p = \frac{200}{3}\overline{N}$
オールケーシング杭，リバース杭またはアースドリル杭	$q_p = \alpha\frac{150}{3}\overline{N}$

［注］ $\overline{N}$ は図 5·37 による．ただし，60 を超えるときは 60 とする．α は補正係数であって載荷試験で確認しない場合は，0.5 とする．

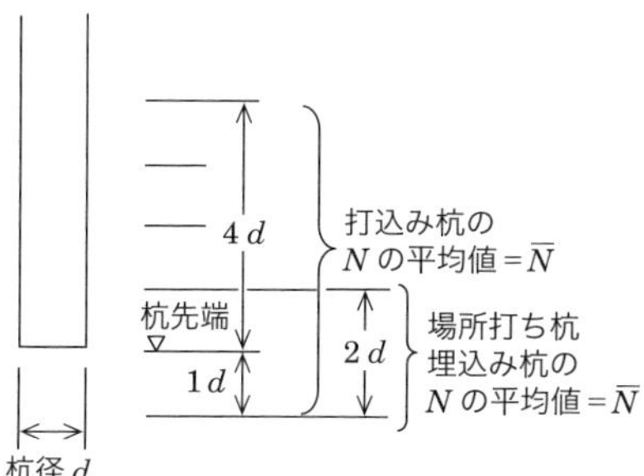

図 5·37　$\overline{N}$ の採り方

2 杭の種類

杭の種類は，表5·9に示すとおり，杭材料による分類と工法による分類で分けるのが一般的であるが，重複することが多いので，この項では既製杭材料のみを扱い，その打込み杭，埋込み杭および場所打ち杭全般については次項に譲る．

表5·9　杭の種類

<table>
<tr><th colspan="4">杭種類</th><th colspan="2">工　法</th></tr>
<tr><td rowspan="5">既製杭
・単杭
・継杭
・合成杭</td><td colspan="3">木杭</td><td rowspan="5">打込み</td><td></td></tr>
<tr><td rowspan="2">鉄筋コンクリート</td><td>プレストレス導入なし</td><td>RC</td><td rowspan="4">埋込み</td></tr>
<tr><td>プレストレス導入あり</td><td>遠心力成形 PC
高温高圧蒸気養生 PHC</td></tr>
<tr><td>鋼管補強コンクリート</td><td colspan="2">SC 杭</td></tr>
<tr><td>鋼杭</td><td>鋼管
H 鋼</td><td>鋼管，回転貫入杭
H 鋼</td></tr>
<tr><td rowspan="3">場所打ちコンクリート杭</td><td rowspan="2">機械掘削</td><td>ケーシングあり</td><td>オールケーシング杭
（ベノト杭）</td><td colspan="2" rowspan="3">場所打ち</td></tr>
<tr><td>ケーシングなし</td><td>アースドリル杭
リバース杭</td></tr>
<tr><td>人力掘削</td><td>深礎</td><td></td></tr>
</table>

〔1〕 木　杭

生松丸太の樹皮を除いたものを杭ごしらえしたものである．常水面以下に打ち込まれた杭は腐食しないので過去には多く使われたが，今では使われない．昔の建物を解体すると出てくることがある．ベニスの街は今でも木杭の上にある．

〔2〕 既製コンクリート杭

既製コンクリート杭は今や高温高圧蒸気養生（オートクレーブ養生）したプレストレスト高強度コンクリート杭（PHC 杭）ばかりである．杭体の品質が向上したため，かなりの長尺杭まで使用されるようになった．径も 300～1 200 ϕ まであり，場所打ち杭に追いついてしまい，柱の下は杭 1 本になってきた．さらには鋼管補強した SC 杭や溶接によらず杭の端板をつなぐなどの改善がされ，摩擦力を増大させる節杭（図 5·38）など適用範囲が広がっている．PHC 杭は，曲げ耐力を上げるプレストレス量により A·B·C 種に区分されている．杭頭部の補強にさらに鉄筋を入れた PRC 杭もある．

一方，現場施工面では騒音・振動規制に対応して埋込み杭にシフトした．先端支持力を上げる工夫を各社がしており，同じ径でも工法によって耐力が異なってきているので，同じグループ内でのみ施工業者を選ぶことができる．次に主な注意事項を列記する．

図 5･38　PHC 節杭 900ϕ

① 既製コンクリート杭は，運搬，打込みなどにより，ひび割れまたは欠損の生じていないものを選ぶ．端板周りのコンクリート充填不良のものが見つかっている．

② 1本の杭の長さは 15 m 以下とし，運搬，機械の性能などを考慮して1本の長さを設定する．継ぎ杭の場合は，上杭，中間杭，下杭の別を確認する．

③ 建込み時の杭のつり点位置は，杭頭から 2 m の位置とする．

〔3〕 鋼　杭

① 従来，鋼杭は開端の鋼管杭を打設したり，埋設していたが，最近はスパイラル状のつばあるいは翼を付けてねじ込む回転貫入工法が住宅では主流である．

② 土中の鋼材は，土質，水質，バクテリアおよび迷走電流などの影響を受けるので腐食対策を行う．対策には表面塗装，電気防食法もあるが，一般的には 2 mm 程度の腐食代（シロ）を確保して腐食対策としている．

③ 鋼杭を打設するときは，その中心間隔は杭頭部の径または幅の 2 倍以上（ただし閉端鋼管杭にあっては 2.5 倍），かつ 75 cm 以上とする．

3 杭　工　法

〔1〕 打込み杭

（a） 打込み杭施工上の注意事項

① 打撃によって杭を打ち込む場合は，騒音規制法に基づく特定建設作業の提出を，7日前までに市町村長あてに提出しなければならない．

② 打撃により杭体を損傷したり，継手を破壊しないようにして，所定の深さで支持力が得られるまで打ち込む．原則として杭打ち試験を行う．

③ 試験杭によって破損した場合は，杭体，継手溶接などの細部検討に加え，地盤条件や杭の種類などに応じて，適当なハンマーの大きさを選定する．

④ 中間に硬い層がある場合はアースオーガーを併用して杭の破損を防止する．

⑤　粘性土地盤に打ち込む場合には，間隙水圧が上昇し，周辺建物のもち上げ，よう壁・石垣のせり出し，鉄道線路のもち上げなどの影響が出ることがあるので，アースオーガーを使うなどの対策が必要である．

⑥　杭の設置中心間隔は，杭頭径の 2.5 倍以上，かつ 75 cm 以上とする．

（b）　打込み杭の施工機械

（1）杭打ち重機：クローラー台車にリーダーを付けた 3 点支持式杭打ち機が主流である．リーダーとステーの下にジャッキを設けて安定を確保し，街中ではディーゼルハンマーの代わりにモンケン（重錘・ドロップハンマー）を使用する．うしろには発電機を積んでオーガーの電源としている（図 5･39）．

（2）ディーゼルハンマー：杭打ち機といえば，これを連想させるほど一般的であったが，騒音・振動規制法の施行後は市街地では見られなくなった．しかし，その施工性，経済性から捨てがたいものがあり，埋立地の工場など可能な環境では使われることがある．

（3）バイブロハンマー：2 対の偏心した重錘を逆方向に回転させて，上下方向力を合成して杭を打つものである．クローラークレーンでつって，シートパイルの打抜きに使用する．

〔2〕　埋込み杭

市街地での施工が不可能となった打込み法に替わって，地盤を掘削することによって埋設する杭工法が開発された．

（a）　埋込み杭工法の種類

（1）プレボーリング工法：孔内を安定させるためセメントベントナイト水溶液を出しながら掘削し，先端または全体に行きわたるようにより強度の高いセメントミルクを注入する．ここへ既製杭を挿入して規定のレベルになるまで押し込む（図 5･40）．

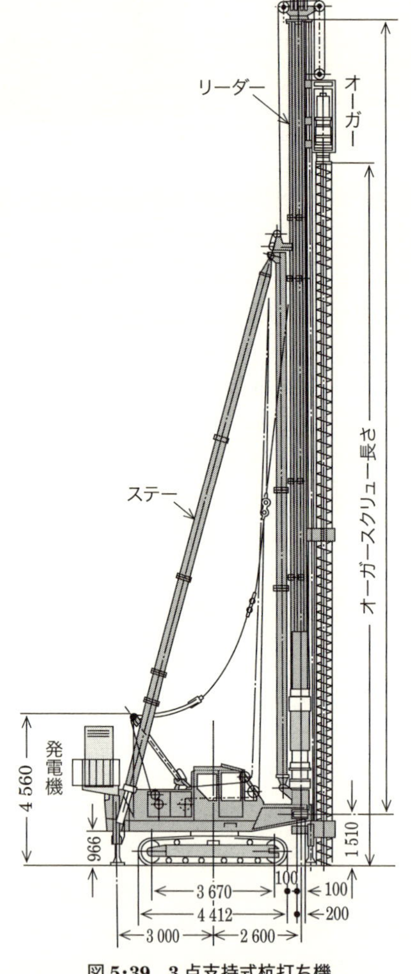

図 5･39　3 点支持式杭打ち機

（2）中掘り工法：先端開放の中空既製杭を，内部を貫通したオーガーで杭先端の土

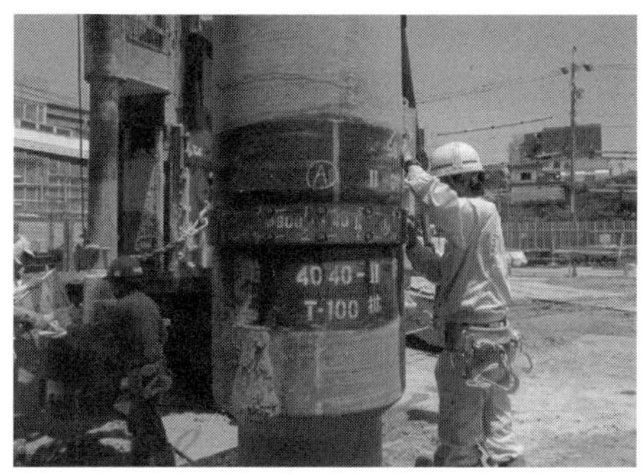

図 5·40　埋込み PC 杭の無溶接接合

を掘りながら，杭に荷重をかけ所定の深さまで埋設する工法である．杭先端はセメントミルクで固める．

(3) ウォータージェット工法：杭の先端にジェットノズルを装備し水を高圧で噴射させて地盤を切削し，かつ周辺摩擦を弱めながら杭を埋設する工法である．

バイブロハンマーを併用して仮設の構台杭などに利用されることがある．

(b)　埋込み杭の施工上の注意事項

① 地盤調査書を参照し，試験杭で支持層の深さの変化を確認する．

② オーガーの電流グラフで支持層を確認し，杭体を指示量以上に根入れする．

③ 先端支持力に影響する根固めセメントミルクや摩擦力に影響する周辺固定セメントミルクの量が規定量注入されているか確認する．

④ 杭中心のずれ（偏芯量）が設計値以内に収まっているか確認する．

〔3〕 圧入杭

鋼管の先端にねじった翼を付けて，これを回転貫入させる工法である．住宅用の細いものからビル用まである．騒音・振動がなく，残土もほとんど出ないので経済的である．根入れ深さは地盤調査により決め，施工時の管理はトルク値による．

〔4〕 場所打ちコンクリート杭

柱軸力が大きくなる高層ビルでは場所打ちコンクリート杭が多く採用されている．

現在使われている場所打ちコンクリート杭には，掘削方法として人力，回転バケット，先端オーガー，ハンマーグラブ，ロータリービットなどがあり，また孔壁の保護法として，ケーシングを使用したり，ベントナイト泥水または清水圧を利用するものがある．これらの組合せによって種々の工法が開発されているが，一般的に広く普及している工法は，オールケーシング杭（ベノト杭），アースドリル杭，リバース杭（リバースサーキュレーション杭）の場所打ち杭三工法と，古くからある深礎杭である．

（a） **場所打ちコンクリート杭の一般的な注意事項**

① 掘削した孔壁を崩壊させないよう，泥水の比重，粘性，水位を確保する．また重機の下に鉄板を敷いて荷重を分散させ，重機を安定させる．

② 先端地盤が被圧水によるボイリングによってゆるまないよう，事前に支持層の被圧水を調査しておき，掘削中から掘削孔に注水して被圧以上の水位を確保する．

③ 掘削土を見て杭底は確実に支持層に到達させる．入れる長さは設計図による．通常，杭径（d）かつ 1 m 以上貫入させる．

④ 全長にわたって設計断面以上を確保する．ケーシング（鋼管殻）のない杭は泥水中に超音波ソナーを入れて孔壁の状態を確認し記録する．

⑤ 泥水中のスライムが孔底へ沈殿すると先端支持力が下がり，致命的欠陥となる．掘削完了時にスライムの沈殿を待って底ざらいバケットや水中ポンプで除去する．また泥水管理をして一定のスライム保持機能をもたせるとともに，コンクリート打設の直前にエアリフトなどでスライムを吸い出したり，再浮遊させる．

⑥ 配筋は設計図による．鉄筋かごの継手は重ね継手とし，0.8 mm 以上の鉄線で結束する．ただし，帯筋の継手は片面 10 d 以上のフレアー溶接する．鉄筋かごのかぶりは通常 10 cm（最低 6 cm）とし，要所にスペーサーを設ける．

⑦ コンクリート打設に当たってはスライムを巻き込まないよう，トレミー管をコンクリート中に常に 2 m 以上入れておく．

⑧ 泥水中にコンクリートを打つ場合，余盛りとして設計レベルより 0.5～1.0 m 高く打ち止める．これはスライムや泥水が混ざった分を除くためである．

⑨ 杭の上部の孔は良質土でしっかり埋め戻す．ゆるいと重機が倒れたり，山留め壁が掘る前に変形することがある．

⑩ 拡底する場合は鉛直面となす角を認定された傾斜角（約 12°）以下とする．

⑪ 中心間隔は，（杭頭径＋拡底径）以上，かつ（拡底径＋1 m）以上とする．非拡底の場合は拡底径を杭頭径と読み替える．

（b） **場所打ち杭の種類**　最近の機械掘削による場所打ち杭としては，オールケーシング杭・アースドリル杭・リバース杭に限られる．これらの特色比較を表 5·10 に示す．設計された杭が，地盤調査の不備，敷地の制約・近隣の環境やその他の条件の変化によって適切でなくなる場合もあるので，施工に当たっては慎重に再検討したい．

(1) オールケーシング杭（図 5·41，図 5·42）：ケーシングチューブを全施回圧入し，内部をハンマーグラブで掘る工法である．以前ベノト杭と称された工法の進化版である．ケーシングチューブで孔壁を保護するので，近隣構造物に対する影響は少なく，安全性は高い．しかし，1 夜も放置すると地盤との摩擦力によって施回が不可能になることがあるので，掘削を始めたら連続して杭の築造までするのが原則である．

表 5·10　場所打ち杭の特徴比較

特　性 ＼ 杭の種類		オールケーシング杭	アースドリル杭	リバース杭
①機械および機構	1. 掘削機 2. 孔壁の安定	ハンマーグラブ ケーシングチューブ	ドリリングバケット 泥水	三角ビット 清水
②対応地盤	1. 最大礫径〔cm〕 2. 中間砂礫層 N 値 3. 被圧水	50 $N≦60$ 要注意	10 $N≦40$ 要注意	20 $N≦50$ 安全
③機械能力	1. 径〔m〕 2. 長さ〔m〕	1.0～3.2 35～60	0.6～3.2 30～70	0.8～4.8 75～86
④立地条件	1. 騒音振動 2. 敷地最小面積〔m^2〕	中 900	小 300	小 1 200
⑤施工性	1. スライム処理 2. 垂直精度	可 1/300	やや難しい 1/200	可 1/500
⑥経済性	1. コスト	大	小	中

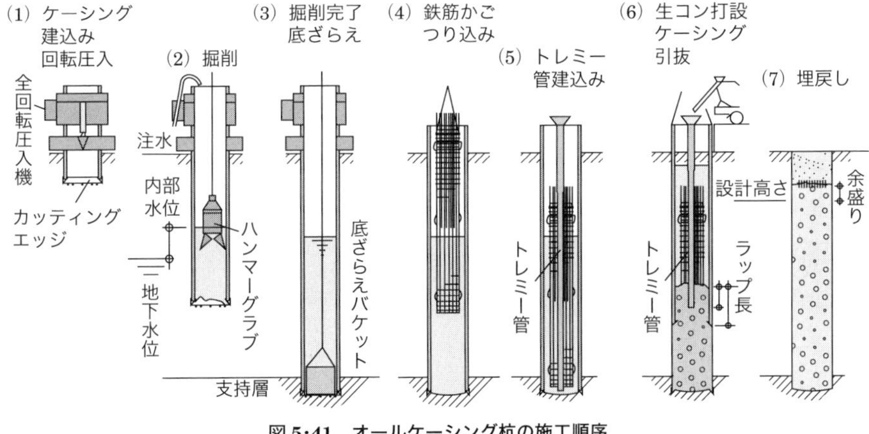

図 5·41　オールケーシング杭の施工順序

ケーシングの剛性が高いので垂直精度も高い．転石層でも削孔できるほど強力なので，ビルを解体した跡に基礎杭を作る場合などにも利用されている．

注意すべき点は，ケーシングの引抜き時に鉄筋かごが一緒に抜け出ること（共上がり）を防ぐことと，土圧による杭径の縮小である．

(2) アースドリル杭（図 5·43，図 5·44）：孔壁が崩壊しないようにベントナイト溶液などの安定液を孔内に満たして，ドリリングバケットにより掘削する．バケットを回転・上下させるさお（ケリーバ）は 4，5 段伸縮できるようになっており，油圧伸縮

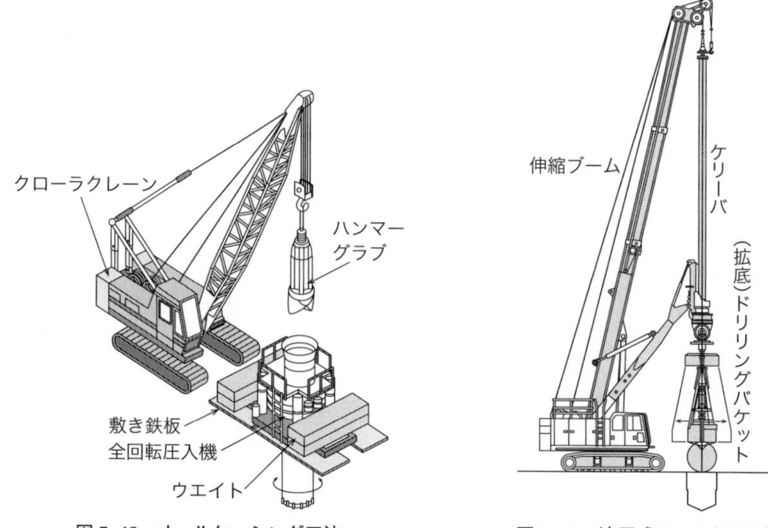

図 5･42　オールケーシング工法

図 5･43　油圧式アースドリル機

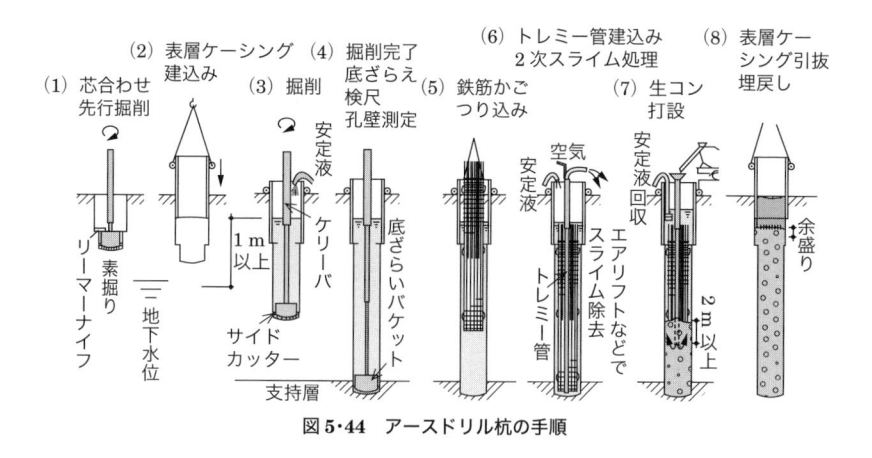

図 5･44　アースドリル杭の手順

ブーム式で 30〜50 m，大型のラチスブーム式で 70 m 程まで施工できる．

最近はクローラー型油圧クレーンをベースとしたアースドリル機が多くなっている．

起動力に富み，施工速度が速いので，広く使用されてきたが，安定液の管理と廃泥水の処理に気をつける必要がある．山留めで仕切られた環境で工事をすると地下水位がしだいに上昇し危険なので，泥水位を場内地下水位より 1 m 以上高く保つ．

またバケットを急激に引き上げると吸引作用によって先端地盤をゆるめる恐れがある

図 5･45　リバース機

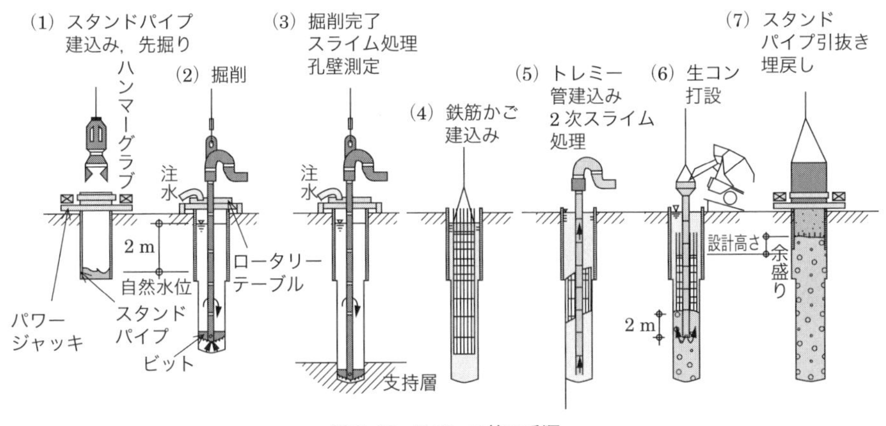

図 5･46　リバース杭の手順

ため，初期はゆるやかに引き上げる．

(3) リバース杭（図 5･45，図 5･46）：この工法は上部にスタンドパイプを設置して，常水位より常に 2 m 以上高く水位を保つように管理しながら，静水圧によって孔壁の崩壊を防止する．回転ビットの先端から掘削土と水を一緒に吸い上げることによって掘削，排土するものである．したがって，原理的には杭長さに制限はなく，長尺な場所打ち杭に適する．水を満たすのでボイリングの危険はない．

また，専用の大型掘削機が必要なく汎用性にとみ，水上での施工も可能であるが，大

図 5·47　深礎の掘削中

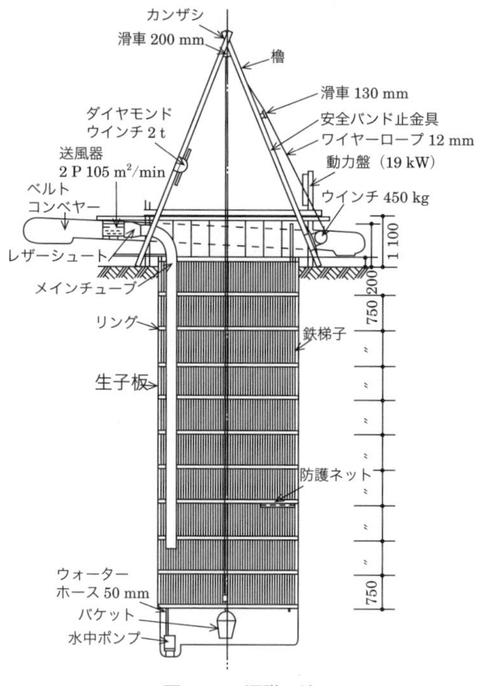

図 5·48　深礎工法

量の水を必要とし，その循環設備などに広い敷地が必要で小規模工事には適さない．山留め壁に用いられる地中連続壁もこの範疇に入る．

(4) 深礎杭（図 5·47，図 5·48）：波型鋼板と補強リングで孔壁を押さえながら人力によって地盤を掘削し，立孔にコンクリートを打設して杭とする工法である．人力が主体であるため，地盤を目で見て確認できる確実な方法である．したがって，急傾斜地など大型機械の使えないところや，支持層の傾斜，変化の激しい地盤などに適した工法である．しかし，地盤や周辺状況によっては酸欠事故が起きたり，湧水の激しい地層や軟弱な地層では危険が伴い，施工が難しく，また人力主体の施工で効率も悪く，工費もかさむので使われることは少ない．

(5) 場所打ちコンクリート拡底杭（図5·49）：今では，場所打ち杭の下部を拡大させて支持力を増大させる工法が普通に行われるようになった．軸部を場所打ち杭三工法で掘り，杭底を専用拡底機で広げるものや，始めから専用掘削機で掘り下げ広げるものがある．拡底径は軸部径の1.7～2倍以下としているので，耐力は3～4倍まで増えることになる．最大掘削径は機械によって異なるが3.0～4.7 mである．この工法の良い点は大きな耐力を得られて，軸部の掘削土や廃土量を減らせ，使用コンクリート量も減ることである．ただし，コンクリート強度は高くする必要があり，鉄筋の密度が高くなるので充填に注意が必要である．また1 m以下の径には適用できずストレート杭となる．

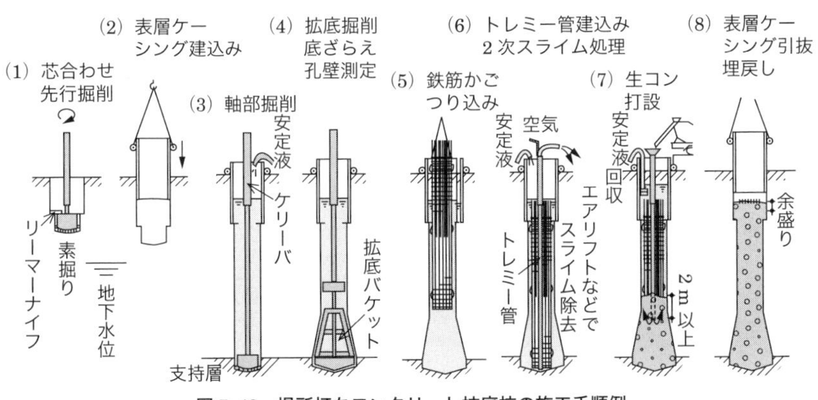

図5·49 場所打ちコンクリート拡底杭の施工手順例

(c) **杭頭はつり**　場所打ち杭の余盛りコンクリートは，はつって除去する．大変な手間になるので，鉄筋にスリーブを被せて外れやすくするなど工夫をしている．固まる前にポンプで吸い取ったり，鉄の型枠を被せてつり上げる方法もある．

引用文献

[1] 山留め設計施工指針，p. 13，日本建築学会（2002）
[2] 山留め設計施工指針，p. 317，日本建築学会（2002）
[3] 山留め設計施工指針，p. 257，日本建築学会（1988）
[4] 土質工学会編：掘削のポイント－第1回改訂版，p. 253（1975）

［5］ 建築基礎構造設計基準・同解説，p. 216，日本建築学会（1988）

参考文献

1） 建築基礎設計のための地盤調査計画指針，日本建築学会（2009）
2） 建築工事標準仕様書・同解説，JASS 3，4，日本建築学会（2022）
3） 建築地盤アンカー設計施工指針・同解説，日本建築学会（2018）
4） 山留め設計指針，日本建築学会（2017）

練習問題

（1） 地盤調査に関する次の記述で，間違っているものはどれか．

1. 川のそばでは，地下水の透水係数を調査する．
2. ボーリングは1本掘れば十分である．
3. 透水係数は，粒度分布からもある程度推定できる．
4. N値さえあれば，土の内部摩擦角や粘着力は十分推定できる．
5. 粘土の粘着力は3軸圧縮試験によって求まる．

（2） 山留め工事に関する記述で間違っているものはどれか．

1. 地盤アンカー工法は，砂質地盤で浅くて広い掘削に向いている．
2. 横矢板の裏込め土は，土圧が小さくなるようにゆるめに入れる．
3. 支柱は切梁の交差部の近くに設ける．
4. 山留め壁の根入れ長さは，土圧のバランス，ヒービング，ボイリングに対して安全な長さとする．
5. 山留め壁に加わる土圧分布は，支保工の取付け状態によっては変化しない．

（3） 排水に関する次の記述で間違っているものはどれか．

1. ウェルポイントで有効に低下しうる水位はヘッダーパイプから6 m程である．
2. 砂礫層の水を下げるには，ディープウェルが向いている．
3. 法切りオープンカットの場合，地下水位を根切り底より下げてから掘削する．
4. 被圧水は釜場工法で処理できる．
5. ウェルポイントは，周辺に影響を与えない優れた排水工法である．

（4） 場所打ち杭に関する次の記述のうち不適当なものはどれか．

1. 場所打ちコンクリート杭の底部は，支持層に確実に到達させ，通常1 m以上貫入させる．
2. 場所打ちコンクリート杭で，トレミー管によるコンクリート打込みはその先端が打ち込んだコンクリート中に没しないように注意する．
3. 場所打ちコンクリート杭の施工においては，コンクリートの打ち止め高さは原則として設計高さより高くする.

4. アースドリル工法において孔壁を保護する必要のある場合には，一般にベントナイト安定液を使用する.

5. オールケーシング工法とは，ケーシングを回転圧入し，ハンマーグラブで掘削した後，鉄筋かごを入れ，コンクリート打設しながらケーシングを引き抜く工法である.

（5） 杭の支持力の確認方法について，大別して3種類記せ.

第6章 躯体工事

建築工事の中で，鉄筋，鉄骨，コンクリートなどの構造体に関する工事を躯体工事という．構造体は，重力，地震，風，熱など種々の外力に抵抗して，長期間にわたる使用を可能にする使命をもっている．このため，躯体工事は，十分な工期と細部にわたる計画，検討が加えられて施工される．また，全工事費用に占める躯体工事費用のウエイトは大きく，その重要性は高い．

躯体工事の出来栄えは，それに続く仕上工事の施工性，出来栄えに重大な影響を及ぼすことはもとより，建物の寿命を決めることにも直接関わるため，施工者は可能な限りの英知を結集して工事に当たる．

6・1 鉄筋工事

鉄筋コンクリート構造における鉄筋の働きは，引張り力に弱いコンクリートと一体に打ち込むことによって，コンクリートの弱点をカバーし，鉄筋とコンクリートが一体となって外力に抵抗できるようにすることである．鉄筋は，必要な断面積を確保してコンクリートと一体に作用するように設計されており，設計図どおり正しい位置に施工しなければならない．

鉄筋工事には，構造計算上必要な鉄筋の組立てのほか，開口，貫通孔周辺の補強筋，ひび割れ防止筋などの配置も含まれる．

1 材 料

鉄筋の種別は，丸鋼と異形棒鋼に分けられ，一般的に使われる種類の記号を表6·1に示す．鉄筋材料の品質・性能は，メーカー発行のミルシート（鋼材検査証明書）によって試験の代替ができる．異形棒鋼 SD345 の数字は降伏点が 345 N/mm^2 以上であることを意味する．

JIS G 3112 に規定された鉄筋コンクリート用棒鋼には，銑鉄を原料とした高炉鉄筋と鋼くずを原料とした電炉鉄筋があるが，現状では，建築に使用されるほとんどの鉄筋が電炉鉄筋である．鉄筋の径は，丸鋼では 19 ϕ まで，異形鉄筋では D41 までが一般的に使用される．ただし，丸鋼は付着力が小さいので，軸方向鉄筋には用いない．

このほかに，JIS G 3551 に規定された溶接金網（鉄線を格子状に溶接したもの）や

表 6·1　主な種類の記号

種類の記号	
丸鋼	SR 235 SR 295
異形棒鋼	SD 295 SD 345 SD 390 SD 490

鉄筋格子（異形鉄筋を格子状に溶接したもの）がある．溶接金網は，スラブや壁への利用をはじめ，あばら筋などのせん断補強筋やコンクリートのひび割れ防止筋などに用いられている．鉄筋格子は，鉄筋の組立て，結束の手間を省力化することが目的で，スラブや壁などの配筋に用いられている．

鉄筋の保管は，直接地上に置くことを避け，雨露や潮風などにさらさず，ごみ，土，油などで汚さないように注意する．

2 加　工

〔1〕 加工方法

鉄筋は，熱処理を行うと，鋼材としての性質が変わるので，鉄筋の切断，曲げ加工は冷間加工としなければならない．このため切断はシャーカッター（shearcutter）または電動カッターなどによって行われ，曲げ加工はバーベンダー（barbender）により行われる．

太径の鉄筋は，現場搬入後の矯正は人力では困難であるため，施工上の納まりを事前に十分検討しなければならない．また，高強度鉄筋の場合にはスプリングバック作用（鉄筋自体のばね作用により，加工後時間の経過とともに元に戻ろうとする性質）にも注意しなければならない．

〔2〕 加工基準

加工に先立ち，構造設計図の配筋表，配筋基準をもとに，鉄筋加工図とリストが作成される．加工基準として JASS 5 では，加工寸法の許容差と鉄筋の折曲げ形状・寸法を表 6·2，表 6·3 のように定めている．この中で，加工寸法のとり方の基準は，鉄筋の中心軸を基準にせず，すべて外側寸法で測ることにしている．

また，鉄筋の末端部については次のケースについては必ずフックを付けなければならない．

- 丸鋼
- あばら筋・帯筋
- 柱および梁（基礎梁を除く）の出隅部の鉄筋

表 6·2　加工寸法の許容差[1]

（単位：mm）

項　目			符　号	許容差
各加工寸法 (1)	主筋	D 25 以下	*a*, *b*	±15
		D 29 以上 D 41 以下	*a*, *b*	±20
	あばら筋・帯筋・スパイラル筋		*a*, *b*	±5
加工後の全長			*l*	±20

［注］（1）各加工寸法および加工後の全長の測り方の例を下図に示す.

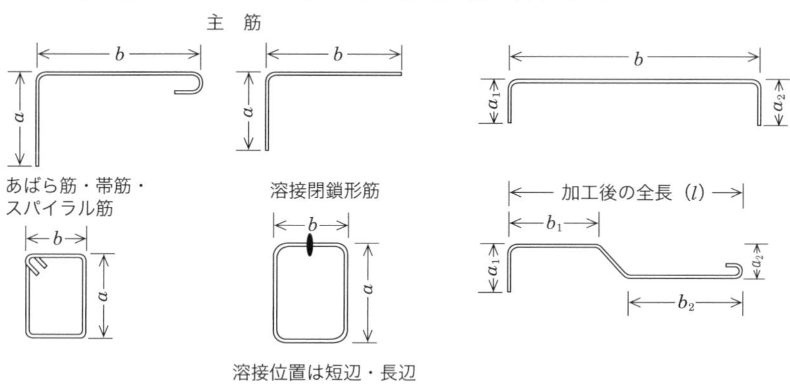

表 6·3　鉄筋の折曲げ形状・寸法[2]

図 (1)(2)(3)	折曲げ角度	鉄筋の種類	鉄筋の径による区分	鉄筋の折曲げ内法直径 (*D*)(4)
180°　d　D　余長 4*d* 以上	180° 135° 90°	SR 235 SR 295 SD 295 SD 345	16 φ 以下 D 16 以下	3*d* 以上
135°　d　D　余長 6*d* 以上			19 φ D 19〜D 41	4*d* 以上
		SD 390	D 41 以下	5*d* 以上
90°　d　D　余長 8*d* 以上	90°	SD 490 (5)	D 25 以下	
			D 29〜D 41	6*d* 以上

［注］（1）*d* は，丸鋼では径，異形鉄筋では呼び名に用いた数値とする.

（2）スパイラル筋の重ね継手部に 90° フックを用いる場合は，余長は 12*d* 以上とする.

（3）片持ちスラブ先端，壁筋の自由端側の先端で 90° フックまたは 180° フックを用いる場合は，余長は 4*d* 以上とする

（4）折曲げ内法直径を上表の数値よりも小さくする場合は，事前に鉄筋の曲げ試験を行い支障ないことを確認したうえで，工事監理者の承認を受けること.

（5）SD 490 の鉄筋を 90° を超える曲げ角度で折曲げ加工する場合は，事前に鉄筋の曲げ試験を行い支障ないことを確認したうえで，工事監理者の承認を受けること.

• 煙突の鉄筋

これは，丸鋼は付着力が小さいため，あばら筋・帯筋はフックなしでは機能しないため，柱・梁の出隅筋は２方向にかぶり厚さをもち，かぶり部のコンクリートが破壊しやすいためである．また，煙突の鉄筋は温度影響で付着力が低下するためである．この他に，単純ばりの支持端や先端に荷重を受ける片持ちばり，片持ちスラブの上端筋の先端についても，十分な定着長さがとれないため，フックを付けるのが良いとしている．

3 組 立 て

鉄筋の組立ては，設計図どおりの正しい位置に配置されるのが原則であるが，柱・梁の交差部のように鉄筋が複雑に入り込むところは，組立ての順序から検討しなければなかなか納めるのが難しい．単に鉄筋の径，本数を決めるだけでなく，納まりを考慮した配筋設計が必要である．

配筋の原則，つまり

• 物理的に可能であること
• 力学的に合理的であること
• 施工が容易であること

を踏まえた配筋計画を立てれば，鉄筋工事は順調に進む．

〔1〕 組立て順序

鉄筋コンクリート造においては，鉄筋の組立ては一般に次の順序で行われる．

• 基礎部……基礎（ベース）→柱→基礎梁
• 一般階……柱→壁→大梁→小梁→スラブ

〔2〕 組立て基準

鉄筋は，組立てに先立ち，浮きさび，ごみ，油，土などを十分落とし，コンクリートとの付着に悪影響を及ぼすことのないように清掃する．特に下階のコンクリート打設時に付着したコンクリートペーストについても，ワイヤーブラシなどで除去しなければならない．

組立ては，0.8〜0.85 mm のなまし鉄線を用いて結束する方法が一般的であるが，最近は専用のクリップを用いる方法も開発されている．いずれにしても，コンクリートが打ち込まれて硬化するまで，正しい位置を保持しなければならない．

柱，梁の主筋のように太径の鉄筋が数多く入る場合は，鉄筋相互の間隔も考慮しなければならない．鉄筋相互のあきが狭いと，密実なコンクリートが打設できず，鉄筋とコンクリートの間の応力伝達が不十分になる．このため JASS 5 では，異形鉄筋相互のあきを「粗骨材の最大寸法の 1.25 倍」，「25 mm」，「異形鉄筋の呼び名の数値の 1.5 倍」のうちもっとも大きい数値以上と定めている．

〔3〕 定着および継手

小梁・スラブの下端筋を除く異形鉄筋の定着の長さは表6·4に，小梁・スラブの下端筋の定着の長さは表6·5に，異形鉄筋の仕口内の折曲げ定着の投影定着長さは表6·6に示すとおりである．

表6·4 異形鉄筋の定着の長さ[3]

（a） 直線定着の長さ L_2

コンクリートの設計基準強度 F_c〔N/mm^2〕	SD 295	SD 345	SD 390	SD 490
18	40 d	40 d	—	—
21	35 d	35 d	40 d	—
24～27	30 d	35 d	40 d	45 d
30～36	30 d	30 d	35 d	40 d
39～45	25 d	30 d	35 d	40 d
48～60	25 d	25 d	30 d	35 d

（b） フック付き定着の長さ L_{2h}

コンクリートの設計基準強度 F_c〔N/mm^2〕	SD 295	SD 345	SD 390	SD 490
18	30 d	30 d	—	—
21	25 d	25 d	30 d	—
24～27	20 d	25 d	30 d	35 d
30～36	20 d	20 d	25 d	30 d
39～45	15 d	20 d	25 d	30 d
48～60	15 d	15 d	20 d	25 d

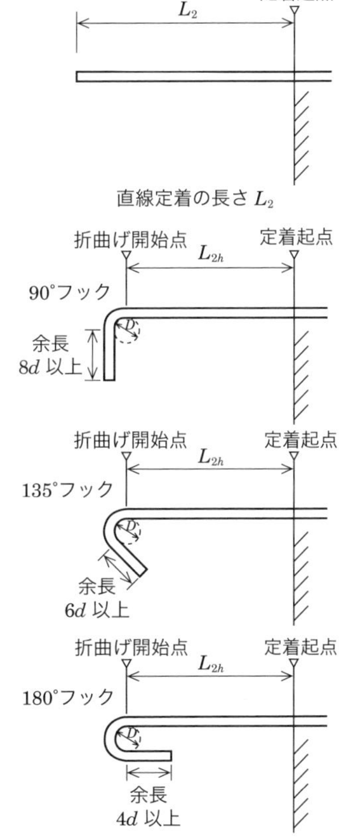

フック付き定着の長さ L_{2h}

［注］ (1) 表中の d は，異形鉄筋の呼び名の数値を表し，丸鋼には適用しない．

(2) フック付き鉄筋の定着長さ L_{2h} は，定着起点から鉄筋の折曲げ開始点までの距離とし，折曲げ開始点以降のフック部は定着長さに含まない．

(3) フックの折曲げ内法直径 D および余長は，特記がない場合は表6·3による．

(4) 軽量コンクリートを使用する場合の定着長さは，特記による．特記がない場合は，F_c≦36 N/mm^2 の軽量コンクリートと SD 490 以外の異形鉄筋を対象として，表6·4の数値に5d 以上加算した定着長さとし，工事監理者の承認を受けること．

表 6･5　小梁・スラブの下端筋の定着の長さ[4]

（a）　直線定着の長さ L_3

コンクリートの設計基準強度 F_c〔N/mm²〕	鉄筋の種類	下端部	
		小　梁	スラブ
18〜60	SD 295 SD 345 SD 390	20 d	10 d(1) かつ 150 mm 以上

［注］（1）　片持梁・片手スラブの下端筋を直線定着する場合は，25 d とする．

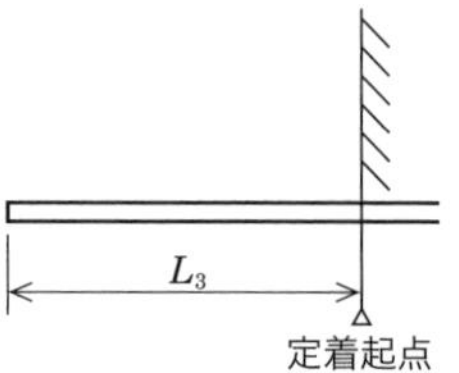

下端筋の直線定着長さ L_3

（b）　フック付き定着の長さ L_{3h}

コンクリートの設計基準強度 F_c〔N/mm²〕	鉄筋の種類	下端部	
		小　梁	スラブ
18〜60	SD 295 SD 345 SD 390	10 d	—

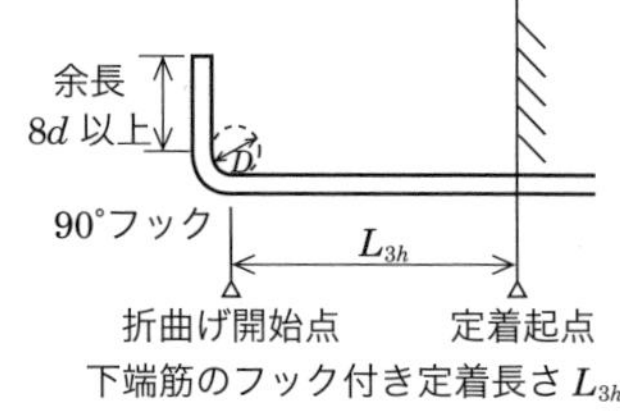

下端筋のフック付き定着長さ L_{3h}

［注］（1）　表中の d は，異形鉄筋の呼び名の数値を表し，丸鋼には適用しない．
（2）　耐圧スラブおよび基礎小梁の下端筋の定着長さは表 6･4 による．
（3）　フック付き鉄筋の定着長さ L_{3h} は，定着起点から鉄筋の折曲げ開始点までの距離とし，折曲げ開始点以降のフック部は，定着長さに含まない．
（4）　フックの折曲げ内法直径 D および余長は，特記のない場合は表 6･3 による．
（5）　軽量コンクリートを使用する場合の定着長さは，特記による．特記がない場合は，$F_c \leqq 36$ N/mm² の軽量コンクリートと SD 490 以外の異形鉄筋を対象として，表 6･5 の数値に 5 d 以上加算した定着長さとし，工事監理者の承認を受けること．

表 6･6　異形鉄筋の仕口内の折曲げ定着の投影定着長さ[5]

（a）　梁主筋の柱内折曲げ定着の投影定着長さ L_a

コンクリートの設計基準強度 F_c〔N/mm²〕	SD 295	SD 345	SD 390	SD 490
18	20 d	20 d	—	—
21	15 d	20 d	20 d	—
24〜27	15 d	20 d	20 d	25 d
30〜36	15 d	15 d	20 d	25 d
39〜45	15 d	15 d	15 d	20 d
48〜60	15 d	15 d	15 d	20 d

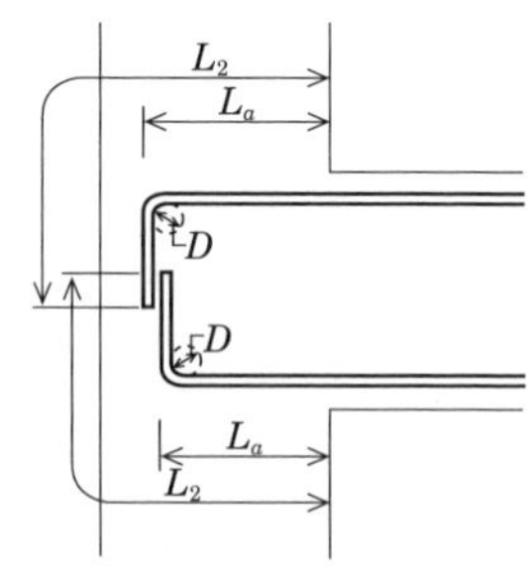

梁主筋の柱内折曲げ定着の投影定着長さ L_a

表 6·6　異形鉄筋の仕口内の折曲げ定着の投影定着長さ[5]（つづき）

（b）小梁やスラブの上端筋の梁内折曲げ定着の投影定着長さ L_b（片持ちの小梁・スラブを除く）

コンクリートの設計基準強度 F_c〔N/mm^2〕	SD 295	SD 345	SD 390	SD 490
18	15 d	20 d	—	—
21	15 d	20 d	20 d	—
24〜27	15 d	15 d	20 d	—
30〜36	15 d	15 d	15 d	—
39〜45	15 d	15 d	15 d	—
48〜60	15 d	15 d	15 d	—

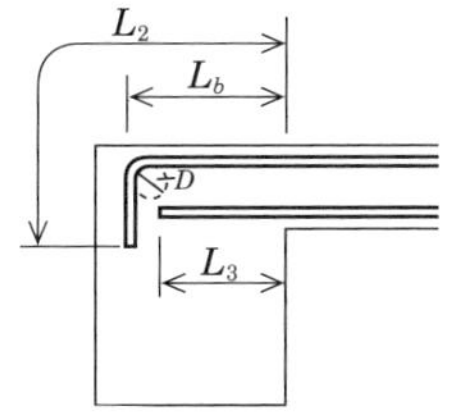

梁・スラブの上端筋の梁内折曲げ定着の投影定着長さ L_b

［注］（1）表中の d は，異形鉄筋の呼び名の数値を表し，丸鋼には適用しない．

（2）フックの折曲げ内法直径 D および余長は，特記のない場合は表 6·3 による．

（3）軽量コンクリートを使用する場合の鉄筋の投影定着長さ L_a または L_b は，特記による．特記がない場合は，F_c≦36 N/mm^2 の軽量コンクリートと SD 490 以外の異形鉄筋を対象として，表 6·6 の数値に 5 d 以上加算した投影定着長さとし，工事監理者の承認を受けること．

（4）梁主筋を柱へ定着する場合，L_a の数値は原則として柱せいの 3/4 倍以上とする．

また，特記のない場合の鉄筋の継手の位置，定着の方法は下記による．

- スパイラル筋の末端の定着（図 6·1）
- 柱筋の継手の位置および定着（図 6·2）
- 梁筋の継手の位置および定着（図 6·3）
- 小梁筋の継手の位置および定着（図 6·4）
- 壁筋の継手の位置および定着（図 6·5）
- スラブ筋の定着（図 6·6）
- 溶接金網の定着（図 6·7）
- 基礎梁筋の継手の位置および定着（図 6·8）

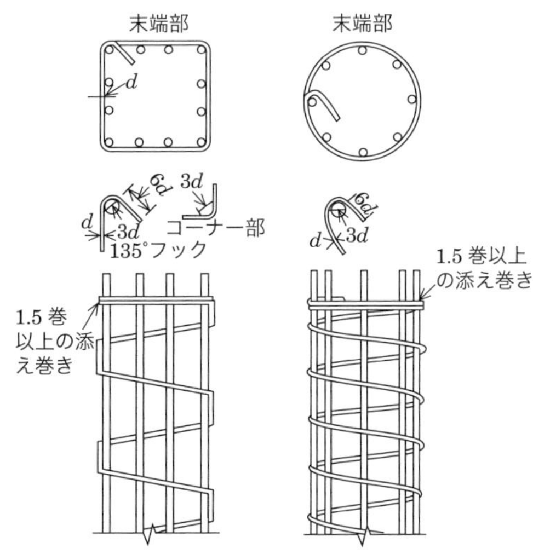

図 6·1　スパイラル筋の末端の定着[6]

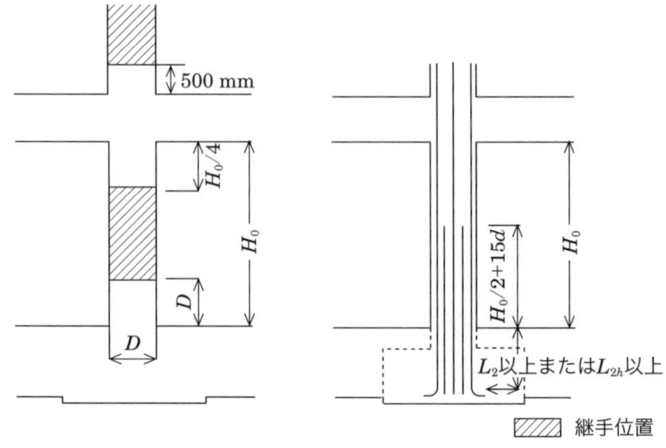

図 6·2　柱筋の継手の位置および定着[7]

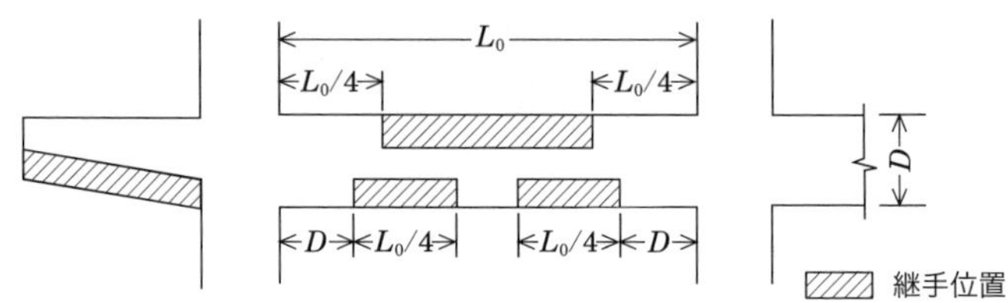

（a）　継手位置

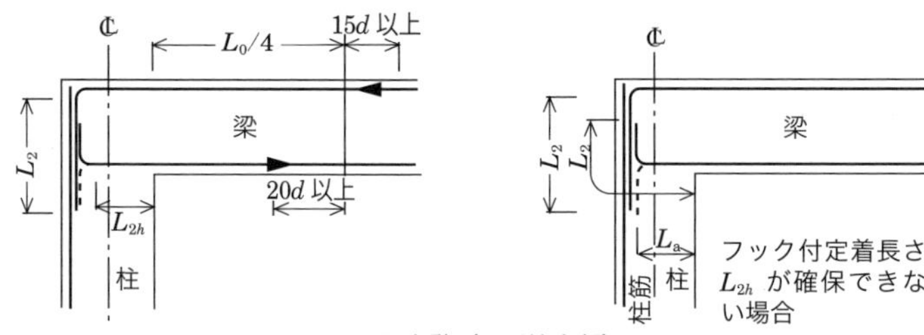

最上階（L 形接合部）

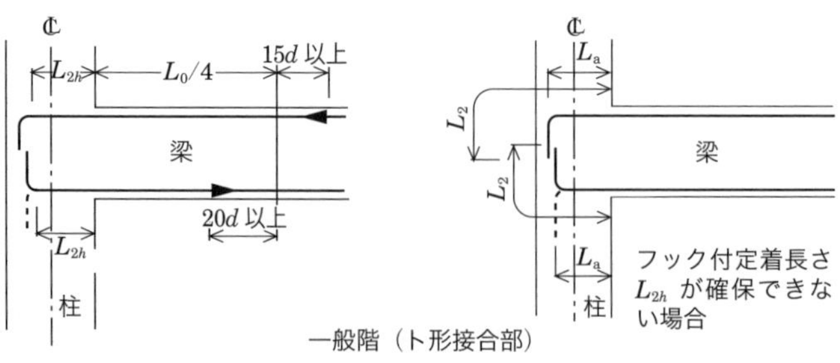

一般階（ト形接合部）

（b）　定着長さ

図 6·3　梁筋の継手の位置および定着[8]

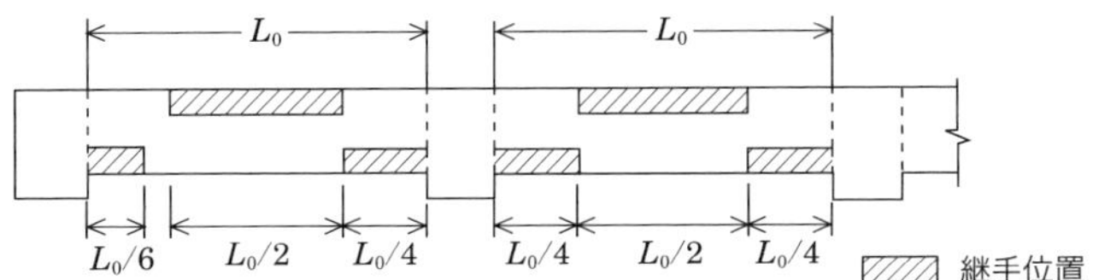

（a） 継手位置

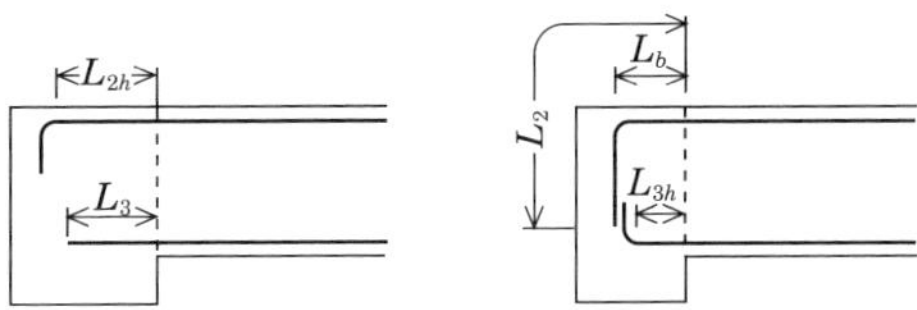

フック付定着長さ L_{2h} が確保できない場合

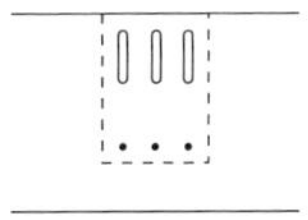

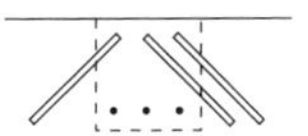

梁せいが小さく垂直（左図）で余長がとれない場合，斜めにしてもよい．

（b） 定着長さ

図 6·4　小梁筋の継手の位置および定着 [9]

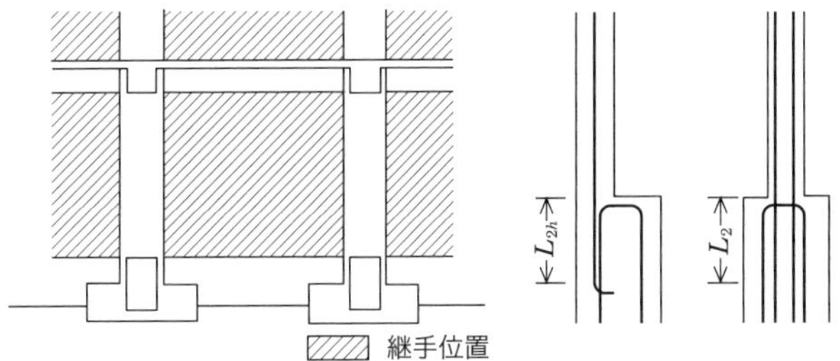

（a） 継手位置　　　（b） 定着長さ

図 6·5　壁筋の継手の位置および定着 [10]

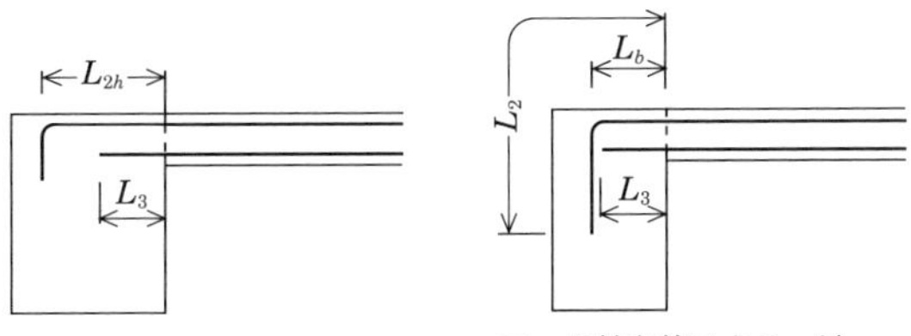

フック付定着長さ L_{2h} が確保できない場合

図 6·6　スラブ筋の定着 [11]

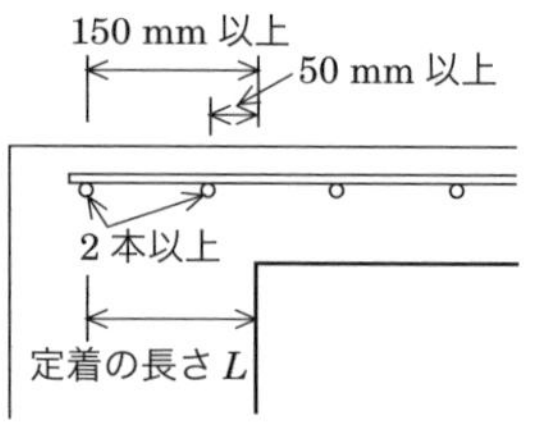

図 6·7　溶接金網の定着[12]

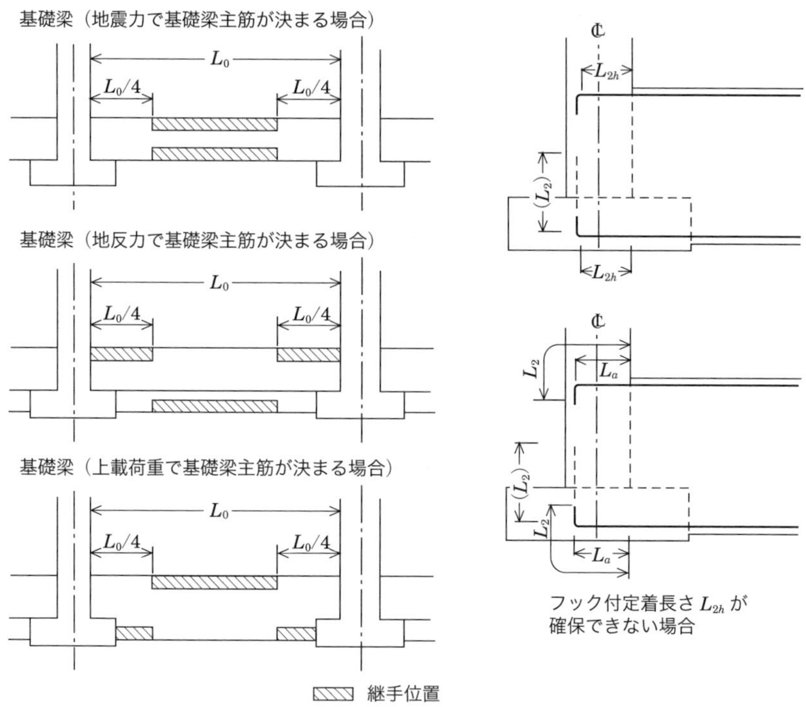

図 6·8　基礎梁筋の継手の位置および定着[13]

異形鉄筋の重ね継手の長さは表 6·7 に示すとおりである．ただし，鉄筋どうしのあきが狭い柱や梁の主筋に重ね継手を設ける場合は，事前に設計者の了解を得なければならない．また，D35 以上の異形鉄筋は，かぶりコンクリートの割裂を伴いやすいので，重ね継手は設けない．

表 6·7 異形鉄筋の重ね継手の長さ[14]

（a） 直線重ね継手の長さ L_1

コンクリートの設計基準強度 F_c〔N/mm²〕	SD 295	SD 345	SD 390	SD 490
18	45 *d*	50 *d*	—	—
21	40 *d*	45 *d*	50 *d*	—
24〜27	35 *d*	40 *d*	45 *d*	55 *d*
30〜36	35 *d*	35 *d*	40 *d*	50 *d*
39〜45	30 *d*	35 *d*	40 *d*	45 *d*
48〜60	30 *d*	30 *d*	35 *d*	40 *d*

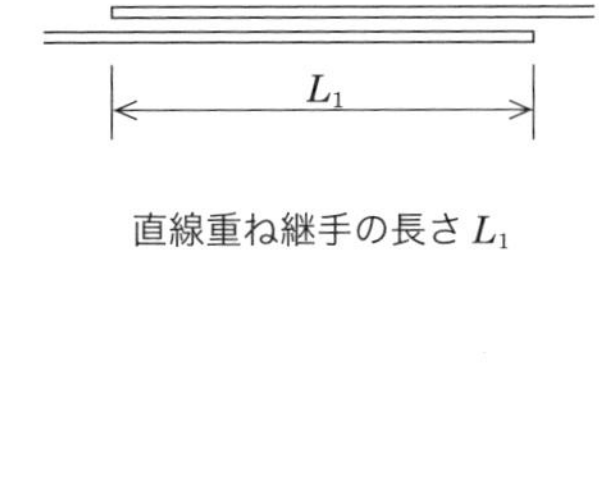

直線重ね継手の長さ L_1

（b） フック付き重ね継手の長さ L_{1h}

コンクリートの設計基準強度 F_c〔N/mm²〕	SD 295	SD 345	SD 390	SD 490
18	35 *d*	35 *d*	—	—
21	30 *d*	30 *d*	35 *d*	—
24〜27	25 *d*	30 *d*	35 *d*	40 *d*
30〜36	25 *d*	25 *d*	30 *d*	35 *d*
39〜45	20 *d*	25 *d*	30 *d*	35 *d*
48〜60	20 *d*	20 *d*	25 *d*	30 *d*

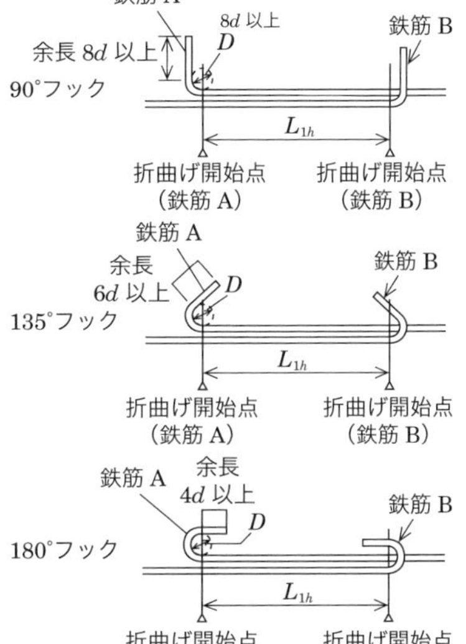

フック付重ね継手の長さ L_{1h}

［注］ (1) 表中の *d* は，異形鉄筋の呼び名の数値を表し，丸鋼には適用しない．

(2) 直径の異なる鉄筋相互の重ね継手の長さは，細いほうの *d* による．

(3) フック付き重ね継手の長さは，鉄筋の折曲げ開始点間の距離とし，折曲げ開始点以降のフック部は継手長さに含まない．

(4) フックの折曲げ内法直径 *D* および余長は，特記のない場合は表 6·3 による．

(5) 軽量コンクリートを使用する場合の鉄筋の重ね継手の長さは特記による．特記がない場合は，F_c≦36 N/mm² の軽量コンクリートと SD 490 以外の異形鉄筋を対象として，表 6·7 の数値に 5 *d* 以上加算した継手の長さとし，工事監理者の承認を受けること．なお，鉄筋の下に 300 mm 以上の軽量コンクリートを打ち込む部材の上端部の重ね継手はフック付きとする．

特記のない場合の鉄筋の重ね継手の方法は下記による．

- 隣接鉄筋の重ね継手のずらし方（図 6·9）
- スパイラル筋の末端の重ね継手（図 6·10）
- 溶接金網の重ね継手（図 6·11）

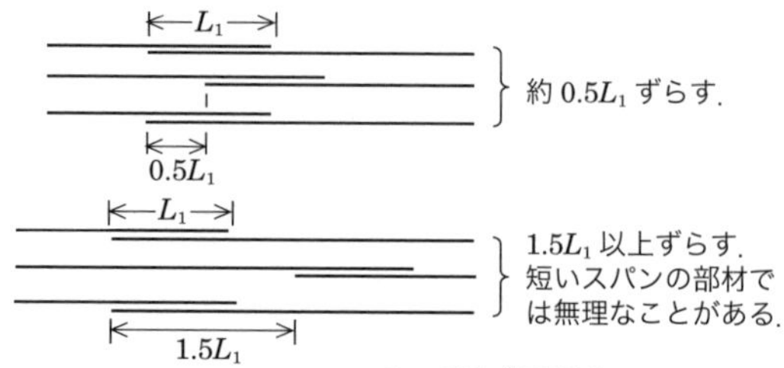

図 6·9　隣接鉄筋の重ね継手のずらし方[15]

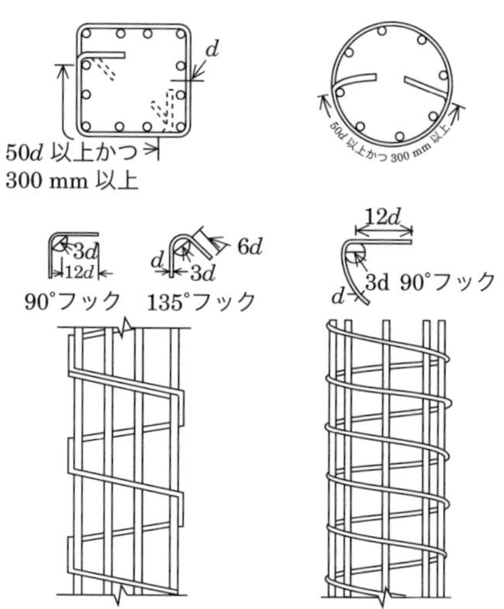

図 6·10　スパイラル筋の末端の重ね継手[16]

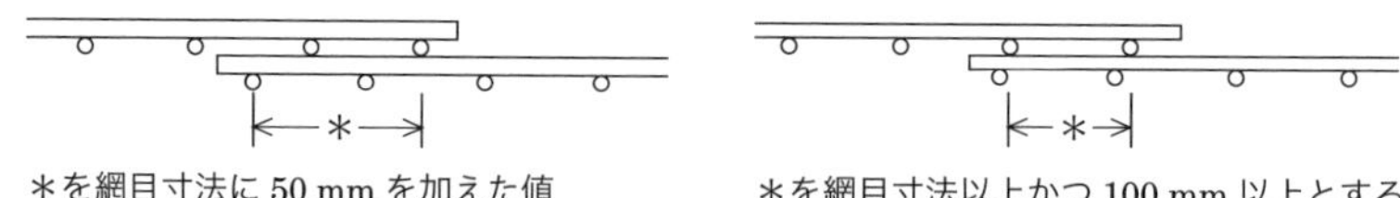

（a）応力伝達継手　（b）ひび割れ幅制御用溶接金網の場合

図 6·11　溶接金網の重ね継手[17]

〔4〕 ガス圧接継手・機械式継手・溶接継手

継手方法としては，重ね継手以外にガス圧接継手，機械式継手，溶接継手などがあるが，ガス圧接がもっとも一般的で，よく採用される．ガス圧接は，接合する鉄筋どうしをアセチレンガスバーナーで赤熱させて加圧・接合させる工法であるが，気象条件に左右されやすく，また作業員の技量に左右される度合が大きい．このため，圧接作業者は，日本鉄筋継手協会の技量試験に合格していることを必要とする．

また，鉄筋端面の清掃，形状や加圧状態，加熱条件が悪いと，圧接面に金属酸化物の層（フラット）ができ，強度上の欠陥につながる．このため，圧接作業は定められた手順に従って進めなければならない．圧接作業の工程を図 6·12 に示す．

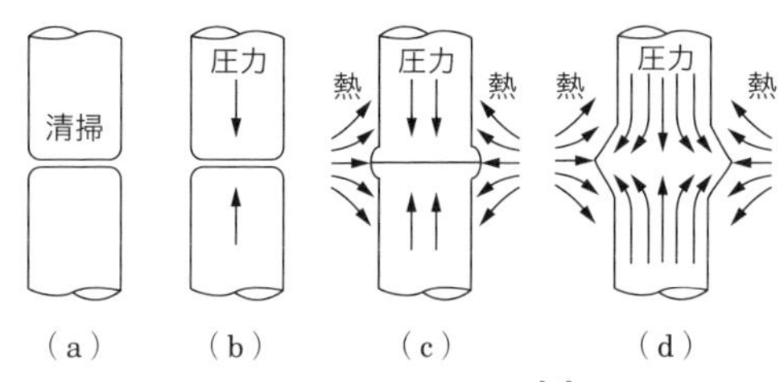

図 6·12　圧接作業工程[18]

ガス圧接は，鉄筋種類は SD 490，鉄筋径は D 51 まで圧接可能である．鉄筋の継手は本来，鉄筋応力の小さいところに設けられ，柱，梁の主筋のように鉄筋が何本もある場合は，継手が同じ位置にそろわないよう計画する．また種類の異なる鉄筋相互の圧接には一定の制約があり，同一種類でも径に 7 mm 以上差があるときは，圧接継手としてはならない．

ガス圧接継手の継手部の検査は，目視，スケール・外観検査用治具による外観検査を全数行い（図 6·13），合格していることを確認した後，抜取検査を行う．抜取検査は非破壊検査である超音波探傷法と破壊検査である引張試験法がある．いずれの検査を行うかは特記による．

外観検査の結果，不合格になった圧接部の措置は下記による．

① 圧接部の膨らみの直径または長さが規定値に満たない場合は，再加熱し，圧力を加えて所定の膨らみに修正する．

② 鉄筋中心軸の偏心量または圧接面のずれが規定値を超えた場合は圧接部を切り取って再圧接を行う．

近年，工業化施工に伴う鉄筋先組み工法では圧接時の鉄筋のアップセット（長さ方向の縮み）が問題になるため，特殊な鉄筋継手が開発され採用されている．これらは国土交通大臣の認定を得た工法であり，機械的な方法で行うものと溶接によるものとに大別される．このうち機械的継手の一手法であるねじ式継手が広く採用されるようになっている（図 6·14）．

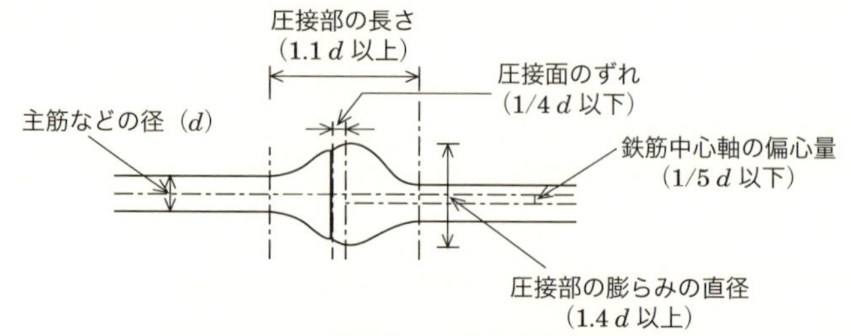

図 6·13　外観検査の合格基準（規定値）[19]

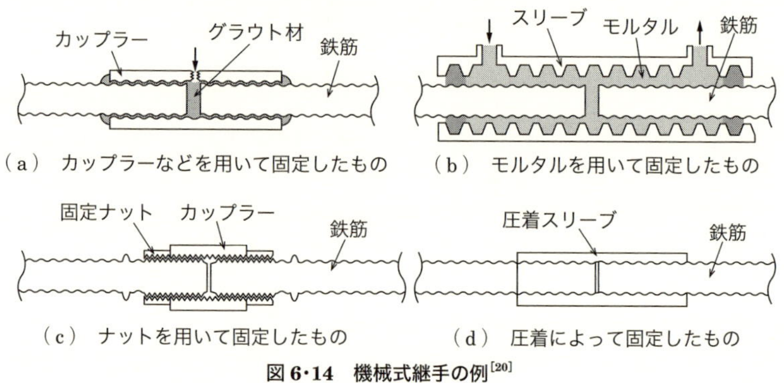

（a）カップラーなどを用いて固定したもの　（b）モルタルを用いて固定したもの

（c）ナットを用いて固定したもの　（d）圧着によって固定したもの

図 6·14　機械式継手の例[20]

〔5〕 かぶり厚さ

コンクリートの表面から鉄筋表面までの最短距離をかぶり厚さといい，耐火性，耐久性，構造耐力の観点から，部材の種類，計画供用期間（6·3 節 ❶ 項「コンクリートの種類および品質」参照）ごとに「最小かぶり厚さ」が，表 6·8 のように定められている．ただし，実際の現場では，施工誤差（鉄筋の加工・組立て精度，型枠の加工・組立て精度，コンクリート打込み時の変形・移動など）を考慮して，表 6·8 の値に 10 mm 加えた「設計かぶり厚さ」を確保するよう鉄筋を加工する．壁にひび割れ誘発目地を設ける場合は，目地底から最小かぶり厚さを確保する．

コンクリートに包まれた鉄筋は，そのアルカリ性により腐食から保護されており，またその耐火性能により火災時の熱から守られる．しかし，コンクリートのかぶり厚さが不足すれば，火災時に鉄筋の温度が上昇して耐力が減少し，また一方，中性化の進行により鉄筋が発錆する．さびが進行すると体積膨張して，かぶり部分のコンクリートを破壊することになる．

かぶり厚さを確保するため，型枠との距離を保持するスペーサー（図 6·15）やバーサポート（図 6·16）を適切な間隔に配置する．

表 6·8　最小かぶり厚さ[21]

（単位：mm）

部位・部材の種類		一般劣化環境（非腐食環境）	一般劣化環境（腐食環境）		
			短期	標準・長期 (2)	超長期 (2)
構造部材	柱・梁・耐力壁	30	30	40	40
	床スラブ・屋根スラブ	20	20	30	40
非構造部材	構造部材と同等の耐久性を要求する部材	20	20	30	40
	計画供用期間中に維持保全を行う部材 (1)	20	20	30	30
直接土に接する柱・梁・壁・床および布基礎の立上り部		40			
基　礎		60			

［注］（1）計画供用期間の級が超長期で供用期間中に保全を行う部材では，保全の周期に応じて定める．

（2）計画供用期間の級が標準，長期および超長期で，耐久性上有効な仕上げが施されている場合は，一般劣化環境（腐食環境）では，最小かぶり厚さを 10 mm 減じた値とすることができる（ただし，基礎，直接土に接する柱・梁・床および布基礎の立上り部を除く）．

図 6·15　スペーサー

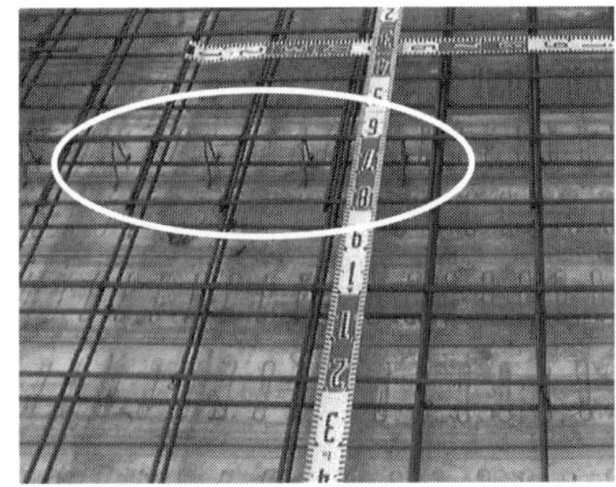

図 6·16　バーサポート

〔6〕 鉄筋先組み工法

鉄筋工事の合理化手法として鉄筋先組み工法（図 6·17）がある．これは，柱，梁などの鉄筋を工場または現場敷地内であらかじめかご状に地組みし，クレーンなどを使用して鉄骨の建方と同様に建て込んでいく，いわゆる鉄筋のプレハブ工法である．

先組み工法の採用は，施工精度の向上，管理の容易性，労務の平準化，工期の短縮などの利点を生ずる．しかし，この工法の採用には，下記の条件が整うことが必要である．

- 鉄筋の加工場が敷地内または付近に確保できる
- 揚重機（荷揚げクレーン）が設置される

図 6·17　鉄筋先組み工法の例

- ラーメン構造であり，特殊な架構がない
- 鉄筋工事と型枠工事が，工区分けにより別々の場所で進行できる

施工計画に当たっては，作業員全員が等しく計画の主旨を理解していることが重要であり，特に柱と梁の交差部の納まり，組立て手順などについては，事前に十分検討し徹底しておく必要がある．

4 施工管理

鉄筋は，ひとたびコンクリートが打設されてしまうと目に見えなくなってしまう．もし，欠陥があれば構造上の重大な事故につながることもあるので，注意深く管理する必要がある．

鉄筋工事における管理項目を要約すると次のとおりである．

① 材料入場時

- 長さ，種類，員数の確認
- ミルシート（鋼材検査証明書）と現品の照合

② 加工・組立て時

- 加工検査（折曲げ角度，半径，定着，形状，寸法）
- 材料の荷揚げ，荷降し仮置き計画
- 他工事との関連，納まり検討（仕上工事のアンカー，防水工事欠込みなど）

③ コンクリート打設前（配筋検査）

- 鉄筋径，本数，配列，間隔，かぶり厚さ，結束
- 継手および定着部の位置，長さ（圧接箇所，圧接形状）
- 補強筋（開口部，スリーブ貫通口など）
- ひび割れ防止筋（建物隅部など）
- 鉄筋付着物の除去
- 次階への柱，壁の定着鉄筋の数と位置

④　コンクリート打設時

- 鉄筋位置形状およびかぶり厚さの保持，修正（とくに片持ちスラブ上端部）

⑤　コンクリート打設後

- 墨出し後の鉄筋位置の再確認と対策
- コンクリート打設後の付着物（セメントペーストなど）の除去

6・2　型枠工事

型枠工事とは，コンクリートが必要な形と表面になるように，強度が出て自立するまでの間保持するための工事である．よって，硬化後取り除かれるので仮設物であるが，その良否はコンクリートの仕上りを左右する．

また，型枠工事は躯体工事費の約25～35％を占める重要な工事である．

1　コンクリート寸法図

型枠工事を進めるためには，正確なコンクリート寸法図が必要である．コンクリート寸法図とは，設計図書および設計者の指示に基づき，構造，仕上げ，設備の施工性や納まりを考慮したコンクリート寸法，形状，打上り面や仮設開口，各種定着物などを工事関係者に明示するために作成された工事用図面である．

コンクリート寸法図を用いて次項のような作業を行う（図6･18）．

- 正確な躯体寸法→基準墨および躯体寸法の墨出し
- 型枠組立て図・割付け図の作成→加工・現場組立て
- 鉄筋の加工図の作成→加工・現場組立て

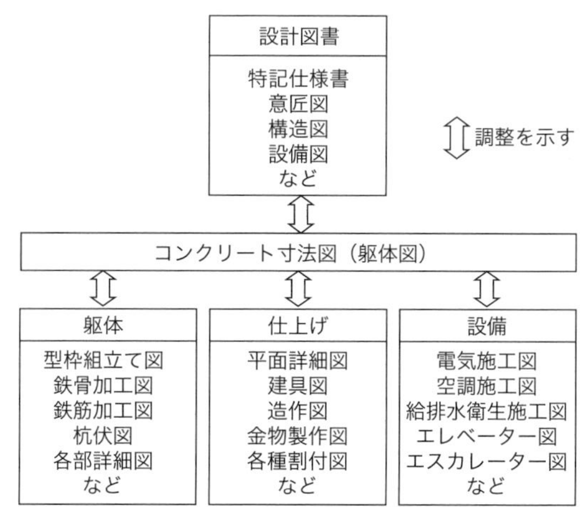

図6･18　コンクリート寸法図の役割

- コンクリート数量の拾出し
- 建具・金物・石・PC 版・タイル割などの施工図作成および製作
- 設備工事の施工図作成ならびにスリーブ・インサートなど打込み物の取付け

2 型枠材料

型枠は，直接コンクリートに接するせき板とせき板を支える支保工と支保工を緊結する締付け金物から構成される．

〔1〕 せき板

コンクリートの表面形状を作り出すための板材である．直接コンクリートに接するため，コンクリートの硬化不良や着色の原因とならないようにしなければならない．

(1) コンクリート型枠用合板：コンクリート用せき板材として一般に使用されており，材料の原木はほとんどがラワン材と称する南洋材である．軽量で強度が高く，加工性が良く，適度な吸水性と保温性があり，値段も安い．コンクリート打放し用に，表面を合成樹脂などで塗装した合板もある．

(2) 木製せき板：木目のある檜（ヒノキ），スギの小幅板など．せき板の木目・材質・形状をそのままコンクリートの表面に現したいときに使用する．

(3) 金属製型枠：鋼製・アルミニウム合金製が主で，剛性が高く，耐久性に優れるため繰返しの使用が可能である．

(4) デッキプレート型枠：床スラブ用の型枠で薄鋼板を折曲げ加工して面外剛性を高めたもの．元々は鉄骨造の床用として使われていたが，支柱が不要なため型枠工事の省力化と工期短縮に利点があり，RC 造にも広く使われるようになった．合板型枠代用のフラットデッキ，鉄筋トラスと一体化した鉄筋付きデッキ，コンクリートと一体化して構造体を構成する合成スラブ用デッキプレートなどの種類がある．

(5) ラス型枠：特殊リブラス（鋼製ネット）をせき板とする工法で地中梁などに使われる．解体が不要なので省力化・工期短縮を図ることができる．

〔2〕 支保工

水平型枠における支保工は，根太・大引・支柱（サポート）であり，鉛直型枠における支保工は，内端太・外端太に使う丸鋼管や角鋼管・桟木などである．一般的な型枠工法の支保工の使い方を図 6·19 に示す．

〔3〕 締付け金物

型枠の締付け金物は，本体・座金・コーン・セパレーターからなり，その形状は端太材や締付け方法によりそれぞれ違う．図 6·20 にその代表的なものを挙げる．締付け金物はコンクリートの側圧を支え，せき板を必要な間隔に保ち，型枠の精度を確保する機能が要求される．

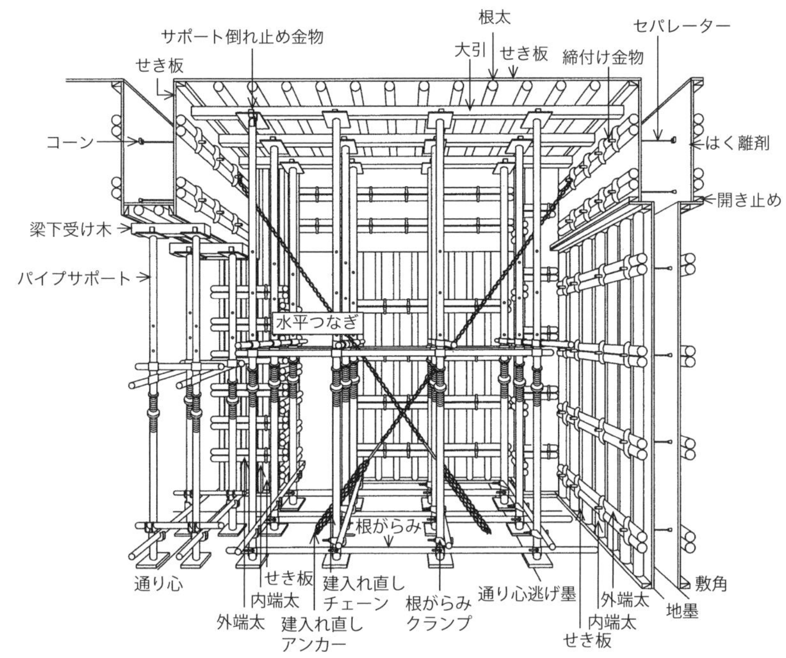

図6·19　在来の一般的な型枠工法における組立て例[22]

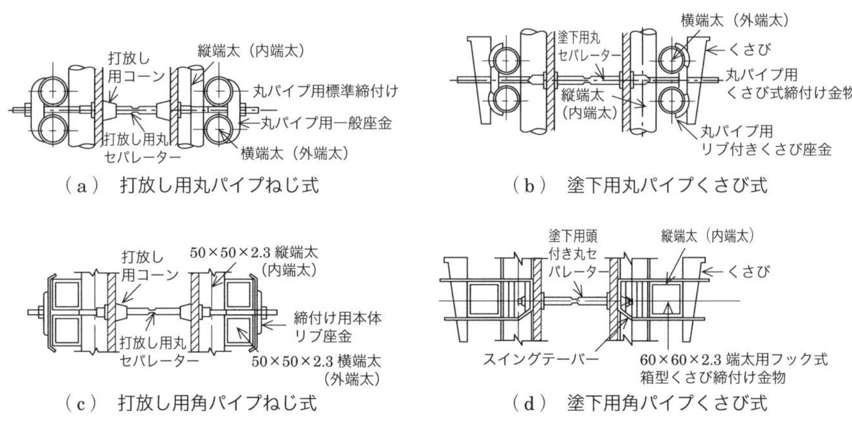

図6·20　各種締付け金物の組立て例[23]

3　型枠の構造計算

型枠の構造計算とは，計画された型枠の各部材が，鉛直荷重，水平荷重，コンクリートの側圧に対して，応力や変形が許容値以内であるかを検討することである．一般に，型枠の部材の寸法や配置は“強度”（応力）で決まることよりも“たわみ”（変形）で決まることが多い．計算の手順は，図 6·21 のフローチャートに示すように行う．

〔1〕　鉛直荷重に対する計算

鉛直荷重は，固定荷重と積載荷重（作業荷重＋衝撃荷重）に分類され，固定荷重＋積載荷重が設定荷重となる．

(1) 固定荷重：鉄筋コンクリートと型枠類の重量．普通コンクリートの鉄筋コンクリート 24 kN/m^3×t（t：部材の厚さ〔m〕），型枠 0.4～0.5 kN/m^2（せき板 0.12 kN/m^2，根太 0.08～0.13 kN/m^2，大引ほか 0.2～0.25 kN/m^2）である．

(2) 積載荷重：打設方法によって異なるが，労働安全衛生規則では，1.5 kN/m^2 以上と定められている．

例）スラブ厚 0.15 m，型枠重量 0.4 kN/m^2 とすると

固定荷重：(24 kN/m^3×0.15 m)＋0.4 kN/m^2＝4.0 kN/m^2

積載荷重：1.5 kN/m^2

鉛直設定荷重：4.0 kN/m^2＋1.5 kN/m^2＝5.5 kN/m^2 となる．

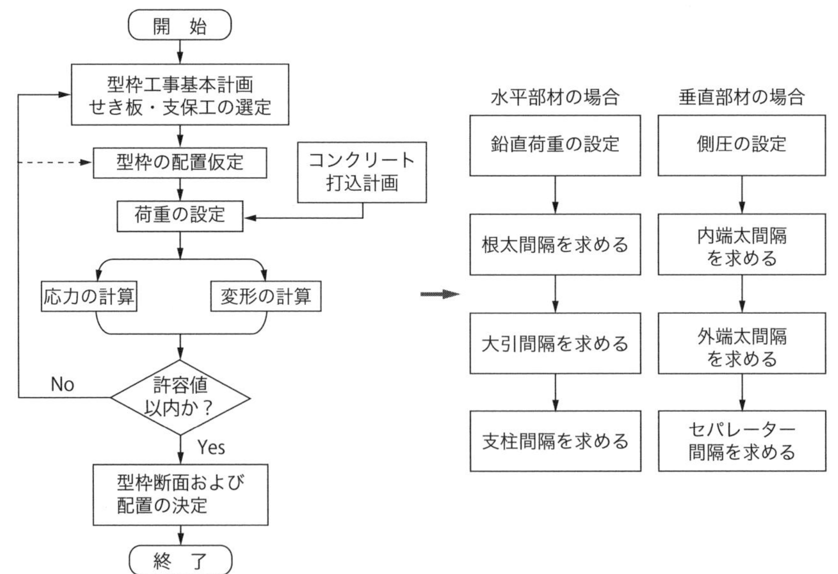

図 6·21　枠の構造計算の流れ[24]

〔2〕 水平荷重に対する計算

型枠に作用する水平荷重には，打込み時に水平方向に作用する荷重と風圧力や地震力がある．このうち打込み時の荷重は，作業時の振動やコンクリートの片押しなどによる支保工や壁・柱型枠への水平方向の荷重であるが，施工方法により異なる．このため一般には型枠の状況に応じて，パイプサポート支持の場合は鉛直設定荷重の5%を，枠組支柱の場合は2.5%を採用して計算する．

例）上記の鉛直荷重で，パイプサポートの場合の水平設定荷重は

$$5.5\ \mathrm{kN/m^2} \times 0.05 = 0.275\ \mathrm{kN/m^2}$$

地震力については，通常，検討する必要はないが，風圧力については，地域，季節，型枠施工時の地上からの高さなどによって，強風にさらされる場合には検討を行う．この場合風圧力は下式により求める．

風圧力 P〔N〕= 風力係数 C × 設計速度圧 q〔N/m²〕× 作用面積〔m²〕

ただし，$C = 1.2$，$q = 5/8 \times V_h{}^2$（V_h は地上高さ h での設計用風速）

〔3〕 コンクリート側圧に対する計算

型枠設計用のコンクリートの側圧は，次式による．

$$P_S = W_0 H$$

ここに，P_S：コンクリートの側圧〔kN/m²〕

W_0：フレッシュコンクリートの単位体積重量〔kN/m³〕

H：フレッシュコンクリートのヘッド（側圧を求める位置から上のコンクリートの高さ）

ただし，回し打ち（各部が均一な高さになるように，移動しながら打ち込むこと）を行う場合や低スランプのコンクリートを打ち込む場合などには，側圧が計算より小さくなることが想定される．この場合には適切な計算方法，信頼できる資料，または実験などに基づき事前に側圧を予想しておく必要があり，その結果に基づいて施工方法を定め工事監理者の承認を受ける．

4 型枠工事の作業手順

型枠工事は，以下の（1）～（7）の順に行う．

（1）型枠施工図の作成：コンクリート寸法図に基づき，型枠大工が作業をスムーズに進めるための作業計画図であり，次のような施工図を描く．

- 工法区分図（合板，特殊パネル，つり型枠などの工法の違いを表現した図面）
- 標準組立て図（柱，壁，梁，スラブ，階段，パラペットなどの標準的組立て詳細図）
- 支保工計画図（高さ3.5m以上は監督署へ提出が義務づけられている）
- 割付け図（打放しや大型パネル使用時の割付け加工図）

- 転用計画図（一度使った型枠材をどこへ転用するか，コスト，工期に影響する）

(2) 型枠計算確認：型枠材および支保工の強度，安全性を計算確認する．

(3) 加工（下ごしらえ）：施工図に基づき，パネル状の型枠を事前に加工する．

(4) 墨出し：鉄筋組立て，型枠建込みができるように，基準墨と柱，壁，開口部などがわかる墨を現場に明記する．

図 6·22　SRC 造における型枠組立て作業

(5) 組立て・締付け：柱→梁→壁→床の流れで，鉄筋工や設備工と連携しながら組立てを行い，埋込み物を取り付けてから締付けを行う．支保受構台や作業用足場は，作業の流れに合わせて施工する（図 6·22）．

(6) 型枠検査：コンクリート寸法図との確認，取付け物，埋込み物の検査，型枠精度の検査，コンクリート打設時の安全性の検査などを行う．検査を行う時期と主な検査項目は下記による．

- 建込み前：基準墨，小墨
- 建込み中：足元の位置，型枠内の清掃，掃除口の有無，柱・壁の建入れ
- 支保工時：壁・梁の通りの精度，床板・梁のレベル，開口部の位置・形状，埋込み物の位置・数，支保工の位置
- 締付け完了時：垂直・水平精度，引通し精度，振止め・筋かい補強
- 打設直前：埋込み物（インサート，木れんが，アンカー，タラップ，丸環，ドレーンなど），差筋，仮設用取付け物
- 打設中：支保工の変形，壁の引通し，スラブ・ひさしのレベル，コンクリート天端レベル，差筋・スラブアンカーの位置

(7) 型枠解体：基礎・梁側・柱および壁のせき板は，コンクリートの表面が初期凍害を受けたり傷つけられることのない強度（短期・標準は 5 N/mm^2，長期・超長期は 10 N/mm^2）になれば，取り外すことができる．計画供用期間の級が短期および標準の場合，平均気温が 10°C 以上で，コンクリートの材齢が表 6·9 に示す日数以上経過すれば，圧縮強度試験を必要とすることなく，取り外すことができる．

支保工は，コンクリートが自重と上載荷重に耐えられる強度に達すれば，解体してよいが，コンクリートの品質の面からは存置期間は長いほどよく，工事の経済性の面からは早いほど有利となる．支保工の存置期間については，JASS 5 に基準が定められている（表 6·10）．

表 6·9　基礎・梁側・柱および壁のせき板の存置期間を定めるためのコンクリートの材齢[25]

	コンクリートの材齢〔日〕			
結合材の種類 ＼ 平均気温	早強ポルトランドセメント	普通ポルトランドセメント 高炉セメント A 種 フライアッシュセメント A 種	高炉セメント B 種 フライアッシュセメント B 種	中庸熱ポルトランドセメント 低熱ポルトランドセメント 高炉セメント C 種 フライアッシュセメント C 種
20°C 以上	2	4	5	7
20°C 未満 10°C 以上	3	6	8	9

表 6·10　スラブ下・梁下・片持梁・ひさしのせき板・支保工存置期間

	スラブ下・梁下	片持梁・ひさし
せき板	支保工を取り外した後	
支保工	コンクリートの圧縮強度が設計基準強度に達したとき．ただし，支保工撤去後，設計荷重が作用する場合は計算により確認する	
	12 N/mm^2 以上で，部材に加わる荷重を安全に支持することができる強度に達したとき	

取外し作業は，構造的品質確保の面や安全の面で重要な工事であるため，次の点を厳守しなければならない．

- 型枠解体作業主任者を選任する．
- 作業前に作業手順・要領と注意点を確認してから着手する．
- 作業区域の立入り禁止など安全対策を行う．

5 特殊型枠

建築工事の生産性向上や品質向上・地球環境保護を目的として，多様な型枠工法が提案され，実施されている．これらの工法の一部を紹介する．

〔1〕 薄肉打込型枠工法

薄肉プレキャストコンクリート部材や厚さ 8～10 mm 程度の GRC（耐アルカリ繊維で補強したセメント板）・GRG（ガラス繊維で補強した石こう板）を型枠として用い，現場で打ち込むコンクリートと一体化することで躯体を構築する．型枠作業の省力化，工程の簡素化を図るものであり，脱型が不要になるばかりでなく，表面がそのまま仕上下地として使える利点がある．

図 6·23　ハーフプレキャストコンクリート型枠

〔2〕　ハーフプレキャストコンクリート型枠工法

構造体の断面の半分をPC化して，残りを現場打ちコンクリートと一体化する工法で，スラブやバルコニーなどでよく使われる工法である（図6·23）．

6・3　コンクリート工事

コンクリートは，現在もっとも安価でしかも耐久性に優れた構造材料として広く使われている．しかし，その反面，セメントと砂利，砂，水を混ぜて作られる一見単純な材料構成でありながら，水和反応から硬化過程の物性にはまだ不明な点が多く残されている．特にコンクリートのひび割れについては，それが進行すると鉄筋の腐食，構造耐力の低下につながり，建物の機能を維持し得なくすることにつながるため，その発生を極力抑える必要がある．ひび割れの要因は，図6·24に示すようにさまざまであるが，設計・施工・竣工後の建物の使用条件の全過程にも起因する．したがって，工事着工前に設計図をよく見直し，建物の温度変化による膨張，乾燥硬化による収縮，外壁の伸縮目地の設置，不同沈下などを検討する必要がある．また，工事中の段階ではコンクリートの調合，打設方法，鉄筋位置の保持，打設後の養生などを考慮し，工事完了後は設計条件以上の載荷などがないように発注者に申し入れるなどの対策が必要である．

しかし，これらを事前に十分検討し主な対策を実施しても，コンクリートのひび割れを完全になくすことはできない．ひび割れの幅により，その悪影響の度合は違い，また建物の種類や立地条件などによっても影響度が異なるため，一概にはいえないが，通常の鉄筋コンクリート造の建物では，鉄筋の発錆に対しては0.2 mm，漏水に対しては0.06 mmくらいまでは問題ないとされている．ひび割れの幅，長さと建物の性格などを考え合わせたうえで，ひび割れに対する適切な対策（現行では，主なひび割れを予測

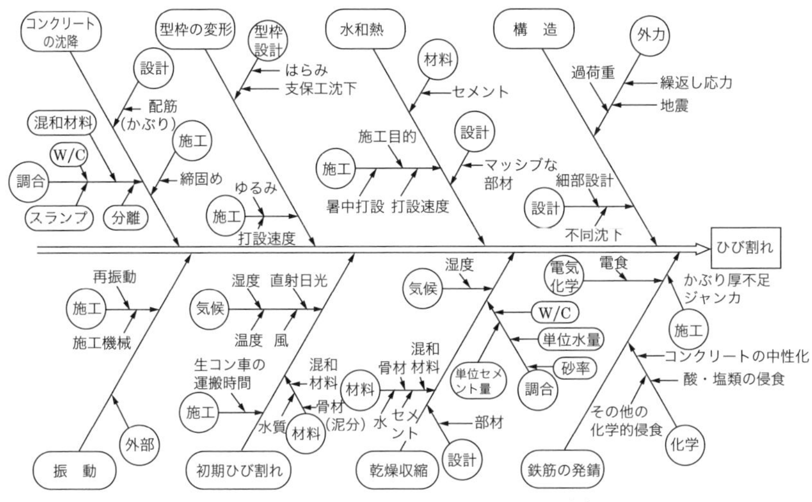

図 6·24　コンクリートのひび割れ要因図[26]

して誘発目地を設け，シーリングする考え方が一般的）を施すことが望ましい．

1　コンクリートの種類および品質

コンクリートに要求される性能は，建物の用途による重要度，例えば災害時に避難・救急・通信連絡・防災・治安維持・復興などの拠点となるような諸官庁・学校・病院・通信施設などは，高い構造安全性・火災安全性および耐久性をもつべきである．また，美術館や博物館などは別の意味で安全性・耐久性・使用性が要求される．一方，建物の立地条件により，気象条件・環境条件が大きく異なり，寒冷地では凍結融解作用を繰り返し受け，また海岸に近接した立地では海塩粒子の影響が大きい．さらに，建物の用途により，高温に曝（さら）されたり，放射線を遮蔽しなければならないなど多様な性能が求められることがある．したがって，コンクリートは，設計で求められるこれら多くの要求性能を総合的に考慮して施工しなければならない．

JASS 5 では設計で求める構造安全性，使用性，耐火性を確保すると同時に，構造体の耐久性を確保するために，建物により設計者が計画供用期間を指定し，コンクリートの製造から打込み・養生までの品質を確保することとしている．計画供用期間の級は，

(1) 短期供用級（計画供用期間としておよそ 30 年）

(2) 標準供用級（計画供用期間としておよそ 65 年）

(3) 長期供用級（計画供用期間としておよそ 100 年）

(4) 超長期供用級（計画供用期間として 100 年超）

の 4 水準を設定している．

表 6·11　コンクリートの種類

セメント・骨材の種類による区分	要求品質による区分	
普通コンクリート	寒中コンクリート	高流動コンクリート
軽量コンクリート	暑中コンクリート	高強度コンクリート
エコセメントを使用するコンクリート	流動化コンクリート	プレストレストコンクリート
再生骨材コンクリート	プレキャスト複合コンクリート マスコンクリート 水中コンクリート 無筋コンクリート	水密コンクリート 海水の作用を受けるコンクリート 凍結融解作用を受けるコンクリート 遮蔽コンクリート

また，使用される部位や要求される性能に特別な配慮が必要な場合には，その目的に応じて特別の仕様を設けて施工することとしている（表 6·11）．

2 材　料

〔1〕 セメント

わが国で多く使用されているセメントは，普通ポルトランドセメント，早強ポルトランドセメントおよび高炉セメントであり，これらのセメントの使用量の合計は全体の98％を超える．高炉セメントは，普通ポルトランドセメントの一部を高炉スラグ微粉末（〔4〕「混和材料」参照）に置換した混合セメントで，その混合比率により A・B・C 種がある．建築工事に使用される主なセメントの種類とそれぞれの特性を表 6·12 に示す．

セメントは，長時間にわたって放置しておくと空気中の水分と反応して硬化し，しだいに風化する．したがって，特に工事現場で貯蔵する場合には，防湿，通風に注意する．

〔2〕 骨　材

コンクリート用骨材は，粒径により粗骨材（砂利）と細骨材（砂）に分類され，それぞれの品質は，JASS 5 で表 6·13 のように定めている．骨材にごみ・泥分・有機不純物・塩化物などが付着すると，コンクリートの強度低下・異常凝結・鉄筋の発錆などの現象を誘起し，耐久性を著しく低下させることにつながる．海砂の場合には，塩分が残存していると鉄筋の発錆・膨張によるコンクリートの破壊，脱落につながることが考えられるため，塩分含有量は十分チェックしなければならない．粗骨材については，天然の良質な川砂利（角がない）は全国的に枯渇状態にあり，砕石（角がある）の混入率が70％以上に達している．ちなみに骨材（砂利・砂とも）は，同じ体積であれば，角のあるものより丸いもの，径の小さいものより大きいものを使用するほうが，流動性が良くなり水量が減らせるため，コンクリートの品質は向上する．また，骨材の中にはコンクリート中のアルカリ分に反応して異常膨張，ポップアウトなどの現象（アルカリシリカ反応）を起こすものがあるので，アルカリシリカ反応性試験で「無害」を確認しなけ

表 6·12　各種セメントの特性と主な用途[27]

<table>
<tr><th colspan="2">種　類</th><th>特　性</th><th>用　途</th></tr>
<tr><td rowspan="4">ポルトランドセメント</td><td>普通ポルトランドセメント</td><td>もっとも一般的なセメント</td><td>一般のコンクリート工事</td></tr>
<tr><td>早強ポルトランドセメント</td><td>a. 普通ポルトランドセメントより強度発現が早い
b. 低温でも強度を発揮する</td><td>緊急工事，冬期工事，コンクリート製品</td></tr>
<tr><td>中庸熱ポルトランドセメント</td><td>a. 普通ポルトランドセメントより水和熱が小さい
b. 乾燥収縮が小さい</td><td>マスコンクリート，遮蔽用コンクリート，高強度コンクリート，高流動コンクリート</td></tr>
<tr><td>低熱ポルトランドセメント</td><td>a. 初期強度は小さいが長期強度は大きい
b. 中庸熱ポルトランドセメントより水和熱が小さい
c. 乾燥収縮が小さい</td><td>マスコンクリート，高流動コンクリート，高強度・超高強度コンクリート</td></tr>
<tr><td rowspan="3">高炉セメント</td><td>A 種</td><td>普通ポルトランドセメントと同様の性質</td><td>普通ポルトランドセメントと同様に用いられる</td></tr>
<tr><td>B 種</td><td>a. 普通ポルトランドセメントに比べ，初期強度は小さいが材齢 28 日強度は同等
b. 耐海水性，化学抵抗性が大きい</td><td>普通ポルトランドセメントと同様な工事，マスコンクリート，海水・硫酸塩・熱の作用を受けるコンクリート，水中・地下構造物コンクリート</td></tr>
<tr><td>C 種</td><td>a. 普通ポルトランドセメントに比べ，初期強度は小さいが長期強度は大きい
b. 普通ポルトランドセメントに比べ，水和熱が小さい</td><td>マスコンクリート，海水・土中・地下構造物コンクリート</td></tr>
<tr><td>フライアッシュセメント</td><td>A 種
B 種</td><td>a. 初期強度は小さいが長期強度が大きい
b. 中庸熱ポルトランドセメントより水和熱が小さい
c. 乾燥収縮が小さい
d. 水和熱が小さい</td><td>ポルトランドセメントと同様な工事，マスコンクリート，水中コンクリート</td></tr>
<tr><td>エコセメント*</td><td>普通</td><td>a. 普通ポルトランドセメントと同様の性質</td><td>一般のコンクリート工事，コンクリート製品</td></tr>
</table>

エコセメント：都市ゴミ等を焼却した際に発生する灰を主原料として製造されるもので資源循環型社会の構築を意図したセメント

表 6·13 砂利・砂の品質[28]

種　類	絶乾密度〔g/m³〕	吸水率〔%〕	粘土塊量〔%〕	微粒分量〔%〕	有機不純物	塩化物（NaClとして）〔%〕
砂　利	2.5 以上	3.0 以下	0.25 以下	1.0 以下	—	—
砂	2.5 以上	3.5 以下	1.0 以下	3.0 以下	標準色液または色見本の色より淡い	0.04 以下 (1)

［注］（1） 計画供用期間の級が長期および超長期の場合は，0.02%以下とする.

ればならない.

〔3〕 練混ぜ水

練混ぜ水はコンクリートおよび鉄筋に悪影響を及ぼさないものとしなければならない．練混ぜ水は，「上水道水」，「上水道水以外の水（河川水，井戸水，地下水）」，「回収水（生コンの運搬車やプラントのミキサー・ホッパに付着したコンクリートの洗浄排水から，骨材を取り除いて回収した懸濁水）」に区分され，「上水道水以外の水」と「回収水」は水質試験が必要となる．水質試験は，塩化物イオン量，凝結時間，圧縮強度など，コンクリートの品質に影響する項目について行う．計画供用期間の級が長期・超長期の場合は，回収水は使用できない.

〔4〕 混和材料

混和材料には，ごく少量の添加として用いられる混和剤と，コンクリート 1 m³ 中に数十 kg 程度以上混入する混和材があり，いずれもコンクリートに添加することによりその性質を改良するために用いられる．コンクリートは，水量を少なくすればするほど耐久性が向上するが，流動性が落ちるため，施工性が悪くなる．そこで混和剤を添加することで，コンクリートの流動性を変えずに単位水量を減らし，耐久性を向上させる．混和剤には，AE 剤，減水剤，AE 減水剤，高性能 AE 減水剤などがあるが，AE（Air Entrained：空気連行の意）剤はコンクリート中に独立した微細な気泡を一様に分布させることで，流動性と凍結融解に対する抵抗性を向上させる．減水剤はセメント分子を分散させることで，流動性を向上させる．現在は両方の性質をあわせもつ AE 減水剤が広く一般に使われている．また，AE 減水剤以上の高減水性能をもち，かつ，優れたスランプ保持性能と空気連行性能を有する高性能 AE 減水剤（標準・遅延型）が開発され，主として高流動コンクリートや高強度コンクリートなどに用いられている.

混和材には，フライアッシュ（火力発電所で石炭を燃焼する際に発生する灰）や高炉スラグ微粉末（製鉄所の高炉より副生される残渣），膨張材などがあり，流動性の改善や乾燥収縮の低減などに効果がある.

3 調　合

コンクリートは，所要のワーカビリティ，強度，耐久性などが得られるよう，製造時，施工時の気象条件や強度のばらつき（標準偏差）などを考慮して計画調合される.

かつては工事現場で調合，製造から施工まで一貫して行われたが，現在はレディーミクストコンクリート（生コン）として，調合・製造は生コン工場で行われる．したがって，あらかじめ生コン工場から提出されるコンクリートの配合計画書が，設計者の意図する条件を満たすものになっているかどうか，さらに計画書に基づいて製造されたコンクリートが所定の性能を有しているかどうか，の2点について検討し確認することが，現場係員の主要な作業といえる．特に配合計画書については，次の3項目を必ず確認しなければならない.

- 調合管理強度と調合強度
- 指定・指示事項（コンクリートの種類，セメント，骨材，設計基準強度，スランプ，空気量，軽量コンクリートの気乾単位容積重量，混和材料の種類，水セメント比，単位水量，コンクリートの温度など).
- 使用材料の材料試験成績表〔セメント，骨材（塩分含有量，反応性の有無），水（特に回収水)〕

調合管理強度 F_m とは構造体コンクリートの圧縮強度が品質基準強度 F_q を満足するよう，発注者（建設会社）が，生コン工場に発注する強度で，調合強度 F とは生コン工場が自工場の品質のばらつきを考慮し，調合管理強度 F_m に割増して定める目標強度である.

調合管理強度 F_m は，下記の式によって算出される値とする.

$$F_m = F_q + {}_mS_n \quad 〔\mathrm{N/mm^2}〕$$

ここに，F_m ：コンクリートの調合管理強度〔N/mm^2〕，

F_q ：コンクリートの品質基準強度〔N/mm^2〕

品質基準強度は，設計基準強度もしくは耐久設計基準強度（表6·14）のうち大きいほうの値とする.

${}_mS_n$：標準養生した供試体の材齢 m 日における圧縮強度と構造体コンクリー

表6·14　コンクリートの耐久設計基準強度（一般劣化環境，ポルトランドセメントの場合）[29]

計画供用期間の級	耐久設計基準強度〔N/mm^2〕
短　期	18
標　準	24
長　期	30 (1)
超長期	36 (2)

［注］（1）設計かぶり厚さおよび最小かぶり厚さを 10 mm 増やした場合は，3 N/mm^2 減じることができる.
（2）設計かぶり厚さおよび最小かぶり厚さを 10 mm 増やした場合は，6 N/mm^2 減じることができる.

表 6·15　構造体強度補正値 $_{28}S_{91}$ の標準値[30]

結合材の種類	コンクリートの打込みから材齢 28 日までの予想平均気温 θ の範囲〔℃〕	
早強ポルトランドセメント	$0 \leqq \theta < 5$	$\theta \leqq 5$
普通ポルトランドセメント	$0 \leqq \theta < 8$	$8 \leqq \theta$
中庸熱ポルトランドセメント	$0 \leqq \theta < 11$	$11 \leqq \theta$
低熱ポルトランドセメント	$0 \leqq \theta < 14$	$14 \leqq \theta$
高炉セメント B 種	$0 \leqq \theta < 13$	$13 \leqq \theta$
フライアッシュセメント B 種	$0 \leqq \theta < 9$	$9 \leqq \theta$
構造体強度補正値 $_{28}S_{91}$〔N/mm^2〕	6	3

トの材齢 n 日における圧縮強度の差による構造体強度補正値〔N/mm^2〕．ただし，$_mS_n$ は 0 以上の値とする．特記のない場合，m を 28 日，n を 91 日とする（表 6·15）．

調合強度 F は，下記の二式を満足するように定める．材齢は 28 日とする．

$$F \geqq F_m + 1.73\,\sigma \text{〔N/mm}^2\text{〕}$$

$$F \geqq 0.85\quad F_m + 3\,\sigma \text{〔N/mm}^2\text{〕}$$

ここに，F　：コンクリートの調合強度〔N/mm^2〕，

F_m：コンクリートの調合管理強度〔N/mm^2〕，

σ　：使用するコンクリートの圧縮強度の標準偏差〔N/mm^2〕

σ は，生コン工場の実績をもとに定める．実績がない場合は，2.5 N/mm^2 または $0.1\,F_m$ の大きいほうの値とする．

構造体コンクリートの圧縮強度の分布と品質基準強度，構造体強度補正値，調合管理強度および調合強度の関係を図 6·25 に示す．

コンクリートの調合は，所定の強度を有し，密実で耐久性のあるコンクリートを作るよう計画される．このためにもっとも重要なことは，水の量を増やさないことである．コンクリート中に入れられる水の 1/3 程度は，セメントとの水和反応に無関係な余剰水であり，乾燥硬化とともに外部へ蒸発する．水量が多いと乾燥によるコンクリート自身の収縮が増大し収縮ひび割れの発生を伴うことになる．このため，JASS 5 では単位水量の上限を 185 kg/m^3 と定めている．また同様の意味から，水セメント比についてもセメントの種類ごと（ポルトランドセメント 65％など），コンクリートの種類ごと（普通コンクリート 65％，寒中コンクリート，軽量コンクリート 60％など）に上限値を定めている．一方で，施工面からは作業性を確保する意味から，軟らかくて流動性の良いコンクリートが求められる．

耐久性に関わる因子では，コンクリート中の塩分の問題がある．塩分はコンクリート

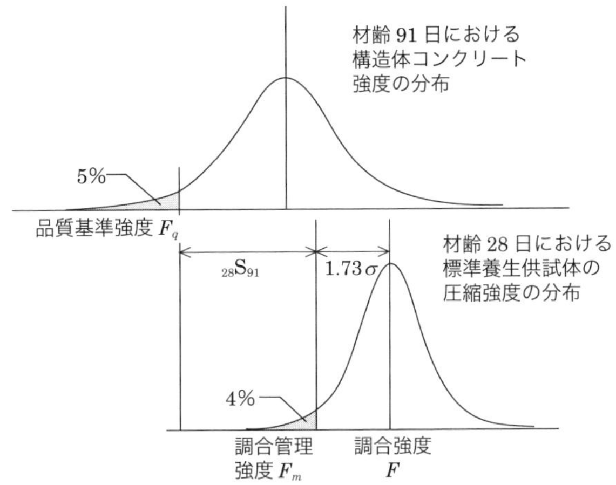

図 6·25　構造体コンクリート圧縮強度の分布と調合管理強度および調合強度の関係[31]

内部の鉄筋を腐食させ，コンクリートを内部から破壊させるため，海砂の規制ばかりでなく混和材料に含まれる塩化物も含めて総量規制され，塩素イオン量として 0.30 kg/m^3 以下に保つようにしなければならない．やむを得ずこれを超える場合でも，鉄筋の防錆上有効な処置を講じたうえで，0.60 kg/m^3 未満とするよう規定している．

このように強度，耐久性，作業性というさまざまな必要条件については，どれか一つだけを追求するとほかの特性が損なわれることもあり，そこに調合の難しさがある．このため，生コン工場で準備された標準品以外のコンクリートを用いる場合は，原則として試し練りによってコンクリートの性能の良し悪しを判断し，計画調合を行う．必要な場合にはポンパビリティを確認するため圧送試験をすることもある．

4　打　設

〔1〕 打設計画

生コン工場でいかに優れた品質のコンクリートが製造されても，工場から現場までの運搬，打設中，打設後の管理，養生が的確になされないと，コンクリートの品質に種々の欠陥を生ずることになる．したがって，コンクリートの打設に当たっては，次のような事項を十分に検討して計画する．

- 生コン工場の規模，能力，場所，到着所要時間
- 搬入経路，待機場所
- 打設方法（ポンプ車，シュート，ホッパーなど）
- ポンプ車の位置，生コン車の動線
- 打設順序，時間当たりの打設量（昼休みなどの中断計画）

* 打設範囲，打継ぎ処理
* 作業員配置（係員，作業員の分担，人数，配置）
* 締固め方法（バイブレーター，突き棒，木づち）
* 床の仕上方法
* 天候急変時の処置（雨，雪，風，温度急変）
* 安全・公害（交通，飛来落下，電気災害，騒音，生コン車洗車場）

〔2〕 打　設

型枠の精度，締付けの検査をし，鉄筋の配筋検査，設備埋設物検査が完了するとコンクリートが打設される．打設に先立ち，型枠内ののこぎりくずやごみを拾い，型枠に適度の湿りを与えるために水洗いをする．

コンクリートの打込みは，特殊な場合を除き，コンクリートポンプ車により施工される．ポンプ車としては，能力 60～80 m^3/h 級のブーム付きの機種が，移動の容易さからよく利用される（図 6･26）．

図 6･26　コンクリートポンプ車（ブーム車）によるコンクリート打設

コンクリートの圧送に先立ち，ポンプ，配管内の潤滑性を得るためにモルタルを先送りする．打込み順序は，柱，壁を最初に，次に梁，スラブへと進む．壁の打込みは，できるだけ均一に打ち上がるよう注意する．打込みの方法には，建物外周を最初に，その後中央部へ打つ回し打ちと，建物の一方から他方へ順に打つ片押しがある．

回し打ちの場合は型枠に作用する力が比較的バランスよく保たれるが，フレキシブルホースの移動により配筋が乱れやすいという欠点やコールドジョイントが起きやすいなどの欠点がある．片押しの場合は，型枠が変形しやすい，沈み亀裂が発生しやすいなどの欠点がある．

打設中は，コンクリートをより密実にし，またコンクリートの回りにくいところへ充填するために，突き，叩き，振動などの手段で締固めが行われる．一般には棒状バイブレーターを約 60 cm ピッチで挿入するほか，突き棒による突固め，木づちによる叩きなどが行われる．ただし，バイブレーターを鉄筋に直接当てて振動を与えると，ある程度凝結したコンクリートと鉄筋の付着力を減少させることになるため，注意が必要である．

突固め，叩きなどが不十分な場合，コンクリートが十分に隅々まで回らず，空洞部ができたり，粗骨材だけが詰まる豆板（ジャンカ）ができたりする．特に梁，柱の交差部のように鉄筋量が多い場所や，窓付きの腰壁の上端，貫通スリーブの下端，SRC 造における鉄骨梁の下端などが，コンクリートが特に回りにくい．外壁の場合には将来漏水の原因になるため，入念な施工，確認が必要である．

コンクリートは，練り混ぜてからの時間の経過に伴って，スランプの低下などにより，打込み欠陥が発生しやすくなる．また，先に打ち込まれたコンクリートは凝結が始まっており，打重ね時間があまり長くなると，コールドジョイント（コンクリートが一体化しない部分）が発生する．

したがって，打込みに際しては，練混ぜから打込み終了までの時間と打重ね時間間隔が重要な管理項目になる．JASS 5 では，これらの限度を表 6·16 のように定めている．

表 6·16　練混ぜから打込み終了までの時間と打重ね時間間隔

外気温〔℃〕	練混ぜから打込み終了までの時間の限度〔分〕	打重ね時間間隔の限度〔分〕
25 以上	90	120
25 未満	120	150

大規模な工事で，1 フロア分のコンクリートを一度に打てない場合，建物をいくつかのブロックに分割してコンクリートの打設が行われる．このように計画的にコンクリートを打ち継ぐ場合は，打継ぎ位置をせん断力のもっとも小さい位置に設ける．例えば，梁，スラブの場合はスパン中央の位置に設けることになる．

コンクリートは，打込みが完了すると，ブリージングに伴って内部の微細な粒子が浮遊水とともに浮き上がり，コンクリート表面に脆弱な層を形成する．これはレイタンスと呼ばれているが，次に打ち込まれるコンクリートや仕上材の接着を阻害するため，打設後早い時期に清掃し除去する必要がある．

〔3〕 養　生

コンクリートはセメントの水和反応により徐々に硬化していくが，硬化の過程で種々の過大な外的影響（温度，湿度，日照，風，荷重など）を受けると所定の品質が得られなくなる．したがって，打込み後一定期間の養生が必要になる．建築基準法施行令第

図 6･27　穴あきホースの散水による湿潤養生

図 6･28　保水マットによる湿潤養生

75 条ではコンクリート打込み後 5 日の養生（湿潤，温度，振動・外力からの保護）が必要としている．

具体的には，

- シート養生により，直射日光，雨，風などにコンクリートの露出面をさらさない．
- コンクリートに有害な荷重，振動を与えない（打設後最低 1 日は上に乗らず，重い荷物も置かない）．
- 散水・保水シートにより十分な湿潤状態に保つ（図 6･27，図 6･28）．
- 型枠，支保工を急いで解体しない．
- 特に冬期は初期凍害防止のため保温する．

などが挙げられる．

このうち湿潤養生については，JASS 5 では，コンクリート強度の伸びと中性化防止の観点から，普通ポルトランドセメントを用いる場合，計画供用期間の級「短期」および「標準」では 5 日以上，またはコンクリート圧縮強度が 10 N/mm^2 以上，「長期」および「超長期」では 7 日以上または 15 N/mm^2 以上を確認するまで，コンクリート表面を湿潤に保つよう養生することにしている．

5 品質管理

レディーミクストコンクリートの品質は，荷降し地点までは生コン工場が，それ以降は施工者が責任をもって管理することが義務付けられている．前者のための検査が受入れ時の検査，後者のための検査が構造体コンクリート強度の検査である．受入れ時の検査は，施工者が発注時に指定したコンクリートであることを表 6･17 により確認する．圧縮強度については標準養生の材齢 28 日の供試体の強度で合否を判定し，1 回の試験結果が呼び強度の強度値の 85% 以上，かつ 3 回の試験結果の平均値が呼び強度の強度値以上であれば合格となる（表 6･17 の JIS A 5308 の品質基準の内容）．

構造体コンクリート強度の検査方法は A 法（受入検査と併用する場合）か B 法（受

表 6·17　レディーミクストコンクリートの受入れ時の検査・確認[32]

<table>
<tr><th colspan="2">項　目</th><th>判定基準</th><th>試験・検査方法</th><th>時期・回数</th></tr>
<tr><td colspan="2">コンクリートの種類
呼び強度
指定スランプ
粗骨材の最大寸法
セメントの種類
混和材の種類および使用量</td><td>発注時の指定事項に適合すること</td><td>配合計画書，納入書，またはコンクリートの製造管理記録による確認</td><td>受入れ時，運搬車ごと</td></tr>
<tr><td colspan="2">単位水量</td><td>単位水量 185 kg/m^3 以下であること．発注時の指定事項に適合すること</td><td>配合計画書，納入書，またはコンクリートの製造管理記録による確認</td><td>受入れ時，運搬車ごと</td></tr>
<tr><td rowspan="2">アルカリシリカ反応抑制対策</td><td>アルカリ量(1)</td><td>JIS A 5308 附属書 B.3 による</td><td>材料の試験成績書およびコンクリート配合計画書またはコンクリートの製造管理記録による確認</td><td>受入れ時，運搬車ごと</td></tr>
<tr><td>混和剤の質量分率(2)</td><td>JIS A 5308 附属書 B.4 による</td><td>材料の試験成績書およびコンクリート配合計画書またはコンクリートの製造管理記録による確認</td><td>受入れ時，運搬車ごと</td></tr>
<tr><td colspan="2">運搬時間
納入容積</td><td>発注時の指定事項に適合すること</td><td>納入書による確認</td><td>受入れ時，運搬車ごと</td></tr>
<tr><td colspan="2">ワーカビリティーおよびフレッシュコンクリートの状態</td><td>ワーカビリティーが良いこと
品質が安定していること</td><td>目視</td><td>受入れ時，運搬車ごと
打込み時随時</td></tr>
<tr><td colspan="2">コンクリートの温度</td><td>発注時の指定事項に適合すること</td><td>JIS A 1156</td><td rowspan="3">圧縮強度試験用供試体採取時，および打込み中に品質変化が認められた場合</td></tr>
<tr><td colspan="2">スランプ</td><td rowspan="4">JIS A 5308 の品質基準による．JIS A 5308 の品質基準によらない場合は特記による</td><td>JIS A 1101</td></tr>
<tr><td colspan="2">空気量</td><td>JIS A 1116
JIS A 1118
JIS A 1128</td></tr>
<tr><td colspan="2">圧縮強度</td><td>JIS A 1108
供試体の養生方法は標準養生(3)とし，材齢は 28 日とする</td><td>1 回の試験は，打込み工区ごと，打込み日ごと，かつ 150 m^3 以下にほぼ均等に分割した単位ごとに 3 個の供試体を用いて行う．3 回の試験で 1 検査ロットを構成する．上記によらない場合は特記による</td></tr>
<tr><td colspan="2">塩化物量(4)</td><td>JIS A 1144
JASS 5 T-502</td><td>海砂など塩化物を含むおそれのある骨材を用いる場合，ならびに打込み当初および 1 日の計画打込み量が 150 m^3 を超える場合は 150 m^3 以下にほぼ均等に分割した単位ごとに 1 回以上，その他の骨材を用いる場合は 1 日に 1 回以上とする</td></tr>
</table>

［注］(1)　アルカリ量の試験・検査は，JIS A 5308 附属書 A のアルカリシリカ反応性による区分 B の骨材を用い，アルカリシリカ反応抑制対策として，コンクリート 1 m^3 中に含まれるアルカリ量（酸化ナトリウム換算）の総量を 3.0 kg 以下とする対策を採用する場合に行う．

(2)　混和材の質量分率の検査は，JIS A 5308 附属書 A のアルカリシリカ反応性による区分 B の骨材を用い，アルカリシリカ反応抑制対策として，アルカリシリカ反応抑制効果のある混合セメントなどを使用する抑制対策を採用する場合に行う．

(3)　供試体成形後，翌日までは常温で，日光および風が直接当たらない箇所で，乾燥しないように養生して保存する．

(4)　納入されるコンクリートが JIS マーク表示製品の場合は，当該工事の品質管理における試験結果によって判定することもできる．

表 6·18　A 法における構造体コンクリートの圧縮強度の判定基準（設計基準強度 36 N/mm² 以下）の場合[33]

養生方法	試験材齢(1)	判定基準
標準養生	28 日	$X \geqq F_m$

X：1 回の試験における 3 個の供試体の圧縮強度の平均値（N/mm²）

F_m：コンクリートの調合管理強度（N/mm²）

［注］（1）所定の材齢（28 日）より早い材齢において試験を行った結果が合否判定基準を満たした場合は，合格とする.

表 6·19　B 法における構造体コンクリートの圧縮強度の判定基準（設計基準強度 36 N/mm² 以下）の場合[34]

供試体の養生方法	試験材齢(1)	判定基準
標準養生	28 日	$X \geqq F_m$
現場水中養生	28 日	平均気温が 20℃以上の場合：$X \geqq F_m$ 平均気温が 20℃未満の場合：$X \geqq F_q+3$
現場封かん養生	28 日を超え 91 日以内	$X \geqq F_q+3$

X：1 回の試験における 3 個の供試体の圧縮強度の平均値（N/mm²）

F_m：コンクリートの調合管理強度（N/mm²）

F_q：コンクリートの品質基準強度（N/mm²）

［注］（1）所定の材齢（28 日，または 28 日を超え 91 日以内の期間）より早い材齢において試験を行った結果が合否判定基準を満たした場合は，合格とする.

（2）工事監理者の承認を受けて，供試体成形後，翌日までは，日光および風が当たらない 20±10℃の環境下で，乾燥しないように養生して保管することができる.

入検査と併用しない場合）のいずれかによる．A 法による場合は，供試体は受入検査のものと兼用するが，判定基準が異なる．受入検査は 3 回の試験を 1 ロットとして判定するが，構造体コンクリート強度の検査は，1 回の試験を 1 ロットとして判定する．判定基準は表 6·18 による．B 法における供試体は，150 m³ 以下ごとに適当な間隔を置いた任意の 3 台の運搬車から 1 個ずつ採取した合計 3 個の供試体で 1 回の試験を行い，表 6·19 を満足すれば合格となる.

6　特殊コンクリート

〔1〕 寒中コンクリート

まだ固まらないコンクリートが凍結すると，所定の材齢になっても所要強度が得られず，構造物の耐力に悪影響を及ぼすことになる．このため，コンクリート打込み後の養生期間中にコンクリートが凍結するおそれがある場合は，寒中コンクリートとして特別な管理を行う．寒中コンクリートの適用期間は，打込み日を含む旬の日平均気温が 4℃以下の期間を基準とする.

調合面では凍結融解作用に対する抵抗性を向上させるため，AE 剤・AE 減水剤・高性能 AE 減水剤を必ず用いる．施工面では打込み後も適切な保温養生を施して，コンクリートのどの部分についても温度が 2℃ 以下にならないように初期養生する．特にコンクリートの露出面は風と蒸発により冷却が促進されるので，シートや断熱材などで覆い，必要な場合には採暖もする．

〔2〕 暑中コンクリート

夏季の外気温の高いときに打設するコンクリートは，スランプの低下や水分の急激な蒸発，コールドジョイントやひび割れの発生，強度低下などの問題を発生しやすい．このため一般に，日平均気温の平年値が 25℃ を超える時期には，暑中コンクリートとして材料の選択，調合，練混ぜ，運搬，打込み，養生に関して特別に検討する必要がある．

調合面では高温のセメントは用いないようにし，骨材，水もできるだけ低温のものを使用して，荷卸し時の温度を 35℃ 以下に抑える．混和剤は，各種遅延形を用いて凝結を遅延させる．

施工面では，打込みはできるだけ外気温の低い時間帯に計画し，コンクリート中の水分が型枠に吸収されてしまわないよう，事前に十分散水し湿潤にしておく．また，打継ぎ時間が長くなるとコールドジョイントの原因になるため，現場に到達した生コンが遅滞なく打ち込まれるように注意を払い，作業員の休憩も交代制にするなど配慮する．

打込み後は，水分の急激な発散を防ぐため保水シートなどで覆い，適度の散水を繰り返して湿潤養生する．

〔3〕 軽量コンクリート

建築物の高層化に伴い，建物の自重を小さくし，地震時の水平力を軽減させる意味から，軽量コンクリートを使用することがある．

軽量コンクリートは，天然，または人工の軽量骨材を用いて製造され，気乾単位容積質量はおおよそ 1.4～2.1 t/m^3 である．軽量コンクリートは建物を軽くするために用いるものであるから，コンクリートの強度管理と並んで単位容積質量の管理が重要である．

軽量骨材は，その組織中に数多くの気泡をもっているため，プレウェッティングによる十分な吸湿が必要で，吸湿が不十分な場合には練混ぜ中や運搬中にスランプ低下をきたし，所要のワーカビリティが得られなくなることがある．また，軽量骨材に浮力が働き，締固めの振動機などにより分離現象が起きやすいため，調合計画上，細骨材率を大きめにし，打設中は突き・叩き・タンピングを主にし，バイブレーターをかけすぎないよう注意が必要である．

硬化した軽量コンクリートは，普通コンクリートに比べて重量が軽い，断熱性が高い，熱膨張が小さいという長所をもっている反面，強度が小さい，乾燥収縮が長期にわたって進行するなど，耐久性，水密性の性質面でやや劣る．

表 6·20　その他のコンクリート

種　類	適　用
高強度コンクリート	設計基準強度が 48 N/mm^2 を超える場合のコンクリート
高流動コンクリート	フレッシュ時の材料分離に対する抵抗性を損なうことなく流動性を著しく高めたコンクリートで，振動・締固めをしなくても型枠内に充填することができる
鋼管充填コンクリート	コンクリート充填鋼管構造（CFT 構造）で鋼管内に充填するために使うコンクリート
水密コンクリート	特に高い水密性や漏水に対する抵抗性が要求されるコンクリート
遮蔽コンクリート	主として生体防護のために γ 線や X 線および中性子線などの放射線を遮蔽する目的で用いられるコンクリート
マスコンクリート	部材断面の最小寸法が大きく，かつセメントの水和熱による温度上昇で有害なひび割れが入るおそれがある部分のコンクリート
水中コンクリート	水中または安定液中に打込む場所打ち鉄筋コンクリート 杭，または鉄筋コンクリート地中壁に使用するコンクリート
プレストレストコンクリート	緊張材（PC 鋼線）によって部材の引張側にあらかじめ圧縮応力を生じさせ（プレストレスト），曲げひび割れ耐力を向上させた構造に用いるコンクリート

〔4〕 その他のコンクリート

その他のコンクリートで代表的なものを表 6·20 に示す．

7 プレキャストコンクリート工法

鉄筋・型枠・コンクリート工事は人力に頼る部分の多い工事であるが，少子高齢化・熟練工の不足から，現場作業をできる限り減らした工業化工法を採用することが増えてきている．柱，梁，壁，床などのコンクリート部材を工場で製作し，現場で組み立てる工法をプレキャストコンクリート（PC）工法という．PC 化のメリットは

- 工期短縮：現場作業に関係なく先行して製作できる．
- 高品質：工場製作のため高い精度と品質が得られる．
- 安全の確保：外壁無足場のため高所での作業が減る．
- 作業環境の向上：型枠加工音などの騒音が減る．

などが挙げられるが，一般には運搬，取付け重機，取付け手間などの費用が余分にかかり，在来工法より割高になるのがデメリットである．ただし，超高層マンションのように，部材形状が各階同じで，型枠が繰り返し使用できる場合などは，スケールメリットがある．一例としてサイト PC（敷地内で PC を作製する）で施工する超高層 RC マンションの例を紹介する（図 6·29）．

（a） 柱 PC 型枠（外装タイル敷き）

（b） 柱 PC 型枠（柱筋のセット）

（c） 柱 PC 建込み

（d） 全景

図 6·29　サイト PC で施工する現場例

6·4　鉄骨工事

鉄骨造は鉄筋コンクリート造に比べ，材料強度が大きく自重が軽いこと，靱性に富んでいることなどから，大空間建築物や超高層建築物に主に採用される．また，耐震性，工場製品としての信頼性，現場作業の省力化，短工期という利点から一般の建築物でも採用される反面，横揺れが大きく居住性が悪い，火災に弱いという欠点もある．

鉄骨工事は，1995 年の阪神・淡路大震災を契機に，さらに耐震性を高める観点から，材料・工法が見直され，施工管理の重要性が高くなった．

1　材　料

鉄骨工事に使用される材料は，各種構造用鋼材，ボルト，ナット，高力ボルト，溶接材料などであるが，その材種・品質・寸法などについては日本産業規格（JIS）に定められている．JIS 規格品の材料は，規格証明書（通称ミルシート）がメーカーから発行され，化学成分，機械的性質が明らかにされているため，材料試験は通常省略する．建築で使用される主な鋼材の性質と用途を表 6·21 に示す．

表 6·21　JIS に定められている鋼材のうち主な建築用鋼材の性質と用途

名称			性質	用途
SS	SS400	一般構造用圧延鋼材	鋼材の中でもっとも一般的なもので一番多用されている	基本的部材
SM	SM400 SM490	溶接構造用圧延鋼材	SS 材より高い溶接性をもつ鋼材で，材料性能により A，B，C の等級がある	H 形鋼を使用する SRC 造の柱，梁や S 造ラーメン構造の梁などに使用される．SS 材より高価である
SN	SN400 SN490	建築構造用圧延鋼材	SS 材より高い溶接性をもつとともに，降伏点を超えても破断しにくいねばり強い性質をもつ．材料性能により A，B，C の等級がある	ラーメン構造のダイヤフラムなど，特定の部位に使用される．新耐震設計法以降登場した新しい材料．SM 材より高価である
STK	STK400 STK490	一般構造用炭素鋼管	材質は SS 材に類似	鋼管（パイプ）の規格材と考えればよい
STKR	STKR400 STKR490	一般構造用角形鋼管	SS 材を使用し，JIS で定められた工程，品質で加工された製品	角形鋼管の規格材と考えればよい
BCR	BCR295	冷間ロール成形コラム	STKR 材より，高い溶接性および靭性をもつ鋼材	ラーメン構造の柱に利用される角形鋼管．STKR 材より高価である
BCP	BCP235 BCP395	冷間プレス成形コラム		
SSC	SSC400	一般構造用軽量形鋼	材質は SS 材と同等	C 形鋼などの軽量形鋼で雑部材として使用される

2 工場加工および準備

〔1〕 鉄骨工場の選定

鉄骨は，すべて工場で各部材ごとに鋼材を加工・組立てし，現場へ搬入する．したがって，溶接技量や組立て精度などの構造上の信頼性は，その鉄骨製作業者（工場）の能力に負うところが非常に大きい．工場を選定する際は，業者の施工実績を十分把握したうえで，工事の規模，使用材種，板厚，そのほか施工の難易度を考慮する必要がある．

国土交通大臣認定工場のグレードと作業対象建築物の例を次に示す．

- S グレード　建物規模：制限なし　材料種類板厚：制限なし
- H グレード　建物規模：制限なし　材料種類板厚：520 N 級 60 mm 以下
- M グレード　建物規模：制限なし　材料種類板厚：490 N 級＊1 40 mm 以下
- R グレード　建物規模：5 階以下　材料種類板厚：490 N 級 25 mm 以下

＊1　490 N 級とは，SN490・SM490 など引張強さが 490 N/mm^2 以上の鋼材のこと．

• Jグレード　建物規模：3 階以下　材料種類板厚：400 N 級 16 mm 以下

また物量や工程の関係から二次・三次下請業者に部分発注されることもあるので，厳しく品質管理・工程管理を行う必要がある．

〔2〕 工　作

（a） **工程計画**　鉄骨の製作に当たっては，工作図・鋼材搬入・加工・組立て・溶接・検査・塗装・発送などに区分して工程表を鉄骨業者に作成させ，現場の工事の進捗と密接に対応するように管理しなければならない．

（b） **鉄骨工事施工要領書の作成**　工場製作に先立ち，施工要領書を作成して，工事監理者に承諾をもらう．構造設計者・工事監理者・施工者・鉄骨業者との間に微妙な見解の相違などが生じないようにしなければならない．

（c） **工作図の作成**　一般に，構造設計図だけでは製作にはとりかかれない．鉄骨業者は細部納まり，図面の不整合箇所，仮設金物，設備スリーブなどを工作図によって表現した後，設計者または工事監理者の承諾を受ける（以前は，現寸大の図で細部納まりを確認する現寸検査を実施していたが，現在は CAD で作図するため，現寸検査を省略する場合が多い）．

工作図の時点で，施工管理者として以下のことをチェックする．

• スパン，階高，勾配，床レベルの段差
• 材料の断面寸法，ボルト孔のピッチおよび数，溶接部の形状･寸法（スカラップなど）
• 鉄筋との納まり・鉄筋孔などの位置
• 配管スリーブの位置および補強
• 内外装との納まり・取付け用ファスナーなどの取付け
• 建方作業・本締め作業・溶接作業時の足場などの仮設設備
• 建方揚重機など設置のための構造補強（1 階床，各階大梁）

〔3〕 **鉄骨の工場製作の流れ**

工場製作の流れを図 6･30 に示す．

3 鉄骨の接合法

〔1〕 **高力ボルト接合**

高力ボルト接合には，摩擦接合，引張接合があるが，通常高力ボルト接合といえば摩擦接合を指す．

高力ボルト摩擦接合は，ボルトの軸に導入された張力によって生じる接合部材間の摩擦力によって力を伝達する方法である．摩擦接合の特徴は，応力の流れが円滑で，継手の剛性が高いことにある．すなわち，せん断力を受けるボルト接合は孔周辺に大きな応力集中が生ずるのに対して，摩擦接合では接触面で応力が伝達されることから，伝達面積が大きく，大きな応力集中が起こらないので，疲労強度が高く，剛性の高い継手とな

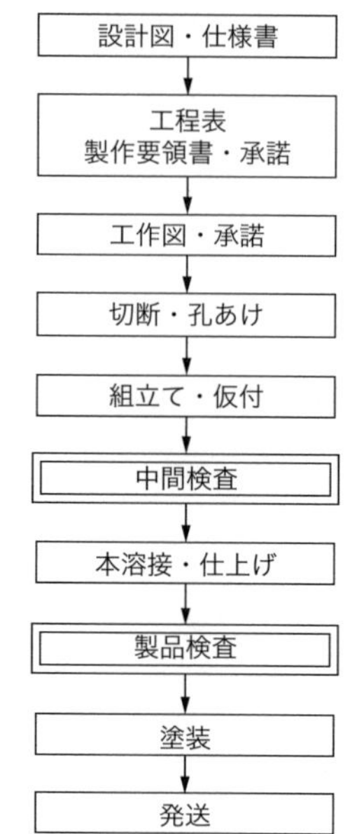

図 6･30　鉄骨の工場製作フローチャート

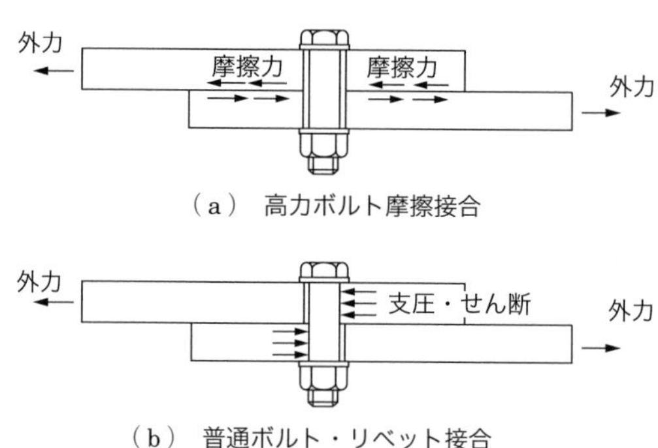

図 6･31　高力ボルト摩擦接合の応力伝達機構[35]

る．図 6･31 にその接合機構を示す．

接合部材のすべり耐力 R_s（摩擦耐力でなくすべり耐力と呼ぶ）の大きさは式（6･1）で表され，接合の効率を高めるためには，高力ボルトの品質はもちろんのこと，軸力の導入，摩擦面の管理が施工上の重要なポイントとなる．

$$R_s = \mu \cdot N_i \qquad (6 \cdot 1)$$

ただし，μ：接合面のすべり係数＝0.45，N_i＝ボルトの初期導入張力

（**a**）　**高力ボルトの種類**　高力ボルトには，トルシア形高力ボルト（JSS Ⅱ 09）と高力六角ボルト（JIS B 1186）の2種類がある（図6･32）が，鉄骨工事で一般に用いられる高力ボルトは，ほとんどトルシア形高力ボルトである．高力六角ボルトは，鉄骨納まり上トルシア形専用レンチが使えない場合など限定的にしか用いられない．

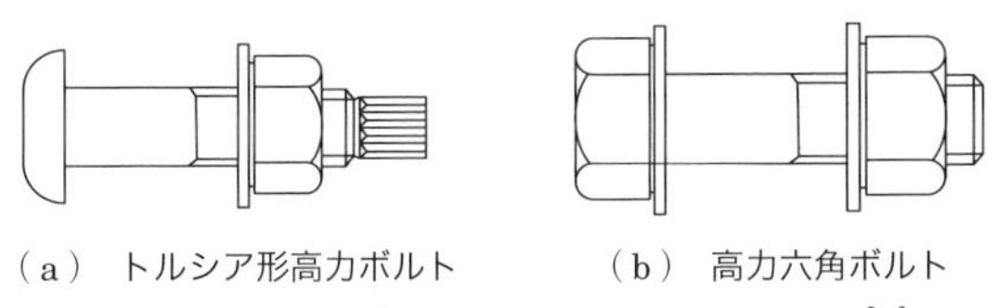

（a）トルシア形高力ボルト　　（b）高力六角ボルト

図6･32　トルシア形高力ボルトと高力六角ボルト[36]

トルシア形高力ボルトはS10 T，高力六角ボルトはF10 Tという記号で区分され，10 Tは引張強さ10 tf/cm^2＝100 kN/cm^{2}を表している．

高力ボルトの締付けトルクとボルト張力との間には式（6･2）が成立する．

$$T_r = k \cdot d_1 \cdot N \tag{6・2}$$

ただし，T_r：締付けトルク〔N･m〕，

k：トルク係数値（ボルトメーカー間で値が異なる），

d_1：ボルトのねじ外径の基本寸法〔mm〕，N：ボルト張力〔kN〕

ボルトの首下長さは締付け長さに表6･22の長さ（座金＋ナット＋余長）を加えたものとする．トルシア形高力ボルトは，ボルト頭が丸形で頭側に座金を使用しないため，高力六角ボルトに対し座金1枚分5 mm短いものとなる．

（**b**）　**高力ボルトの取扱い**　高力ボルトの購入に当たっては工場の最近の品質管理記録・社内検査成績表の提示を求め，品質の確認をする．高力ボルトの受入れに当たっては荷姿外観を検査･確認し，メーカーが発行する規格品証明書（社内検査証明書）が，

表6･22　ボルト長さの選定

ボルトの呼び径	締付け長さに加える長さ〔mm〕	
	トルシア形高力ボルト	高力六角ボルト
M12	—	25
M16	25	30
M20	30	35
M22	35	40
M24	40	45
M27	45	50
M30	50	55

発注時の条件を満たしていることを確認する．

高力ボルトは，式（6·2）のように所定のトルクで所定の張力が出るようにメーカーで品質管理されており，さらに小さなトルクで効率良く張力が出るようにナットには潤滑処理が施されている．そのため，ナットと座金の隙間に異物が入ると摩擦力が働き，所定のトルクで所定の張力が出なくなる．このため，高力ボルトの工事現場内での取扱い・保管方法には細心の注意が必要となる．

（c） **高力ボルト接合部の加工・組立て**　ボルト孔あけ径のボルト径に対する余裕は，ボルト径 27 mm 未満は 2.0 mm 以下，27 mm 以上は 3.0 mm 以下とする．摩擦接合では，摩擦面の表面性状が耐力に大きく影響するので，次の点を十分に管理することが必要である．

- 浮きさび，塵埃，油，塗料が付着していないこと．
- 設計に用いたすべり係数（0.45）を確保するため，黒皮などを原則としてスプライスプレート全面の範囲にわたり除去して，屋外に放置し，赤さび状態を確保する．
- 摩擦面をショットブラストまたはグリットブラストで処理して，表面粗さ 50 $\mu\mathrm{m}R_z$ 以上を確保した場合は，赤さびは発生させなくてもよい．
- 接合部材間に，1 mm を超える肌すきがある場合は，フィラープレートを入れる．
- 接合部組立て時に，積層した板間に生じた 2 mm 以下のボルト孔の食違いは，リーマー掛けして修正してよい．2 mm を超える場合は，工事監理者と協議する．

（d） **高力ボルトの締付け，および，締付け後の検査**　高力六角ボルトの締付け法は，締付けトルクにより制御するトルクコントロール法とナットの回転量を決め締め付けるナット回転法がある．高力ボルトの主流を占めるトルシア形高力ボルトの締付け法は，基本的にはトルクコントロール法を応用したものである．

(1) すべての締付け法に関する共通事項：高力ボルトの導入張力は，表 6·23 に示す標準ボルト張力を目標として，接合部のすべてのボルトにできるだけ均等に与える．

ナット・座金には，表裏があるので逆使いしないようにする．

高力ボルトの締付けは，1 次締め，マーキング，本締めの三段階で行う．1 次締めは，接合面を均等に密着させるために，一定のトルク値を設定（表 6·24）して締付け作業を行う．マーキングは，図 6·33 に示すようにボルト・ナット・座金・部材表面にわたり白マジックでマークする．本締め後，ナットが回転することにより生じるマークのずれによって締付け後の検査を行う．

ボルト挿入から本締めまでの作業は，同日中に終了することを原則とする．

(2) トルシア形高力ボルトの本締めと本締め後の検査：トルシア形高力ボルトの本締めは，トルシア形専用レンチを使用して行う．インナースリーブでボルトのねじ先端に付いているピンテールを掴み，アウタースリーブでナットを右回転させ，所定の締付

表 6·23　設計ボルト張力と標準ボルト張力[37]

ボルトの等級	呼び径	設計ボルト張力〔kN〕	標準ボルト張力〔kN〕
F10T（S10T）	M12	56.9	62.6
	M16	106	117
	M20	165	182
	M22	205	226
	M24	238	262
	M27	310	341
	M30	379	417

［注］ 1. ボルトの等級のうち S10T は，トルシア形高力ボルトの等級を示す．
2. トルシア形高力ボルトの M12 は，JSS Ⅱ 09 の規格の対象外であり製造されていない．

表 6·24　1 次締めトルク[38]

（単位：N・m）

ボルトの呼び径	1 次締めトルク
M12	約 50
M16	約 100
M20，M22	約 150
M24	約 200
M27	約 300
M30	約 400

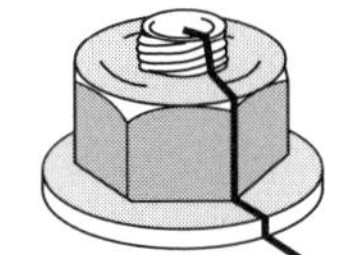

図 6·33　マーキングの例

けトルク値に達したときにその反力でピンテール（破断溝）が破断する（図 6·34）．締付け後の検査は，ピンテールが破断しているのを全数確認するが，破断しているからといって導入張力が得られているとは限らない．そのため 1 次締め後に付したマークのずれによって共回り・軸回りの有無，ナット回転量のばらつき，ナット面から突き出したボルトの余長の過不足を全数目視で確認する（外観検査）．

ナット回転量に著しいばらつきの認められる締付け群については，平均回転角度 ± 30° の範囲のものを合格とする．共回り・軸回りがあるボルト，あるいはナット回転量において不合格になったボルトは，新しいものに取り替える．

(3) 高力六角ボルトのトルクコントロール法の本締めと本締め後の検査：トルクコントロール法の場合は，施工前に「締付け施工法の確認」のための試験を行い，得られた締付けトルク値の平均値を基準値と定める．トルクコントロール法の本締めは，手動式トルクレンチ，または締付けトルク制御機能付電動式レンチで行い，ナットを所定のトルクで回転させることによりボルトに必要な張力（表 6·23）を導入する．締付け後の検査は，トルシア形と同様の外観検査を行い，回転量にばらつきがある場合は，追い

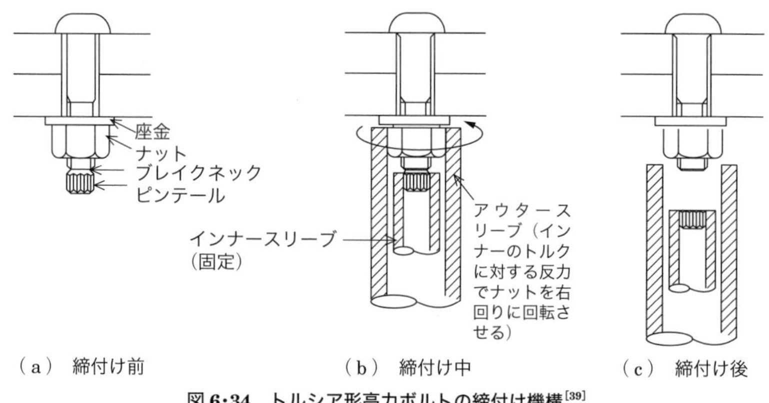

図6·34 トルシア形高力ボルトの締付け機構[39]

締めによるトルク値を測定し，測定値が基準値の±10%以内にあるものを合格とする.

(4) 高力六角ボルトのナット回転法の本締めと本締め後の検査：ナット回転法は，まず表6·24に示した所定の1次締めトルクを確実に導入することが重要である．本締めは，回転角制御機能付電動式レンチでマークを起点としてナットを120°回転させて行う．締付け後の検査は，トルシア形と同様の外観検査を行い，回転量が120°±30°以内にあれば合格とする．ナットの回転量が不足しているボルトは所要の回転量まで追い締めする.

〔2〕 ボルト接合

ボルト接合は，高力ボルト接合の場合と異なり，ボルト軸のせん断応力とボルト軸とボルト孔壁との間の支圧応力で部材力を伝達するため，ボルト孔とボルト軸部間の隙間のずれによる構造物の変形を避けることができない．このため，建築基準法では，一定の戻り止めを行ったうえで，軒下9m以下，スパンが13m以下の構造物で，かつ延面積が3 000 m^2以下の場合にのみ使用できるとしている.

〔3〕 溶接接合

建築の鉄骨工事に使用される溶接は，ほとんどがアーク溶接である．アーク溶接とは，溶接棒と母材の間に電圧をかけ，溶接棒から飛び出した電子が，母材にぶつかる際に発生する高熱で母材を溶かし，溶接棒が溶接金属となり母材どうしを接合する方法である.

溶接中に空気中の酸素(O_2)や窒素(N_2)が，溶接金属に触れると，靱性の低下，ブローホール（気孔）などを発生させ，強度上悪影響を及ぼすため，溶接部は大気から遮蔽された状態で行われなければならない．特に現場での溶接作業は，遮蔽ガスが飛ばされないよう防風処置が必要になる．主なアーク溶接の方法を図6·35に示す.

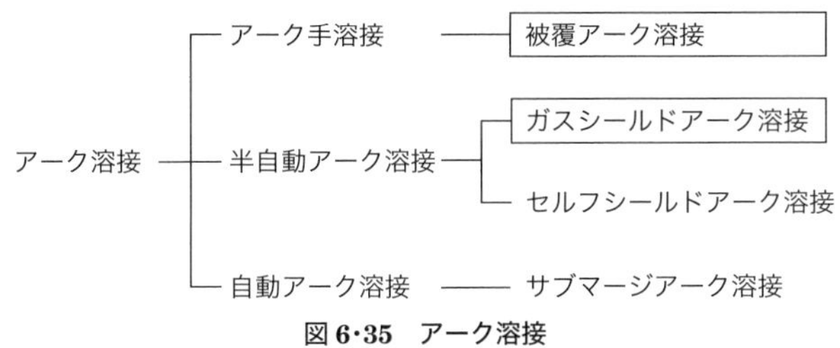

図 6·35　アーク溶接

（a）　溶接の方法

(1) 被覆アーク溶接（アーク手溶接）：被覆アーク溶接は，図 6·36 のように被覆材（フラックス）および心線の溶融により生ずるガスおよびスラグで溶接部を大気から保護しつつ溶接する方法で，溶接棒の送りとホルダーの移動を，アークを見ながら溶接技能者が手動で行うものである．

この方法は，設備費も安く手軽にできるが，持続性に限界があり，能率的にも落ちるため，主に組立て作業や補修溶接などに用いられている．

(2) ガスシールドアーク溶接（半自動アーク溶接）：ガスシールドアーク溶接法は，図 6·37 のように溶接トーチの先端から CO_2 ガスなどを吹き出すことにより溶接部を大気から保護する溶接法で，溶接ワイヤーが自動送給される溶接トーチを溶接技能者が操作して溶接するため半自動溶接と呼ばれ，現在鉄骨溶接の主流となっている．ガスシールドアーク溶接法は風に弱く，2 m/s の風で溶接部に悪影響を及ぼすため，屋外で作業する場合は，十分な防風処置が必要である．

（b）　溶接工の資格　溶接作業は高度な技術を要するため，溶接の品質を確保するために，溶接工の技能の評価制度がある．この評価制度は，溶接技能試験を行って溶接

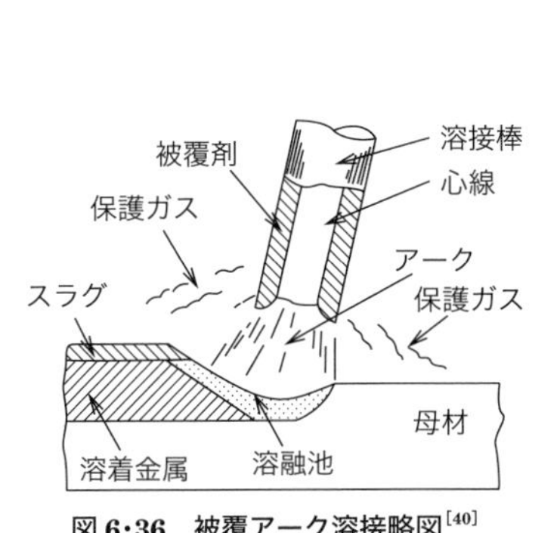

図 6·36　被覆アーク溶接略図[40]

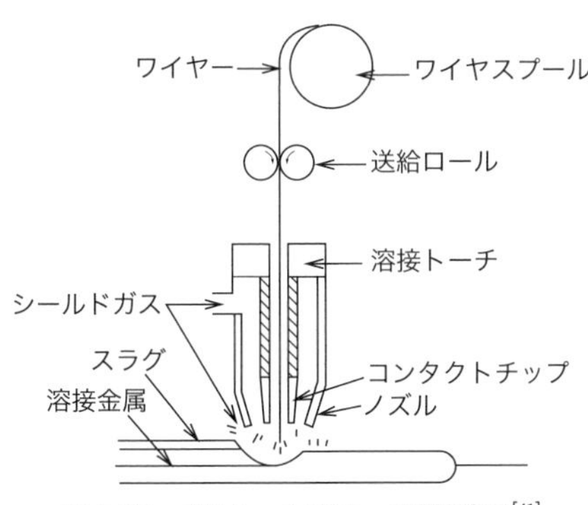

図 6·37　ガスシールドアーク溶接略図[41]

工に技能者資格を与え，社団法人日本溶接協会から認定証明書を発行する制度である．資格は，姿勢・材料の種類と厚さ・継手・開先などの組合せにより区分されている．溶接は姿勢により難易度が異なり，下向き（F）・横向き（H）・立向き（V）・上向き（O）の順に難易度が高くなる．

（c） 溶接施工

(1) 溶接材料の管理：被覆アーク溶接棒は，被覆剤に湿気を含むとブローホールなどが発生しやすく，また，水分が分解して溶着金属中の水素量が増加するため欠陥が生じ，作業性も悪くなる．ガスシールドアーク溶接ワイヤーは，発錆するとワイヤーの送給不良を生じ通電が阻害されるため溶接欠陥が発生しやすくなる．そのため溶接材料は，湿度が低く風通しの良い場所で保管し，製造年月の早いものから使用する．

(2) 予熱：予熱は溶接欠陥の中でもっとも重要な溶接割れを防止するために必要に応じて行う．鋼材の炭素含有量が多い，板厚が厚い，あるいは溶融金属中の水素量が多いなどの場合は，割れが発生しやすいので，予熱を与えることにより冷却速度を遅くして割れを防止する．予熱温度は鋼種，板厚，溶接法により違うが，約 50～100℃ である．

(3) 溶接ひずみ：溶接を行うと溶接ひずみといわれる変形を生ずる．したがって，工場溶接では治具や加熱により変形の矯正を行うが，母材内部に残留応力が残る．溶接のひずみ発生は避けられないがひずみの程度を小さくすることはできるので，加工前に次の対策を講じる．

- 収縮量だけ材料を長めに加工しておく．
- 溶接順序を検討し，ひずみ，残留応力をできるだけ少なくする．
- 治具で拘束しておく．
- 逆ひずみを与えておく．
- 現場溶接の順序については，開始点に向かって引っ張られるので，建方精度を要求される部分（例えば，エレベーターシャフトなど）から開始する．
- 長大建物では，ひずみ調整スパンを設け，高力ボルト接合として，溶接変形を吸収させる．

(4) 完全溶込み溶接：完全溶け込み溶接は，溶接部の強度が母材と同等になるように全断面を完全に溶け込ませた溶接であり，主としてフランジやダイアフラムなど大きな引張力，圧縮力を受ける継手の溶接に使用される．

開先は要求される溶込み量，材と材との継手形状，溶接方法，溶接姿勢や板厚によって形状や寸法が変わってくる．また板厚が厚い場合は溶接量が多くなり，歪みも大きくなるので板の両側から溶接する．この場合，表側溶接完了後に，裏から初層の溶接部をアークで溶かして除去(裏はつり)してから裏側の溶接に入る．片側から溶接する場合は，溶融金属が落ちないように裏当て金を用いる．完全溶込み溶接の継手分類を表 6･25 に

表 6·25　完全溶け込み溶接の継手[42]

	突合せ継手	角継手	T 継手
裏はつりを行う（レ形開先）		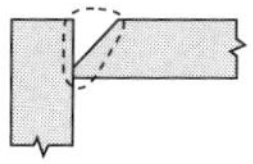	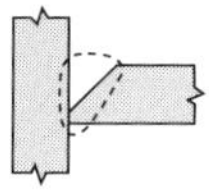
裏当て金を用いる（レ形開先）	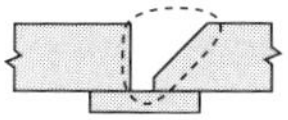	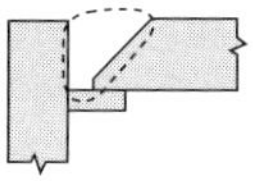	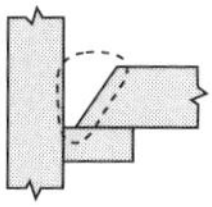

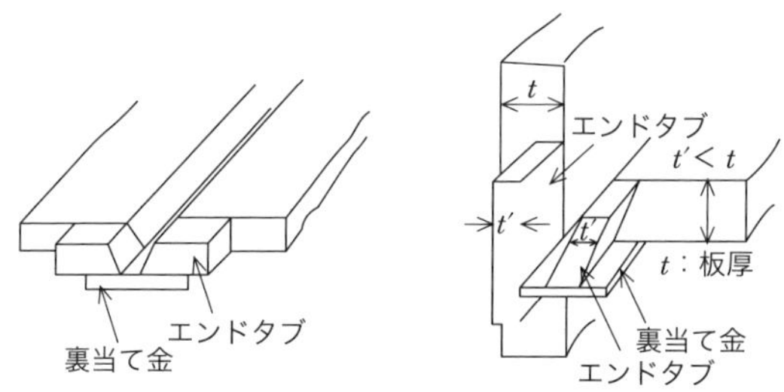

図 6·38　鋼製エンドタブの施工例[43]

示す．開先加工面の精度・角度は，溶接の品質を左右する大きな要因である．加工は，一般には自動ガス切断機で所定の形状に平滑に仕上げる．

母材両端まで健全な溶接断面を確保するため，図 6·38 に示すようなエンドタブを用いる．溶接の欠陥は始点と終点に出やすいため，エンドタブ内から溶接を始め，他方のエンドタブ内で終了する．

スカラップは，2 方向からの溶接線が交差するのを避けるために設ける扇形の切欠きであるが，阪神・淡路大震災の際，スカラップに起因する脆性破壊が多く見られたため，現在はスカラップ底に $r = 10$ mm 以上のアールを設けて応力集中を緩和する改良型としている（図 6·39，図 6·40）．さらに断面欠損のないノンスカラップ型が推奨され，工場溶接には採用が多い．

裏当て金は，スカラップを設ける場合は通し裏当てを，スカラップを設けない場合はフィレットコーナー部の形状に合わせた分割形の裏当て金を用いる．

(5) すみ肉溶接：すみ肉溶接は，接合する板と板の隅角部を溶接する．柱と梁のウェブなど，主としてせん断力のみを負担する場合に用いる．アンダーカットが発生しないよう，脚長差がなるべく出ないよう，下向き溶接することが望ましい．

(d)　溶接部の検査　鉄骨製作業者は，表 6·26 に示す外観検査，および完全溶込

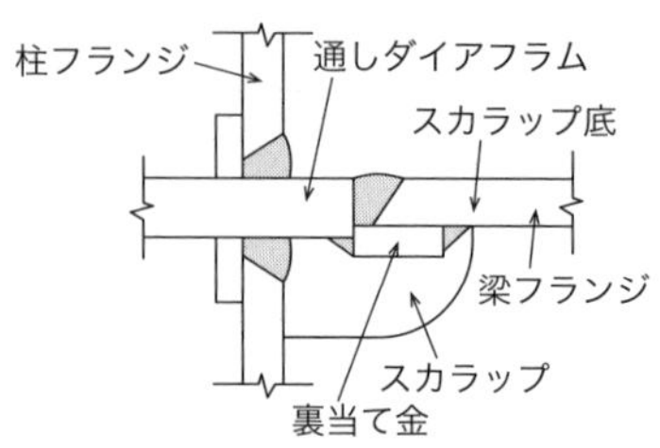

図 6・39　兵庫県南部地震以前に慣用されてきた旧型スカラップ工法[44]

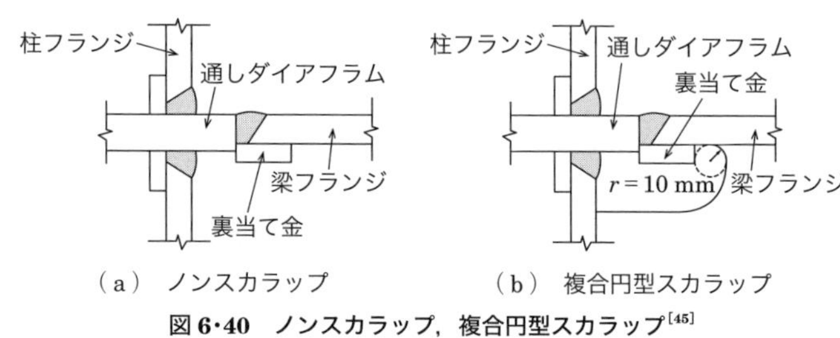

図 6・40　ノンスカラップ，複合円型スカラップ[45]

表 6・26　溶接部の検査項目

	工場での検査
溶接前	はだすき，食違い，開先間隔，エンドタブの取付状況，裏当て金の取付状況，開先内の清掃
溶接後	ビード形状，クレーター処理，脚長不揃い，まわし溶接，のど厚，余盛り，ビード幅，溶接長，割れ，アンダーカット，オーバーラップ，ピット，製品の曲がり，ねじれ，エンドタブの処理，スパッタ除去

み溶接部の内部欠陥について社内（自主）検査を行う．

内部欠陥の検査は通常，超音波探傷試験（非破壊試験）を行う．超音波探傷試験（図 6・41，図 6・42）は，高い周波数（2～5 MHz）の音波を溶接部内に発信し，欠陥があると当たって反射し，反射音の強さと伝搬時間とから内部欠陥の大きさと位置を評価する．溶接欠陥（表面・内部）の種類と補修方法を表 6・27 に示す．

鉄骨業者の社内検査の手直し修正後，施工担当者および工事監理者は，適当な項目，数量について受入検査（抜取り検査）を行う．受入検査での超音波探傷試験は，施工者が直接契約した第三者検査会社で行う．

4 さび止め塗装

鉄骨の露出部分についてはさび止め塗装を行うが，次の場合には塗装しない．

- 現場溶接を行う箇所とそれに隣接する 100 mm 以上，かつ超音波探傷検査に支障

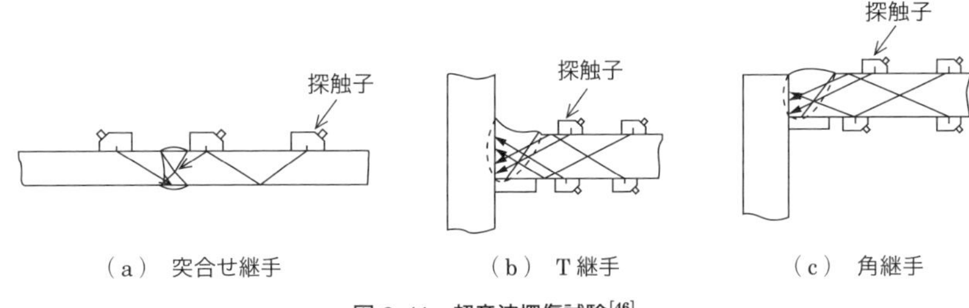

図 6・41　超音波探傷試験[46]

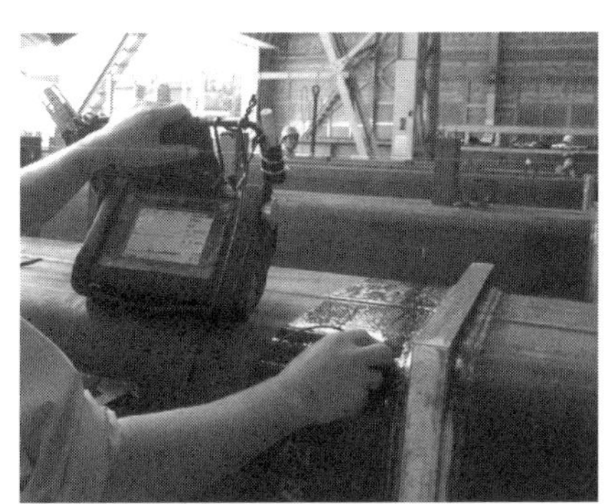
図 6・42　超音波探傷試験

をきたす範囲
- 高力ボルト接合の摩擦面
- コンクリートに埋め込まれる部分
- ピン・ローラーなど密着する部分，回転，摺動面で削り仕上げした部分
- 密閉となる内面
- 耐火被覆の吹付け部分……耐火被覆材を吹付ける場合は，その付着性を妨げ，はく落の原因となるため，さび止め塗装を行わない場合が多い．

5 工事現場の施工

鉄骨工事の現場作業は，図 6・43 に示すような手順で施工されるが，主要構造部であって高い耐震性能が要求されるため，確実な品質の確保が重要である．また，重量物を扱うこと，高所作業が多いことなどから，墜落防止，飛来落下防止，倒壊防止などの安全対策が必要となる．

〔1〕 建方計画

鉄骨建方工事は，品質，原価，工程，安全すべてに大きく影響するので，社内技術スタッフなどの協力を得ながら，綿密な計画を立てなければならない．建方の順序は，工

表 6･27　溶接欠陥の種類と補修対策

欠陥		原因・補修方法
アンダーカット／オーバーラップ	アンダーカット 溶接金属の端部に沿って母材が溶けて溝となった部分	原因：電流が過大である・運棒が速い 補修方法：深さ 1 mm 以下のものはグラインダーで滑らかに仕上げる．深さ 1 mm 超のものは，グラインダーで除去し再溶接する
	オーバーラップ 溶接金属が端部で母材に溶け込まないで重なっている状態	原因：電流が過小である・運棒が遅い 補修方法：グラインダーで滑らかに仕上げる
融合不良／溶込み不良	溶込み不良・融合不良 溶接境界面が十分に溶け合っていない状態	原因：開先角度が小さい・電流が過小である 補修方法：ガウジングまたはグラインダーなどで除去し，再溶接する
ピット／ブローホール中身は（CO，CO_2，H_2，O_2）	ピット 溶着金属表面に生じる小さい孔	原因：溶接棒が吸湿している 補修方法：ガウジングまたはグラインダーなどで除去し，再溶接する
	ブローホール 溶着金属内部に発生した空洞	
割れ	割れ 溶着金属表面および内部に生じる割れ	原因：溶接棒が吸湿している・冷却速度が速い 補修方法：ガウジングにより割れの両端から 50 mm 以上はつり取って再溶接する

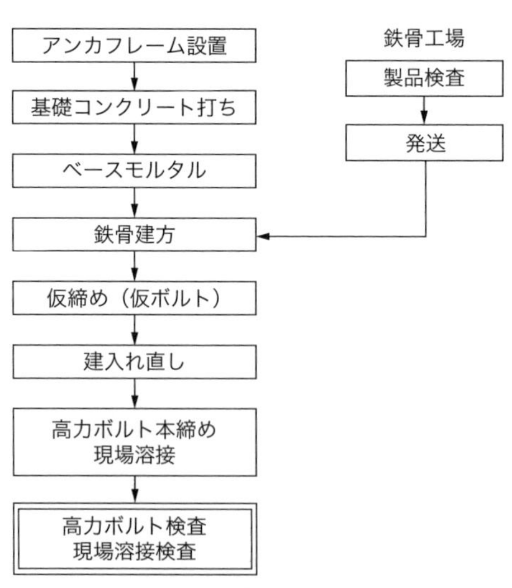

図 6･43　現場作業の流れ

場製作，発送の順序などに広く関係するので，初期にその計画を立てて，工場製作順序に反映させる必要がある．

敷地の状況・建物の形状などにより建方方法や建方重機を選択する．敷地に余裕がなく上に高い建物は，下層から順に積上げていく積み上げ方式で，重機は定置式のタワークレーンを使用する．超高層ビルになるとタワークレーンがクライミングして上がっていく．敷地に余裕があり横に大きい建物は，端からまたは中央から順に建てていく建逃げ方式で，重機は移動式のクレーンを使用する（図6·44）．

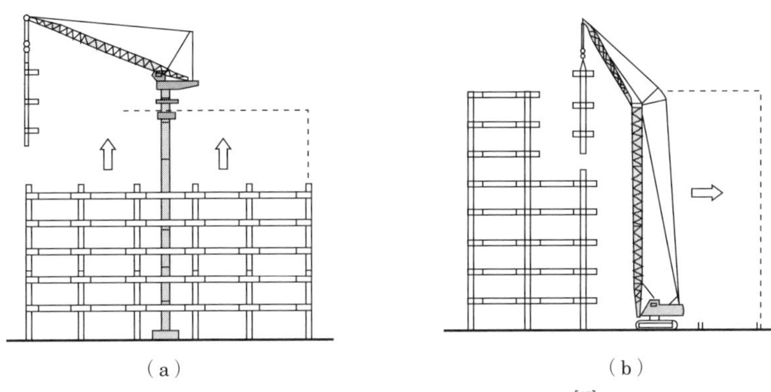

図6·44　積上げ方式（a）と建逃げ方式（b）[47]

鉄骨の総重量や総部材数を重機1台1日で取り付けられる歩掛りで除して所要延日数を算出し，敷地の状況や全体工期を考慮して重機の台数および建方工程を決定する．

〔2〕 アンカーボルトとベースモルタル

アンカーボルトは，コンクリート打設後修正を行わないことを前提として据付けを行う．そのために，一般にはベースプレートと同型の厚さ2.3 mmの型板を製作し，ボルトをつり込んで周辺に溶接して設置する．アンカーボルトが太い場合は，特に固定度の高いアンカーフレームを捨コンクリートに打ち込んだアンカーなどで固定して，コンクリート打設時にも移動しないようにする．

また，鉄骨柱脚のレベル精度を確保するため，鉄骨の建方に先立ちベースモルタルを施工する．一般には後詰め中心塗工法（図6·45）とし，塗り厚さは，後詰め部分のことも考えて30～50 mm，大きさは200 mm角あるいは200 mmϕ以上，建方までに3日以上の養生期間（強度発現）をとる．

〔3〕 鉄骨建方・建入れ直し

工場から運搬されてきた鉄骨をいったん，重機で地上に下ろし，柱，梁には地上で昇降タラップや親綱などの安全設備，本締め用の足場などを取り付ける．柱の建方は，梁

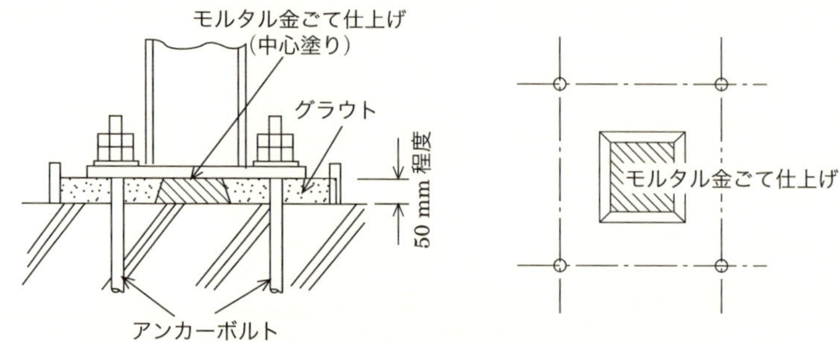

図 6·45　後詰め中心塗り工法[48]

表 6·28　建入れ精度の限界許容差[49]

名　称	図	限界許容差
柱の倒れ	e, H	$e = H/700$ かつ 15 mm 以下
建物の倒れ	e, H	$e = H/2\,500 + 10$ mm かつ 50 mm 以下

をつなぐまでは不安定なので 4 方向に控えワイヤーを張ってから玉掛けワイヤーを外す．建方中の部材相互の接合は，架構の安全が確保されるように高力ボルトと同径の仮ボルト（中ボルト）を用い，ボルト群に対して 1/3 程度，かつ 2 本以上で仮締めする．梁の取付けが終わると順次，作業足場，水平·垂直ネットなどの災害防止設備を整備し，次工程の作業が安全にできるようにしなければならない．

建方の完了した部分はワイヤーロープなどにより建入れ直しを行い，検査して合格した部分から仮ボルトを高力ボルトに入れ替え，本締めを行う（図 6·46，表 6·28）．

建方中，強風などの各部材，接合部に生ずる応力に対しては，短期許容応力度を超えないように計画する．特に高層鉄骨などは，構造設計者と事前に打ち合せを行い，安全な施工計画を立てなければならない．

6　鉄骨の耐火被覆

鋼材は，550°C を超えると急激に強度が落ちるため，火災時，鋼材を一定時間，一定温度以上に上昇しないように耐火・断熱性の高い材料で覆うことを耐火被覆という．

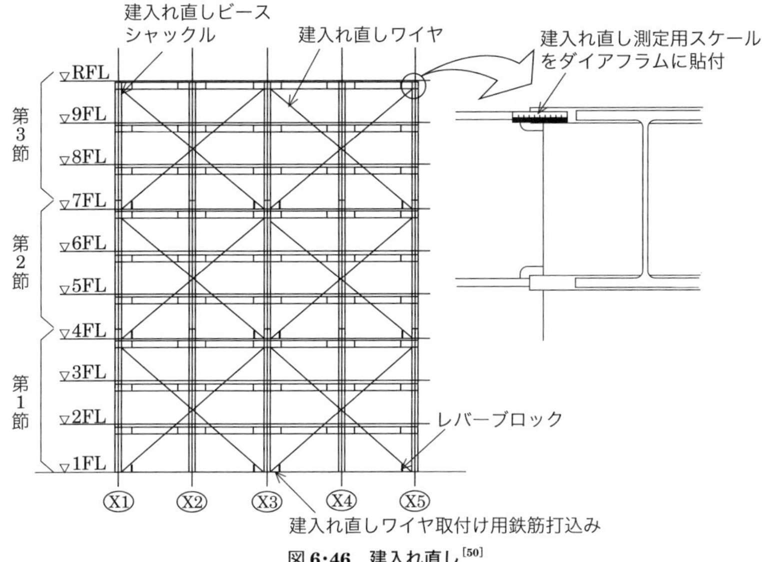

図 6·46　建入れ直し[50]

〔1〕 耐火被覆の耐火性能

建築基準法第 2 条の 7 で定められている「耐火構造」で要求されている「耐火性能」については，施行令第 107 条により表 6·29 のように定められている．

上階から下階へいくに従って耐火時間が長くなっているが，これは避難するのに必要

表 6·29　耐火構造の耐火性能（建築基準法施行令第 107 条）[51]

建築物の部分			非損傷性			遮熱性	遮炎性
			最上階から4 階以内	最上階から5〜14 階以内	最上階から15 階以上		
壁	間仕切壁	耐力壁	1 時間	2 時間	2 時間	1 時間	—
		非耐力壁	—	—	—	1 時間	—
	外　壁	耐力壁	1 時間	2 時間	2 時間	1 時間	1 時間
		非耐力壁	—	—	—	1 時間（延焼のおそれのない部分：30 分間）	1 時間（延焼のおそれのない部分：30 分間）
柱			1 時間	2 時間	3 時間	—	—
床			1 時間	2 時間	2 時間	1 時間	—
梁			1 時間	2 時間	3 時間	—	—
屋根			30 分間			30 分間	
階段			30 分間			—	

図 6·47　吹付け工法

図 6·48　巻付け工法

な時間を確保するためである.

〔2〕 耐火被覆工法

耐火被覆には, 吹付け工法, 張付け工法, 巻付け工法などがあり, 代表的な工法はロックウールの吹付け工法である（図 6·47）. 吹付け工法の場合, 吹付けの厚みで耐火性能（耐火時間）が決まるため, 施工中はピンなどを用いて厚さを確認しながら施工する. 吹付け工法は, 施工中, ロックウールセメントの粉塵が浮遊し, 作業環境として好ましくないので, 最近は巻付け工法（図 6·48）に移行してきている.

引 用 文 献

鉄筋工事

［1］ 建築工事標準仕様書・同解説　JASS 5, 鉄筋コンクリート工事, p. 34, 表 10.1, 日本建築学会（2022）

［2］ 建築工事標準仕様書・同解説　JASS 5, 鉄筋コンクリート工事, p. 35, 表 10.2, 日本建築学会（2022）

［3］ 建築工事標準仕様書・同解説　JASS 5, 鉄筋コンクリート工事, p. 38, 表 10.4, 日本建築学会（2022）

［4］ 建築工事標準仕様書・同解説　JASS 5, 鉄筋コンクリート工事, p. 39, 表 10.5, 日本建築学会（2022）

［5］ 建築工事標準仕様書・同解説　JASS 5, 鉄筋コンクリート工事, p. 40, 表 10.6, 日本建築学会（2022）

［6］ 建築工事標準仕様書・同解説　JASS 5, 鉄筋コンクリート工事, p. 41, 図 10.2, 日本建築学会（2022）

［7］ 建築工事標準仕様書・同解説　JASS 5, 鉄筋コンクリート工事, p. 41, 図 10.3, 日本建築学会（2022）

［8］ 建築工事標準仕様書・同解説　JASS 5，鉄筋コンクリート工事，p. 42，図 10.4，日本建築学会（2022）
［9］ 建築工事標準仕様書・同解説　JASS 5，鉄筋コンクリート工事，p. 42，図 10.5，日本建築学会（2022）
［10］ 建築工事標準仕様書・同解説　JASS 5，鉄筋コンクリート工事，p. 43，図 10.6，日本建築学会（2022）
［11］ 建築工事標準仕様書・同解説　JASS 5，鉄筋コンクリート工事，p. 43，図 10.7，日本建築学会（2022）
［12］ 建築工事標準仕様書・同解説　JASS 5，鉄筋コンクリート工事，p. 43，図 10.8，日本建築学会（2022）
［13］ 建築工事標準仕様書・同解説　JASS 5，鉄筋コンクリート工事，p. 44，図 10.9，日本建築学会（2022）
［14］ 建築工事標準仕様書・同解説　JASS 5，鉄筋コンクリート工事，p. 45，表 10.7，日本建築学会（2022）
［15］ 建築工事標準仕様書・同解説　JASS 5，鉄筋コンクリート工事，p. 46，図 10.10，日本建築学会（2022）
［16］ 建築工事標準仕様書・同解説　JASS 5，鉄筋コンクリート工事，p. 46，図 10.11，日本建築学会（2022）
［17］ 建築工事標準仕様書・同解説　JASS 5，鉄筋コンクリート工事，p. 46，図 10.12，日本建築学会（2022）
［18］ 鉄筋継手マニュアル，p. 11，図 1.2.9，社団法人日本圧接協会（現・公益社団法人 日本鉄筋継手協会）（2005）
［19］ 建築工事標準仕様書・同解説　JASS 5，鉄筋コンクリート工事，p. 393，解説図 10.4，日本建築学会（2022）
［20］ 建築工事標準仕様書・同解説　JASS 10，プレキャスト鉄筋コンクリート工事，p. 227，解説図 10.2，日本建築学会（2013）
［21］ 建築工事標準仕様書・同解説　JASS 5，鉄筋コンクリート工事，p. 15，表 3.8，日本建築学会（2022）

型枠工事

［22］ 型枠の設計・施工指針，p. 34，図 3.1，日本建築学会（2011）
［23］ 建築工事監理指針令和 4 年度版（上巻），p. 432，図 6.8.8，社団法人公共建築協会（2010）
［24］ 型枠の設計・施工指針，p. 94，図 5.1，日本建築学会（2011）

［25］ 建築工事標準仕様書･同解説 JASS 5，鉄筋コンクリート工事，p. 32，表 9.1，日本建築学会（2022）

コンクリート工事

［26］ 建設業協会編（尾坂芳夫氏原図）：コンクリートのひび割れ防止対策，鹿島出版会（1982）
［27］ 建築工事標準仕様書・同解説 JASS 5，鉄筋コンクリート工事，p. 247，解説表 4.3，日本建築学会（2022）
［28］ 建築工事標準仕様書･同解説 JASS 5，鉄筋コンクリート工事，p. 17，表 4.2，日本建築学会（2022）
［29］ 建築工事標準仕様書･同解説 JASS 5，鉄筋コンクリート工事，p. 12，表 3.1，日本建築学会（2022）
［30］ 建築工事標準仕様書･同解説 JASS 5，鉄筋コンクリート工事，p. 20，表 5.1，日本建築学会（2022）
［31］ 建築工事標準仕様書・同解説 JASS 5，鉄筋コンクリート工事，p. 282，解説図 5.4，日本建築学会（2022）
［32］ 建築工事標準仕様書・同解説 JASS 5，鉄筋コンクリート工事，p. 49，表 11.1，日本建築学会（2022）
［33］ 建築工事標準仕様書・同解説 JASS 5，鉄筋コンクリート工事，p. 54，表 11.8，日本建築学会（2022）
［34］ 建築工事標準仕様書・同解説 JASS 5，鉄筋コンクリート工事，p. 55，表 11.9，日本建築学会（2022）

鉄骨工事

［35］ 鋼構造接合部設計指針，p. 36，図 C2.8，日本建築学会（2021）
［36］ シリーズ建築施工 図解鉄骨工事，p. 122，表 5.5.1，東洋書店（2008）
［37］ 鉄骨工事技術指針・工事現場施工編，p. 258，表 5.5.1，日本建築学会（2018）
［38］ 鉄骨工事技術指針・工事現場施工編，p. 264，表 5.5.2，日本建築学会（2018）
［39］ 鋼構造接合部設計指針，p. 30，図 C2.2，日本建築学会（2021）
［40］ 鉄骨工事技術指針・工場製作編，p. 413，図 5.9.1，日本建築学会（2018）
［41］ 鉄骨工事技術指針・工場製作編，p. 418，図 5.10.1，日本建築学会（2018）
［42］ 鉄骨工事技術指針・工場製作編，p. 395，図 5.5.1，日本建築学会（2018）
［43］ 鉄骨工事技術指針・工場製作編，p. 397，図 5.5.3，日本建築学会（2018）
［44］ 鉄骨工事技術指針・工場製作編，p. 237，図 4.8.3，日本建築学会（2018）

[45]　鉄骨工事技術指針・工場製作編，p. 238，図 4.8.6，日本建築学会（2018）
[46]　鋼構造建築溶接部の超音波探傷検査基準・同解説，p. 9，図 5，図 6，日本建築学会（2018）
[47]　イラスト建築施工 改訂版，p. 15，建設業協会関西支部（2014）
[48]　鉄骨工事技術指針・工事現場施工編，p. 180，図 4.6.1，日本建築学会（2018）
[49]　建築工事標準仕様書・同解説　JASS 6，鉄骨工事，p. 98，p. 100，付表 5，日本建築学会（2018）
[50]　シリーズ建築施工　図解鉄骨工事，p. 121，図 5.4.4，東洋書店（2008）
[51]　鉄骨工事技術指針・工事現場施工編，p. 362，表 9.1.2，日本建築学会（2018）

練習問題

（1）　鉄筋工事に関する記述のうち，もっとも不適当なものはどれか.

1. 鉄筋を折曲げ角度 90° に加工する場合，熱処理とせずに冷間加工とする.
2. 屋内の柱の帯筋を加工するに当たり，必要な最小かぶり厚さ 30 mm に施工誤差 10 mm を割り増したものをかぶり厚さとした.
3. 耐力壁（コンクリートの設計基準強度が 27N/mm^2）の脚部における SD 295 の鉄筋の重ね継手については，フックなしとし，その重ね継手の長さを 30d とした.
4. SD 345 の D 25 と D 29 の継手については，手動ガス圧接とした.
5. 粗骨材の最大寸法が 20 mm のコンクリートを用いる柱において，主筋 D 22 の鉄筋相互のあきについては，35 mm とした.

（2）　型枠工事に関する記述のうち，もっとも不適当なものはどれか.

1. 地中梁のせき板には，施工の省力化および工期の短縮を図るため，合板の代わりに特殊リブラス（鋼製ネット）を使用するラス型枠工法を採用した.
2. 型枠支保工の計画に当たって，コンクリートの打込みをポンプ工法により行うので，打込み時の積載荷重として，1.5 kN/m^2 を採用して，構造計算を行った.
3. パイプサポートを支柱として計画したので，その型枠支保工の上端に設計荷重の 5%に相当する水平方向の荷重が作用するものとして，構造計算を行った.
4. 型枠設計用のコンクリートの側圧は，フレッシュコンクリートのヘッド（側圧を求める位置から上のコンクリートの打込み高さ）と単位体積重量で決まる.
5. 計画供用期間の級が短期および標準の場合における普通ポルトランドセメントを用いたコンクリートにおいて，せき板の存置期間の平均気温が 12°C の場合，材齢が 4 日に達すれば，圧縮強度試験を行わずに柱および壁のせき板を取り外すことができる.

（3） コンクリート工事に関する次の記述のうち，もっとも不適当なものはどれか.

1. コンクリート中の塩化物イオン量がやむを得ず 0.3 kg/m^3 を超える場合には鉄筋の防錆について有効な措置を講じなければならない.
2. 初期凍害のおそれのある寒中コンクリートにおいては，AE 剤，AE 減水剤または高性能 AE 減水剤を使用する.
3. 暑中コンクリートにおいて，荷卸し時のコンクリートの温度の上限値を 35°C とした.
4. コンクリートの打込み日の外気温の最高温度が 27°C と予想されたので，コンクリートの練混ぜから打込みまでの時間の限度については，120 分とした.
5. コンクリート打込み後，床スラブなどの露出面を散水などにより 5 日間湿潤に保つことは，初期ひび割れの防止に有効である.

（4） 鉄骨工事に関する次の記述のうち，もっとも不適当なものはどれか.

1. 柱の梁の溶接において，スカラップに起因する脆性破壊を避けるために，スカラップを設けないノンスカラップ工法を採用した.
2. 超音波探傷試験により「割れ」が確認されたので，割れの両端から 50 mm 以上削り取って再溶接した.
3. 鉄骨の建方精度の管理において，柱の倒れの限界許容差は，高さの 1/700 以下，かつ，15 mm 以下とした.
4. 建方作業において，高力ボルト継手の仮ボルトについてはボルト群に対して 1/3 程度，かつ，2 本以上とし，ウェブとフランジにバランス良く配置し締め付けた.
5. トルシア形高力ボルトの締付け後の目視検査において共回りや軸回りの有無については，ピンテールの破断により判定した.

（5） 配筋検査の検査項目を記せ.

（6） コンクリート打設計画時の検討事項を記せ.

（7） 高力ボルトの取扱い上の注意事項を記せ.

第7章　仕上工事

建築工事の中で，外壁・窓・屋根・防水など，建物の外側の仕上げを外装工事と呼ぶ．また，建物内の床・壁・天井など，建物の内側の仕上げを内装工事と呼び，内外装全般の工事を仕上工事と呼ぶ．

仕上工事は目に触れる要素が多く，機能上の品質管理に加え，美観上の品質管理が求められ，仕上工事の出来栄えによって建物評価が左右される側面をもつ．

仕上工事は工種が多く，おのおのの施工期間の確保が重要であり，施工者は前工程を確実に納め，スムーズに次工程につなげることを目標に施工管理を担う．

7・1　メーソンリー（組積造）・ALC パネル・押出成形セメント板工事

1　メーソンリー（組積造）工事

メーソンリー工事で扱う建材にはコンクリートブロック，レンガ，ガラスブロック，インターロッキングブロック（外構）などを含むが，コンクリートブロックについて触れる．コンクリートブロック（CB）工事には，コンクリートブロックを組積し鉄筋で補強して耐力壁を構成する補強コンクリートブロック造，型枠コンクリートブロック造，および耐力壁を構成しない帳壁工事，コンクリートブロック塀工事があるが，ここでは主として帳壁工事を対象に扱う．

〔1〕　技術的基準

① コンクリートブロック帳壁は，地盤面より 31m を超える外壁部分に用いてはならない．

② 構造体によって上下または左右の 2 辺以上が固定されている場合を一般帳壁といい，主要支点間距離（l_1）を 3.5 m 以下，地下壁は 4.2 m 以下とする．それが 1 辺で固定されている場合を小壁帳壁といい，持放し長さ（l_2）は 1.6 m 以下とする（図 7·1）．

③ 一般帳壁の壁厚は，帳壁，小壁帳壁ごとに間仕切壁・外壁の高さに応じた厚みが規定されている．

④ コンクリートブロック帳壁にそう入する鉄筋は構造体に定着する．

⑤ 鉄筋をそう入した空胴部および縦目地部分の空胴部は，モルタルやコンクリート

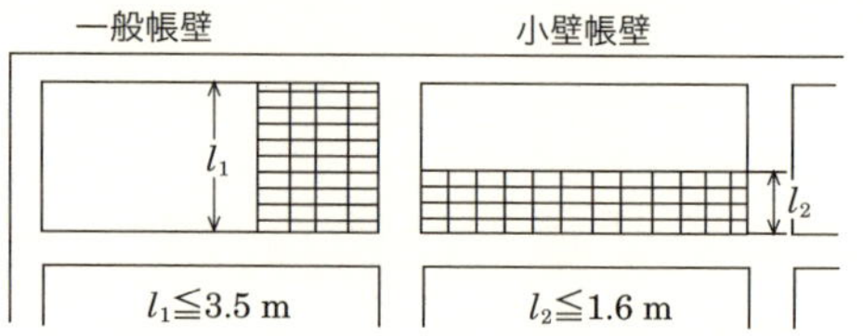

壁厚 $t=12$ cm かつ $l_1/25$ 以上　$t=12$ cm かつ $l_2/11$ 以上
ただし，外壁で $10\ \mathrm{m} < H \leqq 31$ m のとき
$t=15$ cm かつ $l_1/25$ 以上　$t=15$ cm かつ $l_2/9$ 以上

図 7·1　コンクリートブロック帳壁の規模

を充塡する．

⑥　ブロック帳壁の持放し端部および開口部の周囲は，D 13（または 13 ϕ）以上の鉄筋で補強しなければならない．

〔2〕 形状と種類

コンクリートブロックの基本形状は，長さ 39 cm，高さ 19 cm で，目地を含めるとほぼ 40 cm×20 cm となる．厚さは 19 cm，15 cm，12 cm，10 cm の 4 種類で，強度により 8 種類に区分されている．

〔3〕 施工のポイント

（a） 配　筋

①　縦筋は，ブロック割り図に従って，あらかじめ躯体に定着された鉄筋に，原則として溶接（長さ片面 10 d 以上）で緊結する（d：鉄筋直径）．この場合，鉄筋は 1 本ものを使用し途中で継手を設けないようにする．

②　横筋には横筋用ブロックを使用し，隅角部では縦筋の外側を回して定着長さを 40 d 以上とする．

（b） ブロック積み　ブロックは，横目地モルタルを目地面全面に塗り付け，シェル幅の広いほうを上にして積み上げ，1 日の積上げ高さを 8 段以下とする（図 7·2）．

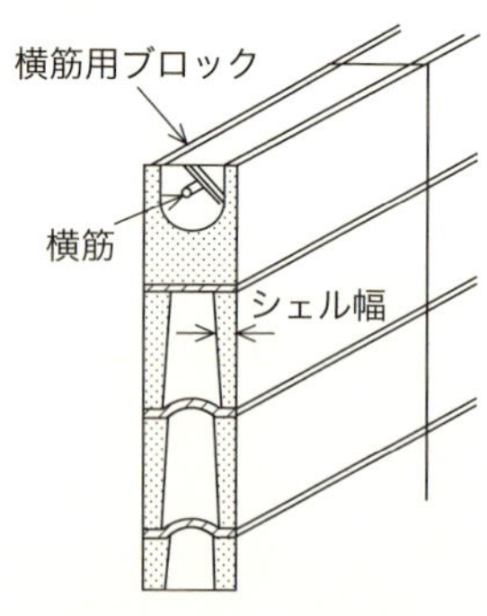

図 7·2　ブロックの積み方

（c） コンクリートおよびモルタル充塡　鉄筋を挿入する空洞には，ブロック 2 段以内ごとに，コンクリートまたはモルタルを入念に突き締めながら充塡し，打継ぎを行う場合の打継ぎ位置は，ブロック上端から 5 cm 程度下げ，次に充塡するモルタルの食いつきをよくする．

2 ALC パネル工事

〔1〕 ALC

ALC とは，高温高圧蒸気養生された軽量気泡コンクリート（Autoclaved Light-weight（Aerated）Concrete）のことをいい，石灰質，けい酸質を原料としている．

（a） ALC の性質　ALC の性質として，軽量性，耐火性および断熱性などが特徴である．一方，普通コンクリートに比べ，傷がつきやすいこと，吸水性が大きいこと，母材強度が小さいことなどの欠点もあるので，扱いには注意が必要である．

（b） ALC 製品　ALC 製品はほとんどがパネルとして使われるが，そのパネルは鉄筋で補強されていて，用途に応じて床パネル，屋根パネル，壁パネルの 3 種がある．

パネルの幅はどれも 600 mm が標準とされているが，長さ，厚さは各種のものがある．

〔2〕 ALC の施工法

（a） 屋根・床

① 敷設筋構法（鉄骨造建築物）　構法（鉄骨造建築物）パネルは単純ばり形式で使用するため，支持面は十分な平滑さが必要である．パネルの取付けは，通りよく敷き並べた後，あらかじめ取り付けられている金物に目地鉄筋をそう入し，目地モルタルを充填して固定する（図 7·3）．なお，パラペットまわり，および外壁などの建物周辺部は取付金物を併用して固定する．

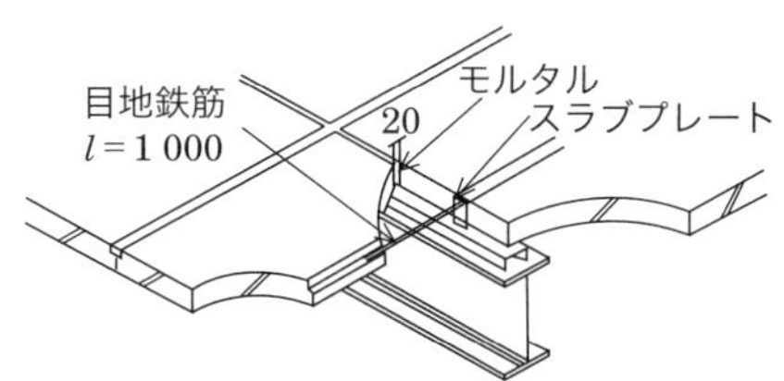

図 7·3　屋根・床パネルの取付け（敷設筋構法）[1]

② 木造用敷設筋構法（木造建築物）　パネル間の長辺目地上面に設けられた溝部に，短辺目地に固定したねじ付きマルカンを用いて鉄筋を敷設し，目地モルタルを充填して固定する．なお，建物周辺部は取付金物を使用して固定する（図 7·4）．

③ 木造用ねじ止め構法（木造建築物）　支持構造部材や下地木材に木ねじなどを用いてパネルを取り付ける．なお，両端支持の単純梁である敷設筋構法および木造用敷設筋構法と異なり，両端を含めた 3 点以上で支持する連続梁とする場合もある（図 7·5）．屋根用パネルは床用パネルと異なり，正荷重に加え負の風荷重も負担するため，一部異なる取付金物を使用する．柱回りなどでパネルを切り欠いて敷き込む場合は，パネルを支持できる下地鋼材や下地木材を設ける（図 7·6）．

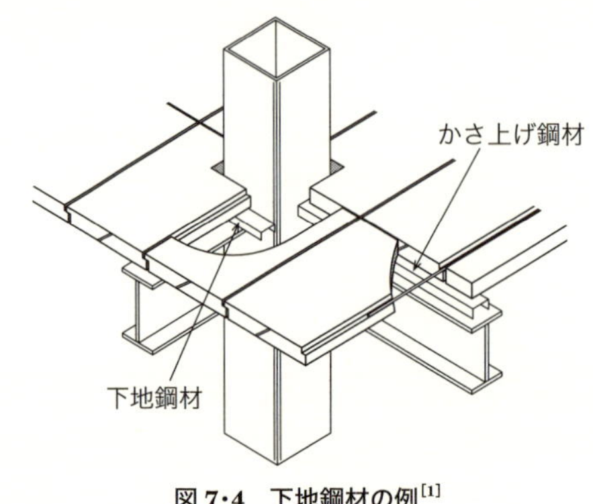

図 7·4　下地鋼材の例[1]

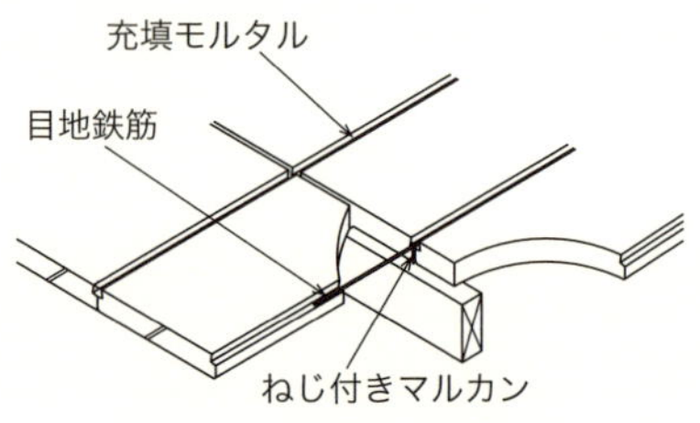

図 7·5　木造用敷設筋構法[2]

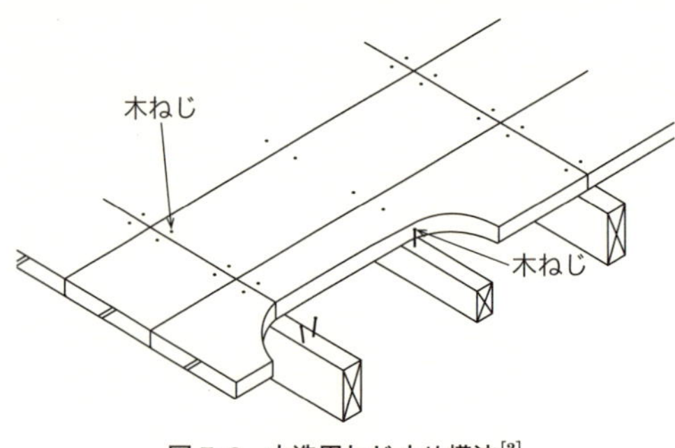

図 7·6　木造用ねじ止め構法[2]

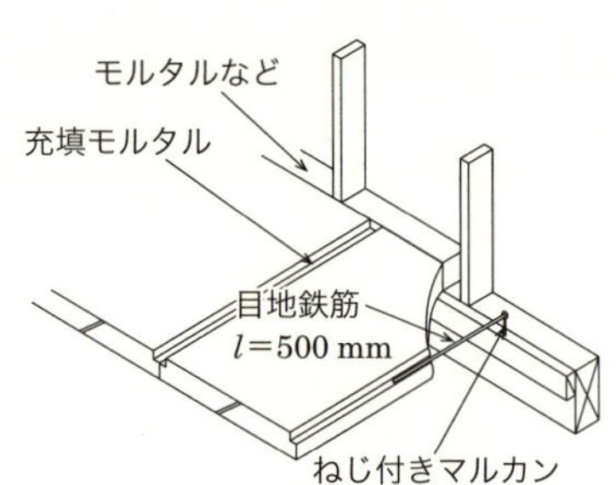

図 7·7　建物周辺部の例[2]

（b）　壁：縦型パネル

縦型パネルの場合，ロッキング構法が用いられている．パネルの内部に設置したアンカーに固定した取付け金物を，パネルが回転可能なピン支持となるように定規アングルに溶接などにより固定する．パネル重量をパネル下中央部に位置する自重受け金物により支持する工法で，躯体の層間変位に対しては，パネルが回転して追従する（図 7·8）．

（c）　壁：横型パネル

横型パネルの場合，ボルト止め構法が用いられている．しかし，ボルト止め構法は層間変位に対する追従性が劣るので，変位が大きい場合には注意が必要となる（図 7·9）．

〔3〕　施工のポイント

① 支持面が平滑であること．ボルト，ガセットプレートなどの突起物がある場合は，C 型鋼などを取り付けて調整する．

② パネルの支持材へのかかり寸法を確実にとる．屋根，床パネルは主要支点間距離の 1/75 以上かつ 40 mm 以上とする（図 7·10）．

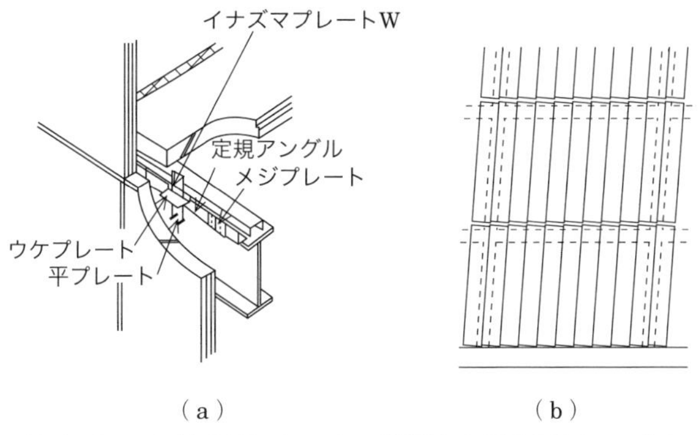

図 7·8　縦型パネルの取付け方法（ロッキング構法）と層間変形時のパネルの動き[3]

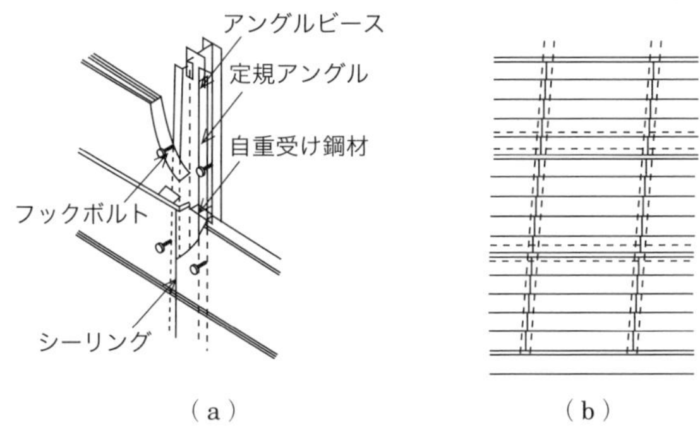

図 7·9　横型パネルの取付け方法（ボルト止め構法）と層間変形時のパネルの動き

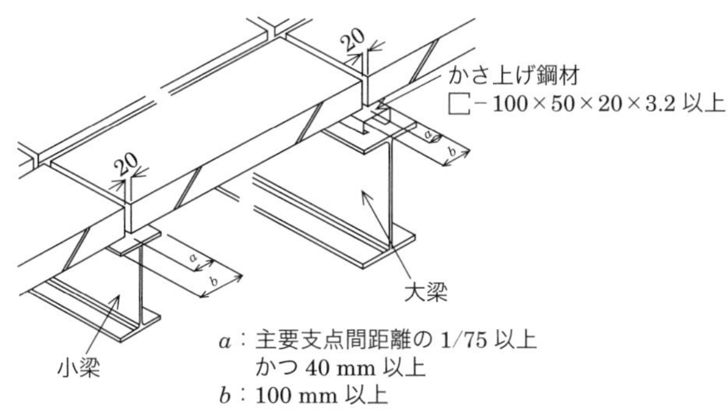

図 7·10　床パネルの取付け方法

③ 軒，ひさしなどの持出しはあまり長いと危険なため，パネル種別に応じた規定値を超えないようにする．

④ パネルの表・裏または上・下を間違えない（パネル側面にマークされている）．表・裏によって配筋状態が異なる．上・下をそろえないと吹付け仕上げなどをした場合，色むらが生ずる．

⑤ 窓などの開口部や欠込み部はアングルなどの鋼材で補強を行う．

〔4〕 仕上上の注意事項

（a） シーリング　外壁パネルではジョイント部の止水のためシーリングを行うが，パネルの表面強度が小さいため硬質のものを用いると，表面破断を起こすことがあるので，軟質のものを用いなければならない．ロッキング構法におけるパネルジョイント部の4周目地は動きを伴うため目地底へバックアップ材，あるいはボンドブレーカー（テープ）により絶縁し，2面接着とする必要がある．

（b） 屋根防水

① 防水材料としてはアスファルト防水，シート防水が適する．

② 梁上の目地は動きが大きいため，その部分は補強張りを施したり，引張り応力が集中しないように絶縁をする．

（c） 外壁仕上げ

① ALCは吸水性が高いため，防水性をもった仕上げをしなければならないが，一般には塗装仕上げ（合成樹脂エマルション系複層仕上塗材など）がなされる．

② 吹付け材として，凝集力があまり高いものを用いると，ALCが母材破断し，はがれるおそれがある．

（d） 左官仕上げ　ALCは短辺で支える単純支持であるため，パネルが1枚ごとに異なった動きをする．このため，左官仕上げをしても，パネルのジョイント部でひび割れが入ってしまう．したがって，左官仕上げは行わないほうがよい．

3 押出成形セメント板工事

〔1〕 押出成形セメント板

押出成形セメント板（以下，ECP：Extruded Cement Panel）は，主として中高層の鉄骨建築物における外壁および間仕切壁に用いる材料で，セメント・けい酸質原料および繊維質原料を主原料としている．コンクリートブロックのように中空を有し，板状に押出成形しオートクレーブ養生して製造されるパネルである（図7·11）．

（a） ECPの種類　ECPの種類として，表面が平滑なフラットパネル，表面に意匠的な凹凸を施したデザインパネル，表面にタイル張付け用凹凸形状を施したタイルベースパネルがある．ECPの寸法として，外壁では厚さ60 mm，長さ3 500～4 500 mmが一般的に多く採用され，間仕切壁では同じく厚さ60 mm，長さ5 000 mm

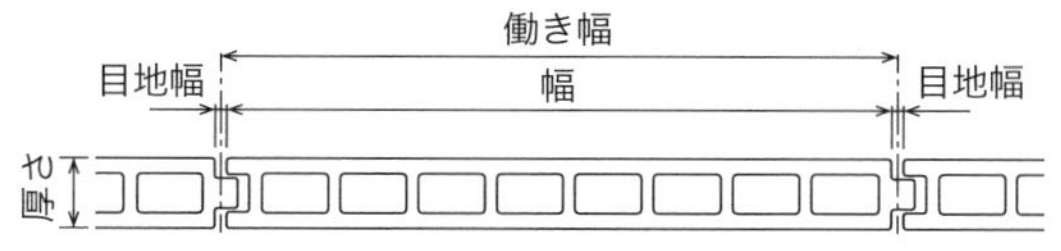

図 7·11　フラットパネルの形状[4]

以下で階高に合わせ用いられる．

（b）　**ECP の特徴・性能**　　ECP は，防火・耐火性能を有し，パネルの厚さによって耐火性能を製造業者が認定取得している．また，ECP は非耐力壁に適用するため，パネルは構造耐力を負担せず，パネル自体の耐震性能は，層間変位角に応じた破損程度の区分が定められている．外壁の耐風圧性能としては，建築基準法により算定される風圧力に対し，パネル並びに取付け金物に損傷をきたさないものとして計算により，取付金物の個数，パネルの支持スパンなどを決定する．

〔2〕　ECP の施工法

縦張り工法は構造体の層間変形に対し，ロッキングによって追随させる工法で，パネルは各段ごとに構造体に固定した下地鋼材で受ける（図 7·12）．一方，横張り工法は構造体の層間変形に対し，スライドによって追随させる工法で，パネルは積み上げ枚数 3 枚以下ごとに構造体に固定した自重受け金物で受け，取付け金物は左右両端にスライドできるように取り付ける．

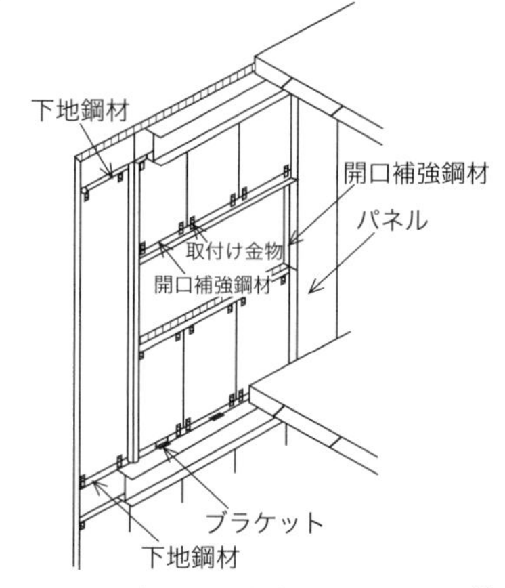

図 7·12　縦張り工法（ロッキング方式）[5]

〔3〕　施工のポイント

① 選定されたパネルの幅，目地幅に応じてパネルの割付けを行い，窓や出入口などの開口寸法・位置はパネルの割付けに合わせて行う．やむを得ずパネルに欠込みや開口を計画する際には，基準に則した欠込み幅を長さとする（図 7·13）．

② パネルは，原則として両端支持の単純梁で設計し，風圧力などの外力を負担する下地鋼材はパネルの両端を支持するように配置する．

③ ECP は，Z クリップと呼ばれる取付け金物により，下地鋼材に 30 mm 以上のかかり代を確保し，取付けボルトが Z クリップのルーズホールの中心に位置するように取り付ける（図 7·14，図 7·15）．

④ 縦張り工法では，パネル各段ごとに梁，スラブ等の構造体に固定された下地鋼材にて受け，取付け金物で固定する（図 7·16）．取付け金物（Z クリップ）は，パネルがロッキングできるように，上部の Z クリップは回転防止のため，溶接長さを

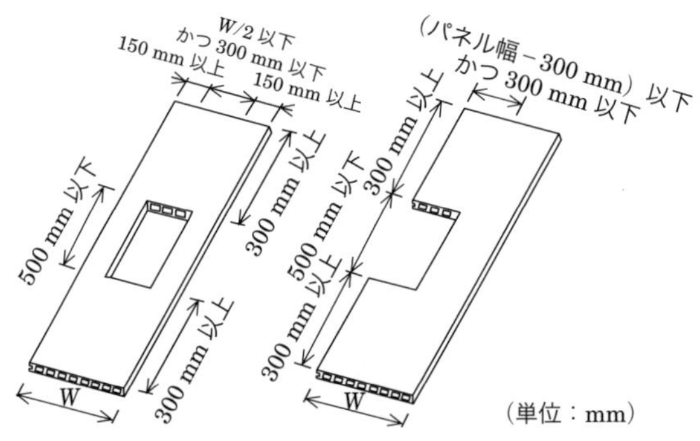

図 7·13　パネルの欠込み限度[6]

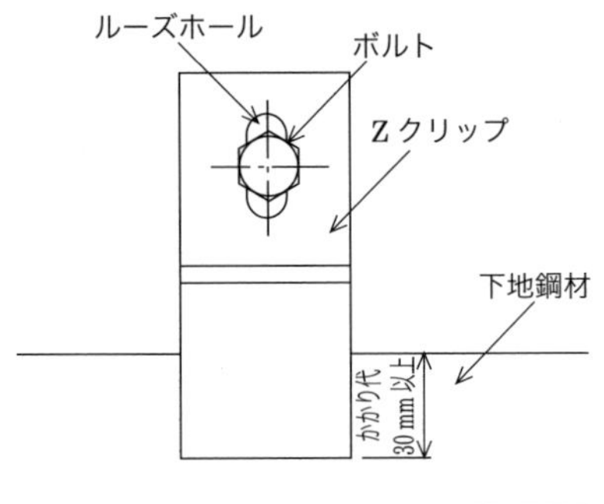

図 7·14　Z クリップのかかり代（上部金物）[7]

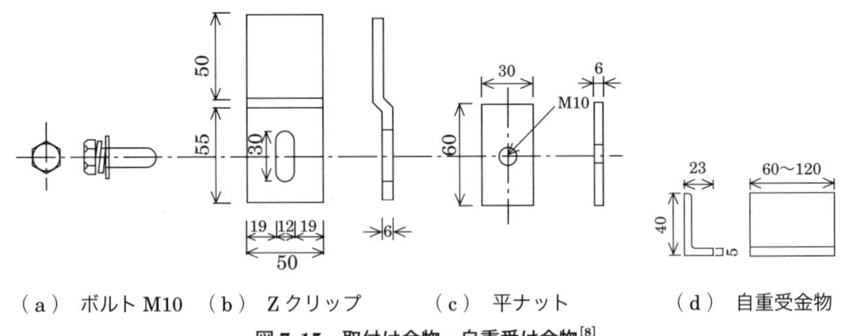

図 7·15　取付け金物・自重受け金物[8]

15 mm 以上とする（図 7·17）.

⑤　横張り工法では，下地鋼材に固定された自重受金物で受け，取付け金物で下地鋼材を取り付ける（図 7·18）.

⑥　パネルジョイント目地では雨水が内部に浸入しない納まりとする（図 7·19）.

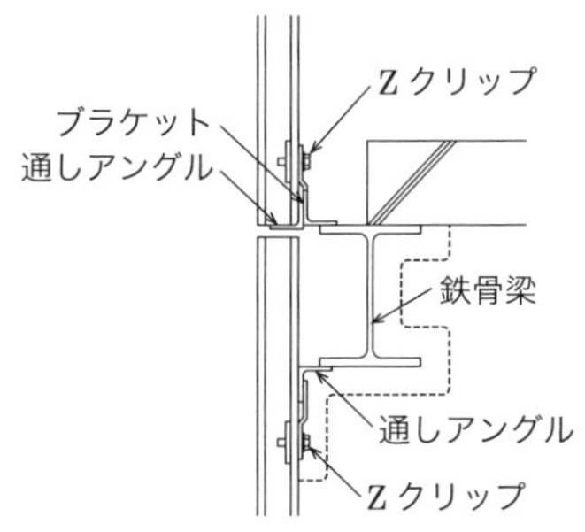

図 7･16　縦張り工法　パネルの取付け例[9]

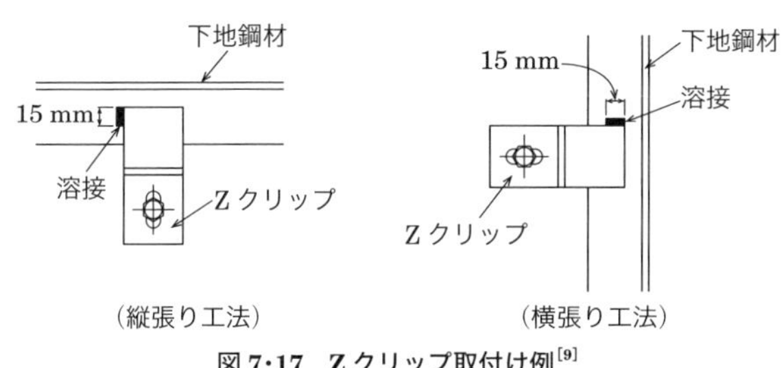

図 7･17　Zクリップ取付け例[9]

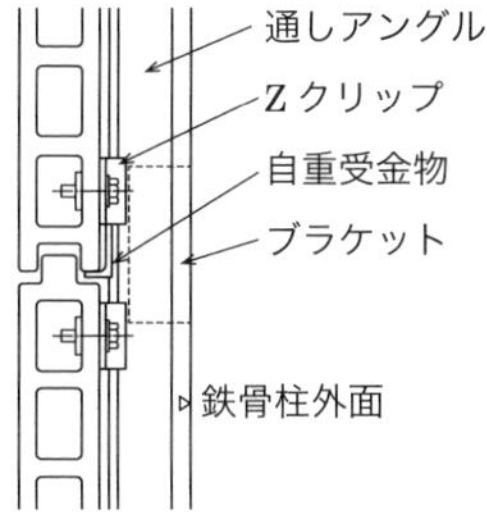

図 7･18　横張り工法　パネルの取付け例[9]

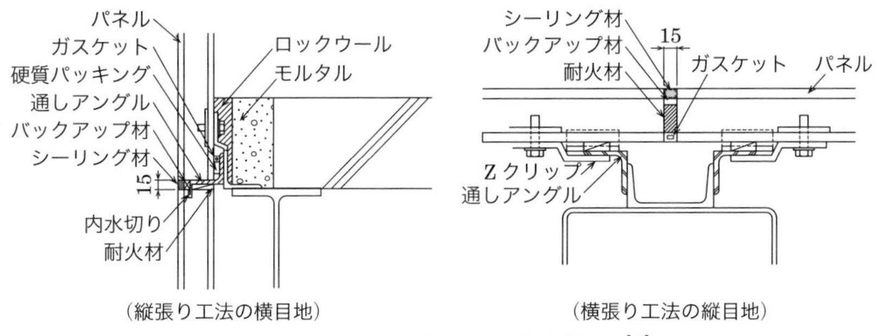

図 7･19　目地の 2 次的な漏水対策仕様の例[10]

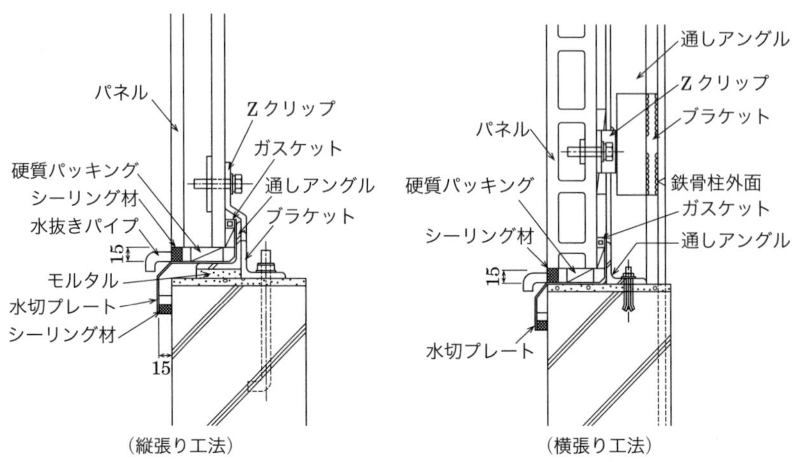

図 7·20　最下部の 2 次的な漏水・排水対策仕様の例[10]

〔4〕 **ECP の仕上げ**

（a） **塗装仕上げ**　耐アルカリ性の塗料を選定する．パネル間目地などのシーリング材に塗装すると，汚れ，塗膜の割れなどが発生することがあるため，パネルメーカーあるいはシーリング・塗材メーカーへ建材どうしの相性を確認する必要がある．

（b） **タイル仕上げ**　タイルをポリマーセメントモルタルで張り付ける場合，パネル表面にあり溝形状を施した専用パネル（タイルベースパネル）を用いて施工する．昨今では，ECP のひずみ追従性を考慮しタイルを有機系専用接着剤にて張り付ける工法も採用され，この場合は表面が平たんなパネル（フラットパネル）を選定する．タイルが建物の揺れに伴う ECP の挙動により割れることを避けるために，タイルの割付けはパネル内に納まるように計画し，パネル間には伸縮目地（シール目地）を設ける．

7・2 防水工事

防水工事は建物の機能上たいへん重要な役割を果たすものであり，主な工法としてアスファルト防水，シート防水，塗膜防水，ステンレスシート防水がある．

これは表 7·1 のような特色があるため，選定に当たっては

① 施工部位（屋根，室内，地下）（下地の勾配および形状）

② 用途（駐車場，歩行用，非歩行用，水槽）

③ 下地の動き

などを考慮して決定しなければならない．

表 7·1　各種防水工法の特徴

区　分		防水層	長　所	短　所
メンブレン防水	アスファルト	アスファルトメンブレン防水	1　実績がある 2　熟練工が多い 3　数層の組合せのため施工ミスがカバーできる 4　下地面の仕上げは比較的ラフでもよい 5　比較的安価である [注] 常温工法では，短所の 1，2 はなくなるが，長所の 1，2 もなくなる	1　熱工法では火災ややけどの危険があり，大気汚染の源となる 2　加熱設備，熱源が必要である 3　下地の亀裂に追従ができない（部分絶縁工法により避けられる） 4　工数が多い 5　複雑な納まりは難しい 6　高温，低温によって物性が変化する（高急な材料の使用により避けられる） 7　急勾配では無理
メンブレン防水	改質アスファルト	改質アスファルトシート防水（トーチ工法）	1　施工手順が簡単（トーチのみ）で溶解アスファルト不要 2　工期短縮 3　臭気がない 4　下地への追従性良好	1　層数が少ないためジョイントの密着信頼性にやや欠ける 2　複雑な納まりは難しい 3　緩勾配の排水性に難あり
メンブレン防水	合成高分子系シート	シート防水（加硫ゴム系）	1　下地の亀裂に対する追従性が大きい 2　耐候性，耐薬品性が比較的良い 3　低温でも比較的物性が安定している	1　ルーフィング間の接着シールが不完全になりやすい 2　下地の小さな突起でルーフィングが破れやすい 3　押さえ層により損傷を受けやすい 4　複雑な納まりは難しい
メンブレン防水	合成高分子系シート	シート防水（非加硫ゴム系）	1　ルーフィング間の接着，シールが容易である 2　複雑な納まりでも比較的楽に施工できる 3　モルタルが付着する 4　伸びても内部応力がすぐ緩和される	1　材質的に弱い 2　経年収縮が比較的大きい 3　集中荷重を受けると薄くなる 4　保護層を必要とする
メンブレン防水	合成高分子系シート	シート防水（ポリ塩化ビニル系）	1　仕上兼用のものがある 2　溶接接合ができる 3　軽歩行が可能 4　耐薬品性が良い	1　複雑な納まりは難しい 2　低温で硬くなる 3　経年収縮が大きい 4　ルーフィング間の接着シールが難しい
メンブレン防水	塗膜防水	（一般的に） ウレタン系 FRP 系 ゴムアスファルト系	1　複雑な納まり，形状でも施工が容易である 2　反応硬化型では工程数が一般に少ない 3　耐薬品性が良い 4　吹付け施工が可能 5　仕上兼用も可能である	1　厚さの管理がやりにくい 2　下地の小さな凸凹が性能に影響する 3　立上りの施工が難しい 4　出隅部が薄くなりがちである 5　2 液混合タイプでは，調合混練りを正確にしなければならない 6　気泡を抱きやすい
SUS		ステンレスシート チタンシート	1　耐久性が良い 2　下地の凸凹，湿気に左右されない	1　実績が少ない 2　コストが高い 3　歩行しにくい

1 各 種 工 法

〔1〕 アスファルト防水

（a） 工　法　アスファルトフェルト，ルーフィングなどを溶融アスファルトで数層に張り付け，継目のない防水層を形成するもので，屋根，便所の床などに古くから使われている．また，下地への付着のさせ方で，密着と絶縁の2種類がある．絶縁工法の一般的な仕様は，粘着層付改質アスファルトシート（部分接着型）によって，孔まわりだけを下地と付着させるもので，下地コンクリートがひび割れても防水層に引張り応力が集中しないため破断しにくい特徴がある．防水工事に使用されるアスファルトは，表7·2に示す3種，4種の材料であり，低温時の物性から寒冷地では4種アスファルトが用いられる．さらに，溶融アスファルトを使用しなくても施工できる材料も開発されている．アスファルト防水でその上を歩行用とする場合は，コンクリートなどの押さえ層を設けるが，非歩行用の場合は最上層に砂付きルーフィングを用いる．

（b） 防水層の種類　用途，下地の種類などで，JASS 8 2022（防水工事）では防水層の種類，保護・仕上げの種類，防水層の構成もしくは用途，下地への固定形態および追記を示し次のように表している．

アスファルト防水工法の防水層の種別は次の6種類を標準としている．

- AC-PF ：従来のルーフィングを用いた密着工法で，歩行用の保護層をもつ場合
- AM-PF ：改質アスファルトシートを用いた密着工法で，歩行用の保護層をもつ場合
- AM-PS ：改質アスファルトシートを用いた絶縁工法で，歩行用の保護層をもつ場合
- AM-MS ：改質アスファルトシートを用いた絶縁工法で，砂付きルーフィングによ

表7·2　防水工事用アスファルトの品質[11]

項目＼種類		軟化点〔℃〕	針入度（25℃）	針入度指数	蒸発質量変化率〔質量%〕	引火点〔℃〕	トルエン可溶分質量〔%〕	フラース脆化点〔℃〕	だれ長さ〔mm〕	加熱安定性（フラース脆化点差）〔℃〕
防水工事用	1種	85以上	25以上 45以下	3.5以上	1以下	250以上	98以上	−5 以下	−	5以下
	2種	90以上	20以上 40以下	4.0以上	1以下	270以上	98以上	−10 以下	−	
	3種（建築温暖地域）	100以上	20以上 40以下	5.0以上	1以下	280以上	95以上	−15 以下	8以下	
	4種（建築寒冷地域）	95以上	30以上 50以下	6.0以上	1以下	280以上	92以上	−20 以下	8以下	

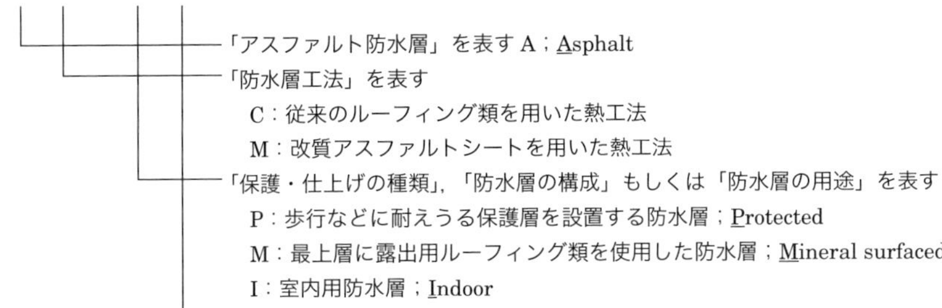

A N − P F（記号例）
「アスファルト防水層」を表すA；Asphalt
「防水層工法」を表す
C：従来のルーフィング類を用いた熱工法
M：改質アスファルトシートを用いた熱工法
「保護・仕上げの種類」，「防水層の構成」もしくは「防水層の用途」を表す
P：歩行などに耐えうる保護層を設置する防水層；Protected
M：最上層に露出用ルーフィング類を使用した防水層；Mineral surfaced
I：室内用防水層；Indoor
「下地への固定形態」もしくは「防水層の構成」を表す
F：下地へ全面密着させる防水層；Fully bonded
S：下地へ部分的に接着させる防水層；Spot bonded
T：断熱材を組み込んだ露出防水層；Thermal insulated

る露出工法の場合

- AM-MT：改質アスファルトシートを用いた密着工法で，断熱材を組み込んだ露出工法の場合
- AC-IF：従来のルーフィングを用いた密着工法で，室内防水の場合

（c） **防水保護層**　防水保護層は文字どおり防水層を保護する目的であり，平場では，現場打ちコンクリート，コンクリート平板類，断熱材，砂利，アスファルトコンクリート，仕上塗装などさまざまな建材により保護層を形成する．また，立上りの保護層では，れんが類，コンクリート，モルタルによるものがある．近年では，ひび割れの発生，工程，労力などの問題によりパネルなどの乾式工法，仕上塗装などの採用が多い．

露出防水の保護・仕上げとして仕上塗料を採用する場合，その種類によって塗付け量の目安が設定されていて，保護塗材に太陽光の反射を考慮した，高反射率塗料による遮熱効果の高い保護塗材の採用が増えている．

防水層の一例の解説図を以下に示す（図7·21）．

〔2〕 改質アスファルトシート防水（トーチ工法・常温粘着工法）

シート状に成型された改質アスファルトシートを種々の方法により施工する工法であり，トーチバーナーを用いて施工するトーチ工法と，常温で貼り付ける常温粘着工法の2種類の工法がある．トーチ工法に用いられるシートは，アスファルトに各種改質剤を添加しアスファルトの性質を改良したものである．このためシートそのものに優れた温度特性を有するほか，施工性が良好なこと（アスファルトの溶融窯が不要，周辺環境への影響が少ない，規模によっては機械化が可能など）が特徴となっている．

〔3〕 合成高分子系シート防水

合成高分子を主原料としたルーフィングを接着剤や固定金具で下地に張り付けて防水

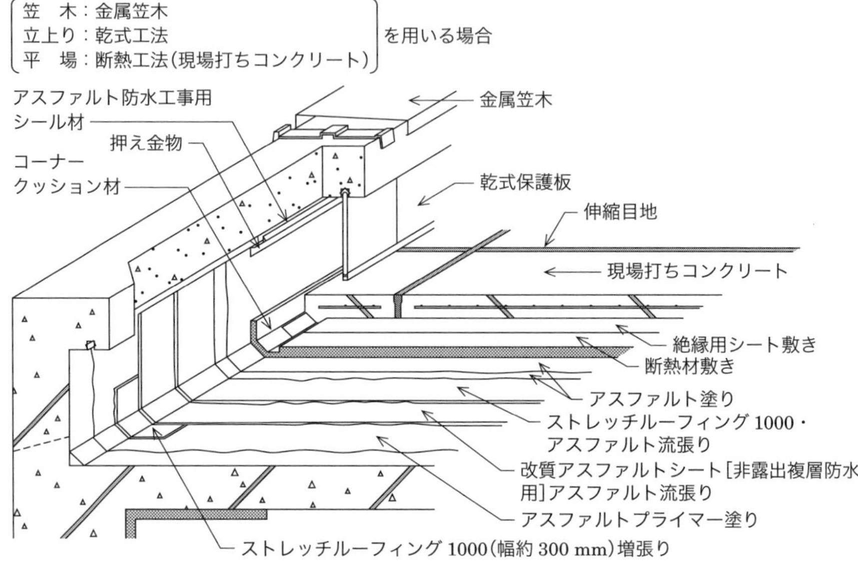

図 7·21　防水層の種別 AM-PF の例示[12]

層を形成するもので, 0.8～2.0 mm の合成ゴム, 合成樹脂などのシートが用いられる．この防水材料は, アスファルト防水材料に比べて伸縮性に富むので, ひび割れの発生などという下地の動きによく追従するが, ルーフィングの継手部が弱点になりやすい．ルーフィングは, その主原料によって分類され, 主として加硫ゴム系, 非加硫ゴム系, ポリ塩化ビニル系が使われている．ポリ塩化ビニル系のものは露出のままで軽歩行使用が可能であるが, ほかのものは, 歩行用とする場合, コンクリート押さえなどをしなければならない.

固定方法には, 合成ゴムや合成樹脂を主成分とした有機溶剤タイプ, あるいはシートと固定金具を溶着するために, 熱風または IH（電磁誘導加熱）により表面を溶融し接合する（熱融着）工法がある．固定金具は円盤状の厚さ 0.4 mm 以上の鋼板, またはステンレス鋼板に腐食を抑えるために樹脂を積層加工したもので, 専用アンカーやビス（ステンレス製または防錆処理した鋼製）でコンクリート下地に固定する（図 7·22, 図 7·23).

図 7·22　円盤状固定金具

〔4〕 塗膜防水

液状の防水材料をゴムべらやスプレーで下地に塗り付け, それが硬化成膜することによって防水層を形成するものである．主原料によりウレタンゴム系, アクリルゴム系,

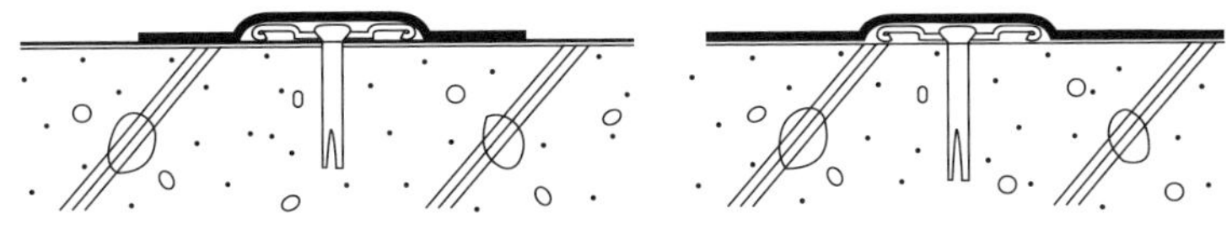

（a） 円盤状固定金具の後付け工法　　（b） 円盤状固定金具の先付け工法

図 7･23　機械式固定断面図[13]

ゴムアスファルト系，FRP 系などに分類されるが，いずれも下地への付着性や施工性が良いため複雑な形状のものにも適し，継目なしの防水層が得られる．その反面，下地の平滑度が悪い場合は部分的に厚みが薄くなり，欠陥につながりやすくなる．それを防止するために合成繊維のメッシュを伏せ込み，厚みを一定以上に保つ工法もある．

〔5〕 ステンレスシート防水

ステンレス鋼の薄板，あるいはチタン鋼の薄板をシーム溶接により一体化して防水層を形成する工法の総称である．耐食性，耐久性，火，衝撃に強いなどの長所をもっているが，コストが高いのが難点である．

2 施工のポイント

〔1〕 下　地

① アスファルト防水の場合は床面と立上り面の入隅を三角の面取りとし，曲げにくい防水層が下地に密着するように施し，その他の防水は入隅を直角の通りよい下地とする．

② 防水層の立上り端末には，あごなどを必ず設け，物理的に水が切れるようにする．

③ 排水ドレンは高くなりがちなので十分に下げておき，コンクリートに打込みとすることが望ましい．横引きドレンの場合は，梁筋との納まりを事前に検討しておかないと予定の高さに納まらなくなる．

④ 下地の水勾配は，原則として保護防水（最上層ルーフィングの上にコンクリートを打設）の場合は 1/100 以上，露出防水・断熱防水の場合は 1/50 以上をとり，平滑に仕上げる．

⑤ 下地は十分に乾燥させる（含水率 8％以下，pH（アルカリ度）9 以下）．乾燥が不十分な場合は，防水層がはがれたり，その水分の蒸発で防水層がふくれたりする．

〔2〕 防水施工

① アスファルトの溶融温度は，軟化点に 170℃ を加えた温度を上限とし，溶融時間が長すぎて変質しないようにする．

② アスファルトの溶解釜はできるだけ施工場所近くに設置し，運搬時に溶融アスファルトの温度が下がらないようにする．コンクリートスラブの上で釜を炊くとき

は，250 mm 以上の高さにコンクリートブロックなどを据え，その上に鉄板を載せてから釜を設置し，バーナーの熱がコンクリートスラブに伝わらないようにする．

③　シート防水，塗膜防水の場合，有機溶剤を使用するので，火気や換気に注意する．

④　立上り部分や出隅は前もって三角形か丸みをつけておき，増貼りを行う．

⑤　防水層の立上り端末は，L 型金物で固定したうえ，コーキング材を充填し，防水層が垂れ下がらないようにするとともに端末部からの浸水を防ぐ．

⑥　防水層の施工が終わったら，水張り試験をし，漏水のないことを確認する．

〔3〕 押さえ層

①　押さえ層を施工する場合，防水層は傷つきやすいので，水張り試験後直ちに保護モルタルを施工する．

②　コンクリート押さえの場合は，3 m 間隔内外に幅 20～25 mm の伸縮目地を設け，押さえ層の熱伸縮挙動を吸収できるようにする．

3 目地防水

〔1〕 シーリング材

水密，気密の目的で建築部材や部品のジョイントに充填する材料で，表 7·3 に示すような種類がある．

主なシーリング材の耐候性などの総合的な性能としては，シリコーン＞変成シリコーン＞ポリサルファイド＞ポリウレタンの順である．

〔2〕 目地設計

目地の動きが過大になるとシーリング材が破断し防水機能を損なうため，温度伸縮を受ける目地は適切な目地幅と材料を選択することが必要となる．そのためには，次式を満たさなければならない．

目地のムーブメント $\Delta L = \alpha \times \Delta T \times L \times (1 - K_t)$

目地幅 $W \geqq \Delta L / E \times 100 + t$

ただし，α：部材の熱膨張係数〔/°C〕，ΔT：部材の実行温度差〔°C〕，

L：部材の長さ〔mm〕，K_t：温度ムーブメントの低減率，

E：シーリング材の設計伸縮率〔%〕，t：部材の取付け精度誤差〔mm〕

目地のムーブメントとして，一般には，ポリサルファイド系：±15～20 mm，シリコーン系：±20 mm，変成シリコーン系：±15～20 mm，ポリウレタン系：±15～20 mm，アクリル系：±7～10 mm，ブチルゴム系：±3 mm（JASS 8 による）である．

上式が満たされない場合は，E をより大きいシーリング材に変更する，W を大きくする，L を短くする，のいずれかを考慮しなければならない．また，目地にムーブメントを受けたとき，シーリング材と被着体の接着界面で破断したのでは，シーリング材の性能が十分発揮されているとはいえない．このため，被着面の接着性を高めるとともに，

表 7·3　不定形シーリング材の分類

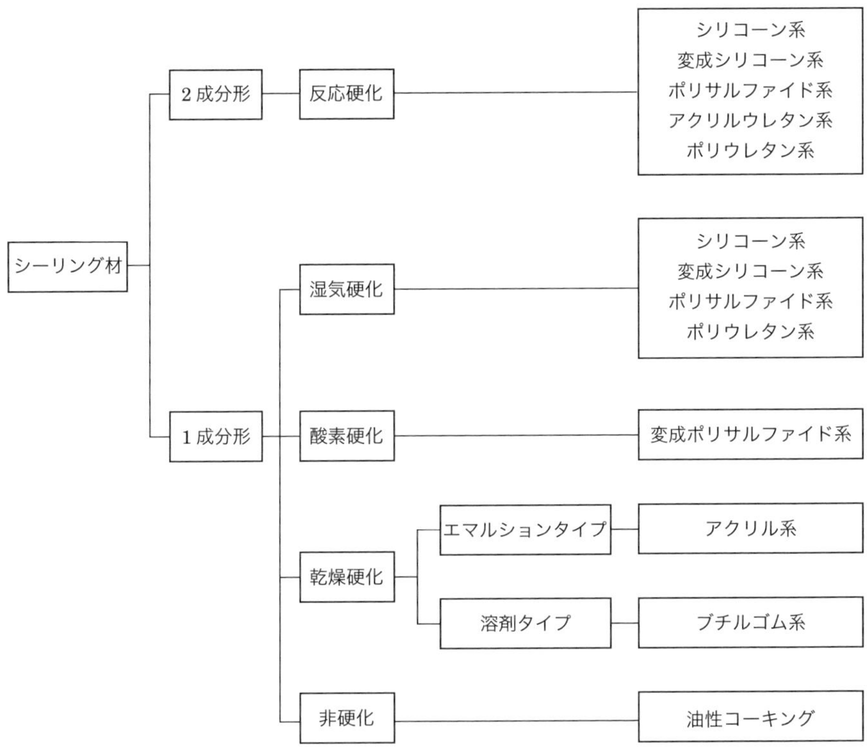

被着体に合った硬さの材料を選定する必要がある．さらに，シーリング材を充填した目地周辺が後日汚染することもあるため，事前に被着体との相性をよく調査して材質の選定をしなければならない（表 7·4，表 7·5）．

〔3〕 施工のポイント

① 被着面の汚れや油脂分を清掃し，乾燥していることを確認する．

② 適切なプライマーの選択をし，確実に塗布する．接着の良否はプライマーに依存しているので重要な管理ポイントであるが，特に未経験の材料を使う場合は，試験施工を行ってプライマーの適否を確認することが必要となる．

③ 目地形状が適切か確認する．一般的には $0.5\,W \leqq D \leqq W$（W：目地幅，D：目地深さ）

④ 外装パネル類などの動きを伴う（ワーキングジョイント）シールは，ボンドブレーカーやバックアップ材を用いて，必ず2面接着とする．コンクリート打ち継ぎ目地，ひび割れ誘発目地など，動きを伴わない（ノンワーキングジョイント）目地は

表 7·4　ムーブメントの種類と主な目地[14]

目地の区分	ムーブメントの種類	主な目地の種類
ワーキングジョイント	温度ムーブメント	金属部材の目地 ・メタルカーテンウォールの各種目地 ・金属外装パネルの部材間目地 {塗装鋼板／ほうろう鋼板／アルミニウムパネルなど} ・金属笠木の目地 ・金属建具の目地 {建具間目地／水切・皿板などの目地} プレキャストコンクリートカーテンウォールの目地 ・窓枠回り目地 ・部材間目地 ガラス回り目地
	層間変位ムーブメント	金属部材の部材間目地 多孔質部材の部材間目地（セメント系部材） ・プレキャストコンクリートカーテンウォール部材間目地 ・ALC 厚形パネル外壁のパネル間目地 {縦壁ロッキング構法／横壁アンカー構法} ・ALC 薄形パネル外壁の出入隅部または他部材取合い部等 ・プレキャスト鉄筋コンクリート笠木の目地 ・GRC パネル，押出成形セメント板の板間目地 ガラス回り目地
	風によるムーブメント	ガラス回り目地
	湿気ムーブメント	セメント系ボード類のボード間目地（押出成形セメント板を含む） 窯業系サイディングのパネル間目地
	硬化収縮ムーブメント（または炭酸化収縮ムーブメント）	窯業系サイディングのパネル間目地
ノンワーキングジョイント	［ムーブメントが小さいか，または生じない］	コンクリート外壁の各種目地 ・鉄筋コンクリート造の窓枠回り目地 ・鉄筋コンクリート造の打継ぎ目地 ・鉄筋コンクリート造の収縮目地（ひび割れ誘発目地） ・プレキャスト鉄筋コンクリートパネルの打込み窓枠回り目地 ・タイル張り面の伸縮目地 ・プレキャスト鉄筋コンクリート工法の躯体の目地 ALC 薄形パネル外壁のパネル間目地（出入隅部または他部材取合い部などを除く）

3 面接着とする（図 7·24，図 7·25）．

⑤　二成分型のシーリング材はドラム回転式混合機を用いて十分に混合する．

表 7·5 目地防水に要求される性能[15]

外装材の種類	主な目地の種類	目地防水に要求される性能							
		水密性	水密性の長期信頼性	汚染防止性	温度ムーブメント追従性	層間変位ムーブメント追従性	風によるムーブメント追従性	湿気ムーブメント追従性	硬化収縮ムーブメント（または炭酸化収縮ムーブメント）追従性
メタルカーテンウォール	部材間目地 方位・無目ジョイント	○	○	○	○	○	—	—	—
	ガラス回り目地	○	○	○	○	○	○	—	—
プレキャストコンクリートカーテンウォール	部材間目地 窓枠回り目地	○	○	○	○	○	—	—	—
	ガラス回り目地	○	○	○	○	○	○	—	—
各種外装パネル	金属パネル間目地 窓枠回り目地	○	○	○	○	○	—	—	—
	ALC パネル間目地 GRC パネル間目地 押出成形セメント板パネル間目地 窯業系サイディングパネル間目地 窓枠回り目地	○	○	○	○	○	—	○	○
金属建具	ガラス回り目地	○	○	○	○	○	○	—	—
	ガラス間目地	○	○	○	—	○	○	—	—
	建具用部材間目地 建具回り目地	○	○	○	○	○	—	—	—
	水切・皿板目地	○	○	○	○	—	—	—	—
笠　木	金属笠木目地	○	○	○	○	—	—	—	—
	石材笠木目地 プレキャスト鉄筋コンクリート笠木目地	○	○	○	—	—	—	—	—
鉄筋コンクリート壁	壁式プレキャスト鉄筋コンクリートパネル間目地 打継ぎ目地 ひび割れ誘発目地 タイル目地 石目地 窓枠回り目地	○	○	○	—	—	—	—	—

凡例　○：要求される　—：一般的には要求されない

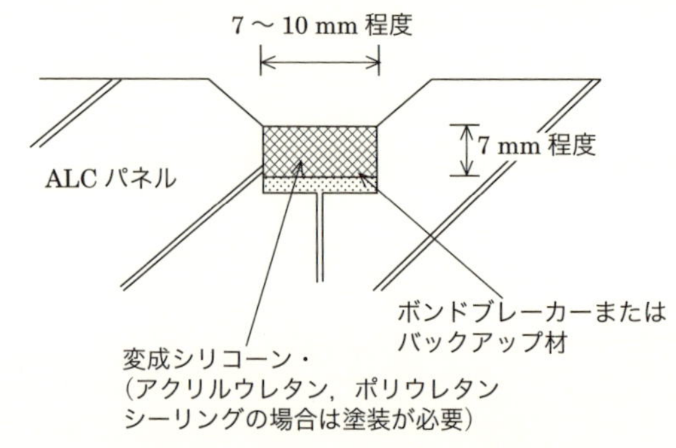

図 7·24　ワーキングジョイント納まり

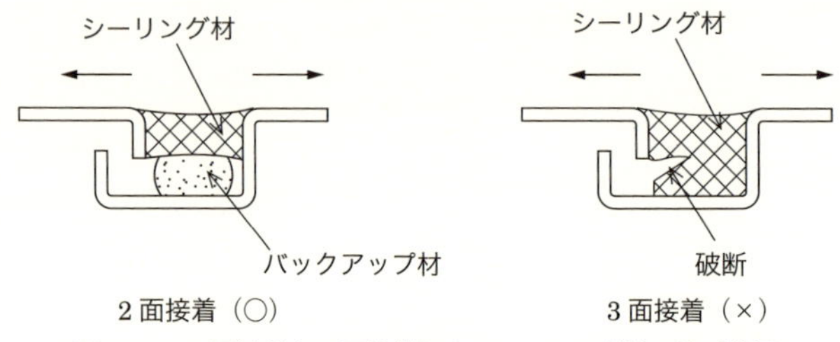

図 7·25　2 面接着と 3 面接着によるシーリング材の伸び状況

7·3 石　工　事

❶ 石材と加工

〔1〕 材　料

石材は耐久性に優れ，ほかにない美しさをもっていることなどから，建築物の内・外装の高級仕上材として広く使われており，用いられる石材の種類も極めて多い．主要な石材の種類と性質を表 7·6 に示す．

〔2〕 加工および表面仕上げ

原石は採石場で，まず発破をかけて大塊とし，次いで鉄くさびを打ち込んで，しだいに小塊にして採石する．多くは石厚 25～40 mm の張石として使われるが，このような薄物にする場合は鉄製帯のこで，切断して所要の形状の石材を得る．

表面仕上げには，こぶ出し，のみ切り，ビシャン叩き，小叩き，ジェットバーナー仕上げ，水みがき，本みがきなどの種類があるが，同じ原石を用いても表面仕上げの方法で色調，テクスチャーのたいへん違ったものが得られる．なお，水がかりの床ではノンスリップ性をもたせたジェットバーナー仕上げなどが望ましい．

表 7·6　主要石材

成因による分類	岩質による分類	主要石名	性　質
火成岩	花こう岩	稲田石 北木石 万成石 徳山石 三州みかげ	重量：大（2.3〜3.3 t/m³） 堅硬 加工性：難 花こう岩は耐火性小（500℃ で崩壊）
	安山岩	本（新）小松石 白河石 野内石 鉄平石 島崎石	
堆積岩	凝灰岩	沢田石 秋保石 大谷石 石城石	重量：中（1.3〜2.4 t/m³） 軟質 加工性：容易 耐火性：あり 吸水性：大
	砂　岩	房州石 多胡石 日出石 抗火石	
変成岩	大理石	霞 蛇　紋 本更紗 白　雲 寒　水 淡　雪 トラバーチン	重量：大（2.5〜2.8 t/m³） 硬質 耐火性：小（600℃ 前後で崩壊） 耐酸性：小 吸水性：小
	蛇紋岩	蛇　紋	重量：大（2.5〜3.0 t/m³） 硬質 耐火性：小 吸水性：小

2 工　法

〔1〕 湿式工法

在来から広く使われている方法で，総トロ工法と帯トロ工法とがあり，前者は外部に，後者は内部で用いられる．

（a） 総トロ工法（外部）　石材を高さ 10 m 以下の外壁に湿式工法で施工する工事に適用される．墨どおりに据えた各段の石の上端からステンレス製の引き金物を用いて固定する．その引き金物は，図 7·26 のように躯体コンクリート中にアンカーされた鉄筋に緊結し，その後に石裏の空げき部にトロを充填して順次貼り上げていく．トロと

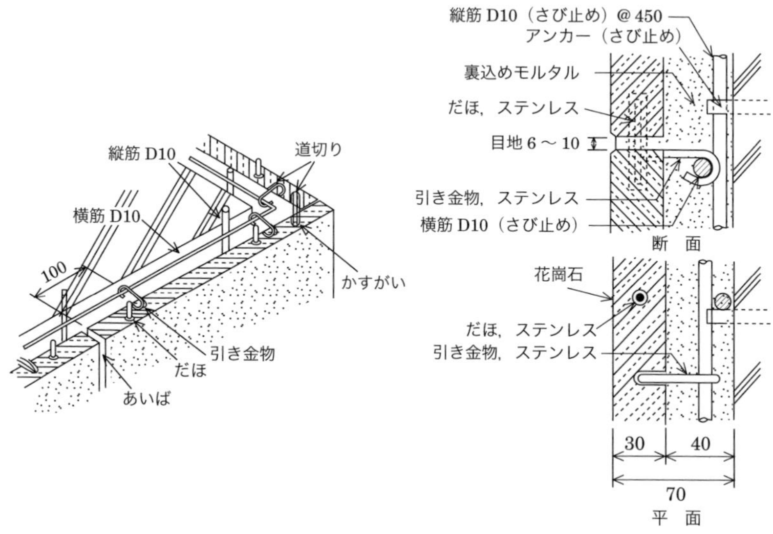

図 7·26　外壁湿式工法（総トロ工法）[16]

は，モルタルをひしゃくで流し込める程度に軟度を高めたもので，調合の標準は，セメント：消石灰：砂＝1：0.2：3 であって，トロ詰めは石 1 段当たり 3 回に分けて施工しなければならない．

石間の目地詰めは最後に行うが，混和剤を用いた目地モルタルを十分押し込んで下詰めした後，上詰めして仕上げる．最近では止水性を考慮してシーリング材を使用することが多くなっている．

（b）　帯トロ工法（内部）　　石の躯体への緊結方法は総トロ工法と同じであるが，この工法は裏込めモルタルを水平目地の上下各 10 cm ほど詰めて，残りは空洞とする方法である．したがって，総トロ工法に比べ耐衝撃強度が落ちることや，熱影響による石の挙動も大きくなり，石裏へ水が回りやすくなることから，外部に用いてはならない．

〔2〕　乾式工法

石をファスナーなどの支持金物だけで固定する方法で，空積み工法とカーテンウォール工法とがある．空積み工法は，前記の緊結部分だけを団子状にモルタルで包んで固定する．大理石は総トロ工法を行うと光沢を失うため，空積みが適し，外部に用いると酸性雨により劣化するため，外装には採用できない．

また，カーテンウォール工法には単材方式と複合材方式とがある．単材方式は石材をファスナーと呼ばれる金物を使用し，図 7·27 のようにして固定するもので，モルタルを使わないため施工が早く，雨水の浸透による目地からの白華（エフロレッセンス）発

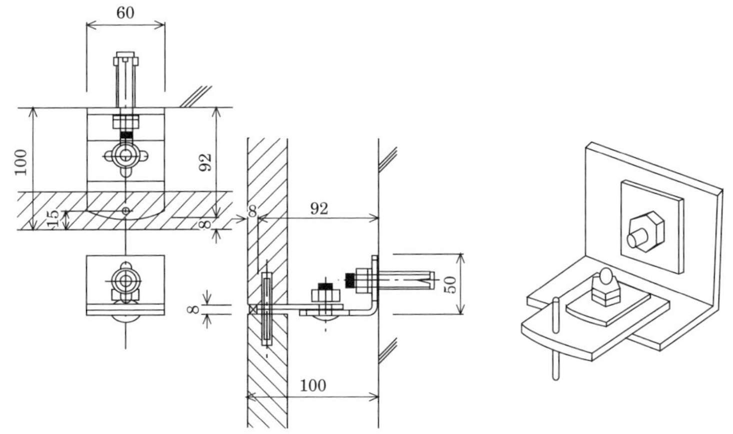

図 7·27　石取付け用金物（ファスナー）[17]

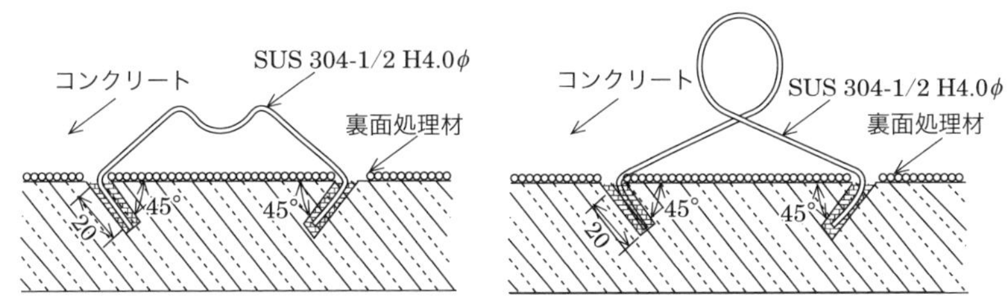

図 7·28　石先付けプレキャストコンクリート用金物（シアコネクター）[18]

生がないなどの特徴がある．複合材方式は図 7·28 のようなシアコネクター，あるいはかすがいと呼ばれる金物を使用し，石を打ち込んだプレキャストコンクリートカーテンウォールとして外装用に用いる．

3 施工のポイント

① 流し鉄筋や型枠用セパレーター頭部は，さび止め塗料で防錆処理を行う．

これを怠ると，水が石裏へ回った場合に鉄筋類がさびて，石をさび色に変色させることがある．

② つぎトロに先立ち，下地面や石裏に水湿しをして吸水止めを行い，つぎトロが流れないように目地には発泡プラスチック材などを詰め込む．

③ つぎトロは各段の石の高さの 1/3 ずつに分けて行い，打継ぎは石上端から 6 cm 程度下がったところとする．

④ 目地モルタルは十分押し込んで空げきのないように仕上げる．目地詰めをシーリング材とする場合は，材質によって石を汚染することがあるので注意を要する．

⑤　石表面の汚れを最後に水洗い清掃するとき，汚れがひどい場合は工業用塩酸の薄め液を使用することがあるが，十分な水を使って洗い流す．しかし，大理石は特に酸類で侵されやすく，光沢を失うので，塩酸を使ってはならない．

7・4　タイル工事

1　セラミックタイルの種類と特徴

セラミックタイルは，JIS 規格（JIS A 5209：2010）で吸水率によりⅠ類（3％以下），Ⅱ類（10％以下），Ⅲ類（50％以下）の3種類に分けられており，外装用としては吸水率の小さいⅠ類やⅡ類のタイルが使われる．Ⅲ類は吸水率が大きく凍害を受けるので外部には使えない（表7·7）．

タイルの製法上からは乾式と湿式に大別され，乾式のものは寸法精度が良いものの，簡単な形状のものしかできない．一方，湿式では反対に複雑な形状のものができるが，精度がやや劣る．また，タイルには平物と出隅，入隅，笠木などの役物があって，寸法によって表7·8に示すような通称がついている．

2　施　工　法

〔1〕　タイル後張り工法

躯体コンクリートなどの下地にタイルを張り上げていく工法で，表7·9のような種

表7·7　タイルの種類[19]

種別※	性　質	焼成温度〔℃〕		原　料	強制吸水率〔%〕	施ゆうの有無および主な使用箇所
		1回素焼き	2回本焼き			
Ⅰ類	素地は磁化して白色透明性，吸水性なし，破面は球状または貝殻状，軽く打つと金属性の澄んだ音を発する	900〜1 000	1 300〜1 400	良質の原石および少量の粘土	3.0%以下	施ゆう，無ゆう 外装用，床張り用（内装用もある）
Ⅱ類	一般に素地は有色，不透明，吸水性は少ない．軽く打つと澄んだ音を発する	900〜1 000	1 300〜1 400	原石および少量の粘土	10.0%以下	施ゆう，無ゆう 外装用，床張り用（内装用もある）
Ⅲ類	一般に素地は有色，不透明，吸水性はやや大，軽く打つと濁った音を発する	1 200〜1 300	1 000〜1 100	粘土および原石	50.0%以下	施ゆうのものが多いが無ゆうのものもある．吸水性があるので外装用は不向き，主に内装用で色の安定も良い

※旧名称：Ⅰ類（磁器質タイル）・Ⅱ類（せっ器質タイル）・Ⅲ類（陶器質タイル）にほぼ該当

表 7·8　代表的なタイルの通称

	名　称	寸　法〔mm〕
外　装	四丁掛	120×227
	三丁掛	90×227
	二丁掛	60×227
	ボーダー	30×227
	小口平	60×108
	モザイク　40 角・47 角	40×40，47×47
	モザイク　45 二丁掛平	45×90
内　装	108 角	108×108
	100 角	98×98
	78 角	76×76
	モザイク　25 角	25×25

表 7·9　タイル張り工法

工法の種類	適用タイル〔mm〕		適用部位	偏 考 (張付けモルタル)
	種　類	形状および大きさ		
改良圧着張り	外装タイル	小口平，二丁掛	外壁・内壁	下地面とタイル裏面
改良積み上げ張り	外装タイル	小口平，二丁掛 三丁掛，四丁掛	外壁・内壁	タイル裏面
	内装タイル	100 角～200 角	内壁	
密着張り	外装タイル	小口平，二丁掛 100 角	外壁・内壁	下地面
モザイクタイル張り	モザイクユニットタイル	25 角以下	内壁	
マスク張り	内装ユニットタイル	100 角，108 角	内壁	タイル裏面
	モザイクユニットタイル	50 角，50 二丁 60×100	外壁・内壁	
壁タイル接着剤張り	内装タイル 内装ユニットタイル	100 角～150 角	内壁	下地面
	モザイクユニットタイル	各種		

類がある．使用箇所，使用タイルの種類により，その中から適切な工法を選定しなければならない．

（a） **改良圧着張り（表 7·10）**　JASS から削除された圧着張りは，下地面に張付けモルタルを塗り付けて，タイルをもみ込むようにして張る方法であったが，張付けモルタルの厚みが薄いので硬化が速い．硬化が進んだところではタイルが十分もみ込めないため，十分な付着力を得られず，はく離事故につながることが多かった．それを防止

表 7·10　外装壁タイル張り工法

工　法	積上げ張り	改良積上げ張り	マスク張り	密着張り（ビブラート工法）	改良圧着張り	モザイクタイルおよびユニットタイル張り
施工順序	下地コンクリート タイル張り下モルタルこすり タイル 張付けモルタル 金ぐし引き	下地コンクリート タイル張り下モルタル塗り タイル 張付けモルタル 木ごて押さえ	モルタル下地（木ごて押さえ） 躯体 ユニットタイル 張付けモルタル	下地コンクリート タイル張り下モルタル塗り 張付けモルタル 振動工具 タイル 5～8	下地コンクリート タイル張り下モルタル塗り タイル 張付けモルタル 木ごて押さえ	下地コンクリート タイル張り下モルタル塗り タイル 木ごて押さえ 張付けセメントペーストまたはモルタル
施工説明	タイル裏面全面にモルタルをのせ，平にならし，モルタル下こすりを行った面に押し付けて張る	タイル裏面全面にモルタルを積上げ張りよりうすく平に塗り付け，平坦に拵えた下地モルタル面に押し付けて張る	マスクにより一定厚さの張付けモルタルを塗布したユニットタイルを張り付けた後，タイル上から叩き込むように張る	平坦に拵えた下地モルタル面に張付けモルタルを塗り付け，その上にタイルを専用の振動工具で，モルタル中に埋め込むようにして張り，周辺にはみ出したモルタルを目地ごてで押さえて目地も同時に仕上げる	平坦に拵えたモルタル面に，張り付けモルタルを塗り付け，タイル裏面全面にも張り付けモルタルを塗り，もみ込むようにして張る	平坦に拵えた，モルタル面に張り付けセメントペーストまたはモルタルを塗り，その上に表て紙張りしたタイルを張る
施工完了図	5～10 10～15（張付け代） 調合 1：3～1：4 左官工事による	15～20 7～9（張付け代） 調合 1：2.5～1：3.5 左官工事による	15～20 2～4 調合 1：2.5～1：3.5 左官工事による	15～20 2～4（張付け代） 調合 1：2.5～2 左官工事による	15～20 8～10（張付け代） 調合 1：2～1：2.5 左官工事による	15～20 2～3（セメントペースト） 3～4（モルタル）（張付け代） 調合 1：2～1：2.5 左官工事による

［注］ 調合はセメントと砂の容積比による．張付け代は，タイル裏面凹部から下地モルタルまでの寸法〔mm〕をいう．
改良積上げ張りには，モザイクタイルに専用のマスクを用いて張付けモルタルの塗厚とオープンタイムを一定にするマスク工法もある．

するために，張付けモルタルの１回の塗り面積を少なくして，塗ってから25～30分以内にタイルを張り終えるようにした．また，タイルの裏面にも張付けモルタルを塗り付けることとした．張付けモルタルとタイルの密着性を良くするため，タイル表面に振動を与えて押し込む密着張り（ビブラート工法）も開発され普及している．

二丁掛以下の１枚タイル張りの場合は，改良圧着張りが望ましい．この方法では，タイル裏面にも張付けモルタルを塗り付けてから張るために，確実な付着が期待でき，しかもタイル裏に空げきがほとんどできないので，白華（エフロレッセンス）の心配も少ない．改良圧着張りは，下地モルタルの精度の良否がタイル仕上り精度を左右するので，ほかの方法より下地精度を上げなければならない．

（b） 積上げ張り・改良積上げ張り（表7·10）　積上げ張りは，タイル裏面にモルタルを盛り付けて水糸に合わせながら張り上げていく方法である．その場合，裏面に空げきができがちなので，タイルの周辺から張付けモルタルがはみ出すようにして押し付けながら張る．

改良積上げ張りは，下地のモルタル面を精度良く作り上げて，張付けモルタルの塗り厚を小さくしようとする方法である．塗り代が少ないとタイルのずり落ちもなくなり，裏面の空げきも少なくなるため支障が出にくくなる．したがって，外装用に適した工法である．また，ユニットタイル裏面に孔のあいた型板（マスク）をセットし，その上から張付けモルタルを塗布して張り付けるマスク工法もある．張付けモルタルの塗厚が均一になり，ユニットの中での張付けモルタルの乾燥スピードが一定になり，均一な接着状態が得られるという利点がある．

（c） 有機系接着剤張り　有機系接着剤によるタイル後張り工法には，外装接着剤張りと，内装接着剤張りの２種類があり，おのおの専用の有機系接着剤を用いて施工する．また，モルタル張りに比べ，熱膨張伸縮を伴うコンクリートあるいはボード下地からのひずみ追従性に優れ，タイルはく離・はく落防止に効果がある．

〔2〕 タイル先付プレキャストコンクリート工法

型枠にタイルを先付けし，コンクリートを打設して仕上げる工法．あるいはプレキャストコンクリート部材製作時にタイルを先付けして仕上げる工法（図7·30）．タイルを先付けする場合はコンクリートのかぶり厚さを確保する（表7·11，図7·29）．

3 施工のポイント

① 凍害防止のため，外装タイルの材質は磁器質またはせっ器質とし，吸水率5%以下のものとする．

② 張付けモルタルへの食いつきを良くするため，裏足形状が重要で，二丁掛タイルでは裏足高さを1.3 mm以上とする（図7·31）．

③ 張付けモルタルには機械練りした空練りモルタルを使用し，混和剤として保水剤

表 7·11　最小かぶり厚さ（JASS 5 2022 抜粋）　（単位：mm）

部材の種類		短　期	標準・長期*2	超長期*2
構造部材	柱・梁・耐力壁	30	40	40
	床スラブ・屋根スラブ	20	30	40
非構造部材	構造部材と同等の耐久性を要求する部材	20	30	40
	計画供用期間中に維持保全を行う部材*1	20	30	(30)
直接土に接する柱・梁・壁・床および布基礎の立上り部		40		
基　礎		60		

［注］＊1：計画供用期間の級が超長期で計画供用期間中に維持保全を行う部材では，維持保全の周期に応じて定める．

＊2：計画供用期間の級が標準，長期および超長期で，耐久性上有効な仕上げを施す場合は，屋外側では，最小かぶり厚さを 10 mm 減じることができる．

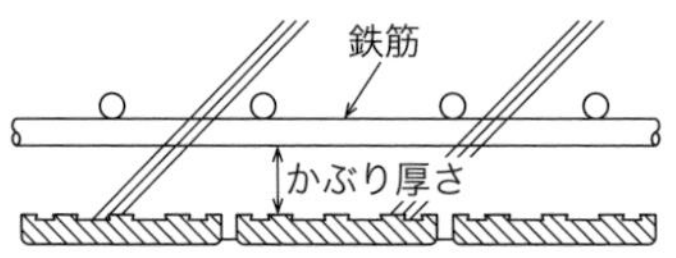

図 7·29　部材のかぶり厚さ

の使用も検討する．

④　梁型や開口部上部のタイルは特に落ちやすいため，図 7·32 に示すような引き金物も併用する．

⑤　伸縮目地を 4 m 間隔程度に設ける．躯体コンクリートや下地モルタルの乾燥に伴う収縮は避けられないが，タイルはまったく収縮しないために，接着界面にずれせん断力が働く．また，日射によりタイル面が熱膨張して同様な力が働くので，タイルを浮かせる要因となる．このような力を緩和・吸収させるものとして伸縮目地は有効である．

⑥　工事完了後は，張付けモルタルの硬化を見計らって，全面にわたりテストハンマーによりタイルの浮きを調査する．

また，100 m^2 またはその端数につき 1 個以上，かつ 3 個以上の接着力テストを行う．接着強度は，後張り工法では，0.4 N/mm^2（4 kgf/cm^2）以上，かつ下地母材との界面における破壊率が 50％以下を合格とし，打込み工法にあっては，0.6 N/mm^2（6 kgf/cm^2）以上を合格とする．

7·5　木　工　事

木工事には，大きく分類して木構造工事と造作工事とがあり，木材を構造体に用いる木構造は，日本においてもっとも古くから発達してきたものである．造作工事は室内の

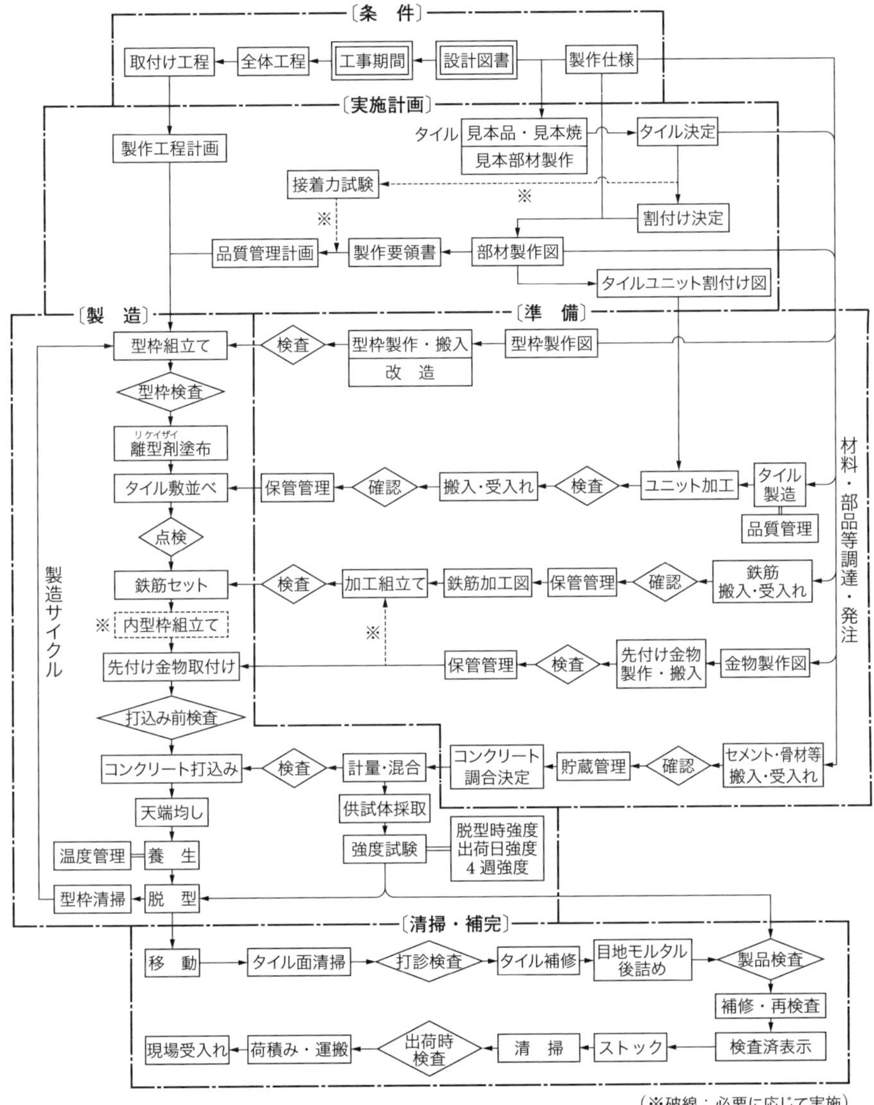

図 7·30　タイル先付けプレキャストコンクリート部材の標準製作フロー

仕上木工事のことをいうが，鉄筋コンクリート造などの間仕切工事なども含めることが一般的であって，ここではその意味での造作工事を主に扱う．

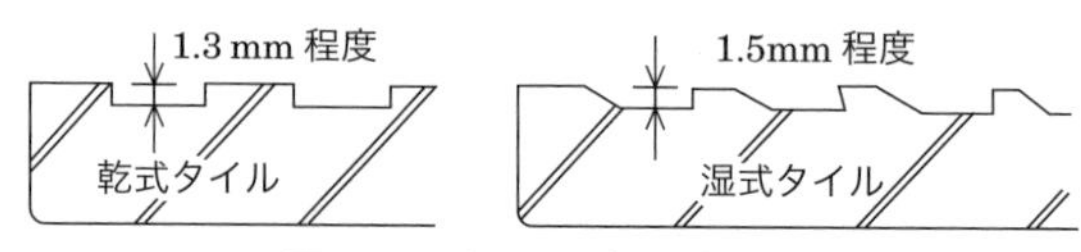

図 7·31　タイルの裏足形状の例

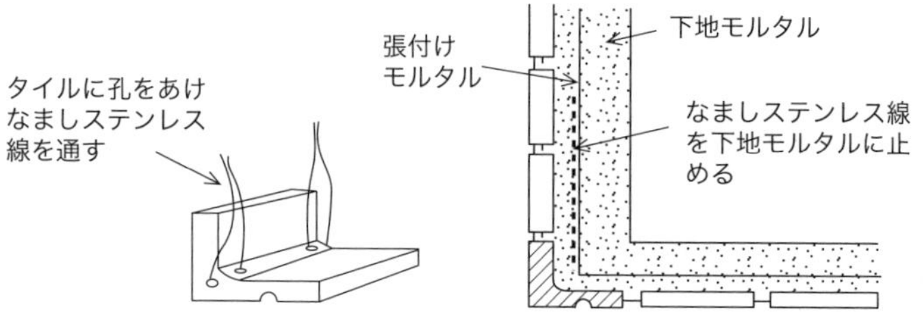

図 7·32　まぐさタイルの取付け

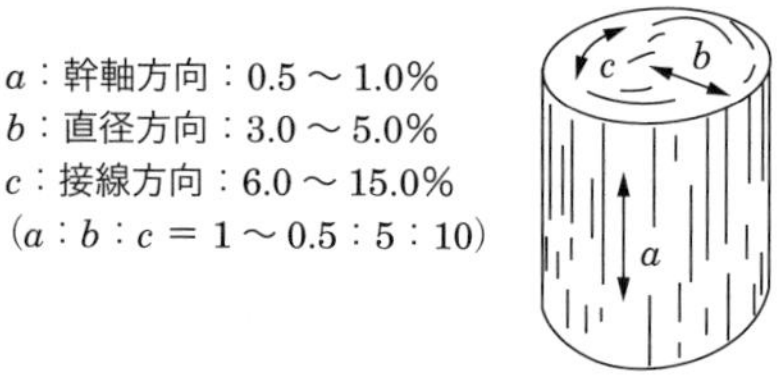

a：幹軸方向：0.5 ～ 1.0%
b：直径方向：3.0 ～ 5.0%
c：接線方向：6.0 ～ 15.0%
（a：b：c ＝ 1 ～ 0.5：5：10）

図 7·33　木目の方向による収縮率の違い

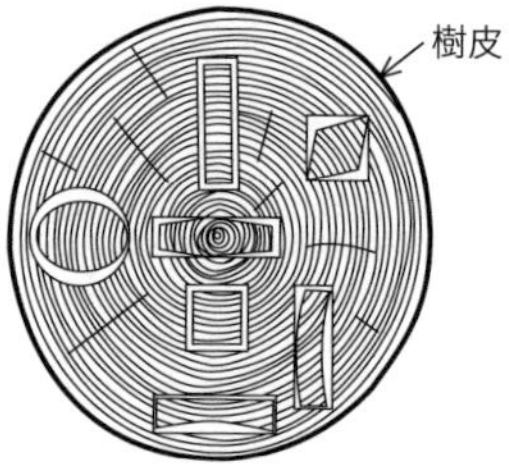

樹皮

図 7·34　乾燥による材の狂い

❶ 木材の性質

木材は，生材の場合 40～200％の水分を含んでおり，乾燥するにつれて収縮し，狂いが生ずる．したがって，木材の乾燥度に注意することと，反り勝手に適した使い方をすることが必要となる．木材の狂いは，図 7·33 のように木目方向によって乾燥による収縮率が異なるためで，その結果，乾燥すると図 7·34 のように変形が生ずる．

この狂いは，ある程度避けられないので，使用上不都合が生じないように，表 7·12 に示すような使い方が必要となる．

❷ 木材の種類

建築に使われる木材はたいへん多くの種類があるが，その中でもよく使われているものはヒノキ，タイヒ，ベイヒ，スギ，ベイツガ，スプルース，ラワンなどである．樹種によって性質が大きく異なるので，使用される場所や用途により，例えば土台などは強くて耐水性の良いもの，構造材は強くてねばりのあるもの，仕上材は木目が美しいもの，というように適したものを使わなければならない．表 7·13 は多く使われている木材の性質を，表 7·14 は使用場所と樹種の関係を示す．

表 7·12　木材の反り勝手および使い勝手

	反り勝手	使い勝手
かもいの場合	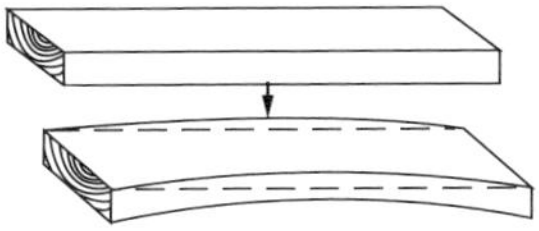	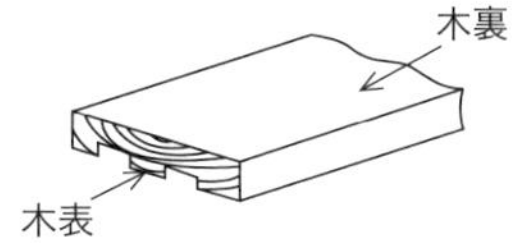 木裏 木表
敷居の場合	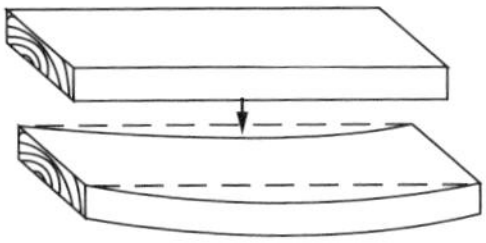	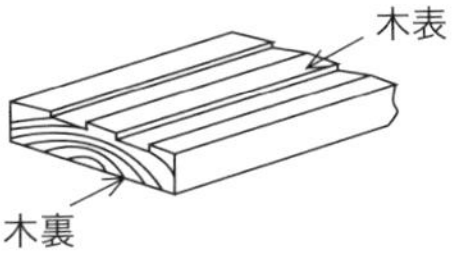 木表 木裏
床の場合	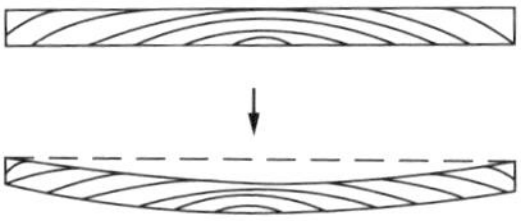	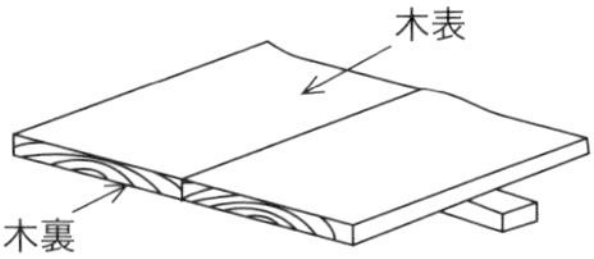 木表 木裏

3 施工のポイント

〔1〕 木材の乾燥

木材の乾燥が悪いと，前にも述べたように狂いや割れが著しくなるので，木材をできるだけ早めに入場させ，乾燥させてから使うようにする．含水率は水分計で測定し，造作材では 15％以下，構造材では 20％以下とする．場合によっては集成材を使用するのも良い方法である．集成材とは，図 7·35 に示すように，心材に狂いの少ない乾燥させた小割り材を接着成形したもので，収縮率はたいへん小さく，狂いも少ない．

〔2〕 床下地

900 mm ピッチにコンクリートスラブに埋め込んだアンカーボルトで，転がし大引を，パッキングで高さを調整しながら締め付ける．大引は 90 mm 角で 900 mm ピッチが標準である．根太材は 45×40 mm の片面プレーナー掛けのものを用い，間隔は畳床 450 mm 程度，その他 300 mm 程度を標準とする．根太の大引への固定は，根太の側面からスクリュー釘をたすき釘打ちとする．

〔3〕 間仕切軸組み

コンクリート躯体に埋め込まれたアンカーボルトで土台や頭つなぎを緊結し，これらに柱，間柱を固定する．間柱は，柱の三つ割り程度のものを 300〜450 mm 間隔に建てる．

縦胴縁，横胴縁は幅木やボード類の割付けに合わせて入れていく．

〔4〕 出入口枠

出入口の取付けは，図 7·36 のようにアングル金物，接着材，キャンバーなどを用い

表 7·13　主な木材とその性質

ヒノキ	弾性があり，耐水性に優れている．縮み，ひずみ，割れが少ない．ただし，死に節が多いのが欠点．構造材，造作材いずれにも最適な木材である．白味と赤味（心材）があり，耐水を必要とする場合は赤味を使用する
タイヒ	黄かっ色で香りが強い．樹脂に富み，堅くて耐久性がある．日本産ヒノキと同等の良材で，神社仏閣用材ほか高級の造作材として使用されている
ベイヒ	白色または淡黄色で特異な香りがあり，堅くて丈夫，木目は素直で細かく耐久性もあり良材，日本ヒノキの代用として高級造作材などとして使用されている
スギ	軟質，木目が直通しており，日本間造作材として好まれる．赤味，白味の色の差が大きいので色合せして使用する．赤味が上等品，セメント，プラスターのあくで変色しやすいので注意する
ベイスギ	スギとよく似ているが同属ではない．耐水性があり素直で，扉などの心材，集成材の心材に使われる．黒変するので造作材には不適
ベイツガ	廉価なので造作材として広く使用されている．木目もち密で光沢があり，耐水性も中位，欠点として，特に板目方向の乾燥収縮が多いこと，ねじれが多いこと，板目に割れが入りやすいこと，あて，かなすじ（黒い線）が多いこと，経年により黒変することなどがある
スプルース	スプルースは，ホワイトスプルース，ブラックスプルース，レッドスプルースに区別され，産地によってそれぞれ名称が付けられているが，シトカススプルースがもっとも有名である．年輪間隔も大きく，長手方向の縮みの大きい材料であるが，ねじれが少なく，きれいに加工できる．ペンキののりも良い．色は白色または淡黄色で，木目も素直で光沢があり，造作材として好まれている
ラワン	一口にラワンといっても，その種類は 20 種類以上もあり，それぞれ品質が異なる．一般に赤ラワン類のほうが品質的に良質，ただし，クリアラッカーやオイルステイン仕上には白系ラワンのほうがきれいに仕上がるので，需要が多く値段が高い．虫害のおそれがあるので，使用する場合は防虫加工する必要がある
マツ	マツは脂気に富み，耐久力，弾力，強度があるので，梁，けたなどに使われる．エゾマツは収縮力が大きく，耐久性に乏しいが，乾燥性，加工性が良いので，胴縁などの下地材に使われる．造作材としてはアカマツまたはクロマツがよい（主に敷居材）．ベイマツ，エゾマツ，トドマツは，組立て後，反り，ねじれ，曲りが出て狂いやすいので，造作材には避けたほうがよい．やにつぼがあるのが欠点

て固定する．特につり元側の縦枠はドアの開閉でゆるみやすいので，しっかり固定しなければならない．

〔**5**〕 **敷居・かもい**

（**a**） **敷　居**　　上端が木表となるように加工し，溝の深さは 3 mm 程度とする．

溝底に，すべりを良くするため敷居すべりを張る場合がある．仕口は目違い入れ，または一方目違い入れ他方横せん打ちとし，500 mm 間以内にくさびやかい木を入れて釘止めする．

（**b**） **かもい**　　下端を木表とし，幅は柱の面内，成は 35 mm を標準とする．間口があまり広いと垂れるので，途中でつることも考えなければならない．

表 7·14　木材の使用場所と樹種の関係

区分	上等和風建築						マンション和室または洋室				
使用場所＼樹種	スギ	ヒノキ	タイヒ	ベイヒ	ヒバ（米ヒバ，アスナロ）	マツ	スギ	スプルース	ベイツガ	ラワン	ベイスギ
土台，大引	×	◎	◎	◎	●	×	ベイツガまたはスギが多い				
柱（構造）	○	◎	◎	◎	◎	△					
柱（化粧）	●	●	◎	◎	◎	○	◎	◎	○	△	×
敷居	×	◎	◎	◎	◎	◎	×	△	○	△	×
かもい，なげし	●	◎	◎	◎	○	○	◎	◎	○	×	×
出入口枠	○	◎	◎	◎	◎	○	△	○	○	○	×
根太胴縁	○					◎	◎	○	○	×	○（胴縁のみ）
集成材心材						◎	◎		○	◎	◎
		すべてに最高である	ヒノキに次いで良材	タイヒに次いで良材	数量が少ないので特殊な場合のみしか使われない．水に強い	造作用に一部にアカマツが使われるが高価である		価格はスギとベイツガの中間	マンションなどには最適である	ステイン仕上によい	変色がはなはだしいので，化粧材には不適である

●：極最適　◎：最適　○：適当　△：やや不適　×：不適当

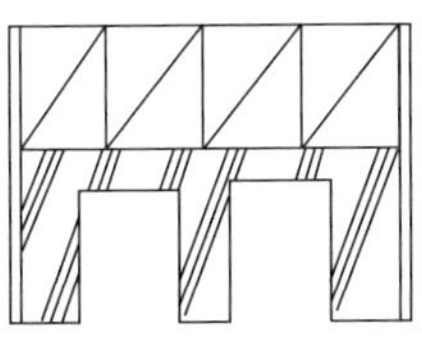
（a）天かもい

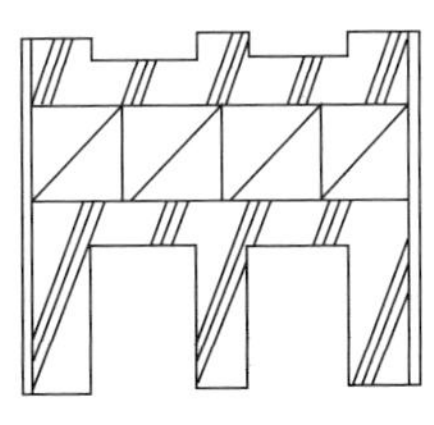
（b）中かもい

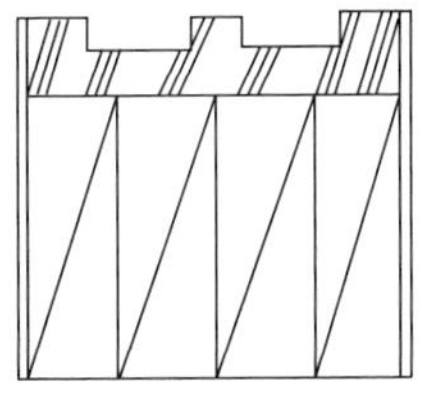
（c）敷居

図 7·35　集成材

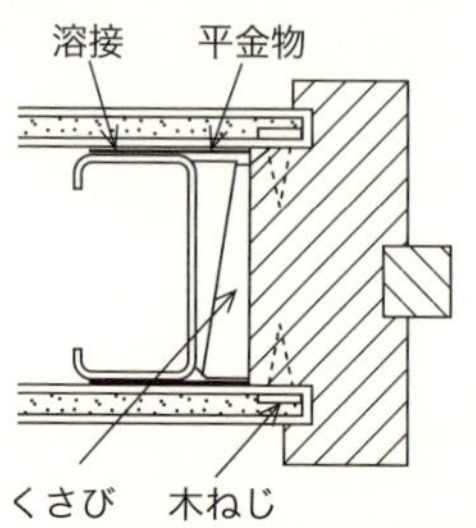

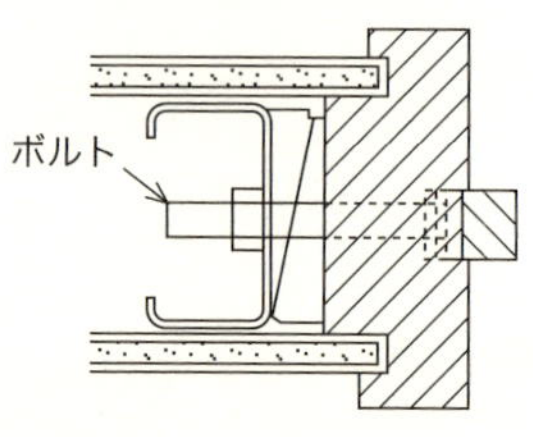

（a） 軽量鉄骨壁

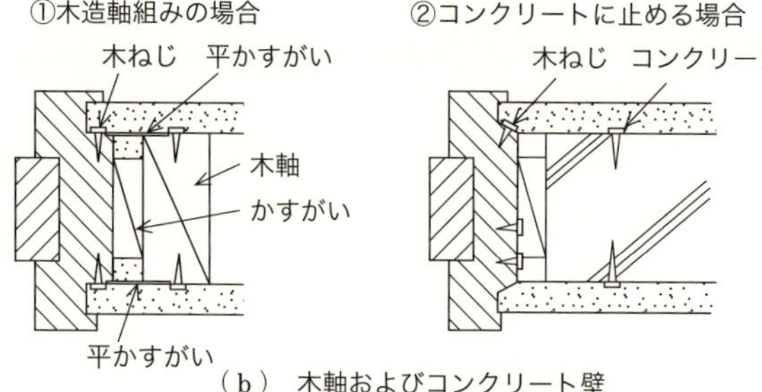

（b） 木軸およびコンクリート壁

図 7·36 出入口枠の固定例

7·6 屋根工事

1 屋根の種類

日本では和洋さまざまな建物様式が混在する．それに応じ屋根にもさまざまな形式が存在する．屋根の機能は外壁とともに雨や風，暑さ寒さといった自然現象，外敵の脅威などの外部環境の変動から内部環境を守るものである．それらの基本的な機能を満たすことも当然であるが異音や光漏れなどの不具合にも留意しなければならない．屋根を使用材料で大別すると植物系，粘土系，樹脂系，セメント系，金属系などがあり，基本的に板状のものを重ねて敷き詰め（葺い）て使用する．

2 天然素材屋根葺

植物系の代表的なものは茅葺（図 7·37）で，ススキ，葦なども用いられ，白川郷の合掌造りが有名である．その他，檜皮葺（スギ，ヒノキの樹皮），杮葺（こけらぶき；スギ，サクラの木片）などがあり，神社仏閣などの伝統建築物に用いられているが，材料入手が難しく維持に苦労している．石系は粘板岩（頁岩）を板状に加工したスレート瓦がある．

図 7·37　茅葺屋根

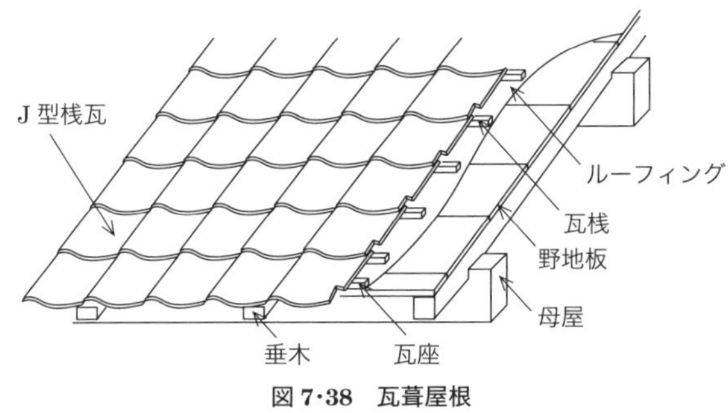

図 7·38　瓦葺屋根

3 瓦　葺

製法や形状によりさまざまな分類ができる．粘土，セメントを材料とし施釉された瓦も多い．和瓦，洋瓦に大別され，洋瓦には S 形瓦，スパニッシュ瓦，フレンチ瓦などがあり，伝統的な葺き方は土を使って固定していたが屋根部分の重量が大きくなり地震時に不利となるため，現代はアスファルトルーフィングなどを下葺きした野地板面に桟木を打ちつけその桟木に留めつける引掛桟瓦工法が一般的である．近年はチタンなどの新素材の瓦もある（図 7·38）．

4 波 板 葺

波の大きさ，形状で大波，小波があり建物の規模により使い分けている．セメント系，金属系，樹脂系があり，フックボルトや笠釘で母屋に留めつける．外壁にも用いられる．

5 金 属 板 葺

材料には，銅，ステンレス，亜鉛鉄板，アルミニウム，アルミニウム合金，チタンなど多種類の金属が素材のままや塗装被覆されて使用される．0.4 mm 程度の薄板を使う平葺，立て平葺，瓦棒葺，波板葺などと，0.6～1.2 mm 程度の板を使う折板葺に大別される．

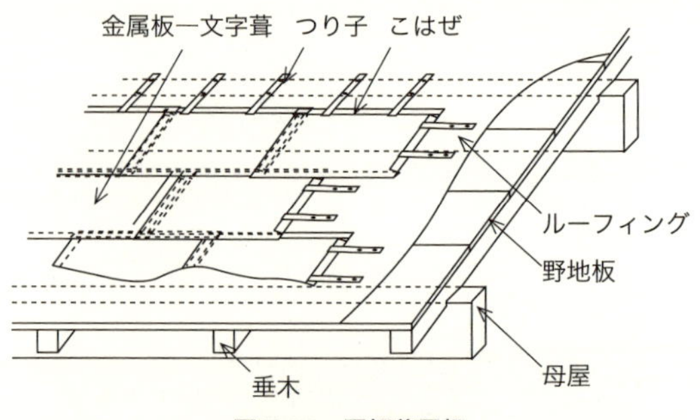

図 7·39　平板葺屋根

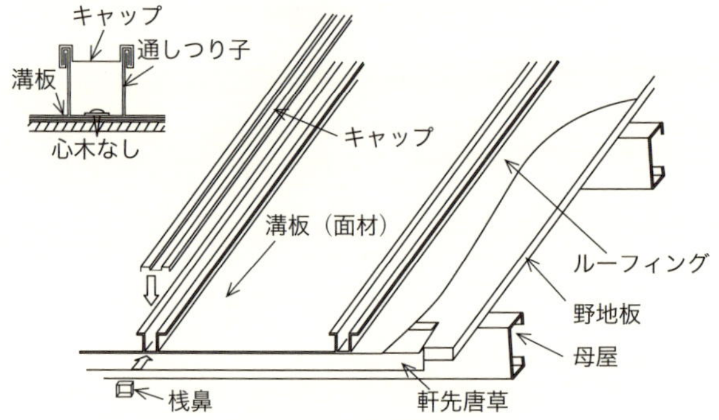

図 7·40　瓦棒葺屋根

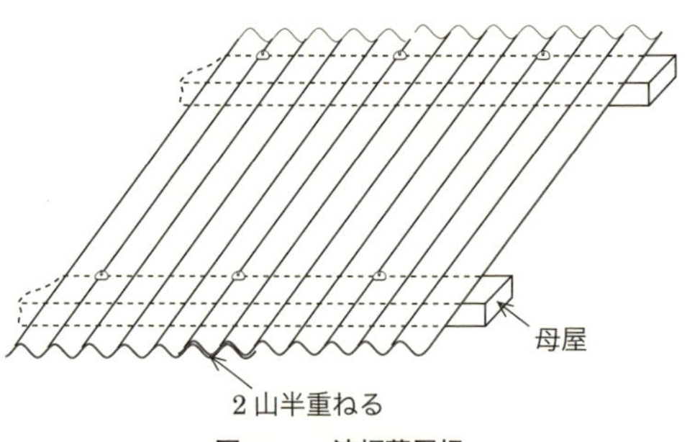

図 7·41　波板葺屋根

〔1〕 平板葺（一文字葺，菱葺，亀甲葺）

金属板をはぜ加工して部分つり子で野地板に留めつける．下葺きにアスファルトルーフィングなどを用いる（図 7·39）．

〔2〕 瓦棒葺

下葺きをし，溝形加工をした金属板を部分つり子や通しつり子，キャップにより野地板などの下地に留めつける．心木あり，心木なしの 2 工法がある（図 7·40）．

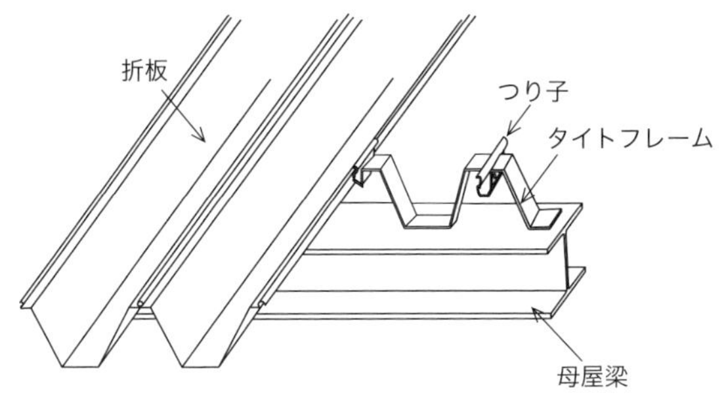

図 7·42　折板葺屋根

〔3〕 波板葺

金属板を波型に加工し母屋にフックボルトや笠釘で留めつける（図 7·41）.

〔4〕 折板葺

長尺の金属板を九十九折れ（山谷形）に加工し，所定の幅（600〜900 mm が多い）で一流れの屋根を 1 枚の板で葺く工法で，強度・剛性が高いので大規模鉄骨造の屋根に用いられることが多い．屋根の流れに直行した梁，母屋にすみ肉溶接で取り付けたタイトフレームにボルトやつり子で固定する（図 7·42）.

屋根に金属板を使用した場合，樋の材質に配慮し異種金属間の電食を防ぐよう注意しなければならない．例えば，銅板屋根に亜鉛めっき鋼板の樋とした場合，樋は非常に早く腐食する.

7·7 左官工事

左官工事は，建物の仕上げ，出来栄えを左右するたいへん重要な地位を占めているが，熟練した技能工を必要とする．近年，熟練工がしだいに減少していることもあって，左官工事の一部はほかの材料，工法で代替されるようになったが，左官工事のすべてをなくすことはできない.

1 種　類

〔1〕 セメントモルタル塗り

もっとも一般的なもので，壁，床などあらゆる箇所に適する．使用材料としてはセメント，砂が主成分で，ひび割れを少なくすることや接着力の向上を目的として，合成高分子系の混和剤や保水剤を混入する.

（a） 調合と塗り厚　一般に 3 回以上の塗重ねを行うが，表 7·15 に示すように，上塗りに移るに従って貧調合とすることが原則である．総塗り厚は 20〜25 mm が通常であるが，1 回の塗り厚は床の場合を除いて 6 mm を標準とする．ドカ付けと称して，一度に厚塗りを行うと浮きやひび割れが生ずるので避けなければならない.

表 7·15　現場調合普通モルタルの調合表（容積比）[20]

用　途	吸水調整材	水	セメント	砂	セメント混和用ポリマーディスパージョン
吸水調整材塗り	1	製造者の指定による	—	—	—
下ごすり(1)	—	適量	1	0～1	製造者の指定による
下塗り	—	適量	1	2	製造者の指定による
上塗り(2)	—	適量	1	2～4	製造者の指定による

［注］(1)：下ごすり用のモルタルは，現場調合または既調合のポリマーセメントモルタルとする．現場調合のポリマーセメントモルタルの場合，セメント混和用ポリマーディスパージョンの混入量は，ポリマーセメント比（P/C）5% を目安ととする．

(2)：上塗りの現場調合普通モルタルの調合（容積比）は，セメント：砂＝1：2.5 程度とし，張物下地の床では 1：4 程度とする．

（b）　工　程

(1) 下地の清掃：下地は，塗り付ける直前によく清掃し，コンクリート，コンクリートブロックなどの吸水性のある下地には，吸水調整のため水湿しを行う．

(2) 材料の練合せ：セメント，砂を空練りしてから水を加えてよく練り合わせる．練り合わせは機械練りとする．

(3) 下塗り：こて圧を十分にかけて塗り付け，塗り付け後は中塗りモルタルとの付着を良くするため，表面を金ぐしなどで全面にかき荒らしておく．この段階でひび割れを十分発生させるために，2 週間以上できるだけ長期間放置してから次の工程に移る．

(4) 中塗り・上塗り：中塗りに先立ち，すみ，かど，ちり回りは定規塗りをし，中塗りは，その定規塗りにならい平たんに塗り付けて定規ずりを行う．上塗りは，中塗りの硬化の程度を見はからって塗る．

〔2〕　モノリシック仕上げ

床仕上方法の一つであって，床コンクリートの打設後，コンクリートの硬化を見はからいながら，そのままコンクリート表面を金ごてで仕上げていく方法である．工場土間などでは，表面の耐摩耗性や防じん性の向上を目的として，表面硬化材を散布し塗り込んでいく方法がとられる．この工法の特色は，セメントモルタルを塗り付けないので，はく離はまったく生じないことであるが，一方では精度が悪くなりがちとなる．

〔3〕　セルフレベリング材塗り

床仕上方法の一つであって，コンクリート床下地，プレキャストコンクリート床下地および ALC パネル床下地の上に，セルフレベリング材（SL 材）を塗り伸ばす方法で床塗り工事に適用する．コンクリート下地処理として，レイタンス・ぜい弱部・油膜類および接着剤などを除去・清掃し，大きな凹凸などはあらかじめ平滑に下地調整を行う．SL 材塗りの工程は表 7·16 を標準とする．

表 7·16　セルフベリング材（SL 材）塗りの工程[21]

工　程	材料または表面処理	調　合（容積比）	所要量〔kg/m²〕	塗り厚〔mm〕	工程内塗り回数	間隔時間		
						工程内	工程間	最終養生
下地の確認	下地脆弱部・凹凸部を処理する	—	—	—	—	—	24 時間以上	—
吸水調整材塗り	吸水調整材	1	0.1〜0.6	—	1〜2	1 時間以上	15 時間以上	—
	水	製造者の指定による						
SL 材の流し込み	SL 材	1	—	適用範囲 5〜20 標準 10	1	—	—	7 日以上 30 日以内
	水	製造者の指定による						
流し込み後の処理	凸部をサンダーで削り気泡跡などは補修材で補修	—	—	—	—	—	—	—

2　施工のポイント

〔1〕　下　地

① メタルラスのような剛性の小さい下地に塗る場合は，ひび割れが発生しやすいため，目地を細かくとって，ひび割れを目地へ誘発させるようにする．

② ALC のように母材強度の低い下地に対しては，プラスターのように強度のあまり高くない材料を使用し，薄塗りに仕上げる．

③ 異種材料の取合い部（例えば，コンクリートとコンクリートブロック）には，必ず，ひび割れが生ずるので，ラスで補強するか目地をとる．

〔2〕　下地の処理

浮きの原因は下地処理にあるといっても過言ではない．特に，コンクリート表面は硬化不良などにより粉状化していることがあるので，表面を水洗いしながらワイヤーブラシなどで完全に除去しなければならない．

また，合板・スチール・アルミ製型枠を用いたコンクリート表面は平滑すぎるので，樹脂を混入したセメントペーストを塗り付けて下塗りモルタルを追いかけ塗りしたり，接着増強材を用いるなどの対策が必要となる．

〔3〕　塗り箇所の制限

階段やひさしなどの上げ裏は，はく落する危険性があるので，打放しを原則とし，塗り仕上げ時は力骨などを入れ，はく落防止措置を施さなければならない．

7・8　カーテンウォール・金属製建具工事

1　カーテンウォール工事

工場製作された部材を現場で取り付けて建物の外壁を構成するものをカーテンウォールといい，材質的にはコンクリート系と金属系とがある．

カーテンウォールは工期の短縮や無足場化も可能なことから，超高層建築ではもちろん，一般の建物でもたいへん多く採用されている．

〔1〕　種　類

コンクリート系のものはプレキャストコンクリートカーテンウォールといい，サッシを打ち込むことも，タイルなどの仕上材を打ち込んで仕上げることもできる．これは，取付け方法から次のように分類できる．

①　パネル方式：単一パネルで面を構成する．

②　柱型・はり型方式：複数部材で面を構成する．

③　スパンドレル方式：水平材を通す．

④　方立方式：垂直材を通す．

金属カーテンウォールはアルミ製が多く使われているが，ステンレス製やほうろう鉄板製のものもあり，図 7·43 のようにパネル方式と方立方式がある．

〔2〕　必要な性能

カーテンウォールは外界とのシェルターとなるため，風雨，気温，騒音・地震などに

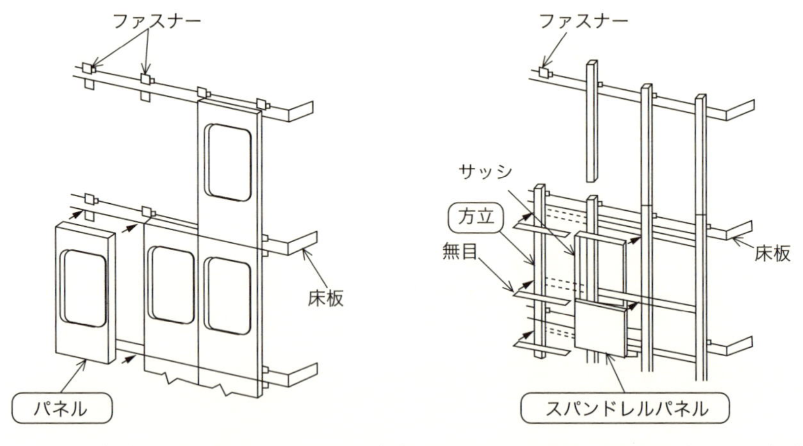

（a）　パネル方式　　（b）　スパンドレル方式・方立方式（マリオン方式）

図 7·43　金属カーテンウォールの分類

対して必要な耐風圧・面内変形・断熱・しゃ音・水密・気密性能値を設定して製作するが，場合によっては実大実験により，性能を満足しているかどうかを確認することも必要である．

〔3〕 取付け方法

プレキャストコンクリートカーテンウォールは自重が大なので，構造体に確実に支持することが特に重要である．同時に，地震時に生ずる建物の層間変位にも耐えるように取付け方法を検討しなければならない．

カーテンウォールの取付け金物はファスナーと呼ばれるが，必要な機能は，確実にしかも容易に取付けができ微調整が可能なこと，および層間変位に対応できることである．通常は，層間変位 1/200 までは取付け部分のすべりなどで対応できるように，ファスナーのボルト穴はルーズホールとし，すべり面にはふっ素樹脂板またはステンレス板をそう入して締め付ける．標準的な取付け方法を図 7･44 に示す．

〔4〕 目 地

部材のジョイントにできる目地には弾性シーリング材を充填し，水密性，気密性を確保するが，カーテンウォールの水密・気密性能はこのシーリングいかんにあるといっても過言ではないので，重要な管理ポイントになる．しかし，総目地長さは極めて長くなることもあって，設計時に予測しないような目地挙動や施工上のミスが生じやすいのも事実であるので，万一シーリング材の破断した箇所が生じても漏水しないように，二次

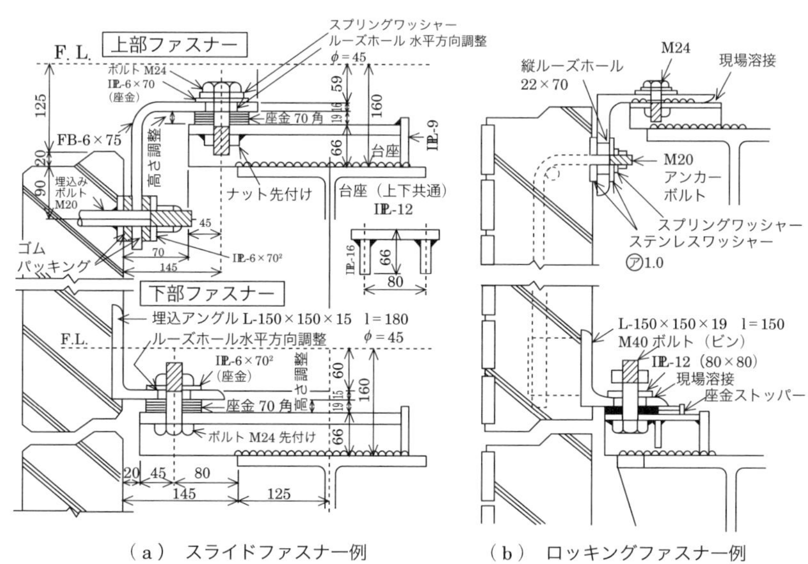

（a） スライドファスナー例　　（b） ロッキングファスナー例

図 7･44 プレキャストコンクリートカーテンウォールの取付け金物の一例

表 7·17　オープンジョイントの原理

エネルギー	漏水現象	設計上の工夫（対策）	エネルギーを消滅させたジョイント
重　力	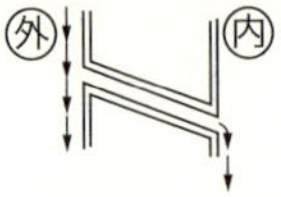 外　内	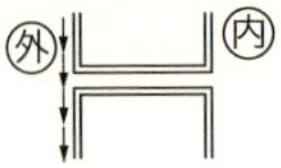 外　内 ・水平にする	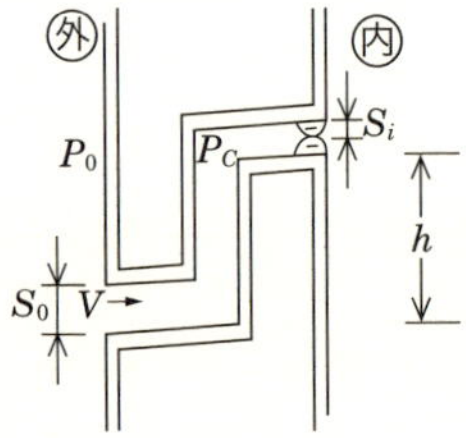 外　内 P_0　P_C　S_i　h　S_0　V （条件） ・$P_0 \fallingdotseq P_C$（V が小さいこと） ・S_0 は大きく，S_i は小さく ・h が大きいこと など
表面張力	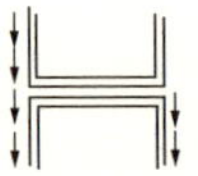	 ・室内側を高くする ・水切りを設ける	
毛細管作用	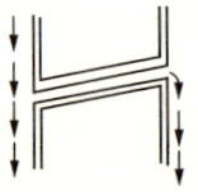	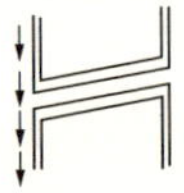 ・すきまを大きくする	
運動エネルギー	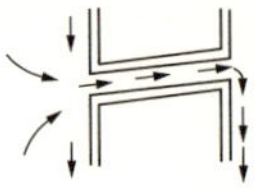	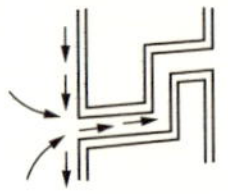 ・水位差を設ける ・迷路にする	
気流（圧力差）	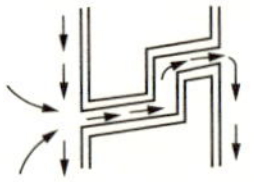	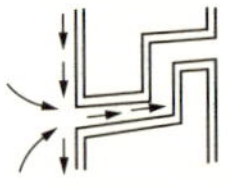 ・$P_0 \fallingdotseq P_C$（室内側の気密を良くする）	

排水機構を考慮しておくことが大事である．

また，シーリング材が経年劣化すると打替えが必要となるが，打替えに要する費用は意外に大きいので，シーリング材を外側には用いないオープンジョイント工法が開発され，しだいに採用されるようになってきた（表 7·17）．

2　金属製建具工事

金属製建具にはサッシ，ドア，シャッターが含まれるが，ここでは主にサッシを取り扱う．

〔1〕 サッシの種類

（a） 材　料　スチール，アルミニウム合金，ステンレスがよく使われているが，そのうちでも耐久性などからアルミサッシがもっとも普及している．

(1) アルミサッシの耐久性：アルミニウムは両性金属であるため，酸にもアルカリにも侵されるが，表面に処理される酸化皮膜で保護されることにより，耐久性の良い建材として使用される．しかし，アルミニウムをイオン化傾向の異なる銅などに接触させると，著しくアルミニウムが腐食するので，そういう場合は接触部の絶縁に注意しなければならない．また，アルミニウムは，酸化皮膜で保護されていても塩素イオン（Cl^-）により孔食を生ずるので，海岸地方では塗装をするなど二重の保護をすることが必要となる．

(2) アルミニウムの着色陽極酸化皮膜だけのものはシルバーアルマイトといってシルバー色をしているが，電解着色，自然発色，焼付け塗装などの方法で着色することができる．

（b） 形　式　開閉方式から，引違い，回転（縦軸，横軸），すべり出し，上げ下げ，バランス式などの種類がある．

〔2〕 取付け上のポイント

強固に取り付けるのはもちろんのことであるが，サッシまわりからの漏水が意外に多く，注意しなければならない．

そのためには

① 後付けサッシの場合には，コンクリート躯体で水が切れるように欠き込みを取った納まりが望ましい（図7·45）．また，サッシまわりの充填モルタルを確実に詰め込み，止水をシーリングだけに頼らないようにする．

② 補強枠を付けたサッシを型枠に取り付け，コンクリートに打ち込む方法も有効である．

③ カラーアルミニウムの場合は，コンクリートやモルタルのアルカリによって変色するので，確実にフィルム養生をする．

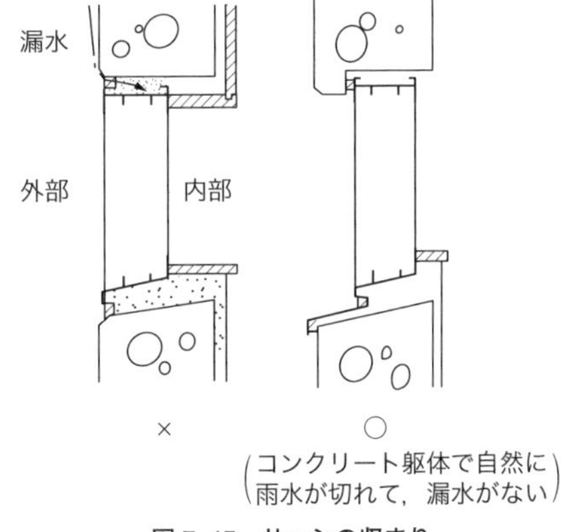

図7·45　サッシの収まり

7·9　ガラス工事

1 ガラスの種類と用途

建築に使用されるガラスは，JIS規格品のほかに数多くの種類があり，そのうちの主なものを挙げると表7·18のようになる．

2 ガラスの取付け

〔1〕 ガラスの固定方法

ガラスの固定方法は，パテ止め，押縁止め，グレージングビード止め，シーリング材による固定などがある（図7·46）．

（a） パテ止め　銅製建具にガラスを固定する際に用いる方法で，取付けフレーム

表 7·18　ガラスの種類および特性

種　類	(JIS 規格)	性　能														
						安全性							省エネルギー		装飾性	
		透視性	拡散性	防眩性	防音性	耐衝撃性	耐人体衝突	飛散防止性	耐熱衝撃性	防火性	防犯性	防弾性	冷暖房負荷軽減	断熱結露防止	色彩	デザイン
フロート板ガラス	JIS R 3202	◎														
形板ガラス	JIS R 3203		◎													◎
網入り板ガラス	JIS R 3204		◎					○		◎						○
熱線吸収板ガラス	JIS R 3208	○		◎									◎		○	○
熱線反射ガラス	JIS R 3221			◎									◎		○	○
合わせガラス	JIS R 3205	*	*	*	*	*	◎	◎		*	◎	*	*		*	*
強化ガラス	JIS R 3206	*		*		○			◎				*		*	
倍強度ガラス	JIS R 3222	*		*		○			◎						*	
複層ガラス(ペアガラス)	JIS R 3209	*	*	*	*					*	*		◎	◎	*	◎
Low-E 複層ガラス													◎	◎		

［注］(1)　◎は特に優れている．○は優れている．

(2)　合わせガラスと複層ガラスの＊は，組み合わせる板ガラスの種類により，各種の性能を高めることができる．

(3)　強化ガラスと倍強度ガラスの＊は，使用する板ガラスの種類により，各種の性能を高めることができる．

(4)　人体衝突に対する安全性は，建設省通達（1986）の「ガラスを用いた開口部の安全設計指針」による．

(5)　Low-E ガラスとは，遮熱性と断熱性を備えるガラスであり，ガラスの片面に金属薄膜がコーティングされ，ペアガラスの屋外側ガラスの内側にコーティング面を備えると，遮熱効果があり，屋内側ガラスの外側面にコーティング面を備えると断熱効果がある．

に敷パテをした上へガラスを設置し，特殊クリップで固定した後，押さえパテで仕上げる工法である．

（**b**）　**押縁止め**　　ガラスを四周の押縁で押さえ込む方法で，押縁とガラスの間にはパテ，ビード，シーリング材などが充填される．押縁のサッシへの固定は，ビス止めかノックダウン（はめ込み）方式となる．

（**c**）　**ビード止め**　　ガラスとフレームの間に合成樹脂製の固定材（ビード）を挟んで固定する方法で，住宅用アルミサッシなどに利用される．

（**d**）　**シーリング材による固定**　　シリコーン系のシーリング材をガラスとフレーム

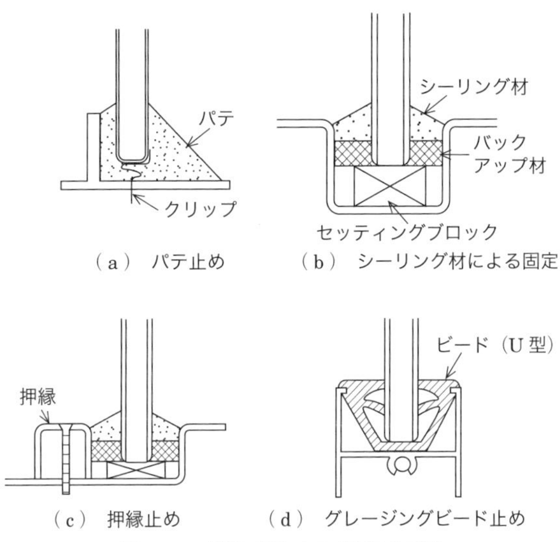

図 7·46 各種工法によるガラスの固定

の間に充填して固定する．気密性・水密性が高く，シーリング材の保有している弾力性からフレームの変形にも追随しやすいので，超高層建築物をはじめ，中高層のビル建築ではほとんどの窓に使用されるほか，水槽のガラスの固定など厳しい条件の場合に使用される．

近年，ガラスカーテンウォール工法の一つとして SSG 構法（Structural Silicone Grazing）や，DPG 構法（Dot Pointed Glazing）を採用する建物が増加傾向にある．SSG 構法はガラスを溝の中へ物理的に固定するのではなく，接着剤で背面の柱（パックマリオン）に接着固定させる構法で，DPG 構法は強化ガラスに開けた孔にボルトで挟み支持する構法で，それぞれフレームのないフラットな外壁ができる（図 7·47）．

図 7·47 DPG 構法[19]

（**e**） **ガラスの取付け**　ガラスの取付けは建具工事の完了後に行われるのが通例であるが，ガラスの取付けにより建物内部の温・湿度条件が変わるため，内装工事への影響を考慮して施工時期を決める．また，工事中の破損や傷も予想されるため，仕上工事に影響のない程度に，できるだけ遅い時期に取り付ける．

ガラスを取り付けた後，誤って割ることのないように，ガラスが取り付いていることを示すシールを貼って注意を喚起する．また，ガラスを取り付けた後で，すぐ近くで溶接作業をすると，溶接の火花によりガラス表面が侵されるため，溶接作業はガラスの取付け前に完了しておかなければならない．どうしても必要な場合には，火花養生フィルムを貼ったりベニヤ板で覆ったりする．

板ガラス以外のガラス製品に，ガラスブロック，プリズムガラスなどがある．ガラスブロックは壁材として，プリズムガラスは床材として使用される．いずれも，採光を確保しながら，外部との遮断性（熱，音など）に優れているため，主として外装用に用いられる．

3 工事管理のポイント

〔1〕 耐風圧強度の検討

強風時にガラスが風圧力で破損しないように，ガラスの種類，板厚に応じて大きさをチェックする．特に高層建築物で風圧力が大きい場合や，1枚のガラス寸法が大きい場合には，必ず事前検討により確認する必要がある．同時に，ガラスの取付け前に所定の寸法に切断されたガラスを点検して表面に傷のないことを確かめるとともに，フレームへのかかり代が規定どおりとれるかどうかを確認する．

検討は次式による．

設計用風圧 $P_1 = Cq$

許容風圧 $P_2 = \dfrac{30\alpha}{A}\left(t + \dfrac{t^2}{4}\right)$

$P_1 \leqq P_2$

ただし，C：風力係数，

q：速度圧〔kgf/m^2〕（$q = 60\sqrt{h}$ （$h < 16$ m），$q = 120\sqrt[4]{h}$ （$h \geqq 16$ m）），

α：ガラス強度係数（普通板 1.0，みがき板 0.8，網入り 0.7，合わせ 1.6，強化 3.0，複層 1.5），t：ガラス厚〔mm〕，A：ガラス面積〔m^2〕，h：建物の高さ〔m〕

〔2〕 ガラスの熱割れ

サッシにはめ込まれた板ガラスが日光の直射を受けると，ガラス中央部は太陽の日射熱により短時間でガラス表面温度が上昇する．

一方，フレームにのみ込まれた周辺部は温度上昇が遅れる．この結果，サッシフレーム周辺部に引張り応力が発生し，この引張り応力がガラス自体の引張り強度を超えると板ガラスが割れてしまう（図 7·48）．この現象は，網入りガラスや熱線吸収ガラスに多く発生する．これは，網入りガラスはガラス切断時に切断面に傷がつきやすく，ガラス自体の引張り強度が低下しているためであ

図 7·48 熱割れ

り，熱線吸収ガラスの場合は，普通のガラスに比べてガラスの表面温度が高くなりやすいためである．

〔3〕 **地震対策**

地震時に高層建物の窓ガラスが割れて落下すると非常に危険であり，特に市街地で通行量の多い場所の建物では考慮しておく必要がある．

窓ガラスの地震対策として大切なことは，地震時のサッシの変形に対してガラスが安全であるということである．具体的には地震時の水平力を，構造体とサッシ枠，サッシ枠とガラスの間の変形追従性を確保することであり，ガラスの固定に弾性シーリング材を用いたり，ガラスを固定するサッシ溝内に所定のクリアランスを設けるなどが配慮される．

第二の対策としては，割れても飛散しないようにすることである．このためには，網入りガラスにする，飛散防止フィルムを貼る，設計上で，ひさしを取り付けて落下するガラス片を受ける，などが考えられる．

7・10 塗装工事

塗装は，建物の床や壁や天井を美しくし，中に居住する人間に安らぎと落着きを与えるとともに，塗料が作る膜によって建築素材である木材や金属などの表面を保護し，紫外線やさびから守る．また，塗膜自体に特殊な性能をもたせ，生地の性質に防水性，耐薬品性，絶縁性などの新しい性能を付与する目的からも使用されている．

1 塗　料

塗料の構成は次のとおりである．

塗料
- 塗膜形成要素（塗膜の主体）……………………油脂，合成樹脂など
- 塗膜形成副要素（副原料）………………………乾燥剤，硬化剤など
- 顔料（着色成分）
- 塗膜形成助要素（塗装作業を容易にする）……水，溶剤

この4種類の原料を組み合わせて，種々の性質，色調をもった塗料が生まれる．このうち，建築用に使われる主な塗料は，表7·19のように分類，整理される．

これらの塗料は，設計図中では略号で示される場合が多いが，設計者により略号がまちまちであるため注意が必要である．

2 塗　装

〔1〕 **塗装工程**

塗装工程は一般に，素地ごしらえ，素地押さえ，下塗り，中塗り，上塗りの5工程からなり，使用する塗料や仕上げの程度および素地の種類や状態によって，目止め，パテかい，研磨紙ずりなどが加わり，さらに下・中・上塗り回数が明示される．各工程の

表 7·19　主な塗料とその特徴

分類	塗料名（建築学会・国土交通省　略号）		JIS No.	特　徴	素地への適性 木部	鉄面	亜鉛メッキ面	モルタルコンクリート面	アルミニウム面	ALCパネル面	せっこうボード面
ペイント類	油性調合ペイント（OP）		JIS K 5511	塗膜が厚く硬化時間が長い 耐アルカリ性に乏しい	○	○	○				
	合成樹脂調合ペイント（SOP）		JIS K 5516	乾燥が速く仕上りが美しい 耐アルカリ性に乏しい	○	○	○				
	合成樹脂エマルションペイント（EP）	1 種	JIS K 5660	作業性が良く比較的乾燥も早い 乾燥塗膜は水洗い可 耐薬品性あり	○			○		○	○
		2 種	JIS K 5663		○			○		○	○
	アルミニウムペイント（ALP）		JIS K 5492	銀色に仕上がる　主に屋外用 不透過性・耐水性あり輻射熱をさえぎる		○	○				
エナメル系	塩化ビニル樹脂エナメル（VE）		JIS K 5582	乾燥時間が著しく短い 塗膜は薄く耐水性・耐薬品性に優れる				○		○	
	フタル酸樹脂エナメル（FE）		JIS K 5572	塗膜は薄いが耐候性大 硬化乾燥が遅い	○	○	○				
	アクリル樹脂エナメル（AE）		JIS K 5654	耐候性大		○	○	○		○	
クリヤラッカー（CL）			JIS K 5531	透明な仕上りで木部面に適し木目を生かせる 屋内用	○						
ラッカーエナメル（LE）			JIS K 5531	乾燥時間が短い 低温でも硬化するため大面積塗装には向かない	○	○					
エポキシ樹脂塗料（XE）			JIS K 5551	耐薬品性　耐候性あり　作業性良		○	○	○	○		
ポリウレタン樹脂塗料			JIS K 5656	自然乾燥で硬化 コンクリート・金属面・石綿スレートの塗装にも用いる		○	○	○	○		
塩化ゴム系塗料			JIS K 5639	下・中・上塗りの 3 種 金属・亜鉛メッキ面に適する耐食性良		○	○				
アミドアルキドエナメル（AA-BE）			JIS K 5651	透明塗料・焼付け塗装用 主として金属面用		○	○				
ふっ素エナメル（FUE）			JIS K 5658	2 液形長期耐候性 鋼構物専用のものは橋梁・タンク・プラントに用いる		○	○	○	○		

表 7·19　主な塗料とその特徴（つづき）

塗料名（建築学会・国土交通省　略号）	JIS No.	特　徴	素地への適性 木部	鉄面	亜鉛メッキ面	モルタルコンクリート面	アルミニウム面	ALCパネル面	せっこうボード面
タールエポキシエナメル（TXE）	JIS K 5664	海水・淡水・高温度に対応 金属面・コンクリート面に用いる		○		○			
オイルステイン（OS）	−	耐候性が低く屋内塗料 赤黒黄の混合量で配色し，着色後は透明ニスで仕上げ	○						
建築用仕上塗材：薄付け仕上塗材 外装合成樹脂エマルション系薄付け仕上塗材 （外装薄塗材 E）	JIS A 6909	吹付けまたはローラー塗りで内外装を砂壁状・ゆず肌状・さざ波状・着色骨材砂壁状・砂壁状じゅらくに仕上げる				○		○	
建築用仕上塗材：厚付け仕上塗材 外装セメント系厚付け仕上塗材 （外装厚塗材 C）	JIS A 6909	吹付けにより内外装をスタッコ状に仕上げる工事に適する				○			
建築用仕上塗材：複層仕上塗材 ポリマーセメント系複層仕上塗材 （複層塗材 CE）	JIS A 6909	吹付けまたはローラー塗りにより内外装を凸凹状・ゆず肌状に仕上げる工事に適する				○		○	

間には一定のオープンタイム（放置時間）があり，下地面の状態や温・湿度条件を考慮して前工程の乾燥を待たなければならない．このオープンタイムが守られないと塗膜に種々の欠陥を招くことになる．

〔2〕 素地ごしらえ

塗装工事は最終の仕上工事であり，せいぜい 1 mm 程度以内の仕上層で美しく仕上げる必要がある．このような薄い層内では，塗装前の素地の悪さを隠すことは不可能である．特に左官工事のモルタル面は，塗装前に目立たなかった表面の凹凸が，塗装後は非常によく目につくもので，この例をみても前工事の仕上精度の重要さがわかる．

一方，前工事がいかに精度良く行われても，工期に追われ十分乾燥しないうちに塗装をしたのでは，はく離や変色の結果を招き，さびのある鉄面へ塗装してもすぐにはがれてしまう．

このように塗装工事においては，素地に対してこれから塗ろうとする塗料の性能が十分に発揮できるように，また塗装作業がスムーズに運ぶように，素地の汚れ，付着物や，木材のやに，金属のさびなどを落とし，素地を調整する作業が行われる．

〔3〕 塗装方法

建築工事における塗装方法としては，はけ塗り，ローラー塗り，吹付け塗りの三つが一般的である．

はけ塗りはもっとも一般的な塗装方法で，被塗物の形状，塗料，塗装目的のいかんを問わず，どんな場合でも施工が可能である．はけ塗り作業は，塗料を配り，一様にならし，はけ目を通すという一連の操作が必要なため，塗料の塗り厚，乾燥の速さ，操作のしやすさ，被塗面の形状などを参考に，はけを選択して作業を進めることが大切である．

ローラー塗りは欧米で広く行われている塗装方法であったが，その施工上の利点が評価されて日本でも普及している．特に施工のスピードが速く，高所や天井面なども，柄の長さを伸ばすことにより簡単に施工ができる．コーナー部や狭い場所にはローラーが入らないという欠点もあるが，はけとの併用により解決できる．塗装面にはローラー特有のマークが残るが，近年ではローラーのパターンをデザインして仕上げの模様としている場合も多い．また，ローラーの作業能率をいっそう向上させるため，塗料の圧送方式を組み込んだ圧送ローラーも開発されている．

吹付け工法には，エアースプレー法，エアーレススプレー法などがある．エアースプレー法は，コンプレッサーで圧縮された空気により塗料を吹き付ける方法であり，エアーレススプレー法は，塗料自体に高圧力をかけ，その圧力を利用して吹き付ける方法である．吹付け工法は，ローラー工法より一段と施工スピードが速くなるが，被塗面以外に飛散するため，周辺の養生が必要で，強風時は外装吹付けを中断せざるを得ない場合も多い．

3 工事管理のポイント

〔1〕 施工前

塗料が工事現場に到着すると同時に，塗料の種類，品質が所定のものであるかどうかを確認する．確認された塗料は定められた塗料置場へ保管されるが，塗料の中には可燃性の溶剤を用いたものが多いため，危険物として厳重な取扱いが要求される．このため，火気厳禁表示をし，消火器を配し，錠前を取り付けるとともに，直射日光を避け，十分な換気を図る必要がある．

塗装作業に入る前に下地面を検査し，傷や割れの補修をするとともに，下地面の乾燥状況を確認する．乾燥状況の確認は，計測器（水分計，pH メーター）を用いて測定する以外に，被塗面にビニールシートを張って，シートに付着する水滴によってもある程度の目安はつく．

〔2〕 **施工中・施工後**

施工中は気象条件に十分注意することが必要で，特に外装の際の降雨，高湿，強風，過度の高・低温には，施工中の変化に対応できる体制を整えておかなければならない．また，密閉空間で溶剤系の塗料を使用する場合は，作業員に有機溶剤中毒の危険があるため，強制換気装置を設備し，保護具を着用するなどの対策が義務づけられている．

施工後，乾燥するまでは，塗膜に傷をつけないよう養生するとともに，ほこりをたてないように注意する．

7・11 内装工事

内装工事は，建物内部の床，壁，天井の仕上げとして行われるものであり，建物使用者の要求の多様化とともに新製品，新工法の開発も加わり，取り扱われる材料，工法は非常に広範なものとなっている．したがって，個々の部屋に要求される機能（耐久性，防火性，防水性，断熱性，しゃ音性など）を十分に満たすかどうか，事前によく検討して工事を進めなければならない．

1 壁仕上げ

〔1〕 **壁下地の種類**

（a） **木造下地**　壁の張り物寸法として 900×1 800 mm のものが多く，柱・間柱材を 450～455 mm の間隔で建て，必要に応じ横材を入れ補強する（7・5 節「木工事」参照）．

（b） **軽量鉄骨下地**　内装下地専用の軽量形鋼を用いる．構成として，内壁の床面と天井面にランナーという軸材を受ける金属製曲げプレートを打込みピンを使用して固定する．内壁の剛性を確保するためにスタッドという間柱をボード単張り（1 枚）の際には 300 mm 程度，ボード複層張り（2 枚以上）の際には 450 mm 程度の間隔で建てるが，スタッドの断面幅は，壁の高さに応じて選定する（壁高さ 2.4～2.7 m：50 形・2.7～4.0 m：65 形・3.0～4.0 m：75 形・4.0～4.5 m：90 形・4.5～5.0 m：100 形）．壁下地の振れ止めとして，床上から 1 200 mm 程度の高さから 1 200 mm 間隔でスタッドに設けられた孔を用いて貫通する．また振れ止めの固定とスタッドのねじれ防止のために，スタッドの縁を利用してスペーサーを取り付ける（図 7・49）．

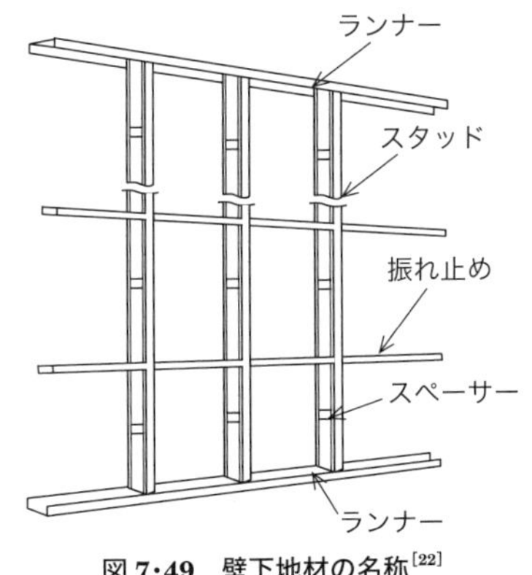

図 7・49　壁下地材の名称[22]

（c） **モルタル下地**　クロス（壁紙）張り・ボード類の接着張り（GL 工法）・塗装の下地として，原則金ごて仕上げで平滑に仕上げる（7・7 節「左官工事」参照）．

〔2〕 **壁仕上げの種類**

(**a**) **ボード張り**　防火性能を必要とする内壁には，大臣認定を取得した組合せによる強化せっこうボードなどを使用する．浴室・台所など多湿な箇所にはシージング（耐水）せっこうボードを使用する．ボードジョイント部分は，「突付け張り」，「目透し張り」，「ジョイナー張り」がある．

(1) 突付け張り：テーパージョイント工法により目地なしの壁面を作ることができる工法（図 7·50）．

(2) ジョイナー張り：専用のジョイナー材を用い，ジョイントを構成する工法で，ボードは突付けと目透し，おのおのの納まりができるジョイナーがある（図 7·51（a））．

(3) 目透し張り：ボードの間隔を 6〜9 mm あけ，接着剤と釘を併用し張り付ける工法（図 7·51（b））．

(4) ボードコーナー補強：ボードの出隅・入隅はジョイントコンパウンド，ジョイ

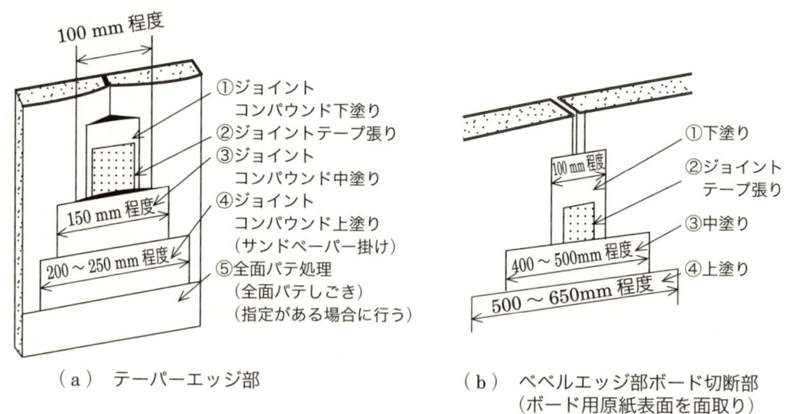

（a） テーパーエッジ部

（b） ベベルエッジ部ボード切断部
（ボード用原紙表面を面取り）

図 7·50　せっこうボードの目地処理[23]

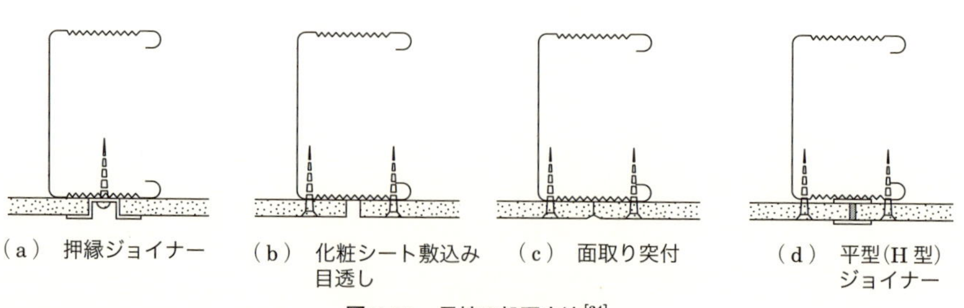

（a） 押縁ジョイナー　（b） 化粧シート敷込み目透し　（c） 面取り突付　（d） 平型(H 型)ジョイナー

図 7·51　目地の処理方法[24]

ントテープを使用してひび割防止補強を施す（図 7·52）．

（**b**）**せっこうボード直張り**　コンクリート面あるいはALC面などの下地に，直接石こう系接着剤をだんご状に配置し，仕上寸法の2倍の高さに塗りつけ接着張りする工法でGL（ジプサムライニング）工法という．せっこうボードは床面から5〜6 mm程度浮かし，軽く叩きながら圧着する（図 7·53）．

（**c**）**合板張り**　居室などに普通合板を用いる場合，シックハウス対策として，ホルムアルデヒド放散量区分表示，F☆☆☆☆（フォースター）の合板は制限なしに使用できるが，F☆☆☆や，F☆☆の合板は使用面積に制限がある．多少水がかかる場所での合板張りはJAS（日本農林規格）1種の普通合板を使用する．天然化粧合板の接着剤

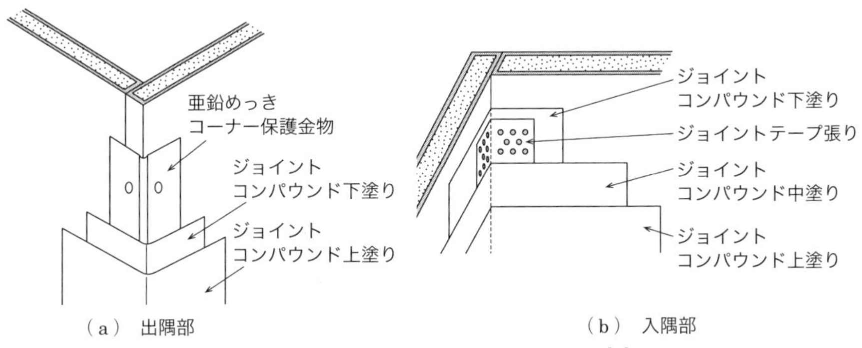

図 7·52　せっこうボードの出隅・入隅の処理[25]

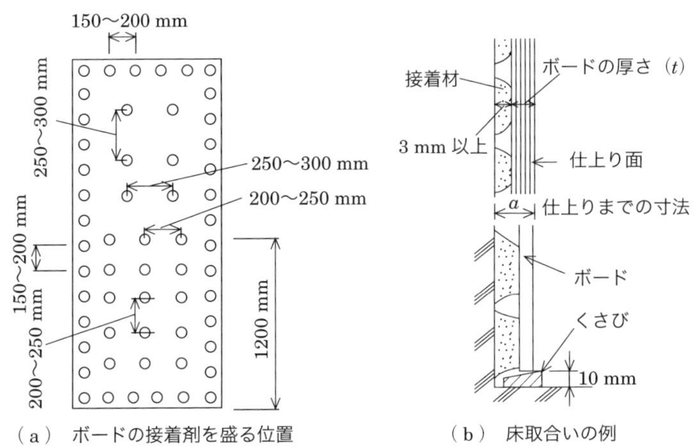

図 7·53　GL工法[26]

表 7·20　日本農林規格による合板の主な区分[27]

種　類	接着の程度による区分	ホルムアルデヒド放散量による区分	防虫処置（表示のあるものに限る）	表面の品質
普通合板	1類，2類	F☆☆☆☆，F☆☆☆，F☆☆，F☆	ほう素化合物，ホキシム，フェニトロチオン，ビフェントリン，シフェノトリン	国内産樹種（広葉樹単板）1等，2等 国内産樹種以外（広葉樹単板）1等，2等
天然木化粧合板	1類，2類	F☆☆☆☆，F☆☆☆，F☆☆，F☆	ほう素化合物，ホキシム，フェニトロチオン，ビフェントリン，シフェノトリン	等級なし
特殊加工化粧合板	1類，2類	F☆☆☆☆，F☆☆☆，F☆☆，F☆	ほう素化合物，ホキシム，フェニトロチオン，ビフェントリン，シフェノトリン	Fタイプ，FWタイプ，Wタイプ，SWタイプ

張りでは，化粧目地に 30 cm 程度のピッチで仮止め釘にて固定し，接着剤硬化後取り外す．木製下地へのメラミン化粧合板などの張り付けには，合成ゴム系溶剤系接着剤を使用する（表 7·20）．

2 天井仕上げ

〔1〕 天井下地の種類

（a） 木造下地　木製天井下地は，野縁・野縁受け・天井つり木で構成され，RC 造，S 造では，天井つり木の代わりにつりボルトを使用する．

（b） 軽量鉄骨下地　野縁の間隔はボード直張り 300 mm 程度，ボード二重張り 360 mm 程度とし，ボードのジョイント位置にはダブル野縁を使用する．野縁は 900 mm 程度の間隔にクリップ金物で野縁受けに取り付ける（図 7·54）．つりボルトは，端部より 150 mm 以内に配置し，それより 900 mm 間隔にハンガー金物で野縁受けをつり，天井段差部には補強用斜め振れ止め材を取り付ける．

天井ふところ（天井ボード裏と直上階床下との空間）の高さが屋内で 1 500 mm 以上の場合，あるいは屋外（軒天井など）で 1 000 mm 以上の場合は，縦横方向 1 800 mm 間隔に水平振れ止めを設け，天井面積 25 m^2 ごとに水平縦横方向に一対の耐震ブレースを斜めに配置する．外部の軒裏など風圧を大きく受ける箇所には，野縁，野縁受け，つりボルト，ボルト止めハンガークリップなど，強度の大きいものを使用する（図 7·55）．

また，東日本大震災（2011 年 3 月）での震災を踏まえて，天井材はより軽く，また地震時の揺れに対応すべき配慮が必要とされ，つりボルト振れ止め補強材，あるいは耐震補強材を連結させる際には，地震時の挙動追従と脱落防止の観点で溶接接合は採用せず，すべてボルト固定あるいはビス併用固定にて施工する（図 7·56）．

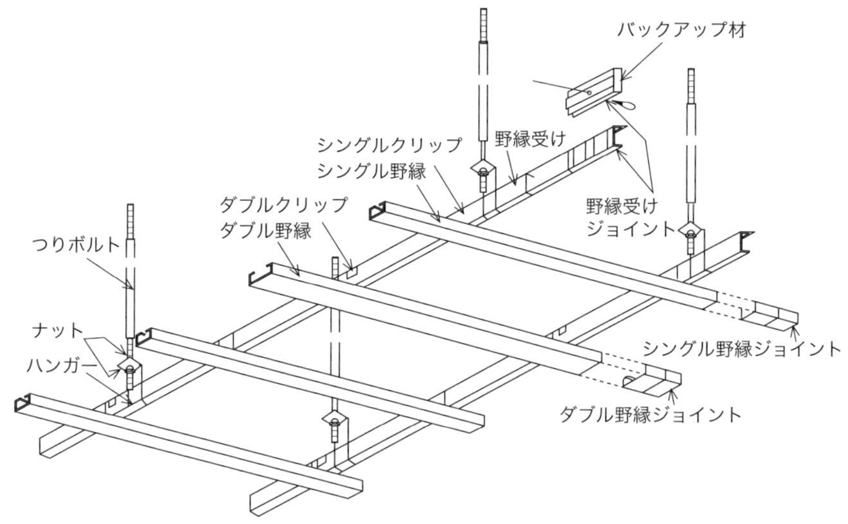

図 7·54　天井下地材・附属金物の名称[28]

〔2〕 **天井仕上げの種類**

（a） **せっこうボード張り**　原則壁の張り方と同様である．二重張りの場合，ジョイント部のひび割れなどの不具合の誘発を避けるために，下張りのジョイント位置と，上張りのジョイント位置が同じ位置とならないようにずらして張る．

（b） **岩綿（ロックウール）化粧吸音板張り**　照明器具，天井点検口据付けの穴あけ加工は，張り付け後，化粧面から行う．二重張りでのジョイント位置のずらし方はせっこうボード張りと同様である．接着剤併用張りとし，貼り付け釘か，ステープルで固定する．湿度の高い居室では，ステンレス製の留つけ材料を使用する．

3 床仕上げ

〔1〕 **床下地の種類**

（a） **木造下地**　下地の不陸や継手の段差が仕上げに現れるため，継手の少ない合板を使用するなどの注意が必要である．床仕上材が合成樹脂シート張りのときは，表面を完全に覆うために合板がむれ，床下地の変形が発生することがあり，床仕上材の材質と床下換気の考慮などが重要となる．歩行時の床鳴り防止のために，合板の釘留めを確実に行う．

（b） **コンクリート・モルタル下地**　下地の不陸は仕上材にそのまま現れるため，金ごてで平滑に仕上げる．コンクリートやモルタルは湿式仕上げのため，水分が残っていると床材の接着強度を損ない，木質系の床材では反りなどの変形を起こすことがある

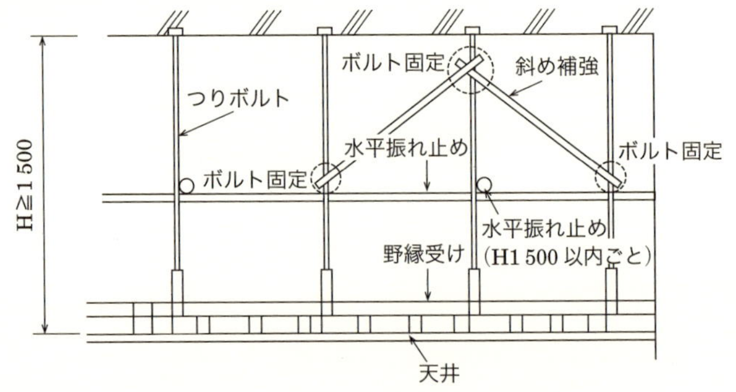

（a） 天井ふところが 1.5 m 以上の場合の各種補強

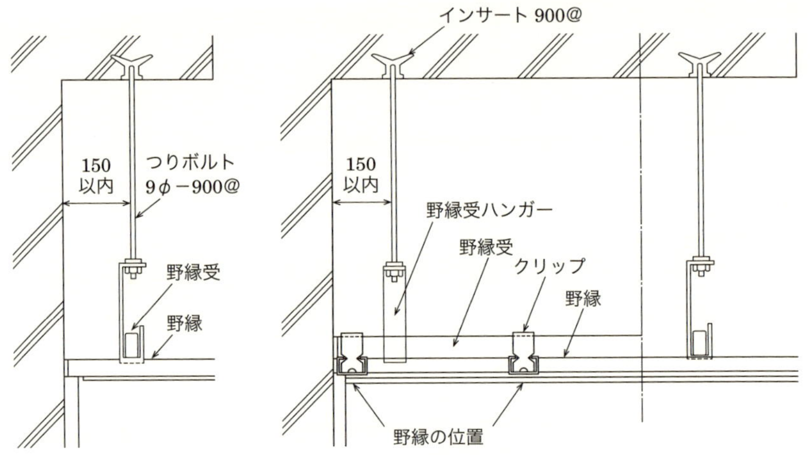

（b） 野縁が壁に直角な場合　　（c） 野縁が壁と平行な場合

図 7·55　天井下地工法の例（単位：mm）[29]

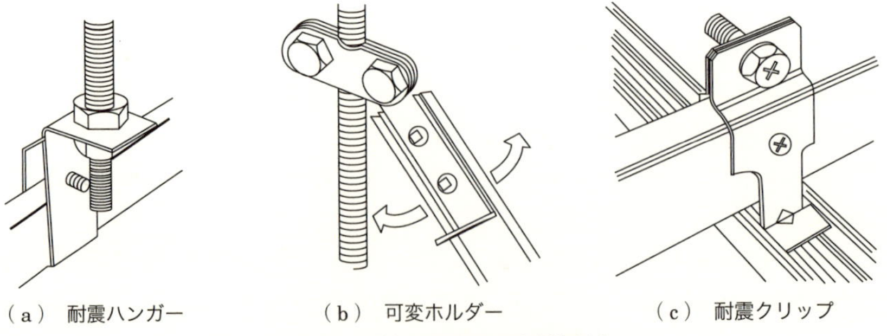

（a） 耐震ハンガー　　（b） 可変ホルダー　　（c） 耐震クリップ

図 7·56　ブレース周囲の耐震補強例

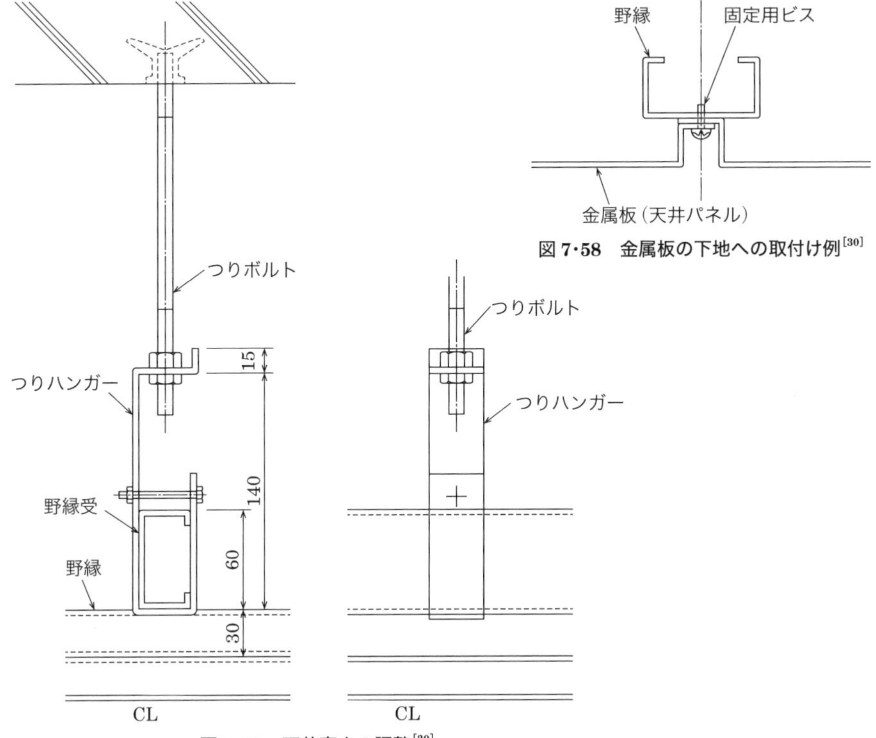

図 7·58　金属板の下地への取付け例[30]

図 7·57　天井高さの調整[30]

ので，下地の乾燥養生期間を十分とり，作業前には含水率を計測し，基準以内であることを確認してから，仕上工事に着手する．ひび割れや亀裂は，エポキシ樹脂材を注入し，事前に補修を施しておく．

〔2〕 床仕上げの種類

（a） 床仕上げの材料　床仕上げの工法・材質・建材名を分類すると表 7·21 のようになる．床材に求められる性能として，耐摩耗性・耐熱性・防炎性・耐候性・耐油性・耐薬品性・耐水性などが挙げられる．

（b） 木質系床　フローリングボード，フロアパーケットなどがある（図 7·59）．

（1）フローリングボード：継手部が，一方の小口を凸，他方を凹に加工し差し込むように接合するさねはぎ加工された単層フローリング床材で，マンションなどではコンクリート下地に防振のため合成樹脂系発泡体を裏打ちしたものをエポキシ樹脂系接着剤で張る．ボードの取付けは継ぎ手を乱にして通りよく並べ，根太に向けて雄ざねの付け根から 45° の傾斜に隠し釘で留める（図 7·60，図 7·61）．

表 7·21　床仕上げの材料

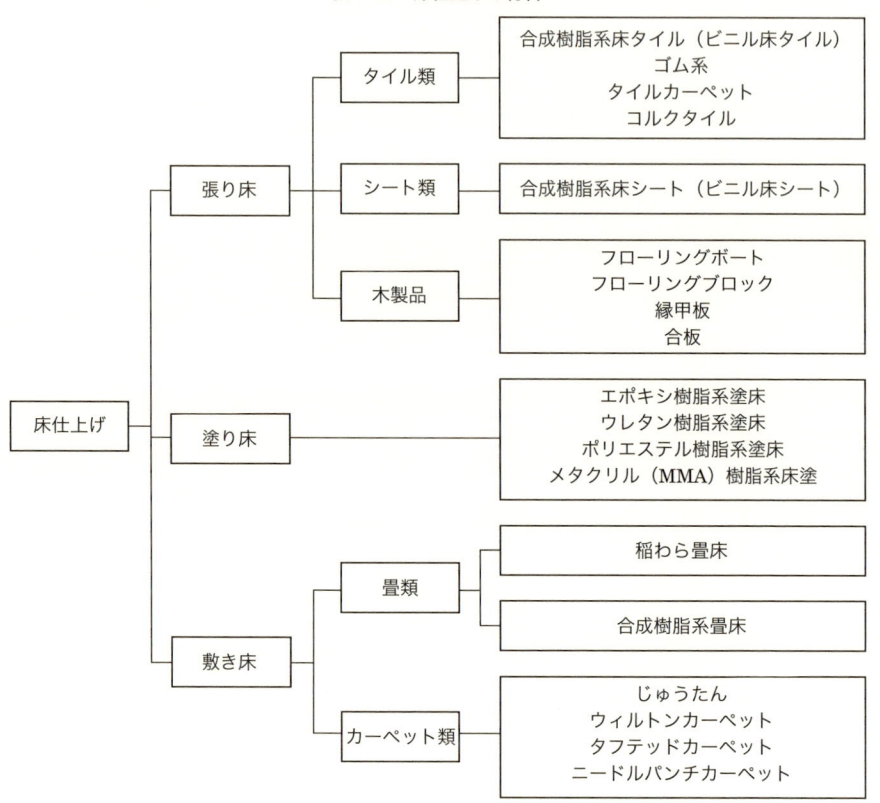

床仕上げ	張り床	タイル類	合成樹脂系床タイル（ビニル床タイル） ゴム系 タイルカーペット コルクタイル
		シート類	合成樹脂系床シート（ビニル床シート）
		木製品	フローリングボート フローリングブロック 縁甲板 合板
	塗り床		エポキシ樹脂系塗床 ウレタン樹脂系塗床 ポリエステル樹脂系塗床 メタクリル（MMA）樹脂系床塗
	敷き床	畳類	稲わら畳床
			合成樹脂系畳床
		カーペット類	じゅうたん ウィルトンカーペット タフテッドカーペット ニードルパンチカーペット

（a）　フローリングボード

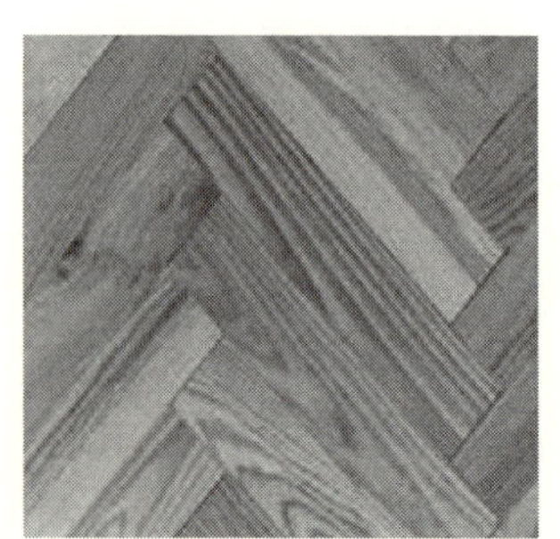

（b）　フロアパーケット

図 7·59　木質系床の例

(2) フロアパーケット：幅 18 mm 以上，長さ 225 mm 以下の木片を集めデザイン化して接着剤で下張りに張りつけたフローリング．

(3) フローリング類は木質材であるため湿度変化により膨張収縮を繰り返す．膨張収縮率は板目材の方が大きく繊維方向はほとんど変化しない．張付けにあたっては膨張収縮を考慮して，端部にエキスパンションを設ける（図 7·62～図 7·65）．

（**c**） **合成樹脂系シート・合成樹脂系タイル**　日本工業規格によりビニル系シートとビニル系タイルが JIS A 5705 にて規定される．シートは，幅 900・1 000・1 800 mm，長さ 9 000 mm，厚さは発泡層なし 2.0・2.5・3.0 mm，発泡層あり（クッ

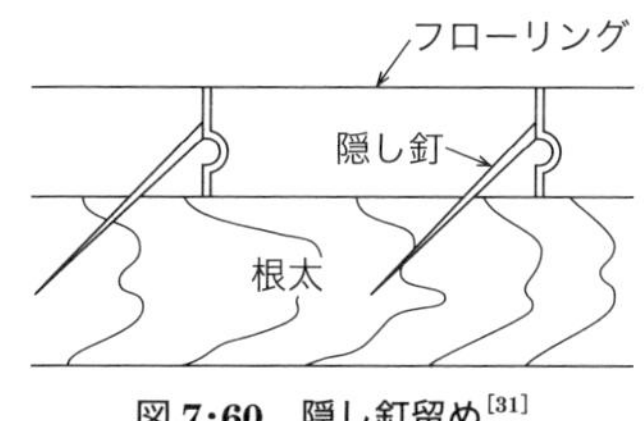

図 7·60　隠し釘留め[31]

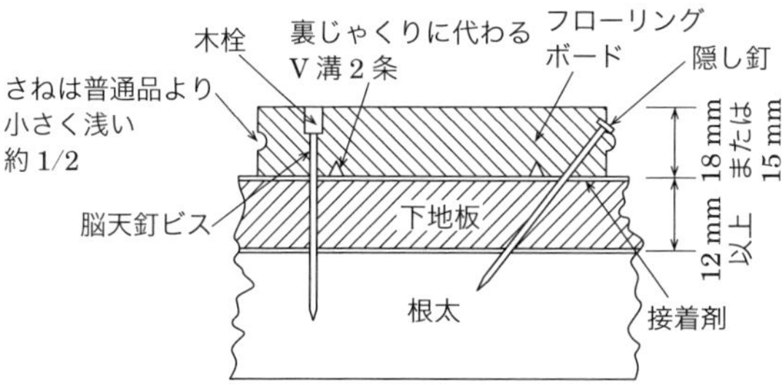

木栓
裏じゃくりに代わる V 溝 2 条
フローリングボード
隠し釘
さねは普通品より小さく浅い約 1/2
18 mm または 15 mm
下地板
12 mm 以上
脳天釘ビス
根太
接着剤

［注］隠し釘，脳天釘ビスは十分に締め付けること

図 7·61　さね付き特殊張り[32]

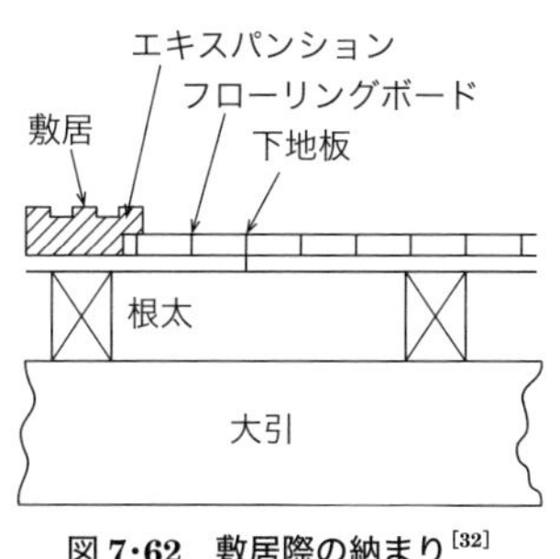

図 7·62　敷居際の納まり[32]

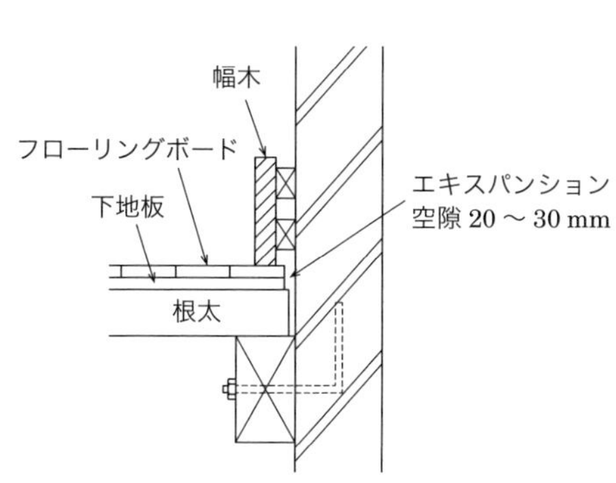

図 7·63　幅木との取合い[32]

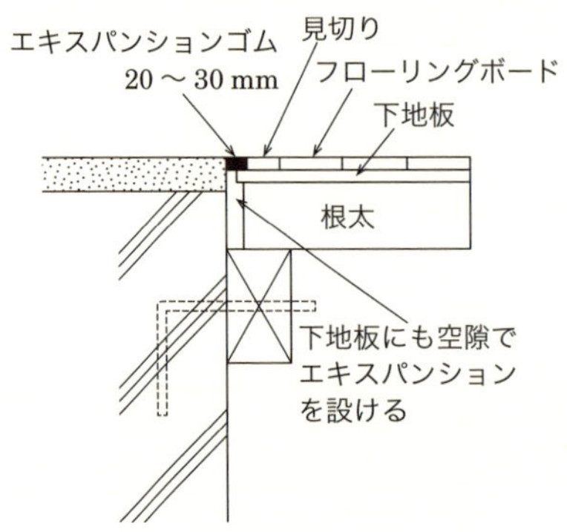

図 7·64　異種材料との取合い[32]

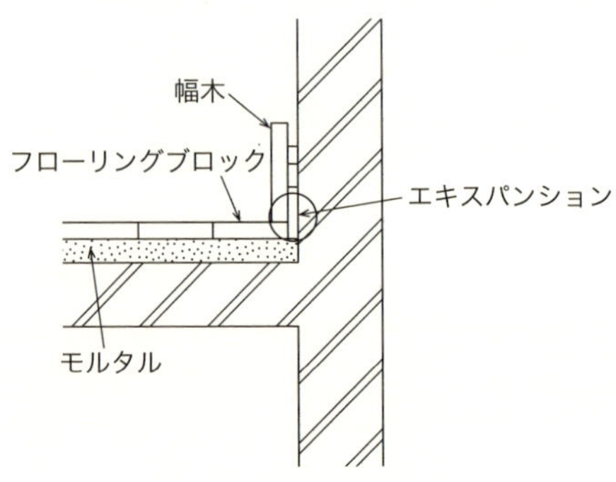

図 7·65　幅木との取合い[32]

ション性あり）1.8・2.3・2.8・3.5 mm が規格となる．弾性・耐摩耗性・耐水性・耐薬品性に優れており，目地の部分を溶接で接合する（熱溶接接合）．タイルは大きさ 300 角・450 角，厚さは 2.0・3.0 mm が規格となる．性能はさまざまなものがある．

シート・タイルともに，環境温度が 5°C 以下になると硬くなり，接着剤の硬化時間も長くなり付着力も低下するため，施工する場所は 10°C 以上を確保し，接着後 12 時間（半日）はこの温度を保つようにする．接着剤の選定として一般的には溶剤系に比べ安全性・作業性に優れるエマルション系接着剤を使用する．湿気が比較的高い脱衣室・便所・台所などの水回り・地下部分のコンクリート床・玄関ホールなどでは含水率が高めでも接着力が高いエポキシ樹脂系接着剤を使用する．また，重量物が輪転・稼働する床でも同様の接着剤を選定する．接着剤は湿気により接着不良を起こすため，コンクリート・モルタルなどの湿式下地では乾燥養生を十分とり，含水率が高周波水分計で 8％以下であることを確認してから着手する

（**d**）　**合成樹脂塗り床**　　コンクリートやモルタルの床面にエポキシ，ポリウレタン，ポリエステルなどの合成樹脂系の塗料を塗布して，継目なしの床仕上げが施される．樹脂の材質によって塗膜の性能が変わるが，学校，病院から工場まで幅広く使用されている．施工に際しては，膜厚が薄いため下地面の精度確保に十分な配慮が必要で，流しのべ工法（エポキシ・ウレタン樹脂仕上厚 1.5～2.0 mm）とこて塗り工法（エポキシ樹脂モルタル・ポリエステル樹脂モルタル仕上厚 4.0～6.0 mm）の 2 工法を標準としている．コンクリート・モルタル下地は打設後 2～3 週間以上は乾燥期間をとり，塗布後 3～10 日は上に乗らないよう注意する．また，土間コンクリート上に施工する場合，地中からの湿気上昇を防止するために，土間コンクリート（打設前に）下部に防湿シートを設ける．

（1）エポキシ樹脂系塗床材：耐衝撃性・耐摩耗性・耐薬品性に優れるが，耐候性に

劣り，工場・倉庫・研究室・食堂などに用いられる．環境温度が5℃以下・湿度80%以上のときや，下地面が結露している状況では硬化不良が起こるため作業を中止する．

(2) ウレタン樹脂系塗床材：無溶剤系と溶剤系の2種類があり，弾力性・耐水性に優れており，学校・病院・事務所などに用いられる．表面に防滑材をまいたノンスリップ工法があり，プールサイドにも用いられる．

(3) ポリエステル樹脂系塗床材：耐酸性があり，速硬性であるが，硬化時に収縮を伴う．施工時には臭気がある．化学工場・電子工場などに用いられる．

(4) メタクリル樹脂（MMA樹脂）系塗床材：一般にアクリル樹脂と呼ばれているものの正式名称であり，耐衝撃性・耐薬品性・耐油性・耐候性に優れ，物流倉庫，厨房，機械ほか一般工場，歩道・歩道橋などの屋外施設に用いられる．

（e） **フリーアクセスフロア**　電子計算機室の床に使用される仕上材で，構造床より1段高くして仕上げることにより，床下空間を電算機用の多数の配線スペース，空調返りダクトとして利用するよう配慮されたものである（図7·66，図7·67）．電算機とそこで働く人間の荷重に耐えるとともに，床下のケーブルや機器装置のメンテナンス，配置替えなどに備えて，床板を自由に取り替えられるようになっている．

4 断 熱 工 事

冷凍倉庫や低温実験室など，外気と極端に室内の温度条件の異なる部屋から，軽度の

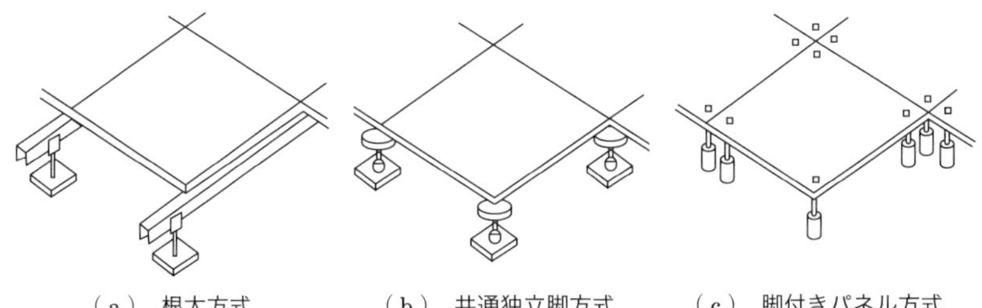

（a） 根太方式　（b） 共通独立脚方式　（c） 脚付きパネル方式

図7·66　フリーアクセスフロアの方式例[33]

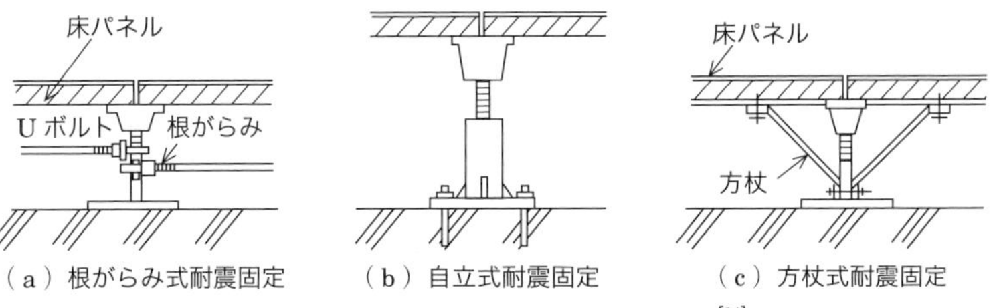

（a）根がらみ式耐震固定　（b）自立式耐震固定　（c）方杖式耐震固定

図7·67　フリーアクセスフロア耐震固定例[34]

場合はRC構造物の最上階スラブに至るまで，断熱材の施工は広く普及している．特に昨今の省エネルギーへのニーズは，冷暖房負荷の低減を目指して，ますます断熱材の需要を増大させている．コンクリートは断熱材に比べると熱伝導率が大きく熱橋により表面結露や熱損失増大の要因となるため，断熱補強が必要となる．

断熱材の施工は，外壁や屋根面の熱貫流抵抗を大きくして，冷暖房負荷を低減するとともに，天井面や壁面の結露の防止を可能にしている．

〔1〕 発泡樹脂系断熱材

発泡樹脂系断熱材には，フォームポリスチレン断熱材，ポリウレタンフォーム断熱材などがある．いずれもボード状に成型されており，軽量で取扱いが容易である．施工方法は，コンクリートの打込みに先立ち型枠に取り付けられ，構造体と一体に打ち込まれる打込み工法が一般的であるが，接着材やボルトを用いて後張りする張付け工法もある．また，ポリウレタン系断熱材には，吹付けや注入発泡による吹付け工法もある．これら断熱材の施工は，構造体と密着させるとともに冷橋が伝わる部分を作らないことが断熱性能を高めるうえで重要であり，このために断熱ボルトも考案されている．また，冷凍倉庫のように高度の断熱性能を要求される場合には断熱材が積層されるが，断熱材間のわずかの空気中の水分が凍結することで層間はく離を起こすことがあるため，密着性を大きくするとともに，防湿層を設けて湿気の浸入を防ぐことが必要となる．

コンクリート，金物類は木材や断熱材に比べると熱伝導率が大きく，断熱層を貫通するこれらの部材・金物類は熱橋となり，表面結露や熱損失増大の原因となる．これを防ぐため断熱補強を行う必要がある（図7·68）．なお，家具などの裏側の物陰部分や複数面の外気にさらされる隅角部は図7·69のように表面温度が変化しやすく表面結露の原因になるため断熱補強を行う（図7·70〜7·72）．

〔2〕 グラスウール，ロックウール

多孔質繊維状断熱材としては，ガラス繊維，岩綿繊維を原料にしたグラスウール，ロックウールがある．いずれも板状または帯状に成型されているが，多孔質繊維材であるため吸湿しやすく，吸湿すると断熱性能が極度に低下するため，防湿処理が同時に必要になる．防湿材料としてはポリエチレンシート，アスファルトルーフィングなどが用いられるが，赤外線を反射するアルミはくを裏打ちした製品も利用される．

軽くて柔軟な材料であるため施工性が良く，住宅用断熱材として広く使用されている．

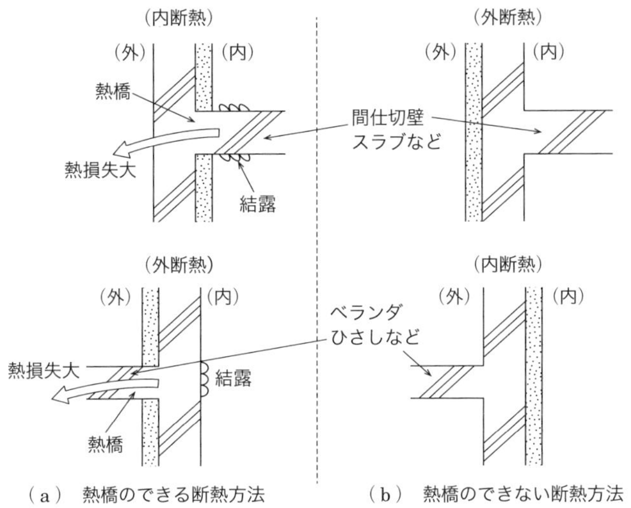

（a） 熱橋のできる断熱方法　（b） 熱橋のできない断熱方法

図 7·68 断熱方法と熱橋[35]

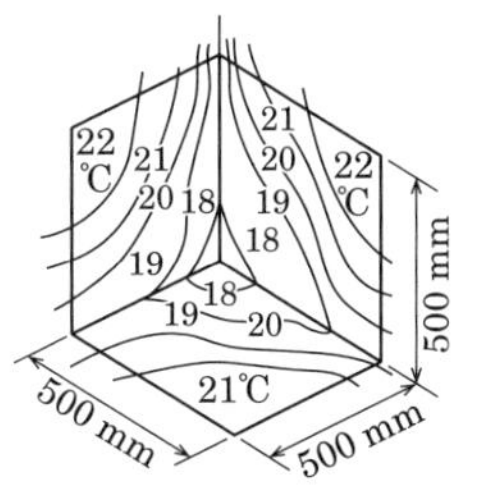

図 7·69 隅角下部の局所温度分布実測例[36]

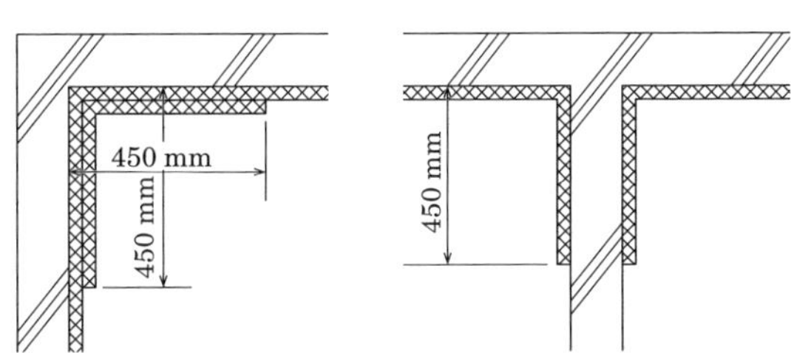

図 7·70 内断熱工法における断熱補強例[36]

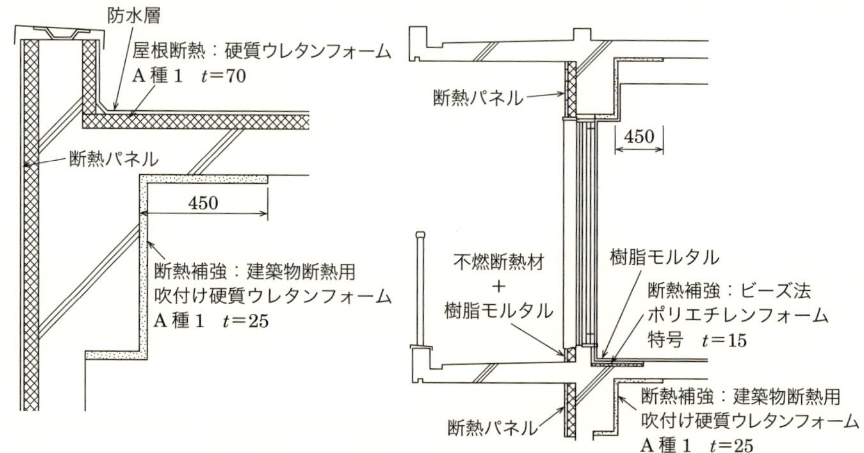

図 7・71　外壁が外断熱の場合の断熱補強施工要領図[37]

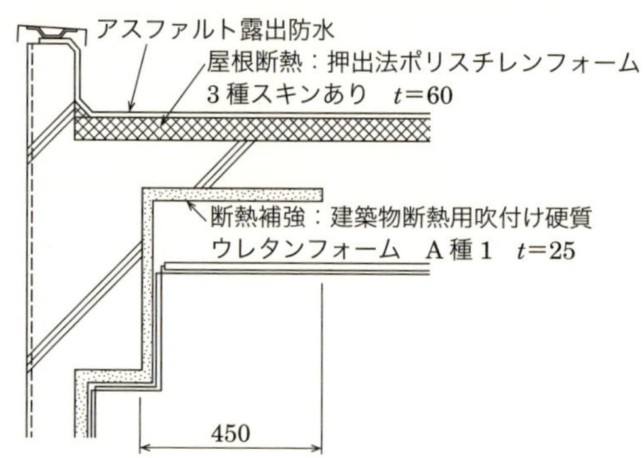

図 7・72　外壁が内断熱の場合の断熱補強施工要領図[37]

引用文献

［1］ 建築工事標準仕様書・同解説　JASS 21，ALC パネル工事，p. 56，日本建築学会（2018）

［2］ 建築工事標準仕様書・同解説　JASS 21，ALC パネル工事，p. 131，日本建築学会（2018）

［3］ 建築工事標準仕様書・同解説　JASS 21，ALC パネル工事，p. 171，日本建築学会（2018）

［4］ 建築工事標準仕様書・同解説　JASS 27，乾式外壁工事，p. 99，日本建築学会（2011）

［5］ 建築工事標準仕様書・同解説　JASS 27，乾式外壁工事，p. 103，日本建築学会（2011）
［6］ 建築工事標準仕様書・同解説　JASS 27，乾式外壁工事，p. 105，日本建築学会（2011）
［7］ 建築工事標準仕様書・同解説　JASS 27，乾式外壁工事，p. 107，日本建築学会（2011）
［8］ 建築工事標準仕様書・同解説　JASS 27，乾式外壁工事，p. 101，日本建築学会（2011）
［9］ 建築工事標準仕様書・同解説　JASS 27，乾式外壁工事，p. 108，日本建築学会（2011）
［10］ 建築工事標準仕様書・同解説　JASS 27，乾式外壁工事，p. 98，日本建築学会（2011）
［11］ JIS K 2207
［12］ 建築工事標準仕様書・同解説　JASS 8, 防水工事, p. 365, 日本建築学会（2022）
［13］ 建築工事標準仕様書・同解説　JASS 8, 防水工事, p. 233, 日本建築学会（2022）
［14］ 建築工事標準仕様書・同解説　JASS 8, 防水工事, p. 418, 日本建築学会（2022）
［15］ 建築工事標準仕様書・同解説　JASS 8, 防水工事, p. 415, 日本建築学会（2022）
［16］ 建築工事標準仕様書・同解説　JASS 9, 張り石工事, p. 108, 日本建築学会（2009）
［17］ 建築工事標準仕様書・同解説　JASS 9, 張り石工事, p. 121, 日本建築学会（2009）
［18］ 建築工事標準仕様書・同解説　JASS 9, 張り石工事, p. 95, 日本建築学会（2009）
［19］ JIS A 5209
［20］ 建築工事標準仕様書・同解説　JASS 15, 左官工事, p. 35, 日本建築学会（2019）
［21］ 建築工事標準仕様書・同解説　JASS 15, 左官工事, p. 40, 日本建築学会（2019）
［22］ 建築工事標準仕様書・同解説　JASS 26, 内装工事, p. 257, 日本建築学会（2006）
［23］ 建築工事標準仕様書・同解説　JASS 26, 内装工事, p. 296, 日本建築学会（2006）
［24］ 建築工事標準仕様書・同解説　JASS 26, 内装工事, p. 302, 日本建築学会（2006）
［25］ 建築工事標準仕様書・同解説　JASS 26, 内装工事, p. 297, 日本建築学会（2006）
［26］ 建築工事標準仕様書・同解説　JASS 26, 内装工事, p. 294, 日本建築学会（2006）
［27］ 建築工事標準仕様書・同解説　JASS 26, 内装工事, p. 144, 日本建築学会（2006）
［28］ 建築工事標準仕様書・同解説　JASS 26, 内装工事, p. 129, 日本建築学会（2006）
［29］ 建築工事標準仕様書・同解説　JASS 26, 内装工事, p. 200, 日本建築学会（2006）
［30］ 建築工事標準仕様書・同解説　JASS 26, 内装工事, p. 201, 日本建築学会（2006）
［31］ 建築工事標準仕様書・同解説　JASS 26, 内装工事, p. 328, 日本建築学会（2006）
［32］ 建築工事標準仕様書・同解説　JASS 26, 内装工事, p. 329, 日本建築学会（2006）

［33］ 建築工事標準仕様書・同解説　JASS 26, 内装工事, p. 419, 日本建築学会（2006）
［34］ 建築工事標準仕様書・同解説　JASS 26, 内装工事, p. 420, 日本建築学会（2006）
［35］ 建築工事標準仕様書・同解説　JASS 24, 断熱工事, p. 77, 日本建築学会（2006）
［36］ 建築工事標準仕様書・同解説　JASS 24, 断熱工事, p. 78, 日本建築学会（2006）
［37］ 建築工事標準仕様書・同解説　JASS 24, 断熱工事, p. 80, 日本建築学会（2006）

■■■ 練習問題

（1） ALC パネル工事に関する次の記述のうち，誤っているものはどれか．

1. ALC の性質として，軽量性・耐火性および断熱性などの特徴がある一方，普通コンクリートに比べ傷がつきやすく，吸水性が大きいことから扱いには注意が必要である．
2. パネル重量をパネル下中央部に位置する自重受け金物により支持する構法としてスライド構法があり，躯体の層間変位に対してはパネルが回転して追従する．
3. 屋根・床パネルの支持材へのかかり寸法は，主要支点間距離の 1/75 以上かつ 4 cm 以上とする．
4. 窓などの開口部はアングルなどの鋼材で補強を行う必要がある．
5. 外壁パネルではジョイント部の止水のためシーリングを行うが，パネルの表面強度が小さいことから，硬質タイプのシーリング材は表面破断を起こしやすく，軟質タイプの使用が適している．

（2） 防水工事に関する次の記述のうち，誤っているものはどれか．

1. 屋根アスファルト防水工事において，特に降雨雪後などは，コンクリート下地の含水率を測定し，基準を超えている場合，作業を見合わせる．
2. アスファルト防水でその上を歩行用とする場合は最上層に砂付きルーフィングを用いる．
3. アスファルト防水立上り入隅部の下地は直角とせず，断面形状が三角形となるように面取り形状とする必要がある．
4. シーリング工事の際，二面接着の必要がある場合など，被着面にシーリング材を付着させない目的でボンドブレーカーまたはバックアップ材を張り付ける．
5. シーリング工事に使用するマスキングテープは，施工中における充填箇所以外の汚染防止のため，および目地縁の線を通りよく仕上げるために用いる．

（3） 塗装工事に関する次の記述のうち，誤っているものはどれか．

1. 木材（クリヤーラッカー塗り）は，サンドペーパー研磨，目止め，節止めを入念に行い，吸込み防止のためにシーラー処理を施す．
2. 塗装工程は素地ごしらえ，素地押さえ，下塗，中塗り，上塗りの 5 工程からなり，各工程の間には一定のオープンタイム（放置時間）が必要である．

3. 合成樹脂エマルションペイント（EP）塗りは，コンクリート下地に可能な塗材であり，作業性が良く，比較的乾燥が早い．
4. 塗装仕上げの工法として，ローラー工法は塗装面以外に飛散することがなく，吹付け工法より施工スピードが速くなる．
5. 塗料の中には可燃性の溶剤を用いたものが多いため，危険物として厳重な取扱いが要求される．

（4） 内装工事に関する次の記述のうち，正しいものはどれか．

1. 木造壁下地の張り物寸法として450×455 mm のものが多く，柱，間柱を900～1 200 mm の間隔で建て，必要に応じ横材を入れ補強する．
2. 壁仕上げのボード張りにおいて，コンクリート下地に接着剤で張るGL工法では，ボードを水平に張りつけるため床取合いを隙間なくセットし固定する．
3. シックハウス対策として，区分表示F☆☆☆☆（フォースター）の合板張りはホルムアルデヒド飛散量が多いため，使用面積に制限がある．
4. 天井軽量鉄骨下地の野縁間隔は天井ボード直張りで360 mm 程度とし，ボードのジョイント位置には必ずシングル野縁を配置する．
5. 天井つりボルト振れ止め補強材，あるいは耐震補強材を連結させる際，地震時の挙動追従と脱落防止の観点から溶接接合は使用せず，ボルト固定，ビス併用固定にて施工する．

（5） ガラス工事に関する次の記述のうち，正しいものはどれか．

1. ガラスの固定方法で，押縁止めはガラスを四周の押縁で押さえ込む方法で，押縁とガラスの間にパテ，ビード，シーリング材などの止水材が充填される．
2. ガラスカーテンウォール工法の一つとして，DPG構法は網入りガラスに開けた孔にボルトで挟み支持する構法で，フレームのないフラットな意匠が可能である．
3. ガラスの取付けは工事中保管時の破損や受傷が考えられるため，各種仕上工事のできるだけ早い時期に取付けを完工する．
4. 強風時にガラスが風圧力で破損しないように，建物の立地条件，高さ，大きさから，ガラスの種類，板厚をチェックし，建物すべてのガラス仕様を同一とする．
5. ガラスの熱割れ現象は，ガラス面に太陽の日射を受けると短時間でガラス表面温度が上昇し，サッシフレーム周辺に圧縮応力が発生し，ガラスのもつ圧縮強度を超えると，ガラスが割れる現象である．

（6） 石工事に関する次の記述のうち，正しいものはどれか．

1. 外壁に石材を高さ10 m 以下の位置に湿式工法で施工する場合，帯トロ工法を採用する．

2. 乾式工法は下地との空間を有しているため，雨水の浸水による白華（エフロレッセンス）が発生する特徴がある．

3. 大理石は外部に用いると酸性雨により劣化するため，外装仕上げ石材には適さない．

4. 石を引掛け固定するための流し鉄筋は，外部より見えない部分であるためさび止め塗料での防錆処理は不要である．

5. 石表面の汚れをクリーニングする際に，工業用塩酸は薄めても石材表面に害を及ぼすため，絶対に使用してはならない．

第8章　改修工事

国内の建設投資は90年代後半以降，減少傾向が続いている．新規の建設市場の縮小が続く中で，ストックの増加を背景に改修工事（維持修繕工事）が増加している．スクラップアンドビルドの時代を経て，環境問題から建物の長寿命化が求められ，維持保全の重要性が再認識されている．建築物の劣化に対し，寿命を延ばす計画的な補修・メンテナンスや，より快適な環境を確保する改修が行われる．改修対象は種々あるが，ここでは防水改修と外壁改修，耐震改修，環境配慮改修を取り上げる．

8・1　改修工事

1　防水改修工事

防水工事は新築時，通常10年の防水保障が施工者から出される．例えば，屋根のアスファルト防水では，それ以降劣化に伴う漏水や漏水懸念により，防水改修が行われる．ここでは新築工事と違い，既存の建築物の防水層の劣化の程度などの現況調査を確実に行うことが重要である．

〔1〕　工　法

既存防水工法が保護アスファルト防水工法であれば，保護層や防水層の撤去が難しいため，撤去せずに改質アスファルトシート防水工法（絶縁工法）や合成高分子系ルーフィングシート防水工法（機械的固定工法）などを保護層の上に採用する．

〔2〕　ルーフドレン回りの処理

ルーフドレン回りの処理が重要で，保護層をすべて撤去しない防水改修では，新しい防水層をスラブコンクリートに直接300 mm程度張り付ける．そのために，図8·1に

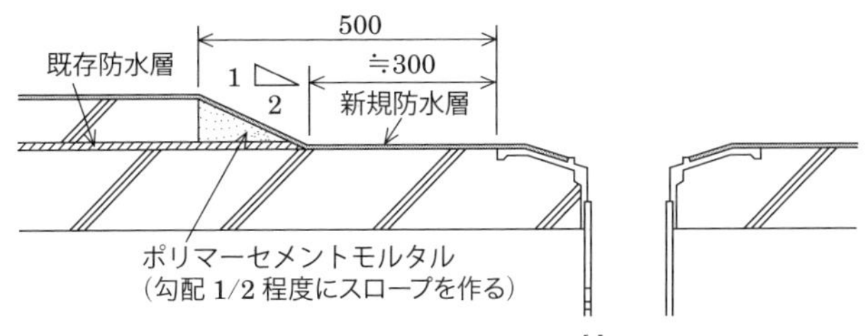

図8·1　ドレン回りの処理[1]

示すように保護層をルーフドレンの端部から 500 mm 程度，既存防水層もルーフドレンの端部から 300 mm 程度まで，いずれも四角形に撤去する．撤去しない部分の防水層を傷つけないように注意が必要である．撤去した端部は，ポリマーセメントモルタルで勾配 1/2 程度になだらかに仕上げる．

〔3〕 シーリング改修工法

コンクリートやタイル面の伸縮目地や建具などの枠周りに施工されたシーリング材の劣化は，すぐに漏水につながることが多い．金属笠木やサッシのジョイントは動く目地（ワーキングジョイント）であり，目地内にシーリングを新しく打ち替える方法のほかに，ブリッジ工法がある．この工法は新しい接着面を露出させるため，既存の塗材などを完全に除去することと，接着面のプライマーの選定や既存シーリング材上に充填するシーリング材の接着幅（A 寸法）と厚み（B 寸法）の確保が重要である（図 8·2）．防水上重要な外部に面する金属，コンクリート，建具などに用いるシーリング材については，施工に先立ち接着性試験を行う．

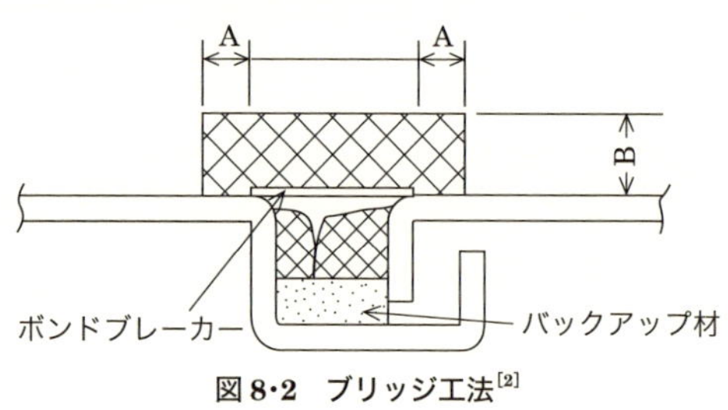

図 8·2 ブリッジ工法[2]

2 外壁改修工事

タイル張りやモルタル塗りの外壁は経年劣化により，また強風や地震時の揺れなどによりはく離・落下すると大きな事故につながるので，定期的な建物診断が重要で，ひび割れや浮きを見逃さず，事故が起きる前に手を打たなければならない．

〔1〕 コンクリート打放し仕上外壁の改修

ひび割れ部の改修に先立ち，さび汁跡が発生している場合や露筋している場合は防錆処理が必要で，健全部が露出するまでコンクリートをはつり出し，さびを除去し，鉄筋防錆剤を塗りつける．

表 8·1 にひび割れ部の外壁の改修工法として，エポキシ樹脂注入工法と U カットシール材充填工法を示す．前者の代表的な自動低圧エポキシ樹脂注入工法の概念図を図 8·3 に示す．エポキシ樹脂の注入後は注入器具をつけたまま硬化養生を行う．

U カットシール材充填工法を図 8·4 に示す．

表 8·1　コンクリート打放し仕上外壁のひび割れ部の改修工法

ひび割れ部の外壁の改修工法	ひび割れ幅	ひび割れの挙動	使用材料
エポキシ樹脂注入工法	0.2 mm 以上～1 mm 以下	挙動する	軟質形エポキシ樹脂
		挙動しない	硬質形エポキシ樹脂
U カットシール材充填工法	1 mm を超える	挙動する	シーリング材
		挙動しない	可とう性エポキシ樹脂
	0.2 mm 以上～1 mm 以下	挙動する	

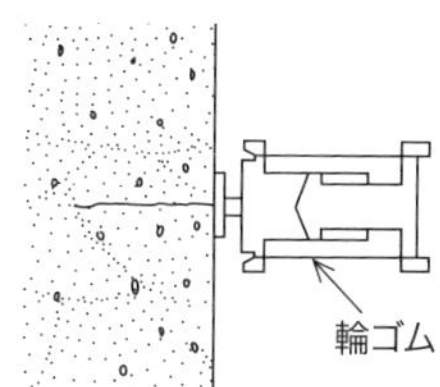

図 8·3　エポキシ樹脂の自動式低圧注入用器具の例[3]

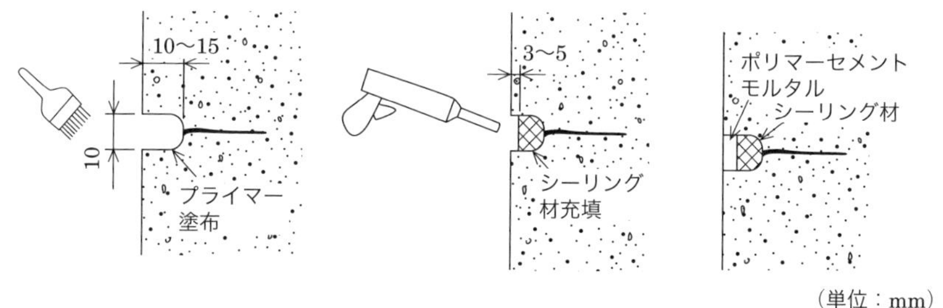

（単位：mm）

図 8·4　U カットシール材充填工法[4]

〔2〕 モルタル塗り仕上外壁の改修

浮き部の改修工事では，補修範囲は，モルタル塗り仕上面をテストハンマーなどによりはく離のおそれのある浮き部について打音で確認し，チョークなどで明示する．

浮き部に用いるアンカーピンニング部分エポキシ樹脂注入工法は，呼び径 4 mm の全ネジ切りした SUS アンカーピンをエポキシ樹脂で構造体に固定する．浮き面積の拡大を阻止するとともに，大面積のはく落を防止する処置として有効な工法である（図 8·5）．

アンカーピンの本数は，特記がない場合は一般部分は 16 本/m^2，指定部分（見上げ面，ひさしのはな，まぐさ隅角部分など）は 25 本/m^2 とする．また，注入口付アン

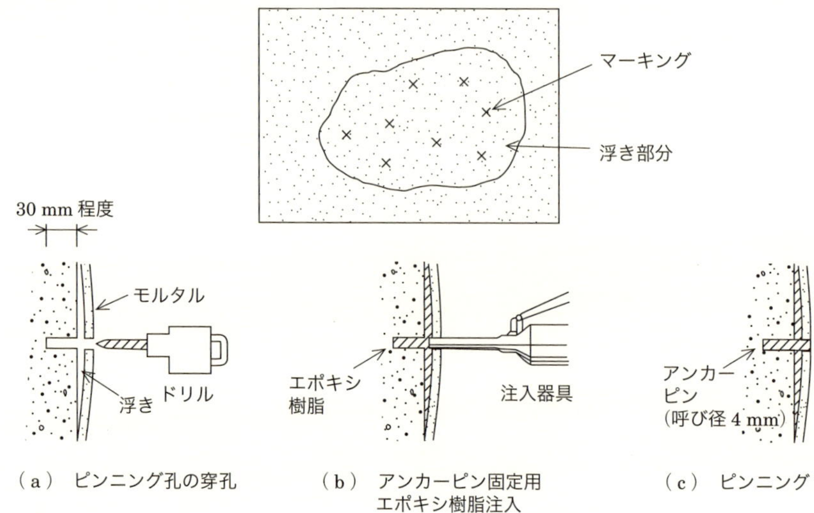

（a） ピンニング孔の穿孔　（b） アンカーピン固定用エポキシ樹脂注入　（c） ピンニング

図 8·5　アンカーピンニング部分エポキシ樹脂注入工法[5]

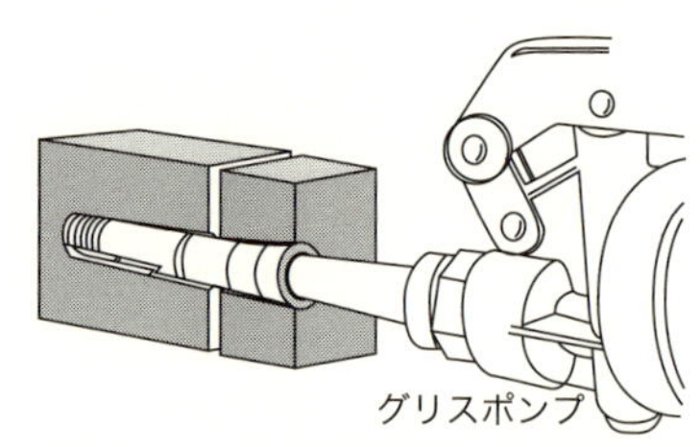

図 8·6　注入口付アンカーピンニング部分エポキシ樹脂注入工法の注入作業[6]

カーピンニング部分エポキシ樹脂注入工法は，モルタルの浮き部を構造体コンクリートに固定する機能を有する特殊な注入口付アンカーピン（呼び経 6 mm）を使用する（図 8·6）.

〔3〕 タイル張り仕上外壁の改修

外壁タイルのはく落は，第三者災害につながる危険性が極めて高いため，概ね 10 年ごとに定期的な点検を実施し，図 8·7 のようにタイルのせり出しやひび割れが発見されれば，はく落する前に処置が必要である.

ひび割れ部の改修工法は，前述の表 8·1 のコンクリート打放し仕上外壁の改修に準じて，エポキシ樹脂注入工法と U カットシール材充填工法が使われる．エポキシ樹脂注入工法は，ひび割れ幅 0.2 mm 以上 1.0 mm 以下に適用し，挙動するひび割れには軟質形エポキシ樹脂，挙動しないひび割れには硬質形エポキシ樹脂が使われる（図 8·8）.

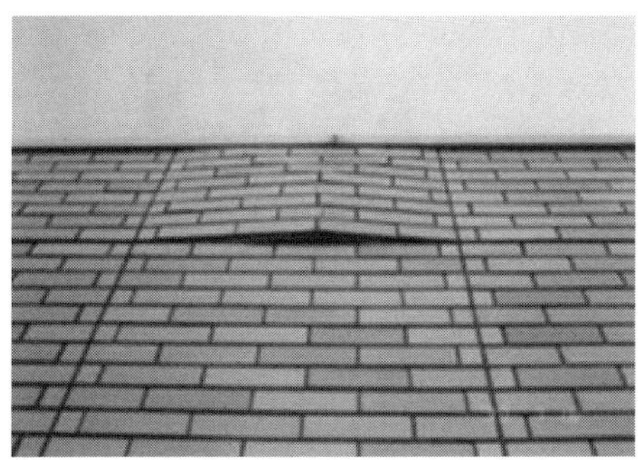

図 8·7　外壁タイルのせり出し

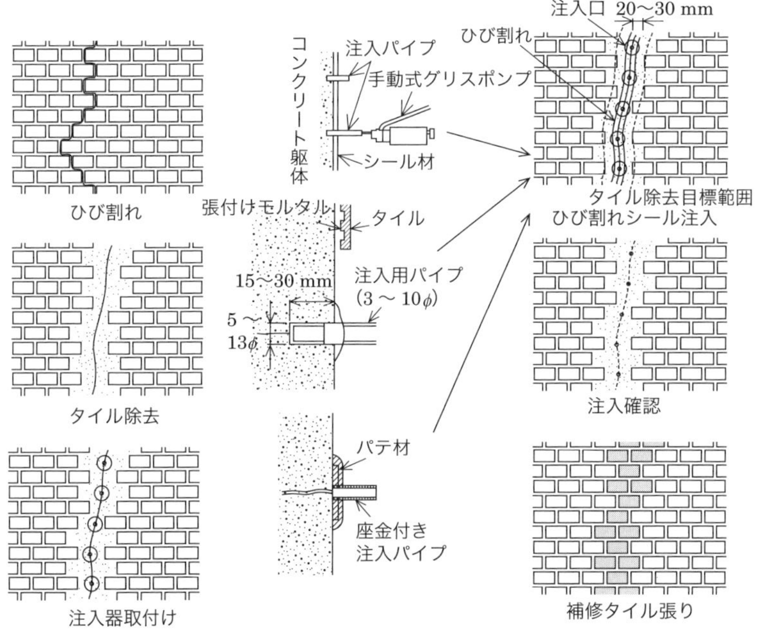

図 8·8　エポキシ樹脂注入工法[7]

Uカットシール材充填工法（図 8·4 参照）は，ひび割れ幅が 0.2 mm 以上に適用する．防水効果は大きいが耐久性はエポキシ樹脂注入工法のほうが優れている．

タイル陶片の浮きに適用する工法に，注入口付きアンカーピンニングエポキシ樹脂注入タイル固定工法がある．モルタル塗り面の改修と同様，注入口付アンカーピンとエポキシ樹脂の注入で浮き部のタイルを固定する．タイルの真ん中に無振動ドリルを用いてピンを打つ孔（ϕ5～7 mm）を穿孔し，注入・固定する．タイル中心に孔をあけるので，小口タイル以上の大きなタイルの浮きに適用する（図 8·6）．

8・2　耐震改修工事

❶ 耐震改修工事

わが国では，地震のたびに建設年代の古い建物に被害が多く出ている．建築基準法の耐震規定は大きな被害を受けた地震のたびに，被害を教訓に改正が行われてきた．既存建物が有する耐震性能がどの程度であるか評価するために耐震診断を実施する．診断結果によって耐震性能が劣る場合には，耐震補強をするか，建て替えるか，上階を除去する減築などの検討が必要である．ここでは，耐震改修，免震改修，制振改修を述べる．耐震改修工事は，地震力に対して構造体（柱・梁・壁・筋違いなど）で耐えるようにする躯体の補強工事である．

〔1〕 一般事項

（a） 既存部分の撤去　改修工事に先立ち，既存の仕上材を除去し，躯体コンクリートを露出させる．新設耐震壁，増打ち耐震壁などで，新旧のコンクリートの一体性は目荒しの程度により大きく左右されることから，既存柱・梁の面に平均深さで 2～

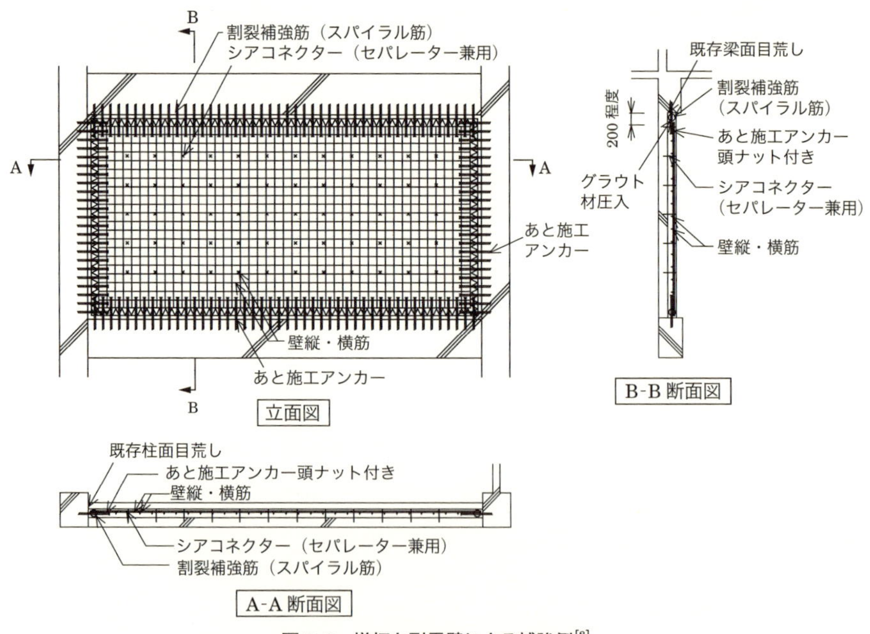

図 8·9　増打ち耐震壁による補強例[8]

5 mm 程度の凹面を付ける.

（**b**） **あと施工アンカー**　既存躯体の取合いに使用するあと施工アンカーは金属系（改良型本体打込み式）アンカーまたは接着系アンカーとする. シアコネクターは, 増打ち壁と既存壁との一体性を増し, はく離による耐力低下を防ぐために設け, あと施工アンカーによって一体化させる. 増打ち耐震壁のあと施工アンカーの施工例を図 8·9 に示す.

開口部のある増設壁において, 開口部補強筋の端部の定着をあと施工アンカーによって行う場合は, 開口補強筋の引張強度確保のため接着系アンカーを用いる.

図 8·10, 図 8·11 にそれぞれのアンカーの施工手順を示す.

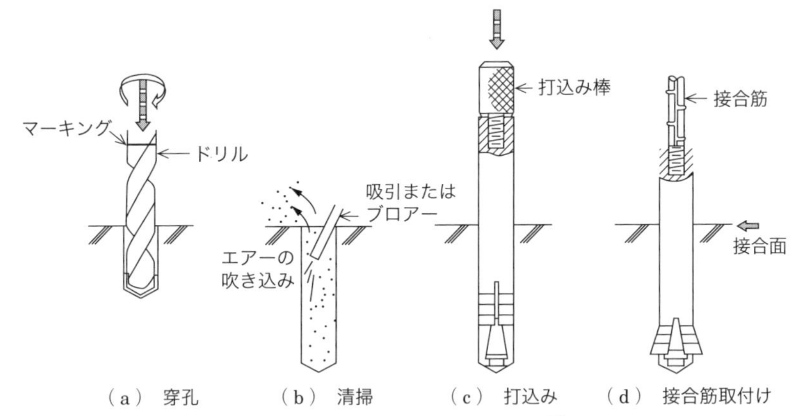

図 8·10　金属系アンカーの施工手順[9]

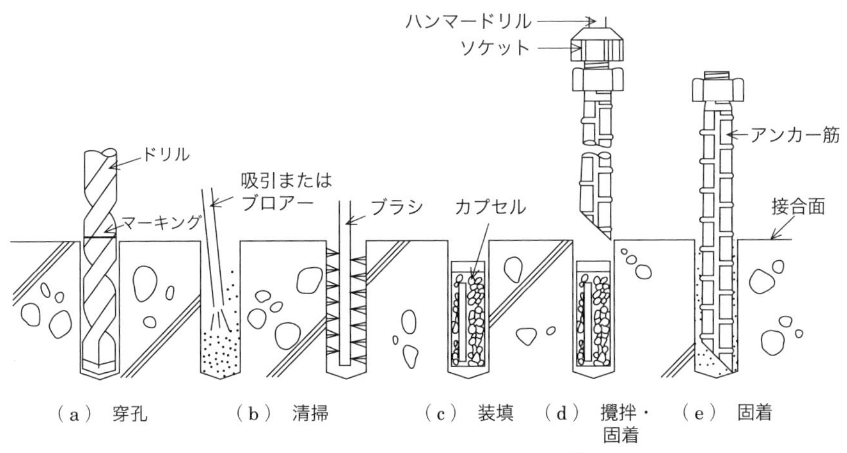

図 8·11　接着系アンカーの施工手順[9]

あと施工アンカーの確認試験は，1日に施工されたものの各径ごとを1ロットとし，この中から3本を行う．現場非破壊試験とし，確認試験荷重については，計算で得られた，アンカーの鋼材による引張り荷重またはコンクリート破壊による引張り荷重の小さいほうの2/3程度の荷重を確認荷重とする．

（c） **割裂補強筋**　割裂補強筋は，あと施工アンカー周辺部のアンカー筋による新設コンクリートまたはグラウト材の割裂防止のために配筋をする．また，鉄骨ブレース増設工事ではあと施工アンカーとスタッドの応力伝達を助けるために配筋する．一般には，スパイラル筋（図8·12）やはしご筋を用いる．

（d） **コンクリートの打設**　新設耐震壁や増打ち耐震壁のコンクリート打設の工法には，流込み工法と圧入工法がある．

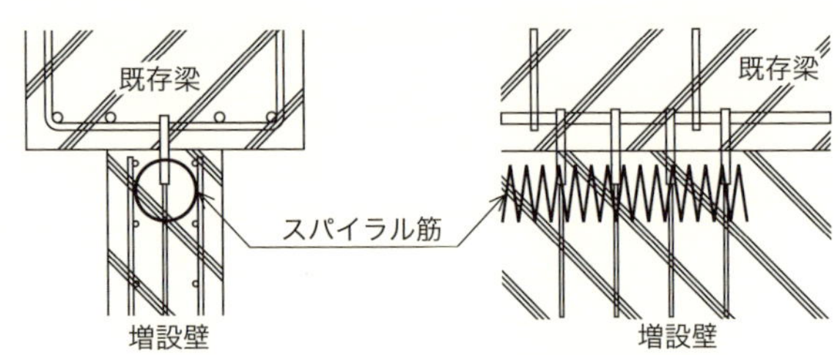

図8·12　スパイラル筋による割裂補強筋の例[10]

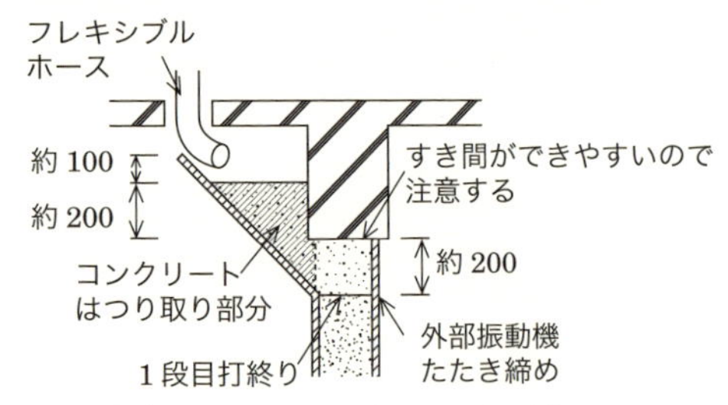

（a） コンクリート流込み工法の例

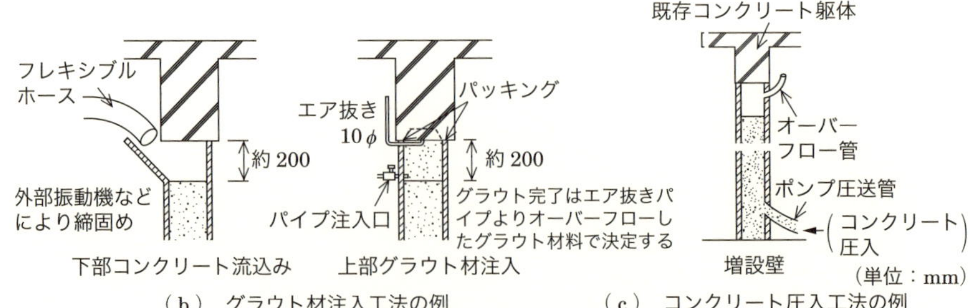

（b） グラウト材注入工法の例　（c） コンクリート圧入工法の例

図8·13　増設壁のコンクリート打設方法の例[10]

（1）流込み工法：増設壁すべてを流込み工法によりコンクリートを打設する工法（図8·13（a））と，既存梁下面より200 mm程度まで流込み工法によりコンクリートを打設し，隙間にはグラウト材を注入するグラウト材注入工法（図8·13（b））がある．

（2）コンクリート圧入工法：コンクリートポンプ車などの圧送力を利用して，高流動コンクリートを直接圧入して打設する方法である．オーバーフロー管をコンクリートの圧入高さより5〜10 cm程度高く設け，そこからの流出を確認する（図8·13（c））．

グラウト材注入工法による現場打ち鉄筋コンクリート壁の増設工事では，新設耐震壁の施工手順は表8·2による．

表8·2　新設耐震壁の施工手順

手順	
（1）	既存仕上材などの撤去
（2）	既存躯体の実測と墨出し
（3）	既存躯体表面の目荒し
（4）	あと施工アンカーを設置
（5）	壁筋の加工・組立て
（6）	割裂補強筋の取付け
（7）	型枠の加工・組立て
（8）	型枠の水湿し
（9）	コンクリート打設
（10）	コンクリート養生
（11）	（7）の型枠解体
（12）	グラウト材注入用型枠の加工・組立て
（13）	グラウト材の注入
（14）	グラウト材の養生
（15）	（12）の型枠解体

〔2〕 鉄骨ブレースの増設工事

既存のRC造あるいはSRC造の柱梁架構内に枠付き鉄骨ブレースを設置して耐震補強する工法である．鉄筋コンクリート壁を増設した場合，採光や利便性に欠けることがあるため，この工法も多く採用される．ブレースの種類を図8·14に示す．

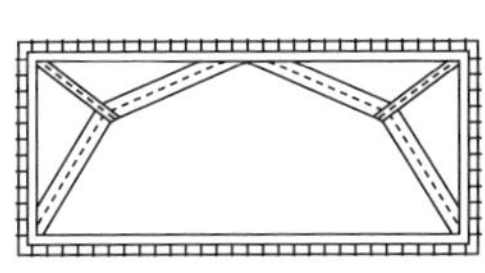

（a） 枠付き鉄骨マンサード型ブレース[11]

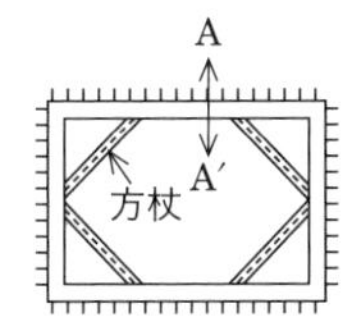

（b） 枠付き鉄骨方杖付きブレース[11]

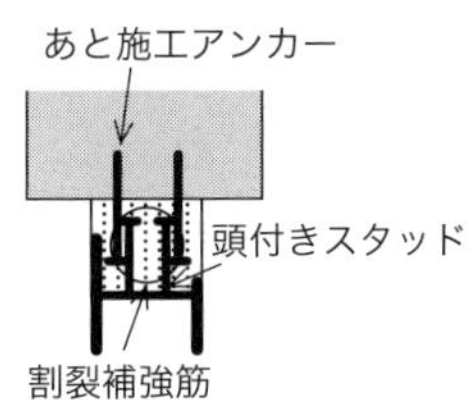

（c） A-A′ 枠付き鉄骨の接合部

図8·14　鉄骨枠付きブレースの例

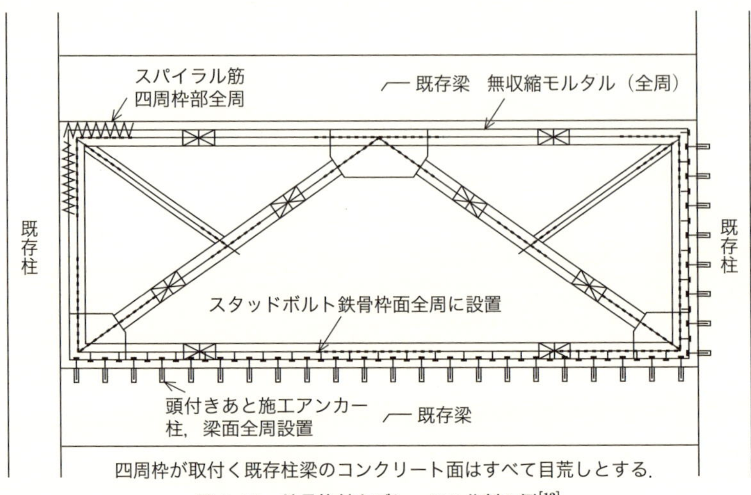

図 8·15　鉄骨枠付きブレースの分割の例[12]

既存の柱梁架構を正確に実測し，鉄骨工場で鉄骨ブレースを製作し，頭付きスタッドボルトまで取り付けて，現場に搬入する．搬入経路や取付け場所が狭いと，一体型で持ち込めず，現場でブレース架構を組み立てる場合がある（図 8·15）．その場合，継手はすべて高力ボルト接合とし，溶接接合は極力避けるのがよい．

鉄骨枠付きブレースにおいて頭付きスタッドとアンカーとのラップ長の確保は，補強壁の耐力に影響を及ぼすので，重要である．割裂補強筋は既存躯体と鉄骨ブレース枠の間にアンカー筋とスタッドを交互に縫うように配筋する．隙間には無収縮モルタルを充填して両者を接合する．

〔3〕 柱補強工事

柱の靭性を高めるために RC 巻立て補強工法（溶接金網を巻く工法，溶接閉鎖フープを用いる工法）と鋼板を巻く工法，および連続繊維補強工法がある．

（a） RC 巻立て補強工法　溶接金網や溶接閉鎖フープを巻き，既存柱の外周部を 60～150 mm 程度の厚さのコンクリートを打設し補強する工法である（図 8·16）．曲げ耐力の上昇を防ぎながらせん断耐力を向上させる目的で図 8·17 (a) に示すように床上と梁下に 30～50 mm 程度のスリットを設ける方法と，図 8·17 (b) に示すようにスリットを設けず，柱断面積を増大させて，柱の曲げ・せん断・軸耐力を増大させる方法がある．

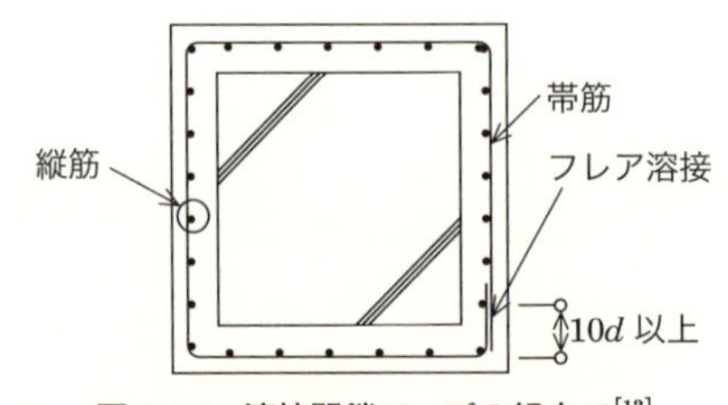

図 8·16　溶接閉鎖フープの組立て[13]

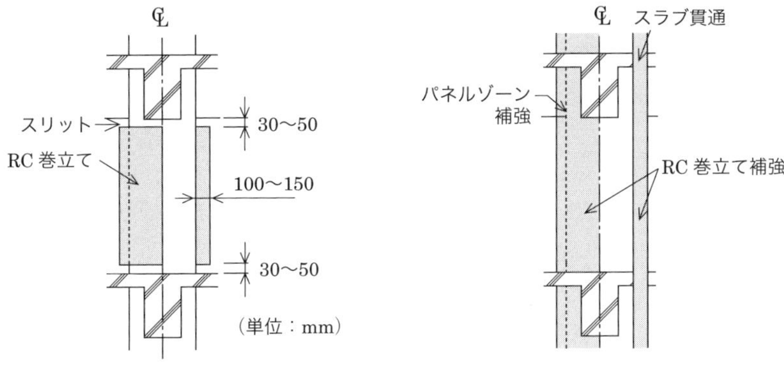

図 8·17 RC 巻立てによる柱の補強[14]

(b) 鋼板系の巻立て補強 鋼板や帯板を使用する鋼板系の巻立て補強は，図 8·18 に示すように厚さ 4.5〜9 mm の薄鋼板を角形や円形に巻いて隙間に高流動モルタルを充填する．角形の場合は角部に半径が 3 倍以上のアールを設ける．搬入および取り付けができるように複数に分割し，相互を現場溶接（完全溶込み溶接）する．

(c) 連続繊維による補強 炭素繊維は鉄の約 10 倍の引張強度を有し，重量は鉄の約 1/4 と極めて比強度が高い材料である．炭素繊維シートにエポキシ樹脂を含浸させながら柱の周囲に巻き付け，ローラーでよく押さえる（図 8·19）．硬化すると FRP となり，柱をせん断補強する効果を発揮する．シート工法では水平方向のラップ長は 200 mm 以上とし，重ね位置は各面に分散させる（水平方向のラップは閉鎖型のせん断補強部材を形成する意味で構造的に重要である）．下塗り樹脂が含浸したことを確認し

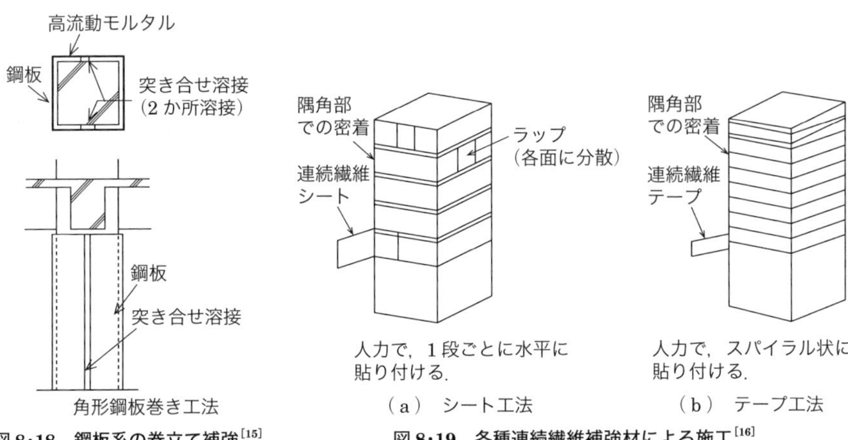

図 8·18 鋼板系の巻立て補強[15]

図 8·19 各種連続繊維補強材による施工[16]

てから，上塗りを行う．テープ工法はアラミド繊維について実用化されている．

〔**5**〕 **耐震スリット新設工事**

地震時に耐震設計を考慮していなかった非構造の鉄筋コンクリート壁が，柱などに悪影響を及ぼすことを防止するために構造目地を追加する工事である．既存建物では，図8·20（a）に示すように，短柱を解消して変形能力を高める方法と，図8·20（b）に示すように，柱と壁の縁を切ることで柱の破壊モードを改善する場合に用いられ，いずれもカッターなどで30～40 mmの間隔を設け，隙間にロックウール充填後，止水処理をする．

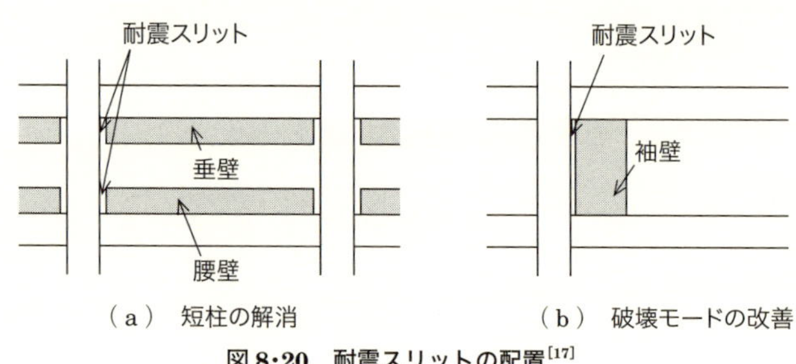

図8·20 耐震スリットの配置[17]

2 免震改修工事

免震に相当する英語はisolation（絶縁を意味する）であり，図8·21に示すように，地面の揺れがそのまま建物に伝わらないように，変形しやすい積層ゴムなどの部材を設置し，建物の自重を支えながら，地震力を大幅に低減させ，同時にこの部分でエネルギーを消費させる目的の工事である．

〔**1**〕 **免震装置**

地盤と建築物を絶縁するための部材（アイソレータ）として，ゴムと鋼板をサンドイッチ状に交互に積層させた積層ゴム支承やすべり・転がり支承があり，また，地震動の入

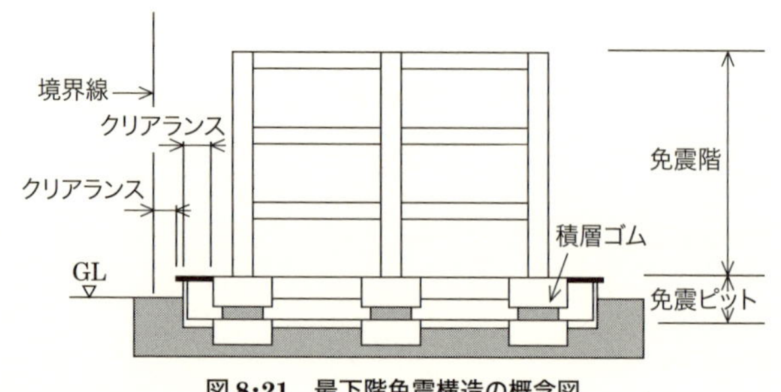

図8·21 最下階免震構造の概念図

（a） 積層ゴム

（a′） 積層ゴム支承の試験

（b） すべり支承

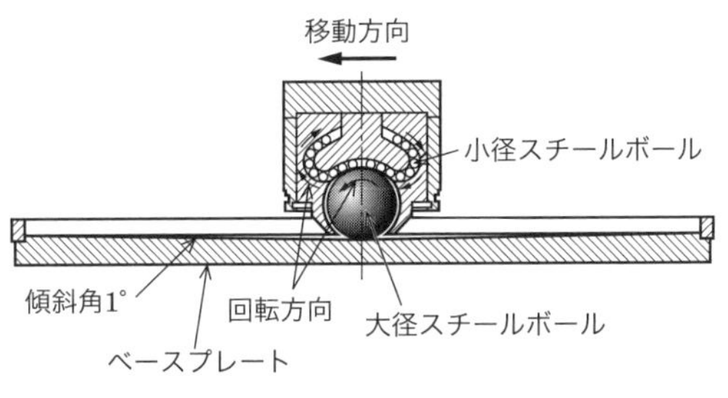

（c） 転がり支承

（d） 鋼材ダンパー

（e） 鉛ダンパー

図 8·22 積層ゴム・すべり支承・転がり支承・鋼材ダンパー・鉛ダンパーの例[18]

力エネルギーを消費するために，ダンパーを取り付けたり，積層ゴムに粘性をもたせる方法がある（図 8·22）．

免震層の位置は，図 8·21 に示したように最下階の床下に設ける場合と，階の一部を免震階にする場合がある．後者は天井裏を利用して柱頭部に免震層を設けることが多い．

免震構造では，完成後も免震性能を発揮し続けるように，維持管理のために点検を行い，記録を保管する．

〔2〕 杭なし基礎建物への免震設置工事事例

工事の事例として，中部大学 9 号館免震レトロフィット工事を紹介する．

工事概要

場　　所	愛知県春日井市
工　　期	平成9年6月～10月
建築面積	527 m^2
延床面積	1 964 m^2
規　　模	RC造　5階建
建物建築年	昭和41年

1期（昭和38年竣工）と2期（昭和39年竣工）の建物は耐震補強を行い，構造耐震指標Is値を0.31→0.67に改善．3期工事はピロティー形式を残すため免震補強とした．図8·23に建物外観写真と図8·24に施工手順を示す．

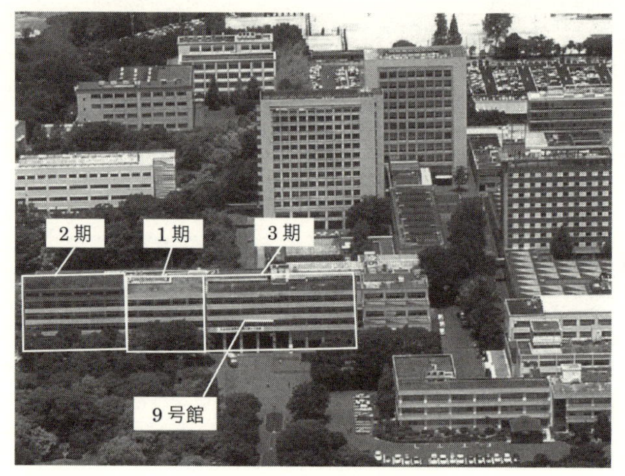

図8·23　中部大学9号館

3 制振改修工事

建物の強度を上げるのではなく，制振ブレースにより地震のエネルギーを吸収して建物への衝撃を和らげる工事である．地震時に揺れの大きい高層の建物の耐震補強に有効な方法である．制振構造は表8·3に示すように，電力などのエネルギーの入力を一切必要としないオイルダンパーや粘弾性物質・金属などのエネルギー吸収要素を利用した制振ブレースを使うパッシブ制御方式，センサーにより構造体の振動を計測しモーターや油圧装置を用いて応答量を制御するアクティブ制御方式，および両者を組み合わせたハイブリット制御方式がある．

制御部材の取付け方法の例を，図8·25に示す．

ダンパーの例を図8·26に示す．

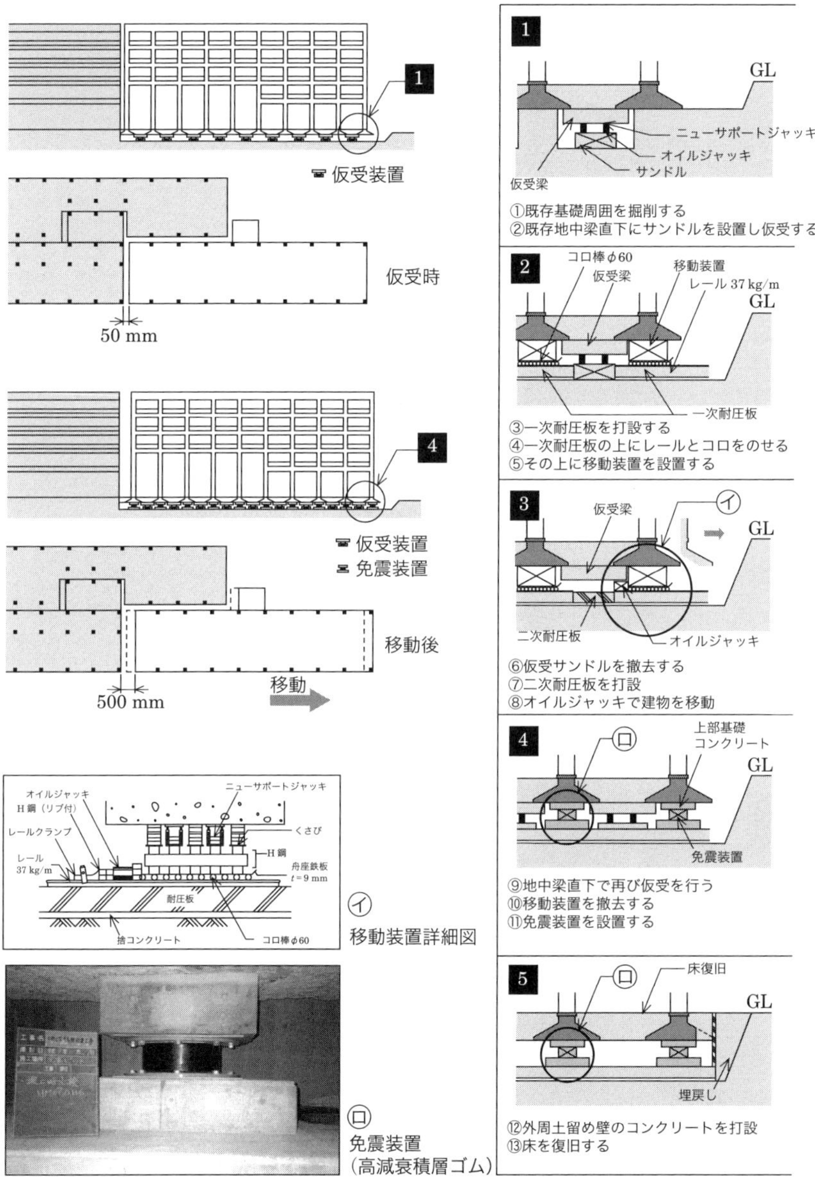

図 8･24　免震化工事の手順

表 8・3　制御方式の種類

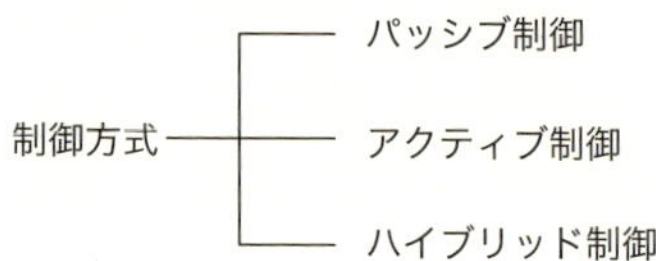

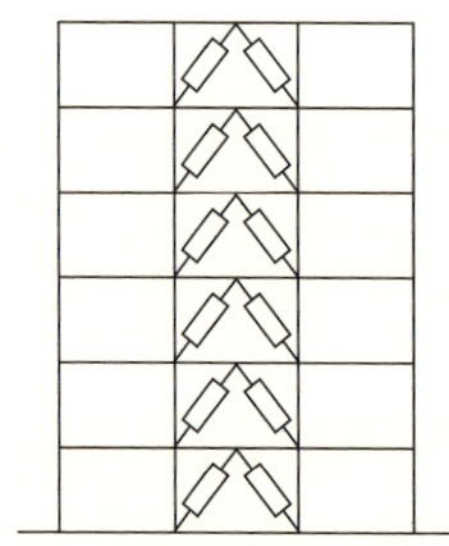

ブレース内蔵型のダンパーを一構面に配置する.

（a）ブレース型ダンパー

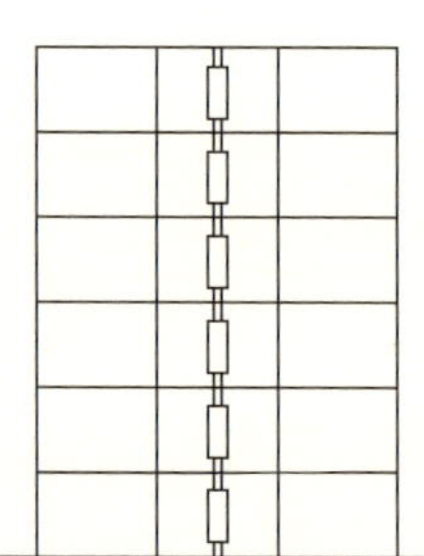

間柱に装着したダンパーを一構面に設置する．開口部を確保しやすい．

（b）間柱型ダンパー

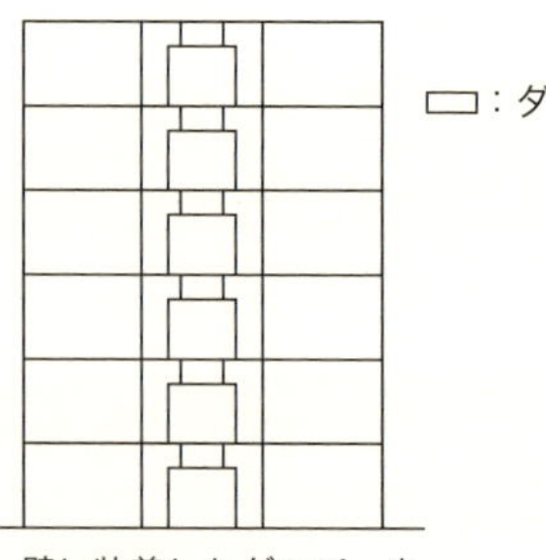

：ダンパー
壁に装着したダンパーを一構面に設置する．大きな抵抗力を得やすい．

（c）壁型ダンパー

図 8・25　実用化されている層間設置型ダンパーの架構への組込み例[19]

図 8・26　流体ダンパーの例[20]

8・3　環境配慮改修工事

1　石綿含有建材の除去工事

石綿は，繊維状鉱物のうち，工業的に使用されてきたものの総称で，アクチノライト，アモサイト（茶石綿），アンソフィライト，クリソタイル（白石綿），クロシドライト（青石綿）およびトレモライトがある．粉砕したときに縦に裂ける傾向があり吸入されると健康障害を引き起こす．

石綿含有建材は，単位重量に占める率で判定し，時代によりその数値はより厳しいものに改定されてきた．現在では，石綿を重量換算で 0.1％を超えて含有している吹付け

表 8·4　石綿含有建材の種類と代表的な建材名

石綿含有建材の種類	代表的な建材名
石綿含有吹付け材	鉄骨の耐火被覆吹付け材, 壁・天井などの吸音，断熱，結露防止などに使用された吹付けパーライト　など
石綿含有保温材	石綿保温材, 耐火被覆板，屋根折板用断熱材　など
石綿含有成形板	スレート波板，ロックウール吸音天井板, サイディング，ビニル床タイル　など

※　現在販売されている上記建材は，石綿は使用されていない.

材を示す．表 8·4 に石綿含有建材の種類と代表的な品名を示す.

石綿は鉄骨の耐火被覆，吸音，断熱などを目的とした吹付け材，結露防止と断熱を目的とした断熱材，耐火・耐久性を目的とした内外装材，設備配管などの保温を目的とした保温材などに多く使われてきた．建築物の解体などにおいては，大気汚染防止法および石綿障害予防規則により，事前に石綿状況についての事前調査または分析調査と報告が必要である．調査に基づき石綿粉塵の飛散防止対策を盛り込んだ施工計画書を作成し，除去にあたっては作業指揮者として石綿作業主任者を選任し，除去作業者は特別教育を受けた者でなければならない．また,「廃石綿」は特別管理産業廃棄物に該当し，適切な処理が必要となる.

石綿含有吹付け材の飛散防止処理工事には,「除去工法」,「封じ込め工法」および「囲い込み工法」があるが，吹付け石綿の劣化や損傷の程度が大きい場合は,「封じ込め工法」は採用できない.

引 用 文 献

［1］ 国土交通省大臣官房官庁営繕部監修，一般財団法人建築保全センター編集・発行：建築改修工事監理指針，上巻，令和 4 年度版，p. 161（2022）
［2］ 国土交通省大臣官房官庁営繕部監修，一般財団法人建築保全センター編集・発行：建築改修工事監理指針，上巻，令和 4 年度版，p. 310（2022）
［3］ 国土交通省大臣官房官庁営繕部監修，一般財団法人建築保全センター編集・発行：建築改修工事監理指針，上巻，令和 4 年度版，p. 384（2022）
［4］ 国土交通省大臣官房官庁営繕部監修，一般財団法人建築保全センター編集・発行：建築改修工事監理指針，上巻，令和 4 年度版，p. 387（2022）
［5］ 国土交通省大臣官房官庁営繕部監修，一般財団法人建築保全センター編集・発行：建築改修工事監理指針，上巻，令和 4 年度版，p. 414（2022）

［6］ コニシ株式会社

［7］ 国土交通省大臣官房官庁営繕部監修，一般財団法人建築保全センター編集・発行：建築改修工事監理指針，上巻，令和 4 年度版，p. 427（2022）

［8］ 国土交通省大臣官房官庁営繕部監修，一般財団法人建築保全センター編集・発行：建築改修工事監理指針，下巻，令和 4 年度版，p. 482（2022）

［9］ 国土交通省大臣官房官庁営繕部監修，一般財団法人建築保全センター編集・発行：建築改修工事監理指針，下巻，令和 4 年度版，p. 373（2022）

［10］ 国土交通省大臣官房官庁営繕部監修，一般財団法人建築保全センター編集・発行：建築改修工事監理指針，下巻，令和 4 年度版，p. 490（2022）

［11］ 国土交通省大臣官房官庁営繕部監修，一般財団法人建築保全センター編集・発行：建築改修工事監理指針，下巻，令和 4 年度版，p. 501（2022）

［12］ 国土交通省大臣官房官庁営繕部監修，一般財団法人建築保全センター編集・発行：建築改修工事監理指針，下巻，令和 4 年度版，p. 507（2022）

［13］ 国土交通省大臣官房官庁営繕部監修，一般財団法人建築保全センター編集・発行：建築改修工事監理指針，下巻，令和 4 年度版，p. 521（2022）

［14］ 国土交通省大臣官房官庁営繕部監修，一般財団法人建築保全センター編集・発行：建築改修工事監理指針，下巻，令和 4 年度版，p. 515（2022）

［15］ 国土交通省大臣官房官庁営繕部監修，一般財団法人建築保全センター編集・発行：建築改修工事監理指針，下巻，令和 4 年度版，p. 516（2022）

［16］ 国土交通省大臣官房官庁営繕部監修，一般財団法人建築保全センター編集・発行：建築改修工事監理指針，下巻，令和 4 年度版，p. 532（2022）

［17］ 国土交通省大臣官房官庁営繕部監修，一般財団法人建築保全センター編集・発行：建築改修工事監理指針，下巻，令和 4 年度版，p. 559（2022）

［18］ 社団法人日本免震構造協会編，考え方・進め方　免震建築，オーム社，p. 15（2005）

［19］ 清水建設免制震研究会：耐震・免震・制震のわかる本，安震建築をめざして，p. 99，彰国社（1999）

［20］ 社団法人日本免震構造協会編：考え方・進め方　免震建築，p. 21，オーム社（2005）

練習問題

（1） 各種の改修工事に関する記述で，間違っているものはどれか．

1. 防水改修工事におけるルーフドレン回りにある既存の防水層および保護層を撤去した部分の処置において，撤去端部（撤去した部分と既存保護層との段差）にについては，ポリマーセメントモルタルにより1/2程度の勾配になだらかに仕上げた.

2. 自動式低圧エポキシ樹脂注入工法によるコンクリート打放し仕上外壁のひび割れ部の改修において，エポキシ樹脂の注入後，直ちに注入器具を撤去した.
3. タイル張り仕上外壁の改修において，小口タイル以上の大きなタイル陶片の浮きについては，注入口付きアンカーピンエポキシ樹脂注入タイル固定工法を採用した.
4. 鉄筋コンクリート造の外壁に「壁と柱とを完全に縁切りする耐震スリット」を新設する耐震改修工事において，既存の外壁に幅30～40 mmのスリットを設け，スリット内にロックウールを挿入したうえで，屋外側および屋内側の2か所をシーリング材により止水処理した.
5. 石綿含有建材の除去処理工事において，隔離養生に用いたシートについては，プラスチック袋に密封して特別管理産業廃棄物として処理をした.

（2） 耐震改修工事に関する記述で，間違っているものはどれか.

1. あと施工アンカーの施工後の引張試験は，計算で得られたアンカーの鋼材による引張り荷重または，コンクリート破壊による引張り荷重の小さいほうの2/3程度の荷重を確認荷重とし，抜け出しなどの急激な剛性低下がないことを確認する非破壊試験とした.
2. 枠付き鉄骨ブレースの設置工事において，補強接合部に用いる「あと施工アンカー」については，特記がなかったので，改良型頭付本体打込み式の金属アンカーを使用し，割裂補強筋を挿入した.
3. 独立柱の炭素繊維巻付け補強において，炭素繊維シートの繊維方向の重ね長さについては，母材破断を確保できる長さとし，200 mm以上とした.
4. 鉄筋コンクリート造の増打ち耐震壁の増設工事において，打継ぎ面となる既存躯体表面については，目荒しとしてコンクリートを30 mm程度はつり取り，既存躯体の鉄筋を露出させた.
5. 鉄筋コンクリート造の耐力壁の増設工事において，既存梁との取合い部分については，グラウト材注入工法を採用し，グラウト材の注入口とは別に，既存梁下にオーバーフロー管を設け，グラウト材がオーバーフロー管から出てくることにより充填を確認した.

第9章　解体工事

建物が時代の流れによってその機能を失ったり，あるいは老朽化のため，さらには都市開発などの社会的変革によって，コンクリートや鉄骨構造物の解体が増えている．建物のライフサイクルの最終章は次の建設の準備と考え，安全に終わらせたい．

解体工事はシェアーの割には建設業での死亡事故の割合が高い．

図9·1　解体風景

9・1　工法の種類

コンクリート構造物の解体方法には，対象物を直接細かく破砕する工法と，大きなブロック状にして解体や搬出しやすくする工法とがある．

原理により，次のように分けられる．

(1) 衝撃によるもの…………ブレーカー，重錘（モンケン）

(2) 圧砕するもの……………油圧式圧砕機，油圧カッター

(3) 膨張圧力によるもの……火薬，生石灰，膨張セメント

(4) 切断するもの……………ウォールソー，ワイヤーソー，ウォータージェット

(5) 熱によるもの……………通電加熱，電磁加熱，火炎溶断

(6) 転倒工法…………………油圧式圧砕機

このうち現在は圧砕機が主流であるが，これだけではすべてをカバーできないため，ほかの工法と組み合わせて使われている．主な解体工法を以下に記す．

1 機械的衝撃による工法

〔1〕 ブレーカー

4·2節3項（図4·14）参照．取扱いが簡単なのでよく使われるが，騒音が大きい．

〔2〕 重錘（モンケン）

クローラークレーンで1～4tの鋼球をつり下げ，対象構造物に打ちつけて破砕するものである．効率は良いが，破砕時にコンクリートが飛散するため安全上の問題から市街地では使われなくなったが，アクション映画では効果のためまだ使われている．

2 圧 砕 機

油圧式圧砕機は低騒音・低振動で比較的能率良く壊すことができるので，全般的に使われている．破砕爪にコンクリートを挟み，油圧ジャッキでコンクリートを圧壊させるもので，柱，梁，床版，壁の解体に適する．バックホーのバケットに換えて取り付けられるので作業性が良い（図9·2）．専用のベースマシンとアームを用いれば，高さ30～65mまでも解体可能である．足場の上からや重機先端に付けたノズルから散水して粉塵の飛散を防ぐ必要がある．

ほぼ同じ形式の刃で鉄骨を破断する機器を油圧カッターという．切断機なので次のカッター工法へ分類されそうだが，形状が油圧破砕機と同じで，刃がはさみ状に異なるだけである．小梁などはスパッと切れるので，純鉄骨造の解体に使われる．

図9·2　油圧式圧砕機

3 カッター工法

切削刃を加圧・走行できる機械に装着し，高速動作することによってコンクリートを切断するものである．刃は円盤状やチェーン状（図9·3），あるいはワイヤー状であったりする．特にワイヤーにダイヤモンド入りの金属ビーズをはめたものをワイヤーソーといい，建物をまるごと切断することもできる．いずれも冷却材として水を用いる．ワイヤーが高速に動くので危険性も高い．建物の改修時に使うことが多い．

図9·3　コンクリートカッター

4 ウォータージェット工法

超高圧水を細いノズルから噴出してコンクリートを切断するもので，ガーネットなどの研磨剤を混ぜれば鉄筋も切れる．騒音，振動が小さく改修工事などに使われる．切削水は回収して処理する．

5 火薬・膨張圧力による工法

〔1〕 火薬による工法

せん孔した孔に火薬を挿入し，爆発力によって，コンクリートなどを破砕する．爆発速度をゆるやかにした火薬を用いて発生したガス圧によって破砕するものと，爆発速度を速くして動的衝撃波によって鉄骨などを破断するものとがある．いずれも日本ではほとんど使われていない．

〔2〕 静的破砕材

せん孔した孔に膨張材を充填し，半日ぐらい待つと，コンクリートにクラックが入る．膨張材としては生石灰や高膨張セメントが使われる．鉄筋の少ない大きな部材を小割りするのに使われる（図9·4）．

図 9·4　静的破砕材による破壊状況

9・2　工法の選定

解体工事では，騒音，振動，粉塵などの公害問題が発生しやすいため，下記のような項目を検討して工法の選定を行う．

（1）対象構造物の規模：大きさ，形状，地中か，水中か．

（2）立地条件：周辺の状況（学校，病院など特定建築物の有無など），騒音・振動など公害規制の有無

（3）解体機器の搬入条件：運搬道路の状況，作業空間の広さ

（4）破砕物の搬出方法：量と作業空間の広さ

実際には，採用できる工法を組み合わせて計画する．解体中はどうしても前より不安定になるため，全工程を通して安全に特に注意しなければならない．解体重機が倒れたり，転倒ブロックが外へ倒れたりして，大事故になる例が発生している．階上解体では20 t 程の重機が床に載って作業できるように，サポート配置を計画する．

9・3　解体の実例

鉄骨鉄筋コンクリート造の転倒工法と，鉄骨柱の転倒法を説明する．

1 解体手順

地上 8 階，地下 1 階の鉄骨鉄筋コンクリート造モデル（図 9·5）を例に説明する．

準備　建設リサイクル法では工事の種類やその規模によって事前に届出る．吹付け石綿や焼却炉のダイオキシンなどの危険物を除去する．

家電やフロン・アンモニア冷媒を回収し，石綿含有建材を外して回収する．

内装材，家具類を撤去し，養生足場を組み，防音パネルで囲う．

① 道路に近い RF スラブにブレーカーで大穴をあけ，小型圧砕機をつり入れる．

② 圧砕機でスラブ・梁を解体し，シャフトを利用し解体ガラを地下室へ落とす．
③ 外壁をブロック割りし，内側へ転倒させ，小割りする（図 9･6，図 9･7）．
④ 作業階床に大穴をあけ，解体ガラなどでスロープを作り，下階へ重機を下ろす．
⑤ 順次 5 階まで繰り返し，小型圧砕機で大型圧砕機の入れる空間を作る．
⑥ 大型圧砕機を内へ入れ，外周部 1 スパンを残して内側を空洞にする（図 9･8）．

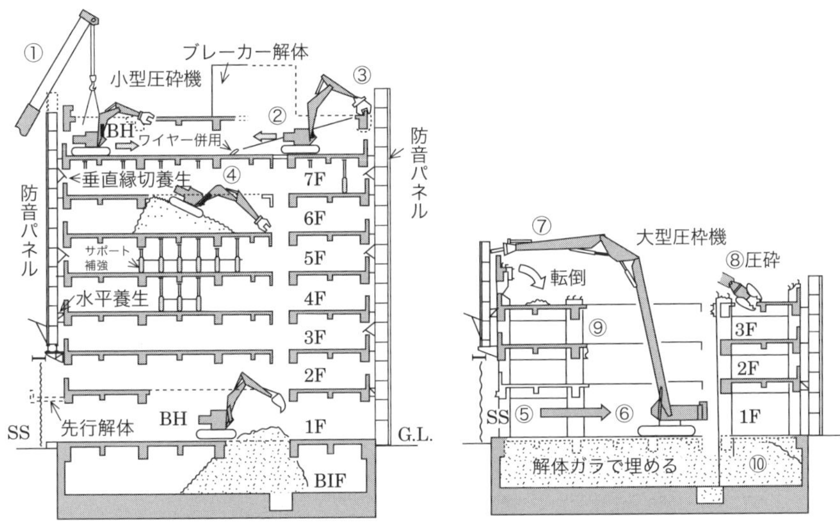

（a） 上部（階上解体）　　（b） 下部（中抜き解体）

図 9･5　解体の手順例

（a） 転倒前

ブロックの縁を切り，ワイヤーを張る．重機で上部をつかんでゆっくり引き倒す

（b） 転倒後

転倒したブロックを小割りし，足場を下げる

図 9･6　転倒工法の例

⑦　外壁ブロックを一層ごとに転倒・圧砕する（図 9·5（b））.
⑧　下の階のスラブ・梁・柱を圧砕する.
⑨　上記の⑦～⑧を繰り返す.
⑩　地下室に詰めたコンクリートガラを掘り出して良質土と入れ替える.
⑪　地下に溜まったアルカリ水は二酸化炭素で中和して排水する.

図 9·7　階上解体

図 9·8　地上解体（中抜き）

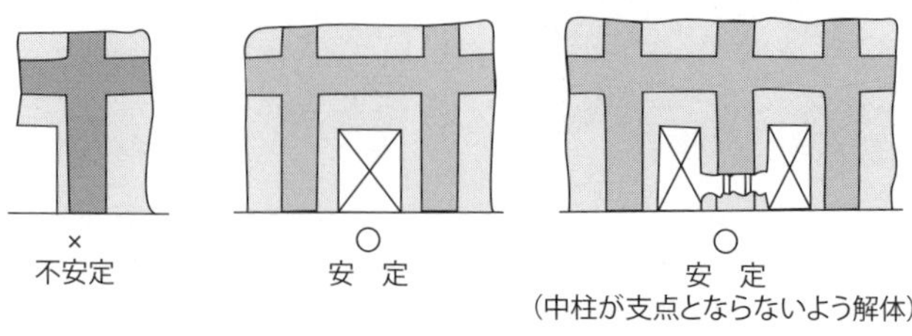

図 9·9　転倒させる壁のブロック割り

外壁解体の単位（転倒ブロック）は解体重機の能力に合わせた大きさとするが，普通は一層で柱２本とする．大きくすると転倒時の衝撃・振動が大きくなる．

外周に跳出し部分がある場合は，事前に撤去するとよい．

地下水位が高い場合は解体に従って軽くなるため，浮上りにも注意する．

2 転倒工法の手順

① 平面・立面・断面的に安定した相互不干渉のブロック割りをする（図 9･9）．

② 倒す順番のブロックが自立できる程度に，梁，壁，スラブを切断する．

③ 頭部に引きワイヤーを取り付け，ゆるまない程度に張る．

④ 倒れこむスラブ面に解体ガラや鉄筋だんごを敷き，クッションとする．

⑤ 自重に対し自立でき，かつ引く力で転倒できる程度に鉄筋を残して柱のコンクリートを圧砕する（図 9･10）．

⑥ 重機またはレバーブロックにより手前に引き倒し，さらに安定した形にする．

最近は人がワイヤーを取り付ける作業がかえって危険なので，解体重機のみで倒すことが多い．しかし，転倒ブロック前が狭い場合はワイヤーが役立つ．

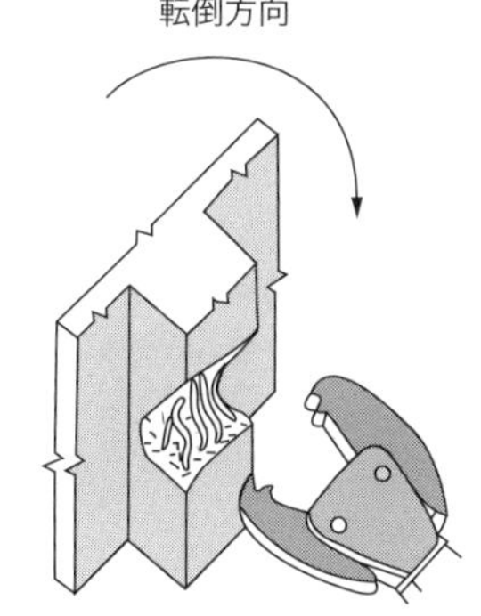

図 9･10 転倒工法の柱の根まわし
（手前の鉄筋を残すことが重要）

3 鉄骨柱の転倒法

鉄骨造の場合も鉄筋コンクリート造と同様の手順で進める．図 9･9 の安定した形を転倒の単位とし，柱の根まわしにはガス切断を併用する．床・間仕切りや小さい柱・梁を鉄骨カッターで切り，内部を片付け，転倒ブロックの縁切りをする．

純鉄骨（S）柱は背面からガス切断で斜め下に向かって切れ目を入れて，手前に引いて転倒させる．鉄骨鉄筋コンクリート（SRC）柱の場合はコンクリートを砕いて，手前の鉄骨をガス切断除去し，背面に切れ目を入れて転倒させる．（図 9･11，図 9･12）．

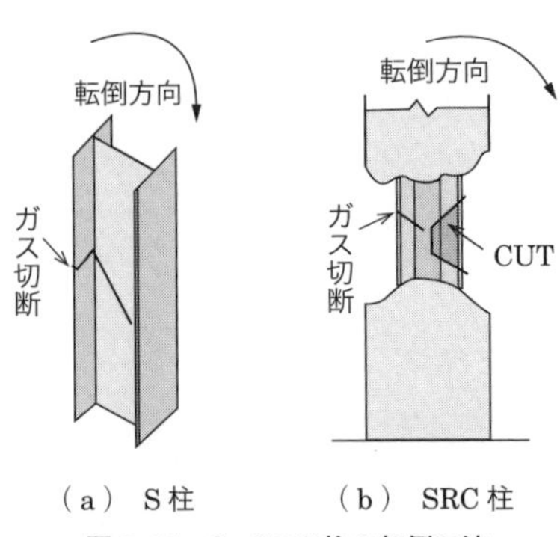

図 9・11　S，SRC 柱の転倒工法

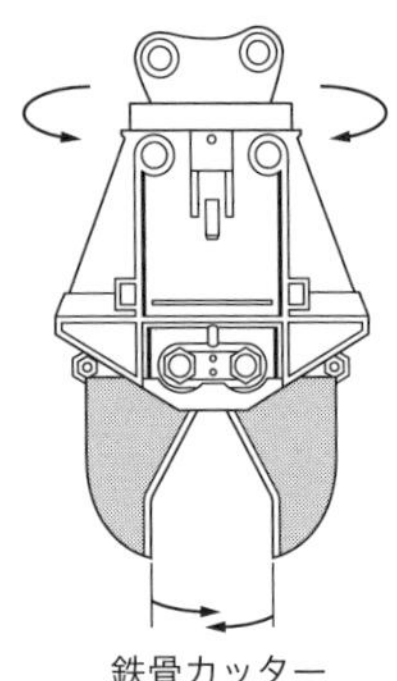

図 9・12　鉄骨造の解体例

4　杭の引き抜き

この工事は次の新規工事の大切な地盤を作るものなので，慎重に行う．短杭なら掘出しもできるが，長杭や太い杭は周辺地盤への影響が大きい．

① 重機で油圧モーター付きの少し太いケーシングを杭に垂直に被せる．
② ケーシングを回転させ，掘削安定液を出しながら排土し，全長にわたって掘る．
③ いったん引き抜いたケーシング先端に投げ縄ワイヤーを仕込み，沈める．
④ ケーシングを引き抜き，留め置かれたワイヤーを締め絡める（輪投げ工法）．
⑤ ワイヤーを引き揚げ，杭上端にも別ワイヤーを付けて，全体を引き抜く．
⑥ 引抜きに平行して，充填剤として流動化処理土を注入して孔を埋める．
⑦ 杭が長い場合や重い場合は，途中で切り分けて重機の転倒を防ぐ．

手順は以上であるが，杭が多数ある場合は飛び飛びに抜き，孔と地盤の安定を図る．

9・4　廃棄物の処理

解体によって発生する建設副産物のうちコンクリート塊や建設発生木材などは産業廃棄物として処理する．建設廃棄物は表9･1のように分けられる．これらのものはできるだけ再生して利用し，廃棄するものを減らすよう努めなければならない．

例えば，コンクリート塊は解体現場から中間処理施設へ持ち込み，細かく破砕して再生砕石として再利用する．一方，木片はチップにしてパルプや燃料として再利用する．今ではコンクリート塊の99%，木片の96%が再資源化されている．しかし，混合廃棄物は2018年度でようやく63%が再資源化されるようになったが（参考文献2）による），残りは焼却されたり，最終処分場に埋め立てられている．再利用しやすいように，できる限り分別して解体する必要がある．

表9･1　建設廃棄物の一覧

	区　分	分　類
建設廃棄物	一般廃棄物	工事用現場事務所の生活ごみ
	産業廃棄物	がれき類，汚泥，木くず，廃プラスチック類，廃木材，建設廃物，ガラスくずおよび陶磁器くず，金属くず，紙くず，繊維くず，ゴムくず
		【特別管理】廃油，廃PCB，廃石綿

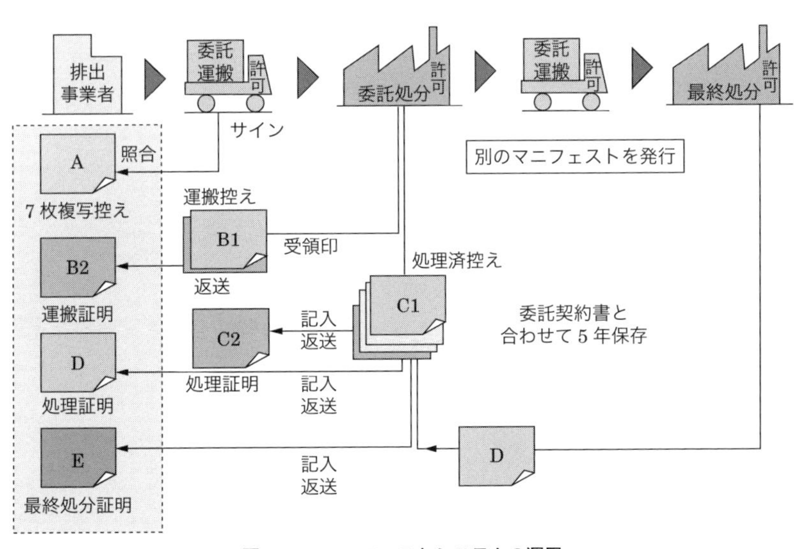

図9･13　マニフェストシステムの運用

最終処分場がしだいに少なくなり，野焼きや不法投棄が多発した．業界の努力によりしだいに減ったが，2012 年でも年 4 万 t あった．全産業の不法投棄の 3/4 を建設業が占め，年約 3.3 万 t もある．これら廃棄物の流れを確認するものとして，1998 年に始まったマニフェスト制度がシステム改訂を経て現在も運用されている（図 9･13）．

これは，排出事業者が 7 枚複写のマニフェスト伝票に産業廃棄物の種類や数量などを書いて発行し，収集運搬業者，中間処理・最終処分業者がそれぞれサインしたり受領印を押したりして戻し，処理後に記入返送する．排出事業者が集まった帳票を照合して，適正に処理されたことを確認するシステムである．

これらの対策をしても，戸建住宅の解体では分別せずに解体するミンチ解体が横行し，混合廃棄物が大量に出された．これらを防止し，資源として有効利用を図る目的で，「建設工事に係る資材の再資源化等に関する法律（建設リサイクル法）」が 2002 年 5 月 30 日から完全施行された．この法律では，建物の分別解体を進めて，コンクリート塊，アスファルト・コンクリート塊，建設発生木材を特定建設資材廃棄物として，それぞれ再資源化率の目標を 2010 年までに 95％とした．その後この目標が次々と達成されたので質を重視する建設リサイクル推進計画 2020 が策定されて，2024 年の目標はコンクリート塊 99%，アスファルト・コンクリート塊 99%，建設発生木材 97%，建設汚泥 95%，建設廃棄物全体で 98% 以上，さらに建設発生土の有効利用 80% 以上として取り組むこととなった．

参考文献

1）建築物の解体工事施工指針（案）（鉄筋コンクリート造編・鉄骨造編），日本建築学会（2024）

2）建設副産物リサイクル広報推進会議：よくわかる建設リサイクル 2020

練習問題

（1）次の解体工法の原理および特色を記せ．

（イ）モンケン　（ロ）油圧式圧砕機　（ハ）転倒工法

第10章　安全と環境問題

10・1　安　　全

1　企業と安全

「人」は企業経営の基本要素である．労働の意欲をもった質と量の「人」を得なければ，企業の繁栄はなく，その存続さえ困難である．

そのためには，企業内で「人間尊重」が至上命題であり，これをおろそかにすれば社会的責任を追及される．

すなわち

①　労働安全衛生法（1972年施行）による企業の安全管理責任の強化

②　工事に伴う労働災害などに対する世論の高まりと企業責任の追及

③　公衆災害，第三者災害に対する営業停止や指名停止などの行政処分

などのように，いまや企業にとって「安全の確保」は，企業本来の生産活動と切り離しては考えられない社会的責任である．

2　労働災害の状況

労働災害は，死亡災害と休業災害とに区別される．さらに，延労働時間との関係で評価するため“度数率”と“強度率”として取り扱っている．

$$度数率 = \frac{死傷者数}{延労働時間数} \times 1\,000\,000$$

$$強度率 = \frac{損失日数}{延労働時間数} \times 1\,000$$

労働災害発生の推移の中で建設業の占める状況は，図10·1のとおりである．

1972年の労働安全衛生法の施行以降，この法令の定着と遵守の努力により，全産業において1/8，建設業において1/9と，死亡者数は一貫して減少してきた．一方で建設業が占める割合は，近年は35％程度で，減ってはきているが，依然としてほかの産業に比べると高い比率を占めている．その理由としては，屋外作業であるため天候に左右されやすい，高所や地下などの特殊な環境での作業が多い，作業員の入れ替えが多いために作業手順や安全ルールが徹底しにくいなど，建設現場が製造業などの現場と異なる

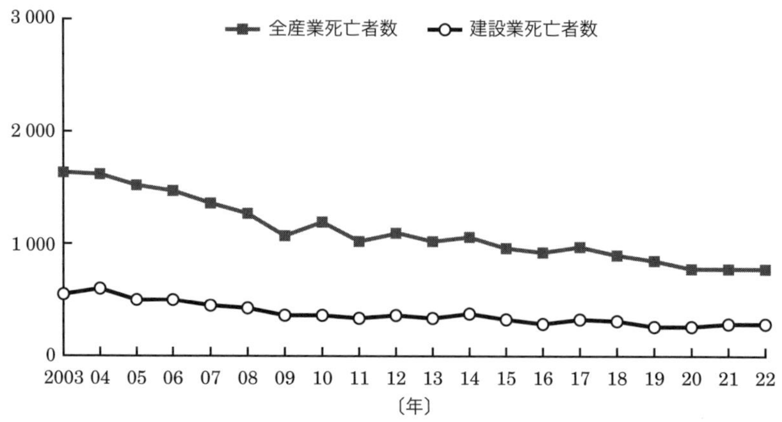

（注） 2011 年の死亡者数には東日本大震災を直接の原因とする死亡者数は含めていない．
新型コロナウイルス感染症への罹患による労働災害は除く．

図 10･1　労働災害発生状況の推移[1]

点が挙げられる．

従来から建設業界では安全管理を最重要課題として位置付けて取り組んできており，法令遵守のほかにも自主的な安全衛生活動を展開してきている．近年は，継続的な安全衛生水準の向上を目指した労働安全衛生マネジメントシステムを導入する建設会社が増えており，計画（Plan）－実施（Do）－評価（Check）－改善（Action）のサイクルを回すことでの災害防止活動を展開している．災害の減少はこれらの活動の成果といえる．

建設業での死亡災害のうち，墜落･転落災害がもっとも多く，全体の 4 割を占め，次いで，建設機械・クレーン等の災害，3 位が倒壊・崩壊災害となっており，この三つで全体の 7 割となることから，三大災害と呼ばれている．三大災害，特に墜落・転落災害を絶滅させることが安全管理の中で重要になっている．

3　災害防止の基本

労働災害は，何らかの原因があってある事象が起こり，その結果として現れる．アメリカの安全専門家ハインリッヒは，労働災害に至るまでの因果関係を「五つの駒」にたとえて説明している（図 10･2）．

一方，災害発生の確率は，統計的に「300 対 29 対 1」といわれている．すなわち，330 件の事故の中では，図 10･3 に示す次の割合となっている．

以上のことから，災害の防止の基本は，個人の資質や社会環境の欠陥をなくすことが理想であり，長期にわたって取り組むべき問題といえるものの，現実の職場では，いかに不安全状態や不安全行動をなくすかが重点となる．

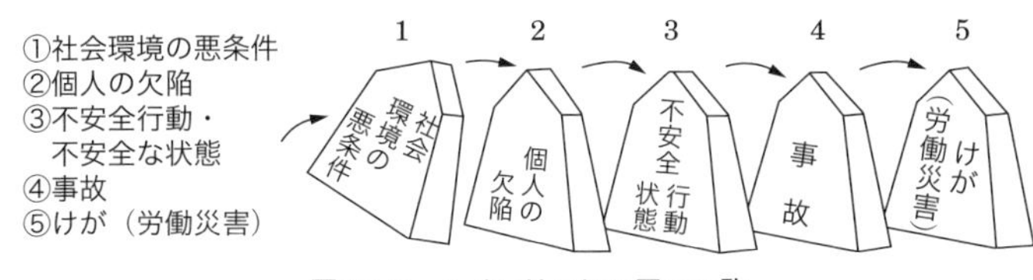

図 10･2　ハインリッヒの五つの駒

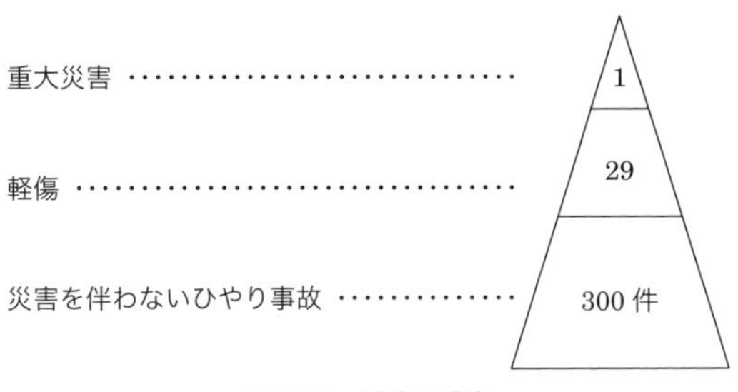

図 10･3　災害の確率

そのために作業標準を定め，異常時の発見に努め，作業の改善を重ねていくことが安全管理の基本的取組みとなる．各事業所においては，企業が定めた安全管理基本方針に基づき，事業所ごとに実情に合った安全管理計画を立てて管理に当たっている．

4　これからの災害防止対策

近年の傾向として，年齢別では 65 歳以上の労働災害発生率（千人率）が高いことから，高年齢労働者の働きやすい職場環境づくりや健康・体力の把握が対策として必要である．増加している外国人労働者については，実務経験が短いこと，日本語の理解やコミュニケーションが不足になりがちなことから，母国語による視聴覚教材や図解を用いた標識などの充実が求められている．

また，AI やロボットの導入を推進することにより，作業の自動化による安全性の確保への期待が高まっている．

5　安全に関する法令

〔1〕　主な法令

安全に関する主な法令を整理すると，表 10･1 に示す形に分類される．

〔2〕　安全に関するの法令に対する手続き

法規制に対して，内容を遵守することはもちろんであるが，申請手続を行い，許可や免許を得なければならない事項が多い．その書類には，安全に関する諸法規程を満足した施工計画書や計画図を添付しなければならない．そして，それらは提出期日に条件があるので注意を要する．

表 10·1　安全関係法令

法と関連政令関係	規則と関連告示関係	
労働安全衛生法	労働安全衛生規則	特定化学物質障害予防規則
労働安全衛生法施行令	ボイラー及び圧力容器安全規則	高気圧作業安全衛生規則
ほか	クレーン等安全規則	電離放射線障害防止規則
関連法関係	ゴンドラ安全規則	酸素欠乏症等予防規則
作業環境測定法	有機溶剤中毒予防規則	事務所衛生基準規則
じん肺法	鉛中毒予防規則	粉じん障害防止規則
労働基準法	四アルキル鉛中毒予防規則	石綿障害予防規則
ほか		ほか

表 10·2　工事開始時の届出書類

No	書類の名称	必要な要件	提出期限
1	特定元方事業開始報告	作業を下請に行わせる 全作業所	工事開始後遅滞なく
2	統括安全衛生責任者　選任・改任報告	常時使用労働者 50 人以上 隧道・圧気・橋梁は 30 人以上	
3	元方安全衛生管理者　選任・改任報告		
4	店社安全衛生管理者　選任・改任報告	常時使用労働者 20～49 人 隧道・圧気・橋梁は 20～29 人	
5	適用事業報告	全作業所	
6	就業規則届	常時使用労働者 10 人以上 （自社従業員）	工事開始前
7	時間外労働・休日労働に関する協定届	労働者（自社従業員）数に関係なく	
8	共同企業体代表者（変更）届	共同施工方式の事業所	工事開始の 14 日前

表 10·3　建設物，仮設物の規模による届出書類

No	書類の名称	必要な要件	提出期限
1	建設物，機械等設置届	支柱高さ 3.5 m 以上の型枠支保工 60 日以上設置のつり足場，張出し足場，高さ 10 m 以上の足場など	当該工事開始の 30 日前
2	建設工事計画届 （厚生労働大臣届出）	高さ 300 m 以上の塔など	工事開始の 30 日前
3	建設工事計画届 （監督署長届出）	高さ 31 m を超える建築物など	工事開始の 14 日前

所轄の労働基準監督署へ届出するものを，表 10·2〜表 10·4 に示す．

〔3〕 作業主任者の選任

労働安全衛生法では，一部の危険・有害業務について，作業者の中から，それらを指揮する立場の作業主任者を選任することを義務づけている．建築での主な作業主任者を，表10·5に示す．作業主任者には，当該作業の技能講習を修了していることが必要である．

表 10·4 クレーン等設置（変更）時の届出書類

No	書類の名称	必要な要件	提出期限
1	クレーン等設置届	クレーン：3 t 以上 エレベーター：1 t 以上 建設用リフト：高さ 18 m，0.25 t 以上	設置工事開始の 30 日前
2	クレーン等落成検査申請書	設置届提出機械の検査	希望日の 15 日前
3	クレーン等変更届	設置届提出機械の主要設備変更	変更の 30 日前
4	クレーン等設置報告	クレーン：0.5 t 以上 3 t 未満 エレベーター：0.25 t 以上 1 t 未満 簡易リフト	機械の設置前

表 10·5 作業主任者の配置が必要な主な作業

No	作業主任者の名称	必要な要件
1	足場の組立て等作業主任者	つり足場，張り出しまたは高さが 5 m 以上の構造の足場の組立て，解体または変更の作業
2	型枠支保工の組立て等作業主任者	型枠支保工の組立てまたは解体の作業
3	地山の掘削作業主任者	掘削面の高さが 2 m 以上の地山の掘削作業
4	土止め支保工作業主任者	土止め支保工の切梁または腹起しの取付けまたは取外しの作業
5	建築物等の鉄骨の組立て等作業主任者	建築物の骨組みなどで金属製の部材により構成されているもの（高さが 5 m 以上）の組立て，解体または変更の作業
6	木造建築物の組立て等作業主任者	軒の高さが 5 m 以上の木造建築物の構造部材の組立て，屋根下地，外壁下地の取付け作業
7	コンクリート造の工作物の解体等作業主任者	高さが 5 m 以上のコンクリート造の工作物の解体または破壊の作業
8	酸素欠乏危険作業主任者	第一種，第二種酸素欠乏危険場所での作業
9	石綿作業主任者	石綿もしくは石綿をその重量の 0.1% を超えて含有する建材などを取り扱う作業

10・2 環境問題

わが国では，高度経済成長期に発生した公害問題の解決に向けた取組みを通じて，地球環境問題への意識は国民の間で確実に高まってきた．建設事業活動の環境に与える影響は大きく，環境負荷低減への取組みは，重要課題の一つである．建設会社は環境対策として，地球温暖化対策，建設副産物対策，有害物質・化学物質対策などに取り組んできた．今後さらに自然環境などの保全・再生・創造など，多くの役割を社会の基盤整備の中で担っていく必要がある．

1 地球温暖化対策

地球温暖化対策としては CO_2 排出量の削減が重要である．2005 年に京都議定書が発効し，温室効果ガスの排出量の削減が義務付けられたことにより，全産業で温室効果ガスの中で影響度のもっとも大きい CO_2 の排出削減に向けた活動が活発になった．

建設業界では，CO_2 排出量の削減のため，以下の活動に取り組んでいる．

① 建設発生土の排出量の削減および輸送距離の短縮

② アイドリングストップおよび省燃料運転の促進

③ 重機・車両の適正な整備の励行

④ 省エネルギー性に優れる工法，建設機械，車両の採用の促進

⑤ 高効率仮設電気機器などの使用の促進

⑥ 現場事務所などでの省エネルギー活動の推進

2 建設副産物対策

建設副産物とは，建設発生土など建設工事に伴い副次的に得られる物品の総称である．具体的には，建設現場に持ち込んで加工した資材の残りや，現場内で発生したものの中で工事中あるいは工事終了後その現場内では使用の見込みがないものをいう．

建設副産物を大きく分けると，以下の三つに分類できる．

(1) そのまま原材料として利用できるもの：建設発生土，金属くずなど．

(2) 原材料として利用の可能性があるもの：アスファルトコンクリート塊，コンクリート塊，汚泥，発生木材，混合廃棄物など．再資源化施設を有する中間処理場において，再利用できる状態に処理される．

(3) 利用が不可能なもの：廃油や PCB，石綿など有害・危険なもの．特別管理産業廃棄物として処理．

このうち (2) に当たる建設廃棄物は，全産業廃棄物排出量の約 2 割，最終処分量の約 2 割を占めており，その発生の抑制とリサイクルの推進は重要な課題である．その主要な活動は，廃棄物の発生抑制 (Reduce)，再利用 (Reuse)，再資源化 (Recycle) であり，三つの頭文字をとって，3R 活動と称している．

近年は，建設工事に係る資材の再資源化等に関する法律（建設リサイクル法，2000年施行）によってリサイクルの推進が図られ，現場分別の推進による建設汚泥や混合廃棄物の処分量の減少が寄与して，全体の再資源化率は97%を超えている．今後は，建設発生土の有効利用の促進が取り組むべき課題となっている．

3 騒音・振動対策など

工事に伴い発生する騒音，振動，粉じんまたは汚水により，人の健康および生活環境に障害を及ぼさないように努めなければならない．

建設作業に伴って著しい騒音・振動を発生する作業を，騒音規制法および振動規制法では「特定建設作業」と定めている．規制対象となる地域（指定地域）において，建設作業に伴って著しい騒音・振動を発生する作業を行うものは，法・条例の規制対象となり，特定建設作業を行う場合は，事前に市町村長に届出を行わなければならない．

建設工事の計画に当たっては，工事現場周辺の立地条件を調査し，全体的に騒音，振動を低減するよう次の事項について検討をすることになる．

① 低騒音，低振動の施工法の選択
② 低騒音型建設機械の選択
③ 作業時間帯，作業工程の設定
④ 騒音，振動源となる建設機械の配置
⑤ 遮音施設などの設置

4 有害物質・化学物質対策

改修・解体工事における有害物質対策と，新築工事における化学物質対策も課題である．前者では特に石綿問題への対応，後者ではシックハウス対策が代表的なものとして挙げられる．

〔1〕 石綿問題への対応

石綿問題は人命に関わる問題であり，石綿が大量に輸入された1970年代以降に造られた建物が解体期を迎えていることから，被害を未然に防止するための対応が重要である．2022年からは一定規模以上の建築物・工作物の解体，改修工事について石綿事前調査が義務付けられた．

既存建築物においても石綿の除去を推進するため，建築基準法により，建築物の増改築時における吹付け石綿の除去が義務付けられている．

〔2〕 シックハウス対策

住宅に使用する内装材などから発散する化学物質が居住者の健康に影響を及ぼすおそれがあるとされるシックハウスについて，建築基準法に基づく建築材料および換気設備に関する規制や，住宅の品質確保の促進等に関する法律に基づく性能表示制度の対策が採られている．また，施工終了時の室内空気中濃度の測定が広く行われるようになってきている.

■■■ 引用文献

［1］ 一般社団法人日本建設業連合会：建設業デジタルハンドブック

■■■ 練習問題

（1） 労働災害に関する記述として，もっとも不適当なものはどれか.

1. 労働災害は，労働者の災害だけで，物的災害は含まれない.
2. 労働災害の延労働時間当たりの発生率として，度数率や強度率が用いられる.
3. 不安全行動をなくせば，労働災害を防ぐことができる.
4. 統計上，労働災害の 10 倍の頻度で，一歩間違えば災害になる事象が起きている.

（2） 安全関連の法令に関する記述として，もっとも不適当なものはどれか.

1. 労働基準法は職場における労働者の安全と健康を確保する目的の法律である.
2. 作業を下請けに行わせる作業所は，労働者数に関係なく特定元方事業開始報告を労働基準監督署に提出しなければならない.
3. 事業者は，労働災害の危険性がある業務について，その業務を行う労働者の中から一定の要件の作業主任者を選任し，指揮を行わせなければならない.
4. 2.5 t つりのクレーンは，機械の設置前までに労働基準監督署に報告をする.

（3） 作業主任者を選任しなければならない作業はどれか.

1. 高さが 2.0 m の足場の組立て作業
2. 高さが 5.0 m の鉄筋コンクリート造建築物の鉄筋の組立て作業
3. 軒の高さが 3.5 m の木造建築物の構造部材の組立て作業
4. 高さが 5.0 m のコンクリート造の工作物の解体作業

（4） 環境問題に関する記述として，もっとも不適当なものはどれか.

1. 建設廃棄物に金属くずは含まれない.
2. 規制対象地域において著しい騒音・振動を発生する作業を行う場合は，所轄の労働基準監督署に届出を行わなくてはならない.
3. 重機・車両のアイドリングストップの活動は，地球温暖化対策の一つである.
4. 建物の増改築をする場合は，既存の建築物の石綿を除去しなくてはならない.

第 11 章　積算と見積り

「見積り」とは，工事着手前に，その工事の完成に必要な工事費を事前算出することである．この見積りされた金額は，発注者側にとっては建設予算となるものであり，施工者側にとっては，入札，折衝などを通して請負価格のベースになるものである．

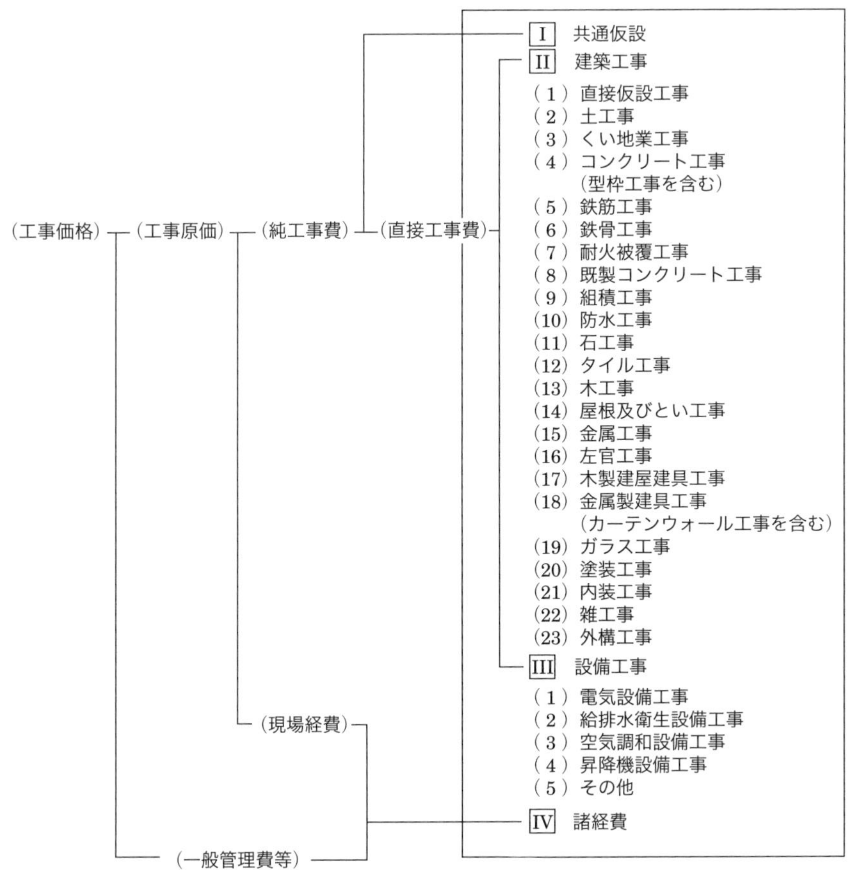

図 11･1　工事費内訳明細標準書式

工事に必要な材料や労務工数や使用機械台数などの数量を拾い出して集計することを数量積算といい，この積算数量に単価を掛けて純工事費を算出し，これをベースに諸経費や利益を含めたものが見積金額（工事価格）となる．積算の精度が高ければ高いほど見積金額の精度も高くなる．その業務を行う専門家として，建築積算士（公益社団法人日本建築積算協会）の資格がある．工事費構成図を図 11·1 に示す．

11・1 積算書

〔1〕 総　則

積算の数量には設計数量，計画数量と所要数量がある．

(1) 設計数量：設計図書に表示されている個数や設計寸法から求めた数量．材料のロスは単価で調整する（例：コンクリートの体積など）．

(2) 計画数量：施工計画によって変化する数量（例：土工事で法切りオープンカット工法の掘削土量と山留め壁を施工した場合の掘削土量とは異なる）．

(3) 所要数量：定尺物の材料の切り無駄や施工上やむを得ない損耗を含んだ数量（例：鉄筋・鉄骨・木材など）．

〔2〕 躯体工事の積算方式

コンクリートと型枠と鉄筋は，1 枚の積算用紙を使って同時に計算を行う．通常は，基礎，柱，梁，壁，床版，階段，雑という順序で積算される．数量を計測・計算する方法を「建築数量積算基準・同解説」（建築工事建築数量積算研究会制定）により以下に解説する．

（a） 土工事　根切り（基礎，地下構造物などを施工するための土の掘削のこと），埋戻し，山留めなどの数量は計画数量とし，根切り面積とは，原則として基礎または地下構造物の底面積の設計寸法による各辺の左右に余幅を加えて計測・計算した面積とする．法付け工法の場合，余幅は作業上のゆとり幅に，法幅の 1/2 を加えた幅をいう（図 11·2）．作業上のゆとり幅は 0.5 m を標準とし，山留め壁を設ける場合は山留め壁と躯体間の余幅は 1.0 m を標準とする．

（b） コンクリート工事

① 鉄筋および小口径管類によるコンクリートは差し引かない．

② 鉄骨の設計数量について，7.85 t につき 1.0 m^3 と換算した体積をコンクリートより差し引く．

③ 窓や出入り口の開口部によるコンクリートの欠除は，開口部の見付面積とコンクリート厚さとによる体積とする．ただし，見付面積が 1 か所当たり 0.5 m^2 以下の場合は差し引かない．

（c） 型枠工事　各部分の計測・計算は躯体を組み立てる手順から，「さきの部分」

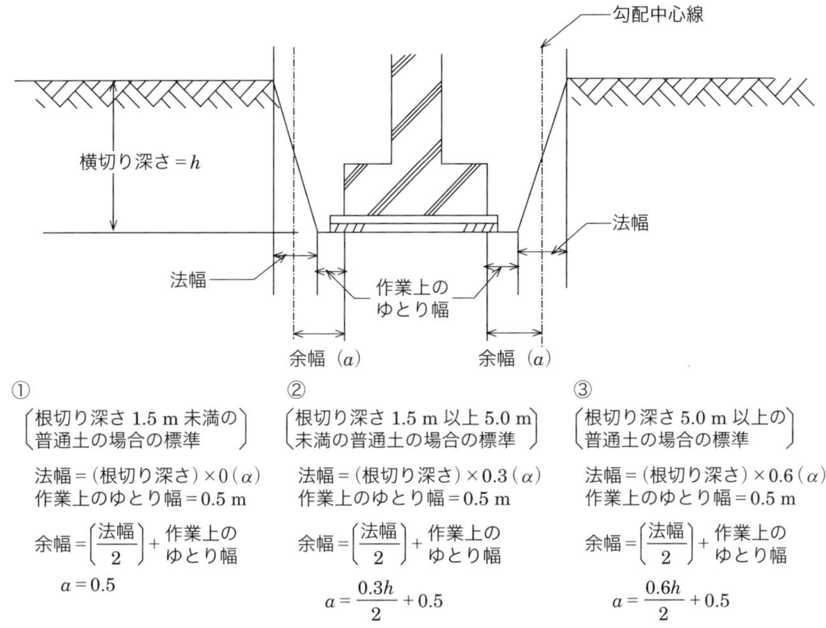

図 11·2　法付け工法の場合の余幅[1]

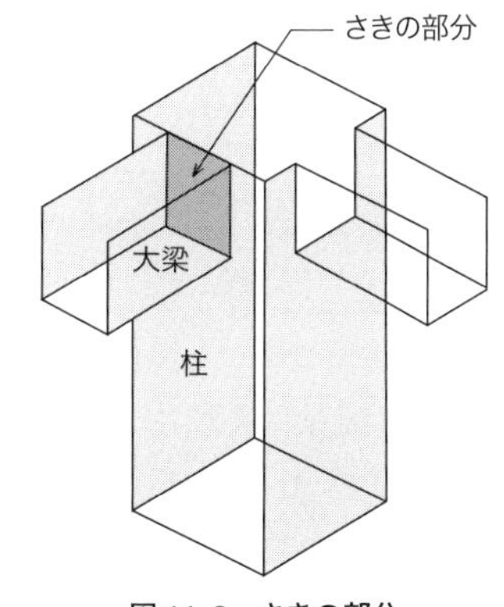

図 11·3　さきの部分

(図 11·3) に「あとの部分」(例えば，柱に取りつく大梁や大梁に取りつく小梁など) が接続するものとして，交差する箇所を考える．

① 「さきの部分」の接続部の型枠を差し引くが，接続部の面積が 1.0 m^2 以下の箇所の型枠は差し引かない．

② 窓や出入り口の開口部による型枠の欠除は，見付面積が 1 か所当たり 0.5 m^2 以下の場合は，差し引かない．また開口部の見込部分の型枠は計測の対象としない．

③ 勾配屋根などで斜面の勾配が 3/10 を超える場合は，その部分の上面型枠，またはコンクリートの上面の処理を計測・計算の対象とする．

（**d**） **鉄筋工事**　鉄筋の数量は，定着長さや余長，フックなどを含めて計測・計算した長さを設計長さとし，その設計長さに単位質量を乗じた質量とする．径別長さを積算するのと同時に，継手箇所数も同時に積算する．また，定尺ロスとして，設計数量の

4%を割り増し，所要数量とする．

① フープの長さは，柱のコンクリート断面の設計寸法による周長を鉄筋の長さとし，スタラップの長さは，梁のコンクリートの断面の設計寸法による周長を鉄筋の長さとし，フックはないものとする．

② 重ね継手または圧接継手について，径13 mm以下の鉄筋は6.0 m以下，径16 mm以上は7.0 mごとに継手があるものとして継手箇所数を求める．

③ 窓や出入り口の開口部による鉄筋の欠除は，型枠と同様に，見付面積が1か所当たり0.5 m^2以下の場合は，差し引かない．なお，開口補強筋は設計図書により計測・計算する．

④ 柱の主筋の継手は上記②の規定によるが，基礎柱については基礎柱部分の長さが3.0 m以上の場合は1か所，その他の階の各階柱の全長にわたる主筋については，各階ごとに1か所継手があるものとする．

⑤ 梁の全長にわたる主筋の継手については，梁の内法寸法に対して，以下の表による継手があるものとする．

梁の内法長さ	5 m未満	5 m以上10m未満	10 m以上
継手の箇所数	0.5か所	1.0か所	2か所

⑥ 床板の全長にわたる主筋の継手については，以下の表による継手があるものとする．

床板内法長さ	4.5 m未満	4.5 m以上9 m未満	9 m以上13.5 m未満
継手の箇所数	0.5か所	1.0か所	1.5か所

（e） **鉄骨工事**　鉄骨は，部材形状別に体積〔m^3〕や延べ長さ〔m〕で積算し，集計をして重量に換算する．

（1）溶接は原則として種類，溶接断面の形状ごとに長さを求め，すみ肉溶接脚長6 mmに換算した延べ長さで集計する．

具体的には，次の手順による．

① 設計図書に記載された溶接断面ごとに「断面積」を求める．

② その断面積をすみ肉溶接脚長6 mmの断面積21.78 mm^2で除す．

③ 「溶接長さ」×「上記で求めた値」ですみ肉溶接脚長6 mmに換算した延べ長さとする．

（2）ボルト類などの孔あけや鋼材を貫通するダクト孔なども，1か所当たり0.1 m^2以下のものは差し引かない．

（3）鉄骨鋼材の所要数量を求めるときは，設計数量に表11·1のように割増をする．

表 11·1　鋼材の所要数量

鋼　材	部位・項目	設計数量に割増をする量
鉄　筋		4%
鉄　骨	形鋼・鋼管・平鋼	5%
	広幅平鋼・鋼板（切板）	3%
	ボルト	4%
	アンカーボルト	0%
	デッキプレート	0%

また，躯体工事の数量歩掛りの概数を表 11·2 に示す．

表 11·2　躯体工事歩掛り概数

建物種別			コンクリート（C）	型枠（F）		鉄筋（R）		鉄骨（S）
			m^3/延床 m^2	m^2/延床 m^2	m^2/Con.m^3	kg/延床 m^2	kg/Con.m^3	kg/延床 m^2
RC	共同住宅	壁式構造	0.55～0.75	4.5～6.5	8.5～11.0	60～95	105～125	
		中層ラーメン	0.50～0.70	4.0～5.0	7.0～8.5	65～100	120～145	
	事務所	中低層	0.55～0.70	4.0～5.0	6.5～8.0	70～100	120～150	
	学校	中低層	0.50～0.65	3.5～5.0	6.5～7.5	65～95	120～150	
SRC	共同住宅	高層	0.55～0.75	4.0～5.5	6.5～8.0	65～95	110～130	35～70
	事務所	高層	0.60～0.75	4.0～5.0	5.5～6.5	70～90	110～130	55～90
S	事務所	一般						80～120
		超高層						120～200
	工場	上家						50～95

〔3〕 仕上工事の積算方式

仕上工事の場合は，ほとんどが面積〔m^2〕と単位幅の長さ〔m〕で積算し，建具，備品類は個数（箇所，個，本，組，式）で積算する．そして，作業を簡略化するため，表面仕上材と下地材と骨組材を一括したものとして積算する．下地材や工法，仕様の違いによって集計しなければならない．

（a） **間仕切下地と主仕上げ**　間仕切下地の数量は設計寸法による面積から，建具などの開口部の面積を引いた面積とするが，その面積が 1 か所当たり 0.5 m^2 以下のときは差し引かない．

（b） **防水材**　シート防水などの重ね代（防水のジョイント）は計測の対象にしない．

（c） **石　材**　石材は高価なので，開口部の面積が 0.5 m^2 以下は差し引かないものとする規定を適用せず，開口部の面積が 1 か所当たり 0.1 m^2 以下のときはその主仕上げは差し引かない（主仕上げとは，表面処理を除く仕上表面層をいう）.

（**d**） **木　材**　木材による開口部の枠や額縁の材料として所要数量を求めるときは，ひき立て寸法（削り代を見込んだ寸法）による設計図書の断面積と内法寸法による長さに，両端の接合（継手・仕口の加工）に必要な長さとして10%を加えた長さによる体積を算出し，さらに5%を割増した体積とする.

11・2 見　積　書

1 見積書の種類

見積書の種類には，実施者（発注者，設計者，施工者）の求める目的や立場からの種類と，見積書の内容，形式の違いからの種類とがある.

〔1〕 実施者の立場からの種類

（**a**） **事業企画時の見積り（発注者が必要とするもの）**　事業企画に必要な建設費を把握するためのもので，一般に概算見積りと称し，過去の床面積当たりの建設コストデータから算出する場合が多い.

（**b**） **設計時の見積り（発注者および設計者が必要とするもの）**　基本設計時のコストプランニングから詳細設計完了時までの予算見積りである.

概算見積りよりも，さらに詳細な条件を加味して，歩掛資料や単価資料をもとにして積み上げられた概算見積りで，かなり精度の高いものであり，工法計画や仮設計画もある程度織り込まれた見積りである.

（**c**） **入札時の見積り（施工者が必要とするもの）**　設計図書が定まり，詳細な図面による積算書をもとに見積られるものであり，施工計画を立て，施工者の経営意図も十分に織り込まれたもので，もっとも精度の高い見積りである．これをもとに入札価格も決められる.

〔2〕 見積りの内容による種類

（**a**） **明細見積書（内訳明細を含めたもの）**　積算による数量に，必要単価を計上した直接工事費と，さらに仮設工事費や経費の内訳明細まで記入して集計された見積書である.

（**b**） **概算見積書（金額のみの表現のもの）**　細部積算を省略して，過去のデータなどから類推して全体的な工事費の概算金額を表現した見積書である．一般には，大項目までの一式金額の表現をする（大項目とは，仮設工事，土工事，コンクリート工事，左官工事などのこと）.

2 値入れの考え方

見積工事金額を計上するのに，積算された数量に適正な単価を掛けて金額を出す．このことを「値入れ」と称する．また広義には，直接工事費に共通仮設工事費を加えて純工事費とし，さらに現場経費や一般管理経費を算出して工事価格を見積ることも「値入れ」という．

値入れの基本は，適正な単価を決めることである．単価は，材料費，加工費，組立て費，運搬経費などから構成されており，それぞれに分解して値入れする場合と，複合した単価として値入れする場合とがある．

よって，材料費といえどもたいへん複雑で，原材料値段の場合，加工済みの値段の場合，さらに定尺寸法から発生するロスを含めた値段の場合，販売代理店からの運搬経費を含んだ値段の場合と，種々の条件に対応したものを選定しなければならない．

次に，値入れの時点で考慮して単価構成に含まなければならない条件がある．

(1) 法令規制の条件（建築基準法，公害関連法など）

(2) 建設立地条件（地質，地形，風土，交通，公共設備，障害物など）

(3) 近隣条件（近隣対策の有無）

(4) 工期的条件（時期，緩急，物価変動など）

(5) 支払条件

以上5条件を検討し，工事費に影響するとすれば，値入れの段階で単価分析を行ったものを表現して工事費に反映させる．

引用文献

［1］（財）建築コスト管理システム研究所：（社）日本建築積算協会，建築数量積算基準・同解説（平成29年版），p. 68，大成出版社（2017）

練習問題

（1） 建築工事費の見積りに当たって，現場で消費する工事用電力費は，次のうちどの項目に含めるか．

1. 材料費
2. 労務費
3. 共通仮設費
4. 外注費
5. 諸経費

（2） 工事費内訳の項目に関する次の組合せのうち，「工事費内訳明細書標準書式」に照らして，通常，A欄の項目にB欄の項目が含まれないものはどれか．

	A 欄	B 欄
1.	工事原価	純工事費
2.	諸経費	下請経費
3.	一般管理費など負担額	原価償却費
4.	共通仮設費	試験調査費
5.	直接工事費	仮設工事費

（3） 次の建築物の建築に必要な資材などの単位当たりの数量を示す数値として，著しく不適当なものはどれか．

1. 延べ面積 2 000 m^2 の鉄骨造平家建工場の床面積 1 m^2 当たり鉄骨重量 ―― 50 ～ 70 kg
2. 延べ面積 2 000 m^2 の鉄筋コンクリート造 5 階建共同住宅の床面積 1 m^2 当たりのコンクリート量 ―― 0.45 ～ 0.60 m^3
3. 延べ面積 2 000 m^2 の鉄筋コンクリート造 5 階建共同住宅の床面積 1 m^2 当たりの型枠数量 ―― 4.0 ～ 5.5 m^2
4. 延べ面積 4 000 m^2 の鉄筋コンクリート造 4 階建事務所の床面積 1 m^2 当たりの鉄筋量 ―― 65 ～ 80 kg
5. 延べ面積 4 000 m^2 の鉄筋コンクリート造 4 階建事務所のコンクリート 1 m^3 当たりの鉄筋量 ―― 60 ～ 80 kg

付　　録

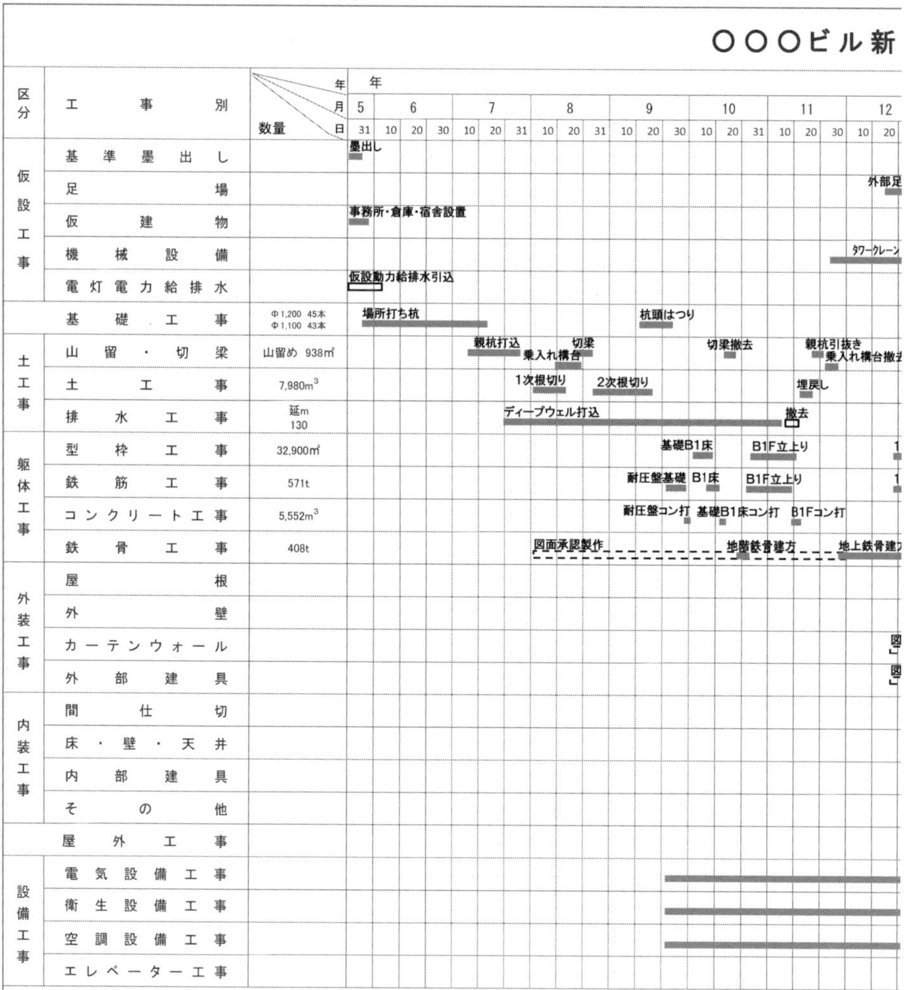

○○○ビル新

年　年
月　5　6　7　8　9　10　11　12
日　31 | 10 20 30 | 10 20 31 | 10 20 31 | 10 20 30 | 10 20 31 | 10 20 30 | 10 20

区分	工事別	数量	工程
仮設工事	基準墨出し		墨出し
	足場		外部足
	仮建物		事務所・倉庫・宿舎設置
	機械設備		タワークレーン
	電灯電力給排水		仮設動力給排水引込
	基礎工事	Φ1,200 45本 Φ1,100 43本	場所打ち杭　杭頭はつり
土工事	山留・切梁	山留め 938m²	親杭打込　乗入れ構台　切梁　切梁撤去　親杭引抜き　乗入れ構台撤去
	土工事	7,980m³	1次根切り　2次根切り　埋戻し
	排水工事	延m 130	ディープウェル打込　撤去
躯体工事	型枠工事	32,900m²	基礎B1床　B1F立上り　1
	鉄筋工事	571t	耐圧盤基礎　B1床　B1F立上り　1
	コンクリート工事	5,552m³	耐圧盤コン打　基礎B1床コン打　B1Fコン打
	鉄骨工事	408t	図面承認製作　地階鉄骨建方　地上鉄骨建方
外装工事	屋根		
	外壁		
	カーテンウォール		図
	外部建具		図
内装工事	間仕切		
	床・壁・天井		
	内部建具		
	その他		
	屋外工事		
設備工事	電気設備工事		
	衛生設備工事		
	空調設備工事		
	エレベーター工事		

施工計画概要			
	山留め構台工事	（1）親杭H-300x300x10x15　ℓ=11～14m打込み	鉄筋，型枠コンクリート工事
		（2）腹起し切梁　H-300x300x10x15	
		（3）構台支柱 H-300x300x10x15	鉄骨工事
	土工事	（1）1次根切りはバックホー　2次根切りは構台よりクラムシェル使用	
		（2）根切り底はGL-7.700m	
		（3）ディープウェル 130m設置	
	杭および地業工事	（1）杭打機2基使用　杭φ-1.000m 43本　φ-1.200m 45本 ℓ=13.500m空打ち6.500m 掘削GL-20.000m	

ト工程表）見開き　サンプルとして

築工事工程表

自 令和○年5月20日
至 令和○年8月31日

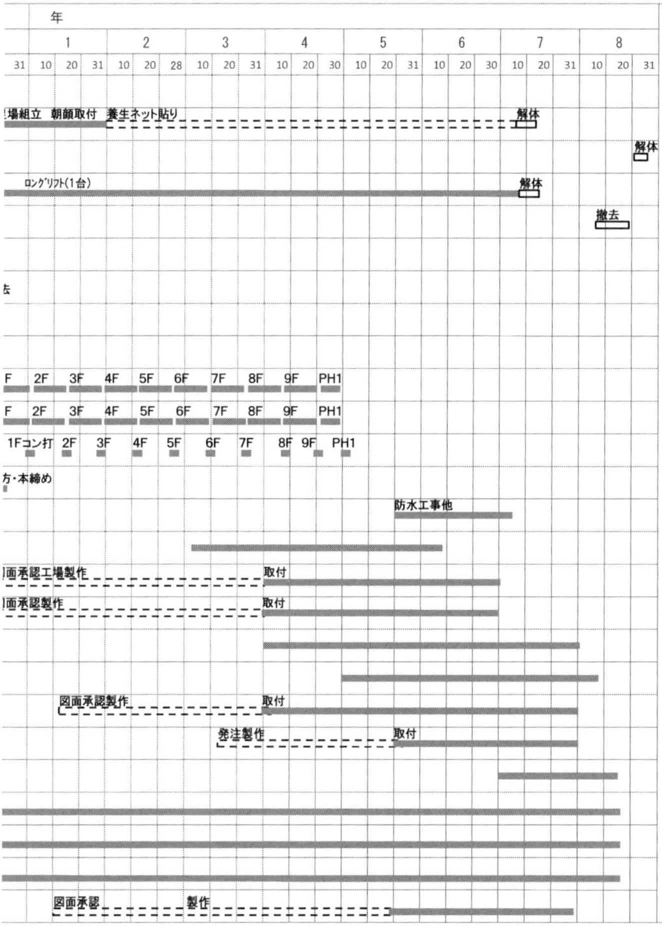

年	1			2			3			4			5			6			7			8		
31	10	20	31	10	20	28	10	20	31	10	20	30	10	20	31	10	20	30	10	20	31	10	20	31

場組立　朝顔取付　養生ネット貼り　解体

解体

ﾛﾝｸﾞﾘﾌﾄ(1台)　解体

撤去

去

F　2F　3F　4F　5F　6F　7F　8F　9F　PH1

F　2F　3F　4F　5F　6F　7F　8F　9F　PH1

1Fコン打　2F　3F　4F　5F　6F　7F　8F　9F　PH1

方・本締め

防水工事他

面承認工場製作　取付

面承認製作　取付

図面承認製作　取付

発注製作　取付

図面承認　製作

工事概要		
発注者	○○○株式会社	
設計施工	△△△建設会社	
施工場所	○○市○○町○○番地	
工期	自昭和○年5月20日 至昭和○年8月31日　15.3ヵ月	
構造	鉄骨鉄筋コンクリート造	
階段	地下1階, 地上9階　塔屋1階	
建築面積	858.001m²(259.545坪)	
延面積	8.872.023m²(2.683.785坪)	
軒高	GL+31.00m	
根切り	GL-7.700m	
外装	東面	コンクリート打放し の上複層塗材吹付け
	西面 (正面)	両袖コンクリート打放し ﾌﾟﾚｷｬｽﾄ板二丁掛ﾀｲﾙ
	南面	コンクリート打放し
	北面	コンクリート打放し
内装	床	花崗岩　ﾋﾞﾆﾙﾀｲﾙ
	幅木	ｿﾌﾄ幅木
	壁	大理石貼り　100ﾀｲﾙ貼り ﾌﾟﾗｽﾀｰﾎﾞｰﾄﾞ+EP
	天井	ﾌﾟﾗｽﾀﾎﾞｰﾄﾞ下地岩綿吸音板 ﾌﾟﾗｽﾀﾎﾞｰﾄﾞ+EP
設備	給排水、衛生、暖冷房 電気工事一式	
昇降機	ｴﾚﾍﾞｰﾀｰ　11人乗4基	

（1）コンクリートはポンプ車による打設

（2）外部型枠大パネル使用

（1）建方はタワークレーンで行なう

（2）高力ボルトを使用

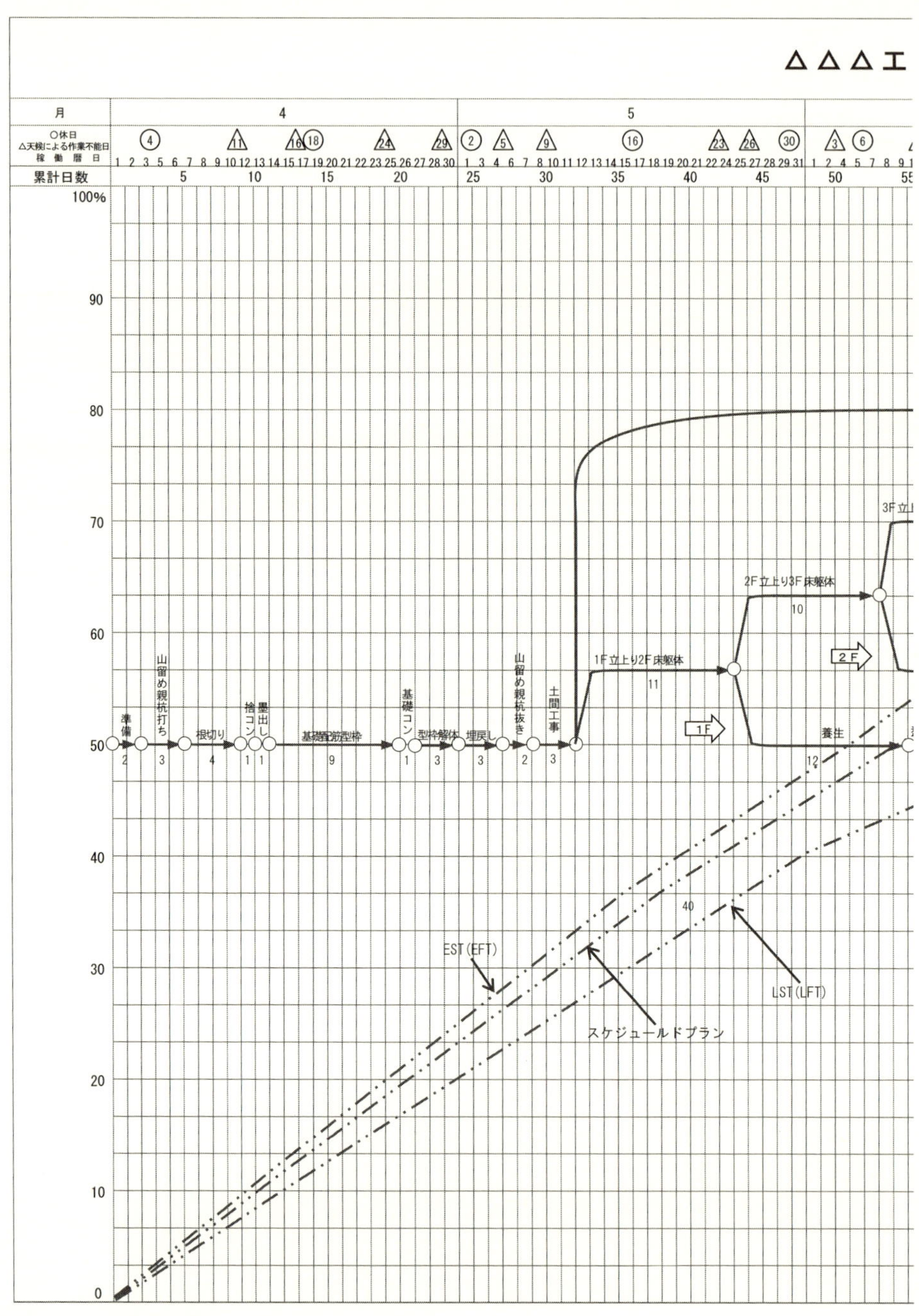
△△△工
月
4
5
○休日
△天候による作業不能日
稼働暦日
累計日数
100%
90
80
70
60
50
40
30
20
10
0
準備
山留め親杭打ち
根切り
捨コン
墨出し
基礎配筋型枠
基礎コン
型枠解体
埋戻し
山留め親杭抜き
土間工事
1F立上り2F床躯体
2F立上り3F床躯体
3F立
養生
1F
2F
EST(EFT)
スケジュールドプラン
LST(LFT)

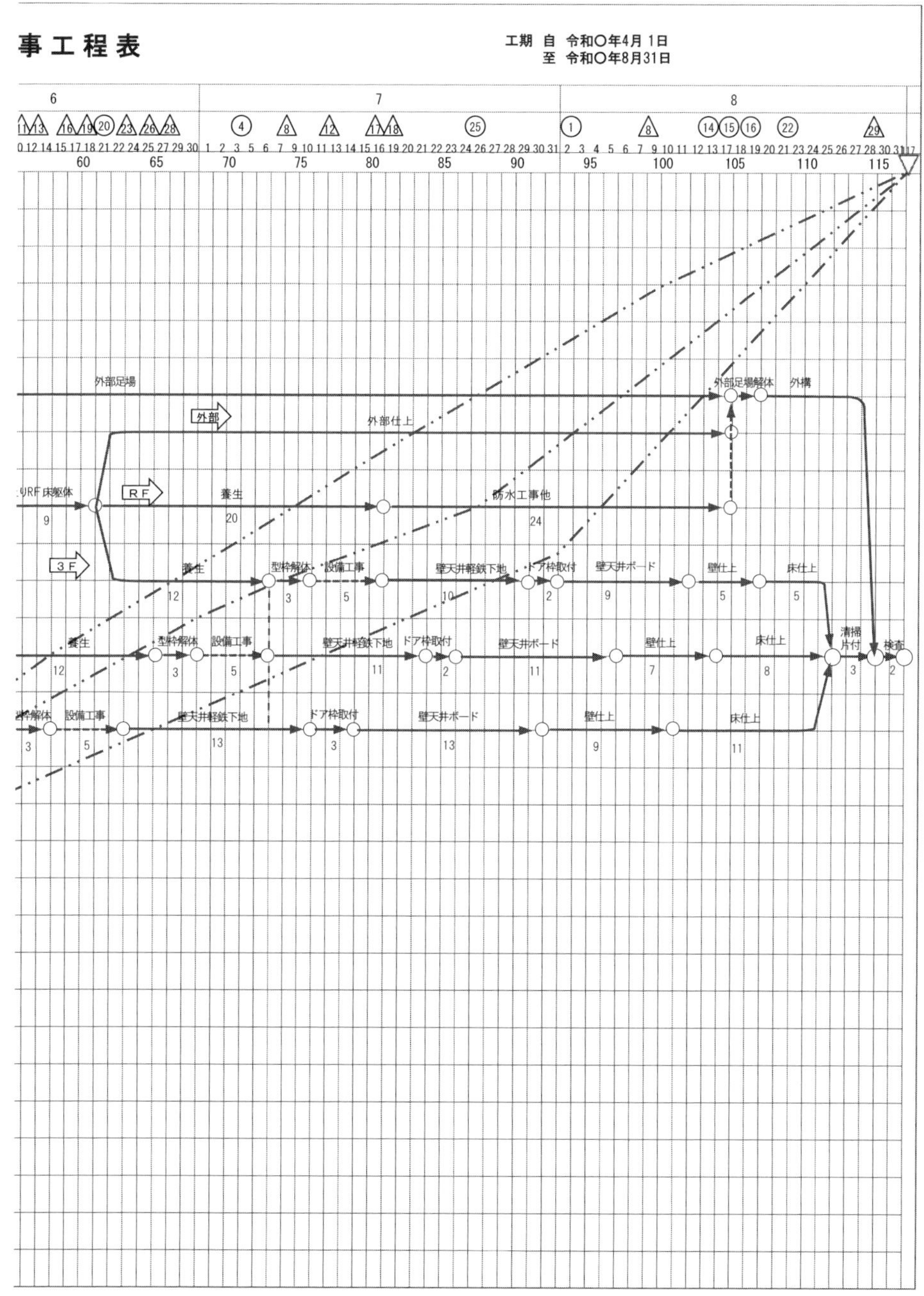
事工程表
工期 自 令和○年4月 1日
至 令和○年8月31日
6
7
8
60
65
70
75
80
85
90
95
100
105
110
115
外部足場
外部足場解体
外構
外部
外部仕上
RF床躯体
9
RF
養生
20
防水工事他
24
3F
養生
12
型枠解体
3
設備工事
5
壁天井軽鉄下地
10
ドア枠取付
2
壁天井ボード
9
壁仕上
5
床仕上
5
養生
12
型枠解体
3
設備工事
5
壁天井軽鉄下地
11
ドア枠取付
2
壁天井ボード
11
壁仕上
7
床仕上
8
清掃片付
3
検査
2
型枠解体
3
設備工事
5
壁天井軽鉄下地
13
ドア枠取付
3
壁天井ボード
13
壁仕上
9
床仕上
11

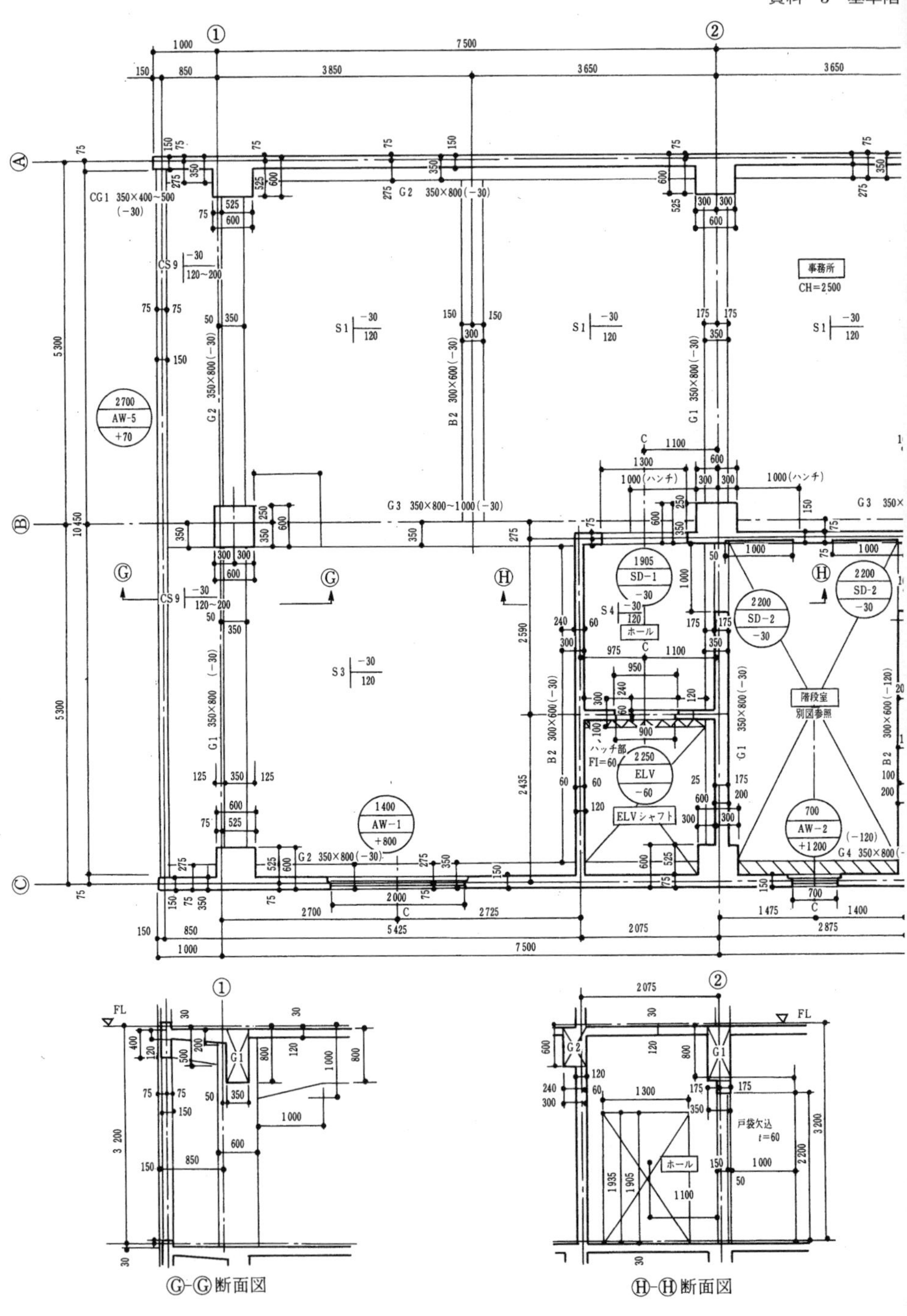

事務所
CH=2500
S1 −30 / 120
S3 −30 / 120
S4 −30 / 120
CG1 350×400〜500 (−30)
CS9 −30 / 120〜200
G1 350×800 (−30)
G2 350×800 (−30)
G3 350×800〜1000 (−30)
G4 350×800
B2 300×600 (−30)
B2 300×600 (−120)
2700 AW-5 +70
1400 AW-1 +800
700 AW-2 +1200
1905 SD-1 −30
2200 SD-2 −30
2250 ELV −60
ELVシャフト
ホール
階段室
別図参照
1000(ハンチ)
ハッチ部
FI=60
戸袋欠込
t=60
FL

Ⓖ-Ⓖ断面図

Ⓗ-Ⓗ断面図

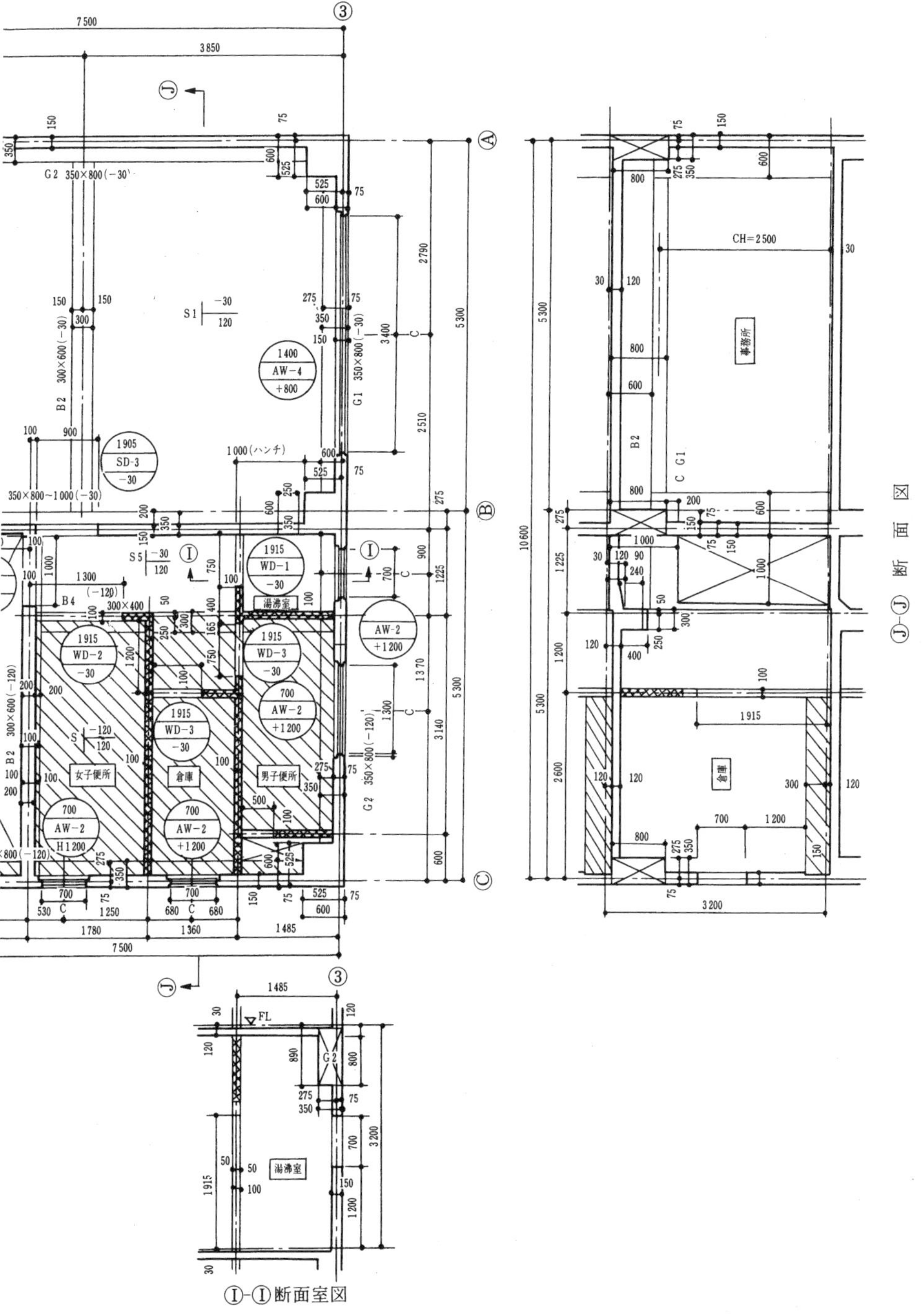
J-J 断面図
I-I 断面室図
事務所
倉庫
女子便所
男子便所
湯沸室
CH=2500

練習問題略解

第2章

(1) 解答：標準仕様書 (5)，特記仕様書 (3)，設計図 (4)，現場説明書 (2)，質問回答書 (1)　( ) 内は優先順位を示す.

(2) 解答：価格，品質，技術，工期など.

(3) 2·2 節❶項 (c)「共同請負」を参照.

第3章

(1) 工程表は着工当初に十分に検討したい．解答：3

(2) 通常のネットワーク手法では，時間を管理対象とする．解答：3

(3) 1．は建築基準法第 89 条に記載．解答：2

(4) 3·2 節❺項「品質管理　－建物完成後の不具合－」を参照．民法の特約による保証期間の短縮を建物の重要な性能については強い公法で 10 年保証するように規定している.

第4章

(1) 単管足場の積載荷重は等分布の場合 400 kg までである．解答：3

(2) ジブクレーンは一般に鉄筋・型枠・仕上材などの揚重に用いる．解答：2

(3) 4·1 節を参照.

第5章

(1) ボーリング本数は，敷地の広さや掘削深さ，地層構成によって変える．建物の 4 隅, 15 m 間隔とする．粘着力と N 値の関係は, 相当ばらつくので, 推定しにくい．解答：2，4

(2) 裏込め土は，背面地盤の変形を小さくするためにしっかり入れる．山留め壁に加わる土圧分布は，支保工の剛性や山留め壁の変形によって変化する．解答：2，5

(3) 被圧水の減圧にはディープウェルが良い．ウェルポイントも脱水と付加応力の増加による粘性土の圧密が起こり，周辺が広く沈下する．解答：4，5

(4) トレミー管によるコンクリート打ちは，5·4 節❸項の〔4〕「場所打ちコンクリート」で一般的な注意事項で説明したように，スライムをまきこまないようにコンクリートの中に 2 m 以上入れておく．解答：2

(5) 5·4 節❶項の〔1〕，〔2〕，〔3〕が該当する．

第 6 章

(1) F_c 27N/mm^2，SD295，フックなしの場合，継手長さは 35 d となる（表 6·7 参照）．解答：3

(2) 計画供用期間の級が短期および標準で普通ポルトランドセメント，平均気温 12 °C の場合，存置期間は 6 日となる（表 6·9 参照）．解答：5

(3) コンクリートの練混ぜから打込みまでの時間の限度は，最高気温 27°C の場合 90 分以内とする（表 6·16 参照）．解答：4

(4) ボルトの締付け後の目視検査は，ピンテールの破断だけでなくマークのずれにより判定する（6·4 節❸項の〔1〕の（d）高力ボルトの締付けおよび締付け後の検査を参照）．解答：5

(5) 6·1 節❹項「施工管理」，③コンクリート打設前（配筋検査）を参照．

(6) 6·3 節❹項「打設」，〔1〕打設計画を参照．

(7) 6·4 節❸項「鉄骨の接合法」〔1〕の（b）高力ボルトの取り扱いを参照．

第 7 章

(1) パネルが回転して層間変位に追従する工法はロッキング構法．解答：2

(2) 歩行用とする防水上にはコンクリートの押え層を設ける．解答：2

(3) 施工スピードは吹付け工法のほうが早いが，飛散養生は必要である．解答：4

(4) 壁の張り物寸法は 900 × 1 800 mm，柱，間柱の間隔は 450〜455 mm である．ホルムアルデヒド飛散区分表示は☆の数が少ない程発生量が多く，F ☆☆☆☆（フォースター）は制限を受けずに使用可能．解答：5

(5) DPG 構法は強化ガラスを使用．ガラスは建物が受ける風圧に応じ適正な仕様を選定するため上階ほど仕様はハイレベルとなる傾向にある．熱割れは圧縮ではなく，引張応力が引張強度を超えたときに割れる現象．解答：1

(6) 外壁の湿式工法は総トロ工法．モルタルを使用しない乾式工法は白華発生の心配はない．乾式工法における流し鉄筋やセパレーター頭部は，空気にさらされ発錆するため，防錆処理を施す．解答：3

第8章

(1) エポキシ樹脂の注入器具は固まるまで放置する．解答：2

(2) コンクリート打継ぎ面の目荒らしは平均深さ2～5 mm程度とする．解答：4

第9章

(1) モンケンは重りで，クレーンでつって振り当てて建物を破壊するもの，油圧式圧砕機は爪をジャッキでコンクリートに押し当てて圧砕するもので，バックホーに付けて使う．転倒工法は建物外壁部の柱根元をかじって手前に転倒させ，小割して解体する工法．

第10章

(1) 不安全行動をなくしても不安全な状態があれば，労働災害は防げない．解答：3

(2) 職場における労働者の安全と健康を確保する目的の法律は労働安全衛生法．解答：1

(3) 解答：4

(4) 特定建設作業を行う場合は，事前に市町村長に届出なければならない．解答：2

第11章

(1) 工事用電力費は共通仮設に含める．解答：3

(2) 下請経費は純工事費に含める．解答：2

(3) 延べ面積4 000 m^2の鉄筋コンクリート造4階建事務所の鉄筋量は120 kg～150 kg/m^3である．解答：5

索　引

サ　行

タ　行

ナ　行

ハ　行

マ　行

ヤ　行

ラ　行

ワ　行

英　字

〈編者略歴〉

井 畑 耕 三 （いはた　こうぞう）

1970年　名古屋大学工学部建築学科卒業
　　　　元 清水建設株式会社名古屋支店建築技術部長
　　　　元 学校法人 中部大学 管財部長

建 築 生 産
（改訂２版）

2013年 3月25日　第1版第1刷発行
2024年10月22日　改訂2版第1刷発行

編　者　井畑耕三
発行者　村上和夫
発行所　株式会社 オーム社
　　　　郵便番号　101-8460
　　　　東京都千代田区神田錦町3-1
　　　　電話　03(3233)0641(代表)
　　　　URL　https://www.ohmsha.co.jp/

印刷・製本　三美印刷
ISBN978-4-274-23260-2　Printed in Japan